法治論

王人博 程燎原 | 著

FAZHI LUN

·桂林·

图书在版编目（CIP）数据

法治论 / 王人博，程燎原著. —桂林：广西师范大学出版社，2014.11
ISBN 978-7-5495-5976-3

Ⅰ. ①法… Ⅱ. ①王…②程… Ⅲ. ①社会主义法制—研究—中国 Ⅳ. ①D920.0

中国版本图书馆 CIP 数据核字（2014）第 247806 号

广西师范大学出版社出版发行
（广西桂林市中华路 22 号 邮政编码：541001
网址：http://www.bbtpress.com）
出版人：何林夏
全国新华书店经销
湛江南华印务有限公司印刷
（广东省湛江市霞山区绿塘路 61 号 邮政编码：524002）
开本：880 mm × 1 240 mm 1/32
印张：15.875 字数：360 千字
2014 年 11 月第 1 版 2014 年 11 月第 1 次印刷
定价：48.00 元

第三版序言

二十多年前出版的《法治论》(1989)和《赢得神圣——权利及其救济通论》(1993)两书，是作者感知20世纪末的中国历史将跨入法治与权利时代的理论产品。后一书，当年取名《赢得神圣》，意即权利对于每个人来说都是神圣的，每个人也会因拥有不容侵犯的权利而神圣。

自20世纪90年代以来，缘于时代的风云际会与法学界的奋发进取，“法治”与“权利”(包括人权)的研究，理所当然地成为当代中国法学中无可争议的“显学”。且不论种种汉译的法治与权利著作屡次三番出版，即就汉语法学(借自许章润)者的法治理论之探讨和权利学说之求索而言，更呈现出前所未见的“井喷”局面。

在法治问题上，汉语法学者对法治概念的界说，法治国家、法治政府与法治社会的分梳，法治原则与标准的厘定，法治价值的证成，法治意义的阐发，法治类型与形态的勾画，法治框架与法律体系的设计，法治与社会结构、市场经济之关系的把捉，法治与民主政治之关系的解析，法治文化传统与本土资源的挖掘，中国法治模式与道路的寻找，法治技术和法律解释学的分析，法治政府和司法改革的研讨，外域法治的透视，法治思想史与实践史的探究以及“人治”的清算等等，无不广深并进、纵横捭阖，且卓然而成许多鸿篇巨著。这实实在在地彰显了一个“法治理论时代”的到来。

同样，在权利问题上，汉语法学者也不断对权利问题进行追问：从“法律本位”到“人权”，从“法律权利”到“基本权利”，不一而足。而这样的追问，使得权利哲学（人权哲学、民权哲学）、权利的社会理论（权利社会学）、权利史学（权利的概念史、权利的思想与理论史、权利的制度史）、权利的经济分析（权利经济学）和权利的法学分析（如权利的法解释学）等权利学说，以及各部门法学对其具体权利的研究，在近20多年中奠立各自的根基，放出各自的光彩，并贡献出不少高文大册。这也极其鲜亮地标志着一个“权利理论时代”的崛起。凡此种种，已不是“蔚为大观”一语所能形容得了的。

“法治理论时代”与“权利理论时代”在当代中国的联袂登台，绝非偶然。与其说它是当代中国汉语法学者坚持不懈、辛勤劳作的结果，毋宁说它不仅反映了中国改革时代的历史必然，而且证实了“法治”与“权利”在精神文化和制度规则上共生共荣的内在逻辑。

在此背景下，我们之所以同意出版两书的最新修订版，一方面在于两书代表了我们在那个年代的真实思考，而且自诩两书在法治与权利问题上多少起了一点点启蒙和奠基（这正是“抛砖引玉”之“砖头”的一大功能）的作用。另一方面，我们对两书所阐述的基本观点，至今没有什么实质性的修正。甚至可以说，我们更加坚持两书所确证的信念和立场。而那些基本观点，即使是在当下，也远未过时。

此次修订两书，一是订正了讹误之处。二是尽可能将书中所引汉译本著作按当下通行本予以引证和注释；对中国文献的引证和注释，亦依此例处理。感谢重庆大学法学院法学理论专业博士生柯旭在此项工作上付出的细致心思和艰巨辛劳。三是书名变动。《权利论》一书，第一版书名为《赢得神圣——权利及其救济通论》(1993)，第二版更名为《权利及其救济》(1998)。此次修订版再更名为《权利论》，不仅简洁明快，而且与《法治论》相配合。四是《法治论》增加了一章——《余论：中国法治思想的"突破"》——以资补充。最后，《权利论》增加了"代第三版后记"。

作者

2014 年 10 月 20 日于重庆

第二版序言

如果说,学问的品格主要在于科学的态度和对人予以真切的关怀,相信不会受到什么诘难的。我们一直认为,在这两种必备的品格中,后者是更重要的方面。我们不能赞同那种自诩以价值中立作为学术研究指导方针的观点。实际上,每个学问家从选题到研究方式(包括方法和角度)直到结论的形成都受其价值观的支配。学术研究不仅必然而且应该带有研究者的价值取向。

当初,选择"法治",并进而选择"权利"的题目,可以当作上述观点的一个行动表现。阿诺德·汤因比说:"人类观察者不得不从他本人所在的空间某一点和时间某一刻上选择一个方向,这样,他必定是以自我为中心的,这是成为人的一部分代价。"照此说法,我们有两件可以为幸的事:第一件是生在农村,这使我们无须费力调查仅须细心体验观察就可以了解到真实的中国。在以农民为主体的中国社会里,作为农民的儿子,我们的确可以自信地宣称,我们更理解中国的大多数,理解我们的父辈和兄弟,理解他们的所思所欲,从而能够自始至终地坚持从大多数中国人的立场思考问题。另一件是,我们赶上了一个伟大的时代,它的主旋律是前一个时代的产儿——改革和现代化。历史的确以戏剧般的手法验证了古人关于“祸”“福”互变的辩证原理。一个我们成长于其中的灾难的年代作为历史渐渐退居身后,而留在心头的阴影又使人们警醒,并进而使法律史向着一个较明确的方向——法治——延续。选择“法治”和“权利”就这样由我们身在其中的时空所决定。在此,我们不想表明自己对曾经的成果的满意程度,但仍然可以告诉读者,对《法治论》和《赢得神圣——权利及其救济通论》两书自始至终贯彻的立场,我们是极其满意的。

如果从功利出发的话,我们承担了抉择的代价。不过,真实地说,80 年代我们选择这个题目及其研究角度时,根本就没有考虑现实的功利因素,唯觉它是兴之所至使命使然,对它的遭遇少有计较。记得当时有同事劝导:在这个问题上,执拗是不明智的。如果的确是不明智,那也只好如此。当时我们这样想,现在依旧。

今日不断变成昨日,现在不断化作历史。很意外的收获是我们的努力竟也博得一些理论界师友的理解、肯定和支持。过去的几年里,《法治论》和《赢得神圣——权利及其救济通论》两本书经常有被索购而未果的事发生。今年 4 月,山东人民出版社的李怀德君同我们商量出两书的修订版,我们欣然应允,视为快事。

此次修订,主要是针对文字标点的错讹和个别段落作了一些删改。另外,原《法治论》第四章,由于众所周知的原因,稍作文字处理后以附录收入,望仁厚的读者给予谅解。

作者

1998 年 5 月于重庆歌乐山下

目 录

上篇

法治：思考的历程

法律是人类文明社会的一种实质性要素。然而，历史展示给人类的，不仅仅是法律的辉煌，而且还有法律的悲哀。这其实也是人类本身的辉煌，或悲哀。于是，人类不得不在自我认识的同时，也对法律进行思考：人类文明社会应当如何运用法律这件既可建设又可破坏的武器？法律应当追求什么价值？法律、权力、自由之间的关系怎样建立？法律是否应具有超人的权威？哪种社会政治结构更适合于将法律导向成功之路？数十个世纪以来，思想家、法学家们对这些最基本问题的探索，在一个方面，构成了法治学说的历程。

是的，在法治学说这块已被开垦耕耘的田地里，我们会有许多收获；法治学说史中的那些精辟与深湛的卓越见识，将使我们获益匪浅。

当然，面对这偌大的世界和悠长的历史，也限于本书的主旨，我们只能对各代名家略作勾提，而不可能作包容一切的探视和追思。

让历史上的那些大家自己走到我们面前吧！

第一章

古希腊、罗马人的法治观

古希腊、罗马，古典世界的伟大文明发源地，各以其独特的精神、思想和制度极其有力地参与西方后世文明发展的历史进程，从而给西方文明留下深深的烙印。在法治观方面，这个已十分悠远的古典时代，对于近现代社会的人们却并不陌生，它是近现代政治哲学家、法学家们不断涉足的宝岛。

一、"伟大的对话"：古希腊人的人治论与法治论

大智大慧的古希腊人，开西方法治理论之先河。当奥林匹斯山众神之首宙斯把法律作为他最伟大的礼物赐予人类的时候，法律周围就绕上了神佑的光圈，在古希腊人的心目中，法律就成了神圣的、应绝对效忠的至上秩序。后来，即使渐渐地不再把法律看作不可改变的神授律令，而认为它是一种完全由人类或世俗组织创造、设定并且可以更改的规则，古希腊人也仍然承认法律的统治地位，把尊重法

律和自由并论为实现他们的政治理想——城邦生活的和谐（“善”）——的两个基本政治准则，主张自由就是人只受法律约束，法律比人还要有权力。[①] 毕达库斯最早提出“人治不如法治”之说。作为“希腊的学府”的雅典城邦，在梭伦立法之后，“进入‘法律’统治，亦即希腊语所称为优鲁米亚（Eunomia）时代。……希腊城邦制度中的法治传统，遂于此奠定”[②]。因此，古希腊城邦政治制度实质上就是法治，城邦共和国也就是“宪政国家”或“法治国家”。

古希腊人的法治观，不仅外化于城邦组织、生活和政治制度之中，而且蕴含于两位富有创造性的伟大哲学家即柏拉图和亚里士多德的哲学理念和社会政治理想之中。有趣的是，古希腊的城邦组织和制度早已作古，但柏拉图的《理想国》《法律篇》和亚里士多德的《政治学》却千古彪炳。充满魅力的思想有时比公正的制度更为不朽。

柏拉图（Plato，约公元前427—前347年）作为一个伟大的哲学家，一生涉猎广泛，著述丰盈。在法律哲学上，他经历了从人治观向法治观的转变，从《理想国》向《法律篇》的转变。

在《理想国》中，柏拉图从“善”的概念或美德即知识的观念出发，构建了“一长串的乌托邦中最早的一个”（罗素语）。这个乌托邦是哲学家对自己政治信念的确定，对社会理想的憧憬，也是对哲学家心目中理想国家模式的勾画。乌托邦由了解善的人或代表知识的人即哲学家来统治和掌管，哲学家在国家中拥有决定性的权力。在一个国家中，真正的太平盛世，得力于哲学家获得政治权力或握有政治权力

① 博雪在《万国史论》中说：“自由这个名字，在罗马人和希腊人的想象里，就是这样一个国家：那里的人只受法律的约束，那里的法律比人还要有权力。”（孟德斯鸠：《论法的精神》上册，张雁深译，商务印书馆1961年版，第331页原编者注35。以下引此书，不再详注）

② 顾准：《希腊城邦制度》，中国社会科学出版社1982年版，第125页。

的人奇迹般地成为真正的哲学家。唯有哲学理论与政治权力的结合,才能消灭国家的恶行,实现最大的善。这是柏拉图为理想国家设定的实质性和典型性的社会原则。这个社会原则是贤人治国或"知识专政"(萨拜因语),它构成了《理想国》中一切法律论点的基础。根据这个原则,法律被完全合乎逻辑地省略了——理想国家是靠哲学家的智慧和知识而不是靠法律来掌管的,因为"用法律条文来束缚哲学家—国王的手脚是愚蠢的,就好象是强迫一个有经验的医生从医学教科书的处方中去抄袭药方一样"①。柏拉图明言:对于优秀的人,关于商务、市场、契约、公安、海港的规则等,无须一一订成法律,需要什么规则,他们自己会容易发现的。而且,国家统治当局,特别是"哲学家—国王"和法官在无法律规定的情况下,拥有很大的自由裁量权,可以随意发布命令和司法。所以,柏拉图认为没有理由要尊重法律并使之成为国家的最高权力。这样,哲学家几乎将法律完全排除在理想国家之外,他宣判了法律的极刑,并把它的尸骨埋葬在理想国家的思想结构或逻辑体系中。尽管柏拉图立论的重点在于明哲(智慧)而不在于王权;他的本旨是:尚法不如尚智,尚律不如尚学。② 但实际上只能是,哲人治国之道变成了人治之道。亚里士多德就此评论道:柏拉图制定的那种政体,包含种种危险的因素,隐伏着种种危险的根源。

但是,《理想国》所提供的普遍的社会原则,只能存在于柏拉图的抽象理念之中。古希腊社会,尤其是雅典社会的现实,没有留下实现哲学家理想国家模式的基础。柏拉图从雅典民主政治、僭主政治和

① [美]乔治·霍兰·萨拜因等:《政治学说史》,盛葵阳、崔妙因译,商务印书馆 1986 年版,第 92 页。以下引此书,不再详注。

② 参见亚里士多德《政治学》,吴寿彭译,商务印书馆 1965 年版,第 161 页(1286[a])注③。

法律制度中发现了这些国家模式的缺陷和弱点，[①]从而苦心孤诣地构思出被后世的乌托邦哲学家奉为典范的理想国家模式。但这一模式又偏偏与古希腊人的最高道德价值[②]背道而驰。同时，这一模式也背弃了希腊城邦制度的法治传统。因此，理想国家模式不具有在现实的社会中实现的观念条件和价值基础。这使得柏拉图不得不重新考虑自己对待法律的态度。此外，柏拉图的惨痛经历，[③]也使他对理想国家模式产生了失望感。哲学家似乎手捧着劳神苦思而成的《理想国》，站在实实在在的尘世间叹息：人间的现实国家毕竟不是理想的天国。惨痛的经验告诉他，一种个人管理所有人类事务而不承担责任和不受约束的制度，必然产生非正义。于是，他稍稍放弃玄想，为恢复法律在国家中的地位而努力。法律又开始回到柏拉图的心中，成了他在《法律篇》中设计的另一种国家统治形式——“第二等好国家”——的核心因素。法律被平反昭雪了。平反昭雪是悲壮的，但值得欢迎和赞誉。

《法律篇》是柏拉图面对政治现实的一部法哲学力作。这部著作的中心论题，就是确立和描述一种新的国家统治形式，即“法治国”。在柏拉图看来，法律是“第二等好国家”的统治者，即这个国家是奉法律至上的政府，统治者和臣民都服从法律；这个国家的人们（包括官吏）应受法律统治而非强迫性的统治。他认为，有三个原因促使人们

---

① 民主政体利用法律处死了柏拉图极为尊崇的老师——苏格拉底，无疑使柏拉图对法律不怀好感。

② “希腊人在法律之下个人自由的意义恰恰是城邦的要素，而希腊人对这一要素赋以最高的道德价值，并认为希腊人之不同于野蛮人就在于具有这个要素。”（[美]乔治·霍兰·萨拜因等：《政治学说史》，第 93 页）

③ 柏拉图几次试图在西西里的叙拉古城建立理想国家，结果均告失败，他自己也因之屡遭不幸：被卖为奴隶（后幸得昔勒尼人阿尼刻里赎出并送回雅典），甚至险些被处死。

在选择国家统治形式时推崇法治。(一)人性是贪婪与自私的。人类必须有法律并且遵守法律,否则他们的生活将像最野蛮的兽类一样。对人性的不信任从而产生法治的思想,可能起始于斯。(二)绝对的权力导致腐败和毁灭,"绝对的权力对行使这种权力和服从这种权力的人,对他们自己和他们的子孙及其后裔,都是不好的;这种企图无论是以任何方式都是充满灾难的"。因此,每一个城邦都"不应该服从僭主,而应该服从法律的支配"①。为了限制绝对权力的发生,柏拉图创立了君主制的智慧和民主制的自由原则相结合的"混合式"国家原则。这一原则旨在通过各种力量或倾向的相互制约和均势,达到和谐和稳定的局面。法治意味着对权力的限制的思想,大概也是从此在西方人的观念里扎下根来的。(三)法律具有巨大的治国安邦的功能,它像一根金色的纽带,把各种需要和冲突协调起来。"有这样一种拉力,每个人都应当永远跟着它而且决不撒手,从而能够抵抗其他肌腱的拉力:它就是那'慎思熟虑'得出的主要纽带、金质的和神圣的纽带,而称为国家的公法;其他的纽带都是坚硬的和铁制的,并有种种可能的形态和外貌,而这根纽带是柔韧的和始终不变的,因为它是黄金制成的。有了这根最卓越的法律主要纽带,我们就必然需要经常合作……"②服从法律的意向和精神可以达到城邦生活的和谐。基于这些原因,柏拉图明确地宣称:"如果一个国家的法律处于从属地位,没有权威,我敢说,这个国家一定要覆灭;然而,我们认为一个国家的法律如果在官吏之上,而这些官吏服从法律,这个国家就会获

---

① [古希腊]柏拉图:《第七封信札》,转引自范明生《柏拉图哲学述评》,上海人民出版社1984年版,第423页。

② [古希腊]柏拉图:《法律篇》,张智仁、何勤华译,上海人民出版社2001年版,第29页。

得诸神的保佑和赐福。”[1]因而，服从法律的意向和精神，是一个国家的最高美德。这是一个实质性的修改：在《理想国》中，法律成了“哲学家—国王”的奴隶，而在《法律篇》中，“哲学家—国王”成了法律的仆人。

然而，柏拉图并没有最终彻底背叛自己的理想国家模式。哲学家的理念是那样深沉，哲学家的逻辑是那样有力，理想国家模式又是那样刻骨铭心，以至于柏拉图无法不坚持他那“没有法律，只有‘哲学家—国王’”的国家才是最高的、最完善的国家的理想。他坚信没有任何法律或秩序能比知识更有力量，“哲学家—国王”还是国家唯一的理想的主宰者，而所谓法律和秩序，只能是第二种最佳的选择。这就不免引起逻辑上的、思想上的冲突：“法治国”的建构，需要放弃《理想国》的理论论证，《理想国》的逻辑又势必推翻“法治国”的基本前提。柏拉图既不想放弃他的“一等”理想，又用不同的原则建构起“第二等好国家”，这种思想的深刻冲突，正是亚里士多德《政治学》的批判的起点，也是亚里士多德提出自己的法治观的理论突破口。或许可以说，这种冲突正是柏拉图作为亚里士多德的老师留给自己最杰出的学生的最好遗产。

亚里士多德（Aristotle，公元前384—前322年）师承柏拉图，但又对柏拉图的社会政治理想进行了种种批判和驳难。亚里士多德对古希腊城邦——按罗素的说法，即“政治实验室”——的政治法律状态的了解，比柏拉图全面、翔实得多。他曾经调查和研究过158个希腊城邦的政制（宪法史），《雅典政制》一书为《政治学》奠定了对希腊城邦进行理想构思和实证分析的基础，也使得他比柏拉图的抽象理

---

① ［古希腊］柏拉图：《法律篇》，第123页。

念更为重视法治。亚里士多德是侧重于从希腊城邦国家政制的经验来观察和讨论法治的优越性的,即他对法治的探讨,主要是在历史方面而非哲学方面。① 这与柏拉图的玄虚的理念推理方式有很大的不同。

亚里士多德一方面从未接受过《理想国》的理想模式,另一方面又以《法律篇》为基础构想自己的理想模式:法律统治而非专制统治。有些政治史学家认为,亚里士多德"在论及建设理想的国家时讨论到的每一个题目几乎都是由《法律篇》提出的,而且在一些细节上论点(甚至措词)有很多雷同之处。……因此,亚里士多德一开始接受的就是《法律篇》的观点,即在任何好的国家里,最高统治者必然是法律而不是任何个人,且不论此人是谁"②。显然,《法律篇》构成了柏拉图与亚里士多德师生之间的金质纽带,把他们的法治观联结在一起。

在《政治学》中,正如《法律篇》一样,并没有给法治下过定义。但是,《政治学》指明了法治一词的基本要素:"法治应包含两重意义:已成立的法律获得普遍的服从,而大家所服从的法律又应该本身是制订得良好的法律。"③在这里,亚里士多德认为:(一)法治是守法的统治,即统治的实施必须根据普遍的法律,而不是专横的命令。法律应当受到普遍的尊重并保持至高无上的权威。民众的活动要服从法律,如果有良法而人民不能全部遵循,那么仍然不能实现法治;国家政治权力受制于法律,而不能超然于法外,执政者凭法律来执掌他们的权力,并借以监察和处理一切违法失律的人们。没有树立法律最高权威和维持法律威信的城邦,实质上是缺乏政体的城邦,也就是无

① 参见[古希腊]亚里士多德《政治学》,第41—42页(1260[b])、第57—59页(1264[a])。
② [美]乔治·霍兰·萨拜因等:《政治学说史》,第124—125页。
③ [古希腊]亚里士多德:《政治学》,第199页(1294[a])。

以成为一个城邦。这样，法律至上成了亚里士多德理想国家的标志和应有部分。这种守法之治，在《政治学》中，也是正义之治：服从法律即符合正义，非正义就是破坏法律。（二）上述所服从之法，乃是良法（合乎正义之法），而非恶法。存有良法是法治的基础，恶法也可导致法律统治，但不能导致法治。“良法”“恶法”说，意味着《政治学》对法律提出了价值判断的问题，即提出了法治的价值基础问题。什么是良法呢？亚里士多德主张：第一，为了公众利益而不是为某一阶级（或个人）的利益的法律，是良法。《尼各马可伦理学》指出：法律的制定，是为了保持整个社会的利益。仅仅以某一阶级（或个人）的利益为依归的法律，必定导向宗派统治或专横统治，即人治，而不能导向法治。因此，为了制定良法，必须实行以公民平等地参与国家政治生活为特征的“轮番为治”政体。第二，良法意味着对自愿的臣民的统治，以区别于恶法的仅靠武力支持的专制统治。自由被古希腊人看作最高道德价值，所以，法律与自由是一致的，城邦的要素就是在法律之下的个人自由。《政治学》反映了这种道德理想，并强调“法律不应该被看作[和自由相对的]奴役，法律毋宁是拯救”①。剥夺和限制自由的法律，不可能成为良法。第三，良法必须能够维护合理的城邦政体于久远。城邦的立法家应当慎重注意各政体保全和倾覆的种种原因，寻找保全政体的方法，并尽心订定垂之后世的成文法律或习惯，以创制一个政体足以持久的机制。总之，严格服从良法，亦即法律的至上性和法律的正当性，就是亚里士多德的法治理想模式。

《政治学》依据上述法治理想模式，展开了对《理想国》的人治论的批判。《政治学》以这样的方式设疑：由最好的一人或由最好的法

① ［古希腊］亚里士多德：《政治学》，第 276 页（1310[a]）。

律统治，何者较为有利？《理想国》认为由最好的一人统治较为有利，而《政治学》与此相反，主张由最好的法律统治较为有利。这就是西方法哲学史上最伟大的人治与法治的“对话”。《政治学》明确提出了“法治优于人治”的命题，其立论基础首先在于法律与人性的关系。在《法律篇》中，柏拉图曾述及这种关系，亚里士多德承接了柏拉图的观点，警告说：“人类由于志趋善良而有所成就，成为最优良的动物，如果不讲礼法、违背正义，他就堕落为最恶劣的动物。”①执政者在执政时引起的偏向（不公道、不公平），争权干禄，甚至引起政治腐败，不是因常人不能完全消除兽欲，就是因贤良不能免其热忱。为了做到无所偏私，所以要实行法治。进一步言之，人类具有罪恶本性，失德的人会淫凶纵肆，贪婪无度，堕落为最肮脏最残暴的野兽，这是城邦幸福和谐的理想生活的莫大祸害。但众人为治比一人为治更能使城邦趋利避害，犹如物多者比较不易腐败；大泽水多则不朽，小池水少则易朽；多数群众也比少数人不易腐败。而众人之治实质就是法治，即平等基础上的轮番为治就是主张以法律为治。人类的本性还难免有感情，即使某个人聪明睿智，胸襟豁达，也往往会失却理智而感情用事。但凡事不凭感情因素治事的统治者总是比感情用事的人较为优良。法律恰恰是全没有感情的智慧，是免除一切情欲影响的神祇和理智的体现，具有一种为人治所无法做到的“公正性”或“中道性”。因此，“谁说应该由法律遂行其统治，这就有如说，惟独神祇和理智可以行使统治；至于谁说应该让一个个人来统治，这就在政治中混入了兽性的因素”②。

在政治生活过程中，法律与人性的关系，表征为法律与政治权力

---

① ［古希腊］亚里士多德：《政治学》，第 9 页（1253[a]）。

② ［古希腊］亚里士多德：《政治学》，第 168—169 页（1287[a]）。

的关系——法治根源于制约权力的需要。柏拉图对此亦有过论述。在《政治学》中，亚里士多德主要从希腊各城邦国家的政治实践，进一步申述了柏拉图的思想。他认为，统治权最终存在于法律之中，执政者必须实行合法统治，乃法治的至高精神。在公民平等的城邦中，把全邦的权力寄托于任何一个人或一个政治团体，都是不合乎正义的，某个政治机构的权力过大也有损于城邦生活。如斯巴达的监察院对城邦重要事务具有决定权力，这种制度尽了团结公民团体、维持宪政的作用，但是"它的权力过大，可以专断职务，就是国王也不能不仰承其辞色；因为监察院僭取的权力日见重大，城邦原来的政体，并王室在内，渐趋废坏"①。因此，监察官不应凭私意随便决定可否，而应凭法律上成文的条规慎重行事。他还从古希腊城邦中不合法的政体即一种典型僭主政体中，发现运用法律限制权力的必要性和正当性。在这种政体中，僭主非法篡权夺位独揽统治大权，施政专以好利为尚，对于人民的公益则毫不顾惜，而且也没有任何人或机构可以限制他个人的权力。"这是暴力的统治；所有世间的自由人当然全都不愿忍受这样的制度。"②因为它缺乏法治的精神。可见，任何机构、团体或个人都不能取得绝对的权力，这对法律的至上性和正当性来说，是一个根本保障。《政治学》还提出了限制权力的国家政治权力分配体制，即把国家政治权力划分为议事权力、行政权力和审判（司法）权力。这种分配体制是近代法治学说和三权分立学说的历史基础。

亚里士多德强调"法治优于人治"，还有一个重要的原因，即他赞同《法律篇》中提出的主张——法律是有道德的和文明的生活的一个不可缺少的条件，是导致文明的力量，而绝不是一种权宜之计。因

① ［古希腊］亚里士多德：《政治学》，第 88 页（1270[b]）。

② 参见［古希腊］亚里士多德《政治学》，第 203 页（1295[a]）。

此，在亚里士多德看来，必须使法律成为国家道德观念的具体体现，成为理想国家本身的要素。不实行法治，就不可能有城邦生活，也不可能满足理想国家的道德要求。

古希腊人的法治观，基本上终结于亚里士多德。不论是柏拉图还是亚里士多德，法治论最终属于道德理想范畴，尽管前者侧重于理念论，后者侧重于现实主义。他们都从本质上把法律问题视为人的道德问题，他们谈论法律和法治，其着眼点也不过都在于人的道德发展，力求在道德的基地上构建起理想国家的大厦。实现道德目的即“善”，是他们师生二人设想的国家的主要目标。因此，法律的功能和价值就在于促进“善”的发展，或促进城邦的正义和善德。在亚里士多德那里，法律的至高无上的权威、公民的自由和平等、立宪政体等道德理想，始终是国家应当存在以求实现的目的。① 法律与人性的关系、法律与权力的关系，也都是从城邦的“善”来阐释的，从而使法治观具有一种超越法律的特殊性而成为更高层次的理想观念的品格。仅仅在法律层面而不深入道德理想层，不探讨法律的价值基础和价值根源，无以最终确立法治观。

二、罗马人的“以法为据”

罗马人的法治观，导源于希腊文明——不仅是制度（宪法）文明，而且是思想文明，包括柏拉图、亚里士多德及斯多噶学说。其中，斯多噶学说（自然法观念）构成了连接希腊法文化和罗马法文化的桥

---

① 参见[美]乔治·霍兰·萨拜因等《政治学说史》，第 138 页。

梁。尽管罗马人不善于思辨,却精于行动。除了西塞罗[①]和罗马法学家,罗马人主要是通过实践方式来接受和阐扬希腊法文明的。因此,在西塞罗的著作中,在罗马法学家的理论中,在辉煌的罗马法以及在罗马人的日常观念、情感中,都反映了罗马人对法治的探究、思考和态度。或许,罗马人的制度、行动能够成为他们法治观的高耸的纪念碑。

在罗马人的观念和制度中,法律是一个中心要素,因为法律是最高理性(自然法)的体现。人们既依据法律来说明正义,也依据法律来阐释权利与国家、正义与法律的关系,从而形成了对法律的坚定信赖。

正义及正义与法律的关系,曾经是柏拉图和亚里士多德关心的论题之一,罗马人也介入了这些问题。但罗马人似乎对这些问题有一种不同的理解。柏拉图和亚里士多德都认为正义可以包含在不平等的社会、法律秩序和结构之内。而罗马人思想则把正义和自然平等结合起来。这一思想来源于斯多噶主义。[②] 西塞罗从自然理性或自然法观念中推论出自然平等的原则,并从所有人都服从一个法律中引申出法律平等的概念。他"主张人们在种类上没有差别,他们都平等地有为善的能力。不可能有自然的不平等,倘若存在任何不平

---

① 西塞罗(Gcero,公元前 106—前 43 年),罗马时代仅有的少数政治思想家的最杰出代表,一位伟大的法学家。作为斯多噶自然法学说的忠实信徒,他在自然法学史上占有重要地位。

② 斯多噶主义的一个重要成分是平等的原则,即人们在本质上是平等的。"这种人类平等的思想在罗马帝国时期的政治和法理学中赢得了一席之地。"([美]E.博登海默:《法理学——法哲学及其方法》,邓正来译,华夏出版社 1987 年版,第 17—18 页。以下引此书,不再详注)

等，它只是人为地造成的，是社会罪恶的结果”[①]。而法律可以给人以平等，能够保证平等在社会中实现。因此，法律能够保证正义，法律是正义与非正义事物之间的界限。当然，西塞罗并不认为所有法律的内容都是正义的，有些法律，如规定独裁者可以不通过审判任意处死一个他想处死的无辜公民的法律和认可盗窃、通奸、伪造遗嘱的法律，就是非正义的法律，这些法律不配称为法律。因而只有符合自然理性和人民安全与幸福的法律，才能判别正义与非正义。罗马法学家也是普遍赞成人类平等的法律原则就是正义的思想。塞尔苏斯把法律定义为“善良公正之术”。乌尔比安认为法学“是有关正义和非正义的学问”，“法律不单是一个特别社会的规则，乃是正义和德行的永远不变的原理的说明”；还说“所有的人生来都是平等的”。还有一些法学家也宣称，“自然权利的享有，人人皆是平等”，“依自然法，人人生而自由”，并据此对罗马奴隶制进行批判和谴责。虽然罗马人的上述正义观和平等观没有引起罗马社会的革命，但推动了罗马法律制度的改革。正是以这种改革为契机，罗马奴隶的地位得到了改变；妇女慢慢地从夫权下解放出来，自由婚姻逐渐取代夫权婚姻；父母和子女之间的法律关系也同样采取了较为人道的形式。[②]

罗马社会是一个“泛权利”的社会。这种权利不是希腊法哲学所认为的那样先于法律而存在，而是生于法律。权利（Right）本来有双重含义：抽象的正义和个人或团体的权利。希腊贤哲们强调第一重含义，所以法律生于权利；罗马人则注重第二重含义，因而权利生于法律。只有从法律观点出发，才能确定和阐发权利，这是以西塞罗为

---

① ［印］阿·库·穆霍帕德希亚：《西方政治思想概述》，姚鹏等译，求实出版社 1984 年版，第 53 页。

② 参见 E.博登海默《法理学——法哲学及其方法》，第 18—22 页。

首的人们倡导的基本观点。[①] “是罗马法最先制定了私有财产的权利、抽象权利、私人权利、抽象人格的权利。”罗马人“也完全根据私人权利的准则来看待君主权利的，换句话说，他们把私人权利看成国家权利的最高准则”[②]。罗马法的精义在于它是权利法，即私法、民法。罗马人之所以从法律来看待权利，是因为在罗马法的观念中，国家和个人是分开的，个人是一个独立、自由的法律实体，有其自身的权利和义务，而国家必须尊重个人的特性和权利，承认个人有其自由的领域。

罗马人区别于希腊人的一个重要特性，在于他们注重从政治学和法律学来考察政治生活，而不像希腊人那样关注伦理学的思考。也就是说，罗马人强调政治生活的法律特性，希腊人则强调政治生活的道德特性。因此，当柏拉图和亚里士多德把国家识别为伦理（善）的实体时，罗马人却提出了国家是一个法团（法人）的理想。罗马人“当然会把最高权利授予国家；但是他们这样做，并不是认为国家代表一个至上的道德力量。他们认为国家之所以是至高无上的，是因为它垄断着立法权，是法的制订者，这种法既约束着个人，也约束着国家。国家被视为一个法人，在法的限制内行使它的权利”[③]。如西塞罗正是依据法来分析国家。他认为：“国家乃人民之事业，但人民不是人们某种随意聚合的集合体，而是许多人基于法的一致和利益

---

① 罗马法学家认为“权利为法律所确定所保护的利益”。

② 《马克思恩格斯全集》第 1 卷，中央编译局译，人民出版社 1972 年版，第 379—382 页。梅因亦言：“概括的权利这个用语不是古典的，但法律学有这个观念，应该归功于罗马法。”（[英]梅因：《古代法》，沈景一译，商务印书馆 1959 年版，第 102 页）

③ [印]阿·库·穆霍帕德希亚：《西方政治思想概述》，第 50 页。

的共同而结合起来的集合体。"[①]因此,国家在本质上被描述为一个法的联合体(法人团体),或一种法的制度。这样的国家,其权威是来源于人民的,人民的幸福是至高无上的法律。西塞罗的意思并不是倡导人民主权,而是说法律乃人民以集体的名义和身份取得的共同财富。这一理论为罗马法学家所接受并为罗马法所确认。盖尤斯曾指出:"一切权利都是从人民来的。皇帝的命令何以有法律的效力呢?因为皇帝的地位是由人民给他的;官吏为什么有权力呢?因为官吏是由人民选举出来的。"[②]乌尔比安亦说过:"皇帝的意旨具有法律效力,因为人民通过 Lex regia(即《国王法》——引者注)中的一段话把他们自己的全部权力授予了他。"[③]作为法人团体的国家,最重要的原则,就是国家本身和政治权力的行使必须正当而合法,法律是国家的依据,国家是法律的产物,因为人民联合和国家形成的纽带就是法律。西塞罗写道:"犹如法律指导官员,官员也这样指导人民,因此完全可以说,官员是说话的法律,法律是不说话的官员。"[④]权力从属于法律,实行法治而不是人治,否则国家就会丧失其真正的本质和特性。也就是法律是高于一切权威的权威,人人都是法律的臣仆。西塞罗有一句名言:"我们是法律的仆人,以便我们可以获得自由。"这种思想也体现在罗马法和罗马人的生活之中。罗马人的生活,"事实上最终并不依赖皇帝或罗马统治者的任性,而是依赖法庭的正义。握有统治权杖的人可能更替,而罗马法却没有改变,继续使罗马帝国

---

① [古罗马]西塞罗:《论共和国 论法律》,王焕生译,中国政法大学出版社 1997 年版,第 39 页。

② 参见陈允、应时《罗马法》,商务印书馆 1931 年版。

③ 《法学汇纂》第 1 卷,第 4 章,第 1 节,转引自[美]乔治·霍兰·萨拜因等《政治学说史》,第 207 页。

④ [古罗马]西塞罗:《论共和国 论法律》,第 255 页。

统治下的和平得以持久。……罗马帝国成功的秘诀在于罗马法的魔力”[1]。即便是皇帝，也有服从法律的义务。《法学汇纂》引证希腊人底谟斯庭的话说：一切人有种种理由要服从法律，最大的理由就是因为各种法律都是上帝设立的和给予的，是智者制定的，是纠正犯罪的，是国家中共同合意的，凡是国家中的人都靠这种法律生活。这表明，西塞罗和罗马法学家、罗马法都典型地表达了重法主义精神；罗马人从理论、制度和行动上都向后世的人们宣告：国家或统治不是由哲学而是由法律所培育的。

怎样才能使法律具有正义性、权利得到保护以防止国家权力的侵蚀以及促使国家真正符合自己的目的、特性和原则，总之，怎样才能实现法治，这也是罗马人所关心的问题。罗马人为此提出了各种方案，其中最为典型也最有影响的方案，即混合型的共和主义均衡体制。这种体制，首先是波里比阿（Polybius，约公元前 205—前 125 年）从柏拉图、亚里士多德的著述中继承下来并根据罗马平衡政体的实践加以发展的。波里比阿分析了罗马政府三个部分——人民（或人民大会）、元老院和执政官——各自的权力及其相互之间的制约关系。他从无数历史经验中发现，政府的任何一部分权力如果企图取得优越地位，并表现出扩张性和侵略性，而其他部分的权力又无法或无力加以抗拒和抵制，那么就不可避免地要患“政体病”。而通过政府的各个部分相互配合和制衡所形成起来的“特殊形式的政体，具有不可抗拒的力量，任何它所决心追求的目标都可以实现”。除这种政体，“我们不可能发现比这更好的政治制度了”[2]。而西塞罗也主张建

---

① [印]阿·库·穆霍帕德希亚：《西方政治思想概述》，第 49 页。

② 《世界史资料丛刊·罗马共和国时期（上）》，任炳湘选译，生活·读书·新知三联书店 1957 年版，第 52—53 页。

立混合型的共和政体,即把君主制、贵族制和民主制这三种政体形式中的长处或积极因素结合起来,以产生共和政治的均衡模式。他说:根据经验来看,“在我们谈到过的三种基本的国家体制中,在我看来,以王政为最优越,但会有一种体制比王政更优越,它由三种良好的国家体制均衡地混合而成”[①]。在西塞罗的共和政体中,其结构要素有民选制度、立法机关、行政机关、监察机关及司法机关等,这些机关均不得僭取其他机关的权力,以防止专制和暴政。从国家作为法人团体的实质性因素方面言之,共和政体就是重法主义,就是以“服从法律为美德”,而如果共和政体的权力是基于强暴和专横,就没有国家和共和政体。在这里,西塞罗又引导我们回到了原来的出发点:为求法治,必须建立共和政体。共和政体本身就是法治政府。

古典的法治思想,并没有随着希腊世界的衰落和罗马帝国的倾覆而被葬送。这种思想跨越时空,首先在英国找到了自己的忠实继承人。古希腊、罗马人所开辟的道路,一直向近现代延伸、拓展。

---

① [古罗马]西塞罗:《论共和国 论法律》,第60页。

第二章

西欧人对法治的探讨

一、英国的法治主义和法律主治论

17、18世纪的英国，既是近代自由主义的发源地，也是近代法治主义的故乡。自由主义和法治主义联姻于英国，应归功于两位杰出的政治哲学家和法哲学家——詹姆士·哈林顿(James Harrington，1611—1677年)和约翰·洛克(John Locke，1632—1704年)。

哈林顿，一位具有独立思考能力和笃信共和的学者。他在其代表作《大洋国》(《大洋共和国》)一书中，提出了法治共和国的模式构想，即以自由为最高价值准则、以法律为绝对统治的国家体制。

哈林顿的法治学说，既反映了他对古代共和国和治世之道的景仰，也反映了亚里士多德《政治学》等经典著作对他的熏陶。他认为治国之道，不外是法治和人治。法治存在于古代(古雅典、罗马)共和国，在这种共和国中，人类在共同权利和共同利益的基础上组织起来，它"是法律的王国，而不是人的王国"。人治是近代(主要指中世纪）专制国家，这种国家扼杀或毁灭了自由，由某一个人或某一些人按他或他们的私利对一个城邦或一个国家进行统治，法律是按照一个人或少数家族的利益制定的，因此，它“是人的王国，而不是法律的王国”。哈林顿的理想是前者而不是后者。

“共和国是法律的王国，而不是人的王国”，哈林顿从亚里士多德和罗马历史学家李维那里接受下来的这种政治理想，是建立在自由的基础上的。自由是“无价之宝”。而自由又是法律的王国，一方面，“一个共和国的自由存在于法律的王国之中，缺乏法津便会使它遭受暴君的恶政”[①]；另一方面，只有共和国才容许在法律管辖下享有自由，因此，大洋国的执政官在公布典章制度时标明了两个大字——自由。自由构成了哈林顿法律王国的价值支柱。这也是共和国的显著标志。

因此，从自由价值出发，共和国只能是法治国家。共和国的人民在上帝之下，只会信赖法令。共和国“所依赖的不是人们的忠信，而是一步就跨进了法律的王国”[②]。在共和国中，立法者的格言应当是“有完备的法则有善良的人”，而不是“有善良的人则有完备的法”，前者是政治学中颠扑不破的真理，而后者则是绝对不可靠的，因为人性是变化不定的。因而法律成了共和国的绝对统治者。所有正当法律的总和必然等于一个共和国，尤其是作为共和国基础、决定共和国性质的财产或所有权，以及作为共和国最高价值准则的自由，其本身是

① ［英］詹姆士·哈林顿：《大洋国》，何新译，商务印书馆1963年版，第20页。以下引此书，不再详注。他以被誉为“自由的坚强堡垒”的意大利城市路迦（该城楼阁上写着“自由”）为例说：路迦人“除了法律之外，不受任何东西约束。法律是由全体平民制定的，目的只是在保护每一个平民的自由，不然，他们就是咎由自取了”。（《大洋国》，第21页）

② ［英］詹姆士·哈林顿：《大洋国》，第72页。

一种法定的制度,只能依法而存在。这样,土地法和政治法就奠定了共和国的基石。哈林顿说:“每一个政府的基础或中心就是它的基本法律。基本法所规定的就是一个人可以称为自己的东西是什么,这就是所谓财产。同时还要规定一个人有什么凭依可以享受自己的财产,这就是所谓保障。前者就是所谓所有权,后者就是所谓统治权或主权。”①这种基本法也是共和国或政府的美德与权威,必须为人们所遵守,尤其为专司执法的行政机构所服从。否则,共和国将会瓦解。“行政机构的数目和职能,在各国都有所不同,但有一个条件是一切行政机构都必然相同的;缺乏这个条件,共和国就会解体。也就是说,行政官员的手既是执行法律的力量,那么行政官员的心就必须向人民负责,保证他施政时是按照法律行事的。……运用法律的手或剑就在行政机构之中,而不是在行政机构之上。”②这就是共和国的依法行政的原则。当然,共和国的法律,其最高的普通准则是简明。哈林顿引证塔西陀的话说:“法网日繁,共和国就腐败了。”法律多的时候,要武断决定的事情不仅不会减少,反而会更多;并且会促使诉讼人缠讼不休。同时,共和国的法律应当避免相互冲突,“因为这种法会发生冲突,或可能发生冲突时,就必然会使共和国解体。因此,根据类似经验的证明,如果法令没有冲突存在,或找不出有任何方式可能发生冲突时,就可以形成一个尽善尽美的共和国。而且根据人类经伦之道中可能预见的情形来看,这种共和国也是万古长青的”③。

在法治共和国的理论模式中,哈林顿关注的中心,乃如何实现上述价值目标和法律统治。他认为,“一个共和国之中制定法律的是

① [英]詹姆士·哈林顿:《大洋国》,第 104 页。
② [英]詹姆士·哈林顿:《大洋国》,第 26 页。
③ [英]詹姆士·哈林顿:《大洋国》,第 76 页。

人。因而主要的问题似乎是:怎样才能使一个共和国成为法律的王国,而不是人的王国?”[①]为此,哈林顿设计了共和国的结构原则,这个方案可以凝结为两个字:“均势”(平等)。国家的奥秘就在于均势——一个国家不能形成均势,就无以自立;如果原有均势发生偏差,任何政体都只能维持一个短暂的时期,“因为,这违反了均势的性质,均势是决不会被摧毁的,被摧毁的只是违抗它的一切”[②]。均势也就是平等,它包括财产权平等和权力平等。“因为财产的平等,就会产生权力的平等,而权力的平等则不仅仅是整个共和国的自由,而且也是每个人的自由。”[③]财产权平等主要是土地所有权的平等,即在土地法上的平等。在土地法上,贵族阶级或少数人的圈子里的某一个人或某一些人不可能由于拥有大量土地而压倒全体人民。权力平等即轮流执政的平等。政府官员依自由选举和任期制平等地轮流交替或轮流担任。这两种平等构成共和国的结构原则的轴心。它们可以保证共和国所绝对必需的势力的均衡。

根据“均势”原理,哈林顿提出了共和国的原则,这些原则是“一个平等的共和国是在平等的土地法的基础上建立的政府。其上层建筑分为三个机构:(1)元老讨论和提议案,(2)人民决议,(3)行政官员执行;官职由人民投票选举,平等地轮流执政”[④]。即平等的土地法、轮流执政、自由选举(秘密投票)和权力分立政府四项原则。这些原则共同构成共和国的法律结构。在此,我们仅述其第四项原则。

在法治模式中,政府和法律乃是一个二律背反的问题:良好的政

---

① [英]詹姆士·哈林顿:《大洋国》,第 21 页。
② [英]詹姆士·哈林顿:《大洋国》,第 11 页。
③ [英]詹姆士·哈林顿:《大洋国》,第 20 页。
④ [英]詹姆士·哈林顿:《大洋国》,第 37 页。

府有赖于良好法律的塑造，而良好的法律又导源于良好的政府。仅就后一方面论，哈林顿也是极其清醒的，他说："除非政府首先就是健康的，否则说得头头是道的法律改革也是危险的。一个健康的政府就好比是一株健康的树，用不着怎样操心也不会结出坏果实来。要是树本身有病，果实就永远也没法改造了。如果树没有根而又结出外表很好的果实，那就特别值得注意，因为这是极毒的果实。"①所谓健康的政府就是共和政体。共和政体的精神仍在于"均势"，其表现形态则是混合政体，即"共和国既通过元老院而具有贵族政体的性质，通过人民大会而具有民主政体的性质，通过行政机构而具有君主政体的性质，所以便是完美无缺的，除了这种人为的或自然的共和国之外，再也没有其他形式的共和国"②。而贵族政体、民主政体、君主政体则都有退化和腐败的倾向，所以都是恶的。混合政体的主要目的在于限制权力和分立权力，以防止恶政和共和国的灭亡。因此，限制权力对于共和国来说是必不可少的。哈林顿断言："主权是一个必不可缺的东西，然而又是个十分骇人的东西。这正像火药对于士兵一样，可以使他安全，也可以使他遭受危险。……有人说，权力受到限制的人就不能成为主权者。试问河流在自己的河岸之间流动，难道不比泛滥成灾、冲毁庄稼（纵使这样是合法的）时更加安全而有益民生吗？灵魂如果不藏在实在的肉体中，肉体的作用难道不就像是鬼附了体的巫师一样吗？权力如果不限制在理性和美德的范围之内，岂不就只能以情欲与邪恶为范围了吗？"③如"人民的恶是由统治者造成的；统治者的恶则是由法律或法令造成的。至于法律或法令

---

① ［英］詹姆士·哈林顿：《大洋国》，第45页。

② ［英］詹姆士·哈林顿：《大洋国》，第26页。

③ ［英］詹姆士·哈林顿：《大洋国》，第103页。

的恶则是由立法者造成的"[1]。经验证明,不论是哪一部分权力,都不能漫无止境。当然,共和国的权力所受的限制只是限于制约和均衡。这就引申出权力分立结构。在共和国里,权力被哈林顿分为若干部分:法律的讨论、提议权,由元老院行使;法律的批准权,由人民(人民大会)行使;法律的执行权,包括审判权,由行政官员行使。此外,人民还应有最高审判权。这些权力不能互相侵犯和超越,否则,共和国的根基就不稳固。这些权力实质上是两种权力,即立法权和执法权。立法权同时由两个独立的机构行使,人民享有最高审判权,而对司法独立则不置一词,这正是哈林顿的分权学说与孟德斯鸠的分权理论的基本区别。同时,共和国的权力必须是负责任的权力,即共和政府是责任政府。"李维说:'必须在人民大众之前告发官吏,并将叛国者取斩,将其财产充公'。一个人受托一宗财产之后,如果可以不负责任的话,就会占为已有。同样的道理,官吏从人民手中获得权力后,如果可以不对人民作呈述,就会假公济私,共和国也就会失去自由。因此,一切共和国长期以来的经验都肯定人民应掌握最高审判权(没有这种权力就不可能有民主政府存在)"[2],从而追究政府所应承担的责任。假若没有这种责任,那么共和国和法治都不会存在了。

在《大洋国》中,对哈林顿法治共和国来说不无重要性的是实行多党制。"均势"或平等的原理,既然不允许财产、所有权、政治权力等集中于少数人手中,那也必然反对一党统治。哈林顿认为,一个政党若排斥另外的任何党派,是不公平、不明智的,就"不可能在共和国的自然原则——公平上建立共和国。……因为共和国如果只有一个

---

① [英]詹姆士·哈林顿:《大洋国》,第204页。
② [英]詹姆士·哈林顿:《大洋国》,第178页。

政党,就会经常破坏自身”[①]。因为这个党排斥了其他党派充分而平等地分享政府地位的权利。如果几个政党都有权利分享财产、自由和政府地位轮流执政,那么这些政党就会共同保卫共和国和法律。[②]因此,多党制所造成的势力均衡,不仅保护了共和国,也保护了法律统治——就其法律性质而言,任何政党纵使能够违抗法令也不会违抗;而且要违抗也不能违抗,除非这些政党愿意以丧失均分财产、自由和政府地位的权利为代价。而这种代价是任何政党都不愿付出的。

当哈林顿 1656 年发表《大洋国》的时候,洛克年仅 24 岁。33 年之后(1689 年),洛克出版了《政府论》下篇。洛克是站在哈林顿肩上的杰出政治哲学家。

洛克被誉为西方自由主义和法治主义的奠基人。洛克的法治主义,不仅比哈林顿的法治共和国更为完善和成熟,而且有力地参与塑造英、美、法等国家的宪政模式,从而深深地影响了这些国家从传统社会走向现代社会的进程。时至今日,在法治观上,洛克的思想仍然闪耀着不朽的光芒。

洛克政治法律学说的基调,在于维护个人的自由权利。这一基调既是自由主义的核心含义,也是法治主义的奠基石。洛克同许多思想家都假设人类最早生存于某种自然状态,不过他认为这个自然状态不是霍布斯宣布的“人对人像狼一样”的战争状态,而是一种平等和自由的状态。而且,这种“自然状态有一种为人人所应遵守的自然法对它起着支配作用;而理性,也就是自然法,教导着有意遵从理

① [英]詹姆士·哈林顿:《大洋国》,第 67 页。

② “人们如果和你均分共享财产与自由,他们就会和你共同防卫同一事业。”(《大洋国》,第 67 页)

性的全人类：人们既然都是平等和独立的，任何人就不得侵害他人的生命、健康、自由或财产”[①]。自由、平等和所有权，就是人的不可剥夺的天赋权利或自然权利。但是，在自然状态中，缺少一种明文、公开的法律，缺少一个有权依法裁判一切争执的公正的仲裁者，也缺少一种执行裁判的公共权力。所以，自然状态是不完善的、有缺陷的：个人的自然权利经常面临被侵害的危险。为更有效地保护个人的自然权利，一种完全不同于自然状态的新型的社会即政治社会或公民社会应运而生了。

政治社会或公民社会，在洛克看来，就是制度化的自由与权威的机制，就是法治社会。政治社会的标志，在于具有某种保护个人自然权利的政治权力，这种权力是由参与政治社会的每一个成员通过社会、政治契约（法律）交给或同意转让给社会（国家、政府）的。政治社会如果不具有这种权力，就不成其为政治社会，人们便不能脱离自然状态而进入一个有国家的状态。而政治权力实质上是一种法律权力，即具有合法性和法律性的权力，它存在的原因和理由，就在于维护个人的权利，实现个人的自由。这种权利和自由是人们在自然法中天然拥有而政治社会又不可剥夺的自然权利，以此为基础，洛克首先从两个方面展开他的法治学说。一方面，集中于法律对公民自由权利的保护。洛克高扬人的自由，认为自由是其余一切的基础，也是法律的基础。“法律按其真正的含义而言与其说是限制还不如说是指导一个自由而有智慧的人去追求他的正当利益。”[②]法律首先是自

① ［英］洛克：《政府论》下篇，叶启芳等译，商务印书馆 1964 年版，第 6 页。以下引此书，不再详注。

② ［英］洛克：《政府论》下篇，第 35—36 页。

由的宣言和保障。[①] 同时，法律还是对自由的界定和约束，[②]而法律对个人自由的界定与约束，首先应限定在保护另一个人同样自由的同等有效的范围之内。这样，法律之下的个人自由就是平等的自由；法律面前人人平等就成了重要的法治原则。但是，对个人自由的界定，并不仅仅来自另一个人的自由权利的约束，而且也来自政治权力的约束。于是，洛克又从另一方面论述他的法治理论，即法律保护个人自由不受绝对的、任意的政治权力的约束，政治权力以不侵犯和破坏个人自由为限度。法律应当成为个人自由不受政治权力任意干涉的屏障。因此，法治社会的政治权力，在法律上是有限的、分立的和负责任的。有限的权力是指政治权力依法受到限制，如政治权力不得为所欲为，任意剥夺和限制人民的自由，任意处分人民的财产或产业或不得扩张到超出公众福利的需要。[③] 限制的基本准则就是有利于实现个人自由权利。这一准则也是人类从自然状态进入政治社会或建立国家、政府的目的：国家和政府本身不是目的，而是保护个人自由权利的工具。而“使用绝对的专断权力，或不以确定的、经常有

---

① “法律的目的不是废除或限制自由，而是保护和扩大自由。这是因为在一切能够接受法律支配的人类的状态中，哪里没有法律，那里就没有自由。这是因为自由意味着不受他人的束缚和强暴，而哪里没有法律，那里就不能有这种自由。”(《政府论》下篇，第36页)

② 自由“并非人人爱怎样就可怎样的那种自由……而是在他所受约束的法律许可范围内，随其所欲地处置或安排他的人身、行动、财富和他的全部财产的那种自由，在这个范围内他不受另一个人的任意意志的支配，而是可以自由地遵循他自己的意志”。(《政府论》下篇，第36页)

③ 如自然法对立法机关的权力所加的限制：第一，它们应该以正式公布的既定的和平等的法律来进行统治；第二，这些法律除了为人民谋福利这一最终目的之外，不应再有其他目的；第三，未经人民自己或其代表同意，决不应该对人民的财产课税；第四，立法权不能转让。(《政府论》下篇，第88—89页)

效的法律来进行统治，两者都是与社会和政府的目的不相符合的”[①]。所以，以保护个人自由权利为目的的政治权力，应该根据既定的、向全国人民公布周知的和经常有效的法律来行使，而不能以临时的命令来实行统治。分立的权力是指各种政治权力依法进行划分，不能由某一个人或政治组织集中行使，即国家的立法权、执行权和对外权应由不同部门执掌。这主要是因为，“如果同一批人同时拥有制定和执行法律的权力，这就会给人们的弱点以绝大诱惑，使他们动辄要攫取权力，借以使他们自己免于服从他们所制定的法律，并且在制定和执行法律时，使法律适合于他们自己的私人利益，因而他们就与社会的其余成员有不相同的利益，违反了社会和政府的目的”[②]。掌权者总是容易为权力所诱惑和腐蚀，因而法律下的权力分立是绝对必要的。因此，尽管立法权是社会的最高权力，其余一切权力都是而且必须处于从属地位，但立法机关也不能统揽执行权和对外权。在洛克那里，这种权力分立是法律化的权力结构，政治权力的行使以法为据，尤其是立法机关，自己也受其所制定的法律的支配和约束，使其于制定法律时注意为公众谋福利即为公众保护自由权利。法治社会反对绝对的、专断的政治权力。负责任的权力是指政治权力可以依法受到追究，这是防止政治权力侵犯个人自由的责任体制。洛克意识到，权力受限制和分立还不能构成预防侵犯个人自由、权利的完全和充分的保护措施，因此，他认为，当政治权力违反法律（或自然法）时，人民有权更换权力机关和废黜政府。如立法权只是为了某种目的而行使的一种受委托的权力，“当人民发现立法行为与他们的委托

① ［英］洛克：《政府论》下篇，第 85 页。

② ［英］洛克：《政府论》下篇，第 89 页。

相抵触时，人民仍然享有最高的权力来罢免或更换立法机关；这是因为，受委托来达到一种目的的权力既然为那个目的所限制，当这一目的显然被忽略或遭受打击时，委托必然被取消，权力又回到当初授权的人们手中，他们可以重新把它授予他们认为最有利于他们的安全和保障的人”①。这一原理也同样适用于最高执行者。同时，洛克还坚持主张反对暴君的起义行动具有合法性，因为起义是自然法赋予人民反抗强暴和专制的革命权利。而不负责任的权力，只能成为破坏法治的政治力量。

总之，洛克的理论原则是明确的：法治的侧重点在于个人自由权利，而不在于权威或安全。为了实现这一主要价值，法律必须一方面保护和扩大个人自由权利，另一方面防止独裁、专制，限制政治权力。其中，政治权力受法律支配是至关重要的课题。洛克就此指出：无论国家采取什么形式，统治者应以正式公布的和被接受的法律来进行统治，因为，“政府所有的一切权力，既然只是为社会谋幸福，因而不应该是专断的和凭一时高兴的，而是应该根据既定的和公布的法律来行使；这样，一方面使人民可以知道他们的责任并在法律范围内得到安全和保障，另一方面，也使统治者被限制在他们的适当范围之内，不致为他们所拥有的权力所诱惑，利用他们本来不熟悉的或不愿承认的手段来行使权力，以达到上述目的”②。一个古老的政治法律理想——通过法律限制权力以求权力达到善的目的——在洛克这里得到了重新阐释和高扬。

合乎自然权利的、公正的法律，并不能自然地导致法治。洛克也深知此理。所以，他极力主张政府和民众要积极执行和遵守法律。

---

① ［英］洛克：《政府论》下篇，第91—92页。

② ［英］洛克：《政府论》下篇，第86页。

他把业经制定的法律无从执行，看作无政府状态和政府解体。因为制定法律的目的，是通过执行法律而使法律成为社会的约束，使国家权力合法地实现自己的目的，如果法律不能被执行，那么不仅政府搁浅了，而且人民也会陷于无序化状态之中。因此，法律的执行事关宪政的生存和稳定。同时，司法保障也是不可或缺的。“法律一经制定，任何人也不能凭他自己的权威逃避法律的制裁；也不能以地位优越为借口，放任自己或任何下属胡作非为，而要求免受法律的制裁。公民社会中的任何人都是不能免受它的法律的制裁的。”①政府的合法而治和民众的依法而行，最终还是为了实现政治社会的基本目的。这也是洛克法治观的重要内容。

在英国，艾尔伯特·维纳·戴雪(Albert Venn Diecy，1835—1922年)，是另一种类型的法治论学者。作为英国宪法宗师，他以《英宪精义》一书名扬天下。在《英宪精义》中，他通过考察和研究英国宪政，发现了英国政治的一个基本原则：法律主治。②“法律主治”四个字概括了戴雪的法治思想。

戴雪认为，法律主治不仅是英国宪法中最出色的大义，而且确立了英国宪政的实质，是英国制度的要素。法律主治的旨意，在于英国宪政受法律精神支配，普通法律绝对地、普遍地运行于全国，普通法院有权惩治任何人所犯的任何非法行为，尤其是最终有权力约束政府。申言之，戴雪力主法律主治有三个基本含义：③

(一)除非有法律明文规定，并由普通法院依普通法律手段判定，任何人不得受法律处分，或受刑事、民事处罚。戴雪指出：“一切独

---

① [英]洛克：《政府论》下篇，第59页。

② “法律主治”在《英宪精义》中亦称为“法律至尊性”“法律的优势”“法律主义”。

③ 参见[英]戴雪《英宪精义》，雷宾南译，中国法制出版社2001年版，第231—245页。

裁、特权，以至宽大的裁夺权威，均被摒除。英吉利人民受法律治理，惟独受法律治理。一人犯法，此人即被法律惩戒；但除法律之外，再无别物可将此人治罪。”在这个意义上，法律主治就是任何人依法自由行动和政府没有专横的自由裁量权，即不存在超法的个人权利和国家武断权力。如果政府能以武断权力执法，那么人民就会受到这种不健全制度的侵害。如在法国路易十四至路易十六时代，武断权力很大，经常有藐法行动，故绝无法律主治的事实存在。在英国，政府的权力远不及大陆各国行政院所享有的极大的裁夺权力。英国政治制度的特长，不在于善政，也不在于宽政，而在于政制中的法律性，在这种政制中，人民只受治于法律而不受治于人情好恶。因此，公民个人只要能遵守法律，就无须畏惧政府，个人自由也不至于受其干涉和侵害。

（二）法律平等。在英国，“不但无一人在法律之上，而且每一人，不论为贵为贱，为富为贫，须受命于国内所有普通法律，并须安居于普通法院的管辖权之治下”。也就是任何人没有站在法律之上或法律之外的特权，任何人都受治于普通法律和普通法院。特别是，所有在职官吏，从内阁总理（首相）到警察、征税差役，倘若违法，一律与庶民同罪。当在职官吏以个人身份犯罪，法院必须追究，无所宽宥；当他们执行公务而至于越权，法院也责令其赔偿损失。这是英国制度的主要特性之一。

在阐述法律平等的过程中，戴雪反对当时法国兴起的行政法和行政法院。他认为，英国的法律主义与行政法很难投契。法国行政法与英国的法律平等是对立的。因为，法国行政法将特殊利益、特殊权力给予国家的公仆——官吏们，意味着法律对官吏的特殊承认和保护。法国行政法主张涉及政府或官吏的行为，由不同于普通法院的具有“官家性质”的机关（行政法院）处理，这一机关成了维护官吏特权的机构，因此，它违反法律平等原则。[①] 戴雪指出：英国的法律主治既是法治精神的体现，又是英国制度的特色，这因有法国行政法作反比而愈益显著。当然，戴雪对行政法的见解，在行政法不断扩张的现代社会，受到了法学家们的批判。[②] 尽管如此，戴雪把法律平等作为法治的基本含义，则是无可厚非的。

（三）英国宪法的原理——个人权利（如人身自由的权利、公众集会的权利等）源于普通法院的司法判决，而不是来源于宪章。宪法不是个人权利的渊源。这是英国制度的“专有德性”。一方面，在英国宪法中没有各种权利的定义和宣言，只有法院判决之下确立的准规。英国宪法既不是人们一口气制造出来的，也不是一次立法所制定的，而是“千百年来法院替私人权利力争而得到的结果。简约说：英宪只是一宗裁判官造成的宪章”。所以英国宪法是以法律的判决为根据的，而与成文宪法不同。如比利时宪法，个人自由的权利是从宪法中产生的，被宪法所保障。英国个人自由的权利则由法院判决予以承认和维护。戴雪强调，对权利的保护和救济，比宣示人的权利更为重要和实在。[③] 他极为赞赏英国的一句古语：“在有法律之地即有救济办法存在。”他认为权利本身与保护权利的方法在英国宪法中常有不可分离的相互联属，即法律精神注意救济方法。只有具备有效的救

① 法国共和八年（1799 年）宪法第 75 条规定，对官吏的控诉需要行政院同意。该条款于 1870 年明令废除，但戴雪认为撤销该条款的法令形同空文，因而实际上尚有效力。

② 参见王名扬《英国行政法》，中国政法大学出版社 1987 年版，第 1—2、12 页。

③ 戴雪说：“在英宪之下，法律的全副精神注意救济方法。这是要说，法律务须有一种方式进行，然后法律下之权利方见尊重，然后名义上的权利可化成实在权利。……从来政府以一纸公文宣布人身自由应有权利的存在，并非难事。最难之事是在如何能见诸实行。倘若不能实行，此类宣布所得无几。”（《英宪精义》，第 261—262 页）

济方法，法律之下的权利才能受到尊重，名义上的权利也才能转化为实在权利。而法国1791年宪法尽管庄严宣告了个人的各种自由、权利，但个人权利常受蹂躏，原因是未设定权利受损害后的救济方法。另一方面，既然英国个人权利是司法判决的成果，宪法不过是"以通则作概括地申明"而已，宪法属于普通法律，那么，个人权利都建筑于普通法律之上。这样，个人权利与普通法律相始终。而在成文宪法国家，所谓个人权利的"宪法保障"，即个人权利受宪法特别保护，则表示个人权利可以被法律停止或被弃置，因为个人权利在运行时与普通法律的途径不同，宪法保障有时徒具其文，"于是乃生法外有法之嫌"。因此，戴雪对英国法治制度之下的对个人权利的司法保障推崇备至，而对宪法保障则有所贬损。

戴雪不同于他的两位同胞——哈林顿和洛克，他不是一位富有思辨性和哲理性的政治哲学家，而是注重实证研究和微观分析的宪法学家。因此，他的法治观有时受到误解，人们认为他只重视法治的形式价值方面，即法律制度和程序问题。[①] 其实，他作为一个自由主义者，不可能丢弃法治的实质价值方面。对于戴雪来说，法律主治不仅仅是法律和司法，而且其精义也在于个人自由和权利。他说：法律主治是个人权利和自由的一种保证；由于有法律主治，英国个人自由

① 如龚祥瑞先生云：戴雪的精义不在"争人权"，而是着重于立法和司法，按照戴雪的法律平等观点，南非和罗得西亚也是实行法律平等，尽管某些法律的内容实质是歧视黑人的，是不公正的、不平等的（参见龚祥瑞《比较宪法与行政法》，法律出版社1985年版，第85—86页）。

的保障远胜欧洲其他国家。[①] 事实上,戴雪的法治理论是19世纪末期自由主义思想的一个支流。因而,尽管戴雪对个人自由、权利未作深究,即既没有关于个人自由、权利的抽象理念,也没有从个人自由、权利方面进行法治的实质价值分析,但个人自由、权利的确构成了他的法治观的价值基础。

英国的法治理论,自戴雪之后,不断发展和弘扬。到了当代社会,英国学者对于法治的具体界定,已略不同于哈林顿、洛克和戴雪。现代英国关于法治的含义主要是:(一)政府的一切活动必须遵守法律,即行政行为合法性原则。(二)法治原则要求法律符合一定的标准、具备一定的内容,核心是公民自由和权利。(三)法治原则要求法律的平等保护。(四)政府和公民在法律上负有相同的法律义务和责任,尤其是政府不能享有不必要的特权。[②] 这些含义大致上可以归纳为法治的两个方面:实体价值方面和形式价值方面。

二、法国的法治理论

洛克的法治理论,使自由主义和法治主义在英国最终扎下根来,但"也使随英国内战产生的富有创见的政治哲学走向终结"。结果,欧洲18世纪的政治哲学和法治理论的中心转移到了法国。18世纪的法国,伴随着人们对路易十四至路易十六时代的专制政府和官方

① 可参见《英宪精义》第三卷第五章《人身自由所应有权利》、第六章《议论自由所应有权利》和第七章《公众集会所应有权利》。英国法学家戴维·M.沃克认为戴雪界定的"法治","首先意味着自由权是受固定的法律制度制约的,这就排斥了政府的任意干涉"。(《牛津法律大辞典》翻译委员会译:《牛津法律大辞典》,光明日报出版社1988年版,第790页)

② 参见王名扬《英国行政法》,第10—11页。

政治理论——君权神授论和君权无限论的批判，对一种有力的政治哲学的需要更加迫切了。于是，洛克受到了欢迎，洛克的政治哲学及其法治理论便成了法国启蒙思想的基础。[①] 其中，最负盛名的孟德斯鸠就是奉洛克为圭臬的。

查理·路易·孟德斯鸠（Charles Louis de Montesquieu，1689—1755年），耗20年精力于《论法的精神》。这是一部"法的百科全书"，伟大的法学作品，历来为学术界名流所赞誉，[②]为他赢得了卓著的声誉，使他成为资产阶级法学的奠基人和18世纪法国最有权威的政治哲学家。孟德斯鸠同洛克一样，也是自由主义的信徒，自由主义与法治主义之间的内在联系，又使得他也信奉法治主义，只不过在他的著作中，自由主义和法治主义以一种不同于洛克的方式和特色加以阐发。他把法看作自然事物的必然关系，这种关系在人类社会中就是一种理性的秩序，一种具有某种精神的秩序。因此，他注重的是"法的精神"，而不是法的本身。在这种精神中，包含了法、自由和政体的关系。从理想的制度形态上说，孟德斯鸠对这种关系的概括就是"法律下的自由和权力"，即法治。

法律下的自由，这是孟德斯鸠法治学说的首要问题。孟德斯鸠把"自由"概念当作评价人类状态和政治关系的基本价值准则，他认为，自由是人的本性（人性）、理性的必然要求。[③] 当人类是自由人类的时候，他们就处于文明状态，但如果他们服从专制权力，丧失自由，那么他们便陷入野蛮状态。因此，只要一个民族尚未从专制权力下

① 参见乔治·霍兰·萨拜因等《政治学说史》，第608—613页。

② 伏尔泰称《论法的精神》为"理性和自由的法典"，《牛津法律大辞典》宣称"该书也被公认为一部经典性著作"。

③ "自由本身，为人所追求。"（［法］孟德斯鸠：《波斯人信札》，罗大冈译，人民文学出版社1958年版，第210页）

解放出来，这个民族就尚未摆脱野蛮状态。[①] 自由是一个民族成熟、文明、进步的基本标志。

那么，什么是自由呢？孟德斯鸠在法律基础上来界说自由，主张“自由是做法律所许可的一切事情的权利；如果一个公民能够做法律所禁止的事情，他就不再有自由了，因为其他的人也同样会有这个权利”。但是，做法律所许可的一切事情，并不能必然导致自由，如做专制法、奴役法所许可的一切事情，就不会有自由。因此，孟德斯鸠进一步指出：“在一个有法律的社会里，自由仅仅是：一个人能够做他应该做的事情，而不被强迫做他不应该做的事情。”[②]在这里，孟德斯鸠阐释了“法律下的自由”的双重含义：一方面自由是由法律建立的，自由与一定的秩序、安全相联系，[③]而这种秩序、安全的制度形态就是法律，因而在自由和政制的关系上，建立自由的仅仅是法律，甚至仅仅是基本的法律。而在自由和公民的关系上，尽管风俗、规矩和惯例等也都能产生自由，但公民的自由主要依靠良好的刑法和某些民事法规。离开法律，既不可能有政治自由，也不可能有公民的自由。另一方面，法律是自由的，自由构成法律的内在价值和精神，如法律应倡导言论自由、出版自由、宗教信仰自由、人身自由等。法律应禁止对思想、言语、文字随意进行追究，因为它不符合言论、出版自由。如果某一地方制定了惩罚思想的法律，那么“不但不再有自由可言，即连

---

① 孟德斯鸠举例说：入侵和征服罗马帝国的民族不是野蛮民族，“这些民族，既然是自由的，并不算真正野蛮；可是，自从大部分屈服于绝对的权力而丧失了如此适合于理智、人道以及自然的、那甜蜜的自由以后，他们就变成野蛮了”。（《波斯人信札》，第 234 页）

② ［法］孟德斯鸠：《论法的精神》上册，第 154 页。

③ “政治自由的关键在于人们有安全，或是人们认为自己享有安全。”（《论法的精神》上册，第 187 页，并参见第 155—156 页）

自由的影子也看不见了”[①]，所能看见的只是大暴政或极端的奴役。这两个方面，对于“法律下的自由”来说，是绝对缺一不可的。

政治社会的自由总是与政府的存在相伴随的。以这一政治社会的根本原理为前提，从“法律下的自由”的含义中，必然会引申出“法律下的权力”。在孟德斯鸠的理论逻辑中，自由只在“国家的权力不被滥用的时候才存在。但是一切有权力的人都容易滥用权力，这是万古不易的一条经验。有权力的人们使用权力一直到遇有界限的地方才休止”[②]。这就需要有一种自由赖以生存的体制条件，即保卫自由的合法性的政治体制（政治权力分配方式和组织方式），以不强迫任何人去做法律所不强制他做的事，也不禁止任何人去做法律所许可的事情。这种政治体制，就是法律统治下的“三权分立”体制。

“三权分立”政治体制的原理，根本精神在于主张不应有绝对的权力，绝对的权力不具有合法性，[③]而必须以权力约束权力——通过分权来制约权力。权力的分立与制约，在柏拉图、亚里士多德、波里比阿、哈林顿和洛克的著作中，都曾以不同方式予以阐释。孟德斯鸠构建其“三权分立”模式，正是以这些阐释为历史基础的。同时，他对英国政治制度的了解和考察，[④]使他有可能以英国权力的划分体制作为样板，来论说他自己的“三权分立”思想。孟德斯鸠把国家权力划分为立法权力、行政权力和司法权力，认为这三种权力的划分与制衡

---

① ［法］孟德斯鸠：《论法的精神》上册，第 198 页。

② ［法］孟德斯鸠：《论法的精神》上册，第 154 页。孟德斯鸠认为权力具有扩张性和侵略性，他说对于人来说，“他越是有权力，就越是拼命想取得权力；正是因为他有了许多，所以要求占有一切”。（《罗马盛衰原因论》，婉玲译，商务印书馆 1962 年版，第 56 页）

③ 这一精神在《波斯人信札》中亦有论述：“任何无限制的权力，不可能是合法的，因为这权力决不能有合法的根源。”（第 178 页）

④ 孟德斯鸠于 1729—1730 年在英国考察其政治制度和权力运行过程，如多次旁听英国议会会议，阅读有关资料。

的直接目的就是政治自由；以“三权分立”为原则的政治体制是政治自由的根本保障。当某一个人或组织独占或垄断了上述三项权力，自由也就不存在了，因为在一个人或组织握有绝对权力的国家，公民的自由是不受关怀的。他说：“当立法权和行政权集中在同一个人或同一个机关之手，自由便不复存在了；因为人们将要害怕这个国王或议会制定暴虐的法律，并暴虐地执行这些法律。如果司法权不同立法权和行政权分立，自由也就不存在了。如果司法权同立法权合而为一，则将对公民的生命和自由施行专断的权力，因为法官就是立法者。如果司法权同行政权合而为一，法官便将握有压迫者的力量。”① 因此，在政治体制上，没有权力的分立，就不会有法律下的自由。即便是共和国，如果同一个机关，既是法律执行者，又享有立法者的全部权力，“一切权力合而为一，虽然没有专制君主的外观，但人们却时时感到君主专制的存在”②。不仅如此，孟德斯鸠尤为注重分立的国家权力的相互制衡、相互约束，从而实现政治自由。如行政机关应享有制止立法机关越权行为的权力，以防止立法机关变成专制；立法机关有权力并应该有权力审查它所制定的法律的实施情况。

国家权力的分立和制衡原则，外化为一种政治体制，实质是一种法律化的(具有合法性的)权力组织机制和运行机制。只有在法律统治之下，才能保证国家权力在法定界限之内运转，也才能保证法律下的政治自由不受非法权力的侵害。而且，权力分立与制衡原则，可以使法律统治获得新的力量，孟德斯鸠深信，所有的专制政体之所以都不可能有法律的统治，只不过是没有权力分立和制衡的结果。因此，通过法律确认权力分立与制衡的原则，其精髓不仅在于将权力划分

---

① [法]孟德斯鸠：《论法的精神》上册，第 156 页。

② [法]孟德斯鸠：《论法的精神》上册，第 157 页。

为几种，而且在于各种权力依法而治。所谓以权力制约权力，其制度形态必然是以法律制约权力。这是保障自由所需要的政体基础。而在法律没有设防的地方，权力就会乘隙而入，共和国、政治自由也就完了，自由便不再存在了。

孟德斯鸠同洛克一样，坚持以权力分立与制衡为原则的政体，旨在维护和实现政治自由。但他又不同于洛克。一方面，洛克的中心在于确立政治社会自由和国家权力之间关系的合理准则，强调自然法的理念，但洛克没有详尽地阐述体现和保护实现合理准则和自然法理念的国家权力模式，即政治体制。而孟德斯鸠首先关心的是实现自由的制度结构和法律机制，在他的“三权分立”理论模式中，主要成分是设计性的，而不是理念性的。另一方面，洛克注重分权，但把议会权力置于最高的、优先的地位，而忽视了制衡和均势，他还忽略了司法权。[①] 孟德斯鸠则主要重视制衡，认为分权的直接目的在于制衡，因此，几种国家权力都处于均衡状态，同时他把司法权力作为一种独立于行政权力的国家权力加以强调，使国家权力的划分更趋于理性化和精密化。

孟德斯鸠不仅确定了上述法治的根本精神和原则，而且还就法治的技术性或形式价值方面的许多问题，发表了卓越的见解。在孟德斯鸠看来，法治的法律形态，首先在于政治法，即处理治者与被治者关系的法律。这种法律的内容既来源于对政治自由的确认和保护，也来源于对“三权分立”政治体制的设计和构建。他认为这种法律具有神圣性，要求法律治下的人们对它表示忠诚和服从，使遵守法

---

① “出人意料的是，尽管司法组织在洛克时代是个议论得火炽的问题，关于司法组织他却一言未发。”（[英]罗素：《西方哲学史》下册，何兆武、李约瑟译，商务印书馆 1976 年版，第 172 页）

律成为公众的良心。他把共和国的政治美德归结为爱法律和祖国，因此，一切的关键就在于在共和国里建立起对法律与国家的爱。要培养人们对法律的爱恋之情，不能依靠严刑峻法使人们畏惧法律，因为严刑峻法并不能导致人们对法律的忠诚和服从；重要的是教育。在共和国里，教育应该注意激发人们对法律的爱。

孟德斯鸠的法治理论表明，他是一位温和的自由主义思想家，代表了法国启蒙时代的自由主义思潮。但是，18 世纪法国的复杂的社会政治状况没有也不可能铸造一种固定的、单一的启蒙思想模式。实际的思想格局是，在自由主义思潮之外，还有以人民主权学说为核心的共和民主思潮。这种思潮与自由主义思潮有很大的不同。其代表人物就是富有批判性和战斗性的激进的民主主义者让·雅克·卢梭(Jean Jacques Rousseau，1712—1778 年)。

在法治理论上，卢梭是一位与众不同的启蒙思想家。他在法治学说上提出了一些独特的原理，这些原理使他和他同时代的政治哲学家迥然有异。他围绕"什么制度(政体)是优良的"或"政治法的合法与合理(可靠)的治理原则"这一中心政治问题来展开他的全部政治理想，包括法治理想。在他心目中，法治是一种民主共和国。他说："凡是实行法治的国家——无论它的行政形式如何——我就称之为共和国；……一切合法的政府都是共和制的。"[①]这种法治共和国，以自然法为基础，并具有四个基本构成要素：自由；平等；人民主权("公意")；合法政府及法律至上。

---

① [法]卢梭：《社会契约论》，何兆武译，商务印书馆 1980 年修订第 2 版，第 51 页。以下引此书，不再详注。他还表示："我愿意生活在一个法度适宜的民主政府之下。"([英]卢梭：《论人类不平等的起源和基础》，李常山译，商务印书馆 1962 年版，第 51 页。以下引此书，不再详注)

记者貌似尖锐的提问，还是受访者看似自信的回答，其实都是简单化的，隐含了特定的意识形态取向。当身为央视雇员的记者提出“文化霸权”问题的时候，他是否想到，这“文化霸权”究竟是默多克所代表的跨国企业、全球资本的，还是有权决定是否允许新闻集团进入本土的中国政府的？或者，同时属于这二者？究竟是谁从这种文化权力当中得到好处？得到了什么样的好处？这些问题势必把我们引入一个更加复杂的图景当中，其中，各种不同的利益、力量、权力交织在一起，以至于全球与本土、内与外、主与从、强与弱的界限经常是变动的、模糊的，但也因为如此，保护和促进文化表现形式多样性的问题就变得更加棘手和迫切。在这种情况下，寻找达成这一目标的有效途径无疑需要人们付出更多的努力和智慧。在这方面，《公约》取得的成就值得称道，经由《公约》所凝聚共识，确立原则和标准，对于人们深入思考和有效应对文化多样性问题，尤其具有指导和启示意义。不过，同样清楚的是，《公约》所提出的目标，最终要有国家和地区内的因素来配合才能实现，而这要求在各个政治共同体内部有适当的制度安排，这些安排将有助于制定合理可行的文化政策，建立有效的决策和执行机制，促成民众的广泛参与，营造良好的文化创造和发展氛围。换句话说，要实现《公约》所提出的目标，最重要的还不是《公约》本身或类似公约这样的国际文件，

要实现《公约》所提出的目标，最重要的还不是《公约》本身或类似公约这样的国际文件，而是一国之内的制度建构，其中最关键的是公民自由的保障机制、民间社会的健康成长等等。

18世纪西方最为“畅销”的政治哲学和法哲学理论，是自然法理论。这种理论的基本模式或公式，对于卢梭来说也不是生疏的。卢梭的整个政治哲学和法治学说，主要是披着自然法理论外衣的政治思想。他认为，政治法即社会制度不是自然产生的，而是人们相互约定的结果，这种相互约定的表现形式就是“社会契约”。正是根据这种“社会契约”，才产生了政治社会以及相应的合法权力。他说：“既然任何人对于自己的同类都没有任何天然的权威，既然强力并不能产生任何权利，于是便只剩下来约定才可以成为人间一切合法权威的基础。”[①]因此，没有社会契约，就不会有全部国家政权组织和国家权力的合法性，因而也就不会有法治共和国。

社会契约奠定了国家权力合法性的基础，这一自然法的原理包含了法治共和国的基本价值——自由和平等。卢梭也宣扬每个人都生而自由和平等，认为人所共有的自由，乃人性的产物。这种自由不仅是每个人生存的主要手段，而且是人的一切能力中最崇高的能力，是人区别于其他动物的主要特点。一个人如果放弃了自由，就是对“自由和理性的侮辱”，而“在人与人的关系上，一个人所能遭受的最大不幸，就是看到自己受另一个人的任意支配”[②]。自由是不能出卖和让渡的，尤其不能将自由出卖给专制权力。因而，社会契约一方面是由社会每一个成员自由同意签订的，另一方面其目的在于保卫自由。他说：“人民之所以要有首领，乃是为了保卫自己的自由，而不是

---

① [法]卢梭：《社会契约论》，第14页。他在《论人类不平等的起源和基础》中也指出：“把政治组织的建立视为人民和他们所选出的首领之间的一种真正的契约，双方约定遵守其中规定的法律，这些法律构成了他们结合的纽带。”（第137—138页）

② [法]卢梭：《论人类不平等的起源和基础》，第132页。他在1750年1月30日《致伏尔泰书》中言：“我崇拜自由。我也同样地憎恶统治和奴役。”（转见《论人类不平等的起源和基础》第51页注③）

为了使自己受奴役，这是无可争辩的事实，同时也是全部政治法的基本准则。普林尼曾对图拉真说："我们所以拥戴一个国王，为的是他能保证我们不作任何主人的奴隶。"[①]卢梭所讲的政治社会的自由，既不是天然或自然的自由，也不是道德的自由，而是法律下的自由。他表示："我愿意自由地生活，自由地死去。也就是说，我要这样地服从法律：不论是我或任何人都不能摆脱法律的光荣束缚。这是一种温和而有益的束缚，即使是最骄傲的人，也同样会驯顺地受到这种束缚，因为他不是为了受任何其他束缚而生的。"[②]离开了法律的威望和法官的威望，人们的自由是没有保障的。[③] 人们服从法律之所以是自由的，是因为法律不过是我们自己意志的记录。因此，唯有服从人们自己为自己所规定的法律，才是自由。平等也是社会契约所确立的政治法的价值准则。"社会公约在公民之间确立了这样的一种平等，以致他们大家全都遵守同样的条件并且全都应该享有同样的权利。"[④]这种平等，在内容上，"就权力而言，则它应该不能成为任何暴力并且只有凭职位与法律才能加以行使；就财富而言，则没有一个公民可以富得足以购买另一人，也没有一个公民穷得不得不出卖自身"[⑤]。它是自由的条件，没有它，自由便不能存在。它是专制和奴役的对立物，专制和奴役是不平等的顶点。同时，它具有法律性，它由法律加以确认，即法律的条件对人人都是同等的，在法律上没有主人

---

① [法]卢梭：《论人类不平等的起源和基础》，第 132—133 页。

② [法]卢梭：《论人论不平等的起源和基础》，第 51 页。卢梭《山中书简》第 3 书云："根本就不存在没有法律的自由。"《纽沙代尔手稿》亦云："人是自由的，尽管是屈服于法律之下。"（转见《社会契约论》第 51 页译注②、第 24 页译注②）

③ 《波兰政府论》第 10 章："在一个自由的国家里……一旦法律的威力衰竭，国家就会精疲力尽而归于死亡。"（转见《社会契约论》第 118 页译注①）

④ [法]卢梭：《社会契约论》，第 44 页。

⑤ [法]卢梭：《社会契约论》，第 69—70 页。

和奴隶；它构成了法律有效性的基础，如果法律趋向于奴役而不是趋向于平等，那么法律会不知不觉地削弱，法律会丧失其应有的权威，因为人们会蔑视或反抗这种不平等的法律。因此，卢梭在1765年写成的《科西嘉制宪拟议》中，把平等看作政治制度之下的根本大法。

但是，卢梭的社会契约学说，内含着巨大的矛盾。一方面，它给法治共和国的基本价值即自由和平等提供了理论说明；另一方面，又为国家无限制地剥夺公民个人的自由权利准备了条件。卢梭认为，社会契约可以简括为“每个结合者及其自身的一切权利全部都转让给整个的集体”[①]。国家既是公民的全部财富的主人，也是公民生死权的定夺者。尽管他限定，每个结合者所转让的一切权利（权力、财富、自由），只是对于国家有重要关系的那些部分，但他又把这种重要关系进行认定的权力交给了国家即主权者。因此，他实质上把国家看作公民所应享有的权利的唯一裁判人，这意味着国家在公民个人权利之上。同时，他还主张国家享有强迫人们自由的权力：国家为了保障社会公约即“公意”，使其不至于成为一纸空文，有权迫使那些拒不服从公意的人服从公意。“这恰好是说，人们要迫使他自由。”这种国家高于公民个人权利和“强迫自由”的理论，与他的人民主权学说珠联璧合，相辅相成，使国家有可能带着讥讽的神情嘲笑和愚弄自由。

卢梭是近代人民主权学说的主要倡导者之一，这种学说也是他的法治共和国的基石。人民主权学说，在卢梭的思想体系中，包括如下原理：其一，主权在民，人民是主权的享有者。卢梭指出：“立法权力是属于人民的，而且只能是属于人民的。”[②]其二，主权是不能让与

① [法]卢梭：《社会契约论》，第23页。

② [法]卢梭：《社会契约论》，第75—76页。

或不能转让的，它只能由人民自己行使，而不能转由行政机关或其他的社会政治组织行使。其三，主权是不能代表的。“主权在本质上是由公意所构成的，而意志又是绝不可以代表的”，因此，“凡是不曾为人民所亲自批准的法律，都是无效的；那根本就不是法律”[①]。其四，主权是不可分割的。分割主权权威，就意味着毁灭它。像孟德斯鸠把权力一分为三，这是把主权者弄成支离破碎拼凑起来的怪物。其五，主权者是不受任何法律限制的。国家“必须有一种普遍的强制性的力量，以便按照最有利于全体的方式来推动并安排各个部分。正如自然赋予了每个人以支配自己各部分肢体的绝对权力一样，社会公约也赋予了政治体以支配它的各个成员的绝对权力”[②]。因而，没有而且也不可能有任何一种根本法律可以约束主权者，哪怕是社会契约本身。主权者是超于法律与法官之上的。如果主权者以一种为他自己所不得违背的法律来约束自己，那么便是违反了政治体的本性。[③] 限制最高无上的权威也就是摧毁它。主权者之所以不需要受法律约束，是因为，一方面，“主权者既然只能由组成主权者的各个人所构成，所以主权者就没有、而且也不能有与他们的利益相反的任何利益；因此，主权权力就无须对于臣民提供任何保证，因为共同体不可能想要损害它的全体成员”[④]。另一方面，主权者所表达的“公意”永远是公正的，是以公共利益为依归的。诚然，卢梭不是没有注意到公共约定的界限以及公民根据这种约定所获得的自由和权利，认为主权权力既不能超出上述界限，也不能任意处置上述自由和权利。

---

① [法]卢梭:《社会契约论》，第 125 页。

② [法]卢梭:《社会契约论》，第 41 页。

③ “说主权者给自己加上一个在上者，这种说法乃是荒谬的、自相矛盾的。”(《社会契约论》，第 129 页)

④ [法]卢梭:《社会契约论》，第 28 页。

但是，卢梭赋予主权权力以“完全绝对的、完全神圣的、完全不可侵犯的”性质，使公共约定和公民个人的自由和权利，往往受主权者的践踏和蹂躏。法国大革命时期，奉《社会契约论》为革命“福音书”的雅各宾专政政府所实行的极权统治，即为典型。[①] 这表明，任何一种不受限制和约束的国家权力，哪怕是人民主权，都可能导致最彻底的专制。美国法学家博登海默不无理由地警告说：“卢梭的理论极易导向绝对的民主。在这种民主中，多数人的意志不受任何限制。除了多数人的明智和自我抑制外，他没有提供任何预防主权者无限权力的措施，也没有提供任何保护自然法的措施。……建立在公意的无限权力基础上的社会制度，包含着产生一种专制主义的危险。”[②]这极其明显地暴露出卢梭人民主权学说和法治理论的重大缺陷。

卢梭主张人民主权是不可分割的，但他又把人民主权（立法权）与行政权分开。他认为以制定法律的人来执行法律并非好事，因此，人民主权制定法律，依靠法律行动，而行政权则负责法律的执行与应用。这种主权者和政府的分离，正是合法政府的基础。在人民主权之下，政府即“行政权力的合法运用”，它的职责是执行法律并维护社会及政治的自由，它应该保卫法律而不是侵犯法律。因此，政府和执行者不能超乎法律之上。他说：“统治者是法律的臣仆，他的全部权力都建立于法律之上。同时，由于他享受着法律的一切好处，他若强制他人遵守法律，他自己就得更加严格地遵守法律。……所以，一个管理完善的政府，根据任何理由，也不准许有人不遵守法律。”[③]如表

---

① 据有的历史学家估计，1792—1795 年间，法国有 1.7 万人在断头台上送命。一位著名政治活动家在上断头台时叹道：“啊！自由，多少罪行假汝之名以行。”

② [美]E.博登海默：《法理学——法哲学及其方法》，第 64 页。对此问题，还可参看陈维纲《评卢梭人民主权论的专制主义倾向》，《读书》杂志，1986 年第 12 期。

③ [法]卢梭：《论政治经济学》，王运成译，商务印书馆 1962 年版，第 9—10 页。

现“公意”的对国家全体成员无不具有拘束力的根本法的内容之一，是规定负责监督执行其他各项法律的官员的选任和权力。这种权力可以包括维护宪法所需要的一切职权，但不能涉及宪法的变更。共和国对于行政官员要设置一些障碍，以维护法律的神圣性和尊严。主权者可以运用各种力量约束政府，包括指导政府活动，将政府活动纳入主权者的视线之内，甚至限制、改变和收回托付给政府的权力，以防止政府滥用行政权力和篡夺主权权力。总之，被法律所指导的政府，就是合法政府，就是共和制。

从人民主权或公意学说出发，卢梭认为对于公民来说，法律也是至上的，因为公意或者主权的意志永远应该是主导的，并且是其他一切意志的唯一规范。“尊重法律是第一条重要的法律”，是卢梭的至理名言。他要求在一个社会之中，法律是皇帝，公民们除由公民自己选出的正直官员所执行的明智的法律而外，没有别的主人。任何人都不能居于法律之上：一个社会的公民能否保全自己，实现自由和具有安全感，取决于公民能否遵守法律并尊敬公正执行法律的人。而在法律的权威和护法者的权威消失的地方，任何人都得不到安全、自由和平等，这个社会也就不可能有法治。“因为，不管一个国家的政体如何，如果在它的管辖范围内有一个人不遵守法律，所有其他的人就必然会受这个人的任意支配。”①

不论孟德斯鸠和卢梭的法治学说有多么不同，在西方各国政制和典章中，在这些国家的观念和生活中，我们都能找到他们思想的影子。

---

① ［法］卢梭：《论人类不平等的起源和基础》，第52页。

第三章

美国人对法治的理解和设计

近代英国、法国的政治哲学和法治学说所确立的理论观念及其理想法治模式，具有极其巨大的批判、启蒙的价值效应，并且深深影响着社会政治历史和法治文明的进程。这种效应和影响，不仅仅限于欧洲。那些闻名遐迩的政治哲学家，不论是哈林顿还是洛克，也不论是孟德斯鸠还是卢梭，其思想漂洋越海，牢固立足于美国人的价值观念和思想体系之中。美国独立战争的道路与过程，美国宪政的理想与模式，美国法治学说的构建和进步，无不与这些伟大的名字相关联。[①] 当然，美国人是富于独创精神、想象力和设计能力的，他们的政治思想奠基于欧洲的政治哲学，但又不拾人牙慧，做欧洲政治哲学的应声虫，或仅仅对欧洲政治哲学进行注释。这些政治思想家在欧洲

---

① "杰斐逊宣布独立战争的庄严口号所依靠的是英国和法国最先进的思想。"(《杰斐逊文选》，王华译，商务印书馆 1963 年版，第 9 页）博登海默说："洛克的自然法理论与孟德斯鸠分权原则的结合，形成了美国政体的哲学基础。"(《法理学——法哲学及其方法》，第 56 页）

政治哲学家曾经为之作出过巨大贡献的法治学说的宝库中，增添了许多新的观念和新的思想。这些新的观念和思想，在《独立宣言》《美国宪法》这些充满人类理性和智慧的伟大法律文献中昭然可见，并在潘恩、杰斐逊和汉密尔顿熠熠生辉的传世杰作中得以弘扬。

托马斯·潘恩（Thomas Paine，1737—1809 年），一位“永远受在野党的敬重，又永远被执政党憎恨”（罗素语）的、眼光里闪烁着奇才的思想家，因终生追求自由人格和献身于争取人类自由事业而被誉为“自由的使者”。[①] 他的法治学说也具有独特的神韵，简言之，即“人权宪法”至上。

人权是潘恩政治哲学的核心概念，也是他的法治学说的轴心。他也从自然法观念出发，高扬欧洲的自由主义和个人主义的思想传统，把“人”当作世间最高级、最神圣的灵物：当人从造物主手中诞生时，“他当时是什么？是人。人是他最高的和唯一的称号，没有再高的称号可以给他了”[②]。而人权正是人所具备的不可剥夺的天赋权利。没有人权，人就不再成其为人。这种人权由世世代代的人所享有，它既不能为任何人所垄断，也不能为任何人所消灭，同时，它又是不可分割和转让的。“人权”在潘恩的思想体系中，主要包含自由和平等。自由是《人权论》捍卫的伟大基本原则，他引用了古希腊科学家阿基米德的名言[③]来揭示自由的价值和意义，认为自由可以把地球举起来。自由构成了社会和政治权力的目的与基础。他以极大的激情赞扬法国的《人权宣言》，说这个宣言是为自由而高高竖起的伟大

① 潘恩针对美国开国时代的著名思想家、政治家富兰克林“哪里有自由，哪里便是我的祖国”之言说：“我的祖国是在那些没有自由的地方。”对自由的执着追求天地可鉴。

② [美]潘恩：《潘恩选集》，马清槐译，商务印书馆 1981 年版，第 139 页。以下引此书，不再详注。

③ 阿基米德关于机械功率的话：“如果我们有一个支点，我们就可以把地球撬起来。”

纪念碑，而且全部权利宣言对于世界各国的价值要比迄今颁布过的一切法令与条例高得多，好处也大得多。它应当成为压迫者的教训和被压迫者的典范。他看到自由正在世界各国遭受歧视、排挤和迫害，因而要求美国高举自由的旗帜，成为自由的“收容所”或“避难所”，以拯救人类的自由事业。[①] 平等即人类的一致性：所有的人都处于同一地位，所有的人生来就是平等的，并具有平等的天赋权利。“无论在天堂或地狱，或者生存在任何环境里，善和恶是唯一的差别。甚至政府的法律也不得不袭用这个原则，只规定罪行的轻重，而不规定人的地位。”[②]这是一个无可争辩的、“光辉神圣”的原则，是一切真理中最伟大的真理。人的平等权利包括横向平等和纵向平等——每个人生下来在权利方面和他同时代人平等，每一代人同他前代的人在权利上也是平等的。所以，人类平等原则不但同活着的人有关，而且同世代相继的人也有关。

潘恩并不认为，在自然的自由状态下，人类有能力和条件实现和保存天赋人权。因此，人类开始组织社会，以求在这个社会中获得各种幸福。这个社会本来应该有助于保障天赋人权，而不是建立奴役自由的专制权力和毁灭平等的森严等级体制。“人进入社会并不是要使自己的处境比以前更坏，也不是要使自己具有的权利比以前更少，而是要让那些权利得到更好的保障。”[③]但是，人性是有缺陷的，人在德行方面容易为邪恶所浸染，从而不可能始终互相以真诚相待，以

---

① “自由到处遭到追逐。亚洲和非洲早就已经把她逐出。欧洲把她当作异己分子，而英国已经对她下了逐客令。啊！接待这个逃亡者，及时地为人类准备一个避难所吧！”（《潘恩选集》，第37页）

② ［美］潘恩：《潘恩选集》，第141页。他还说：“在宇宙万物的体系中，人类本来是平等的。”（《潘恩选集》，第9页）

③ ［美］潘恩：《潘恩选集》，第142页。

便通过人与人之间的互赖互利把整个社会联结成一个大链条。于是，政府[①]产生了，其目的在于实现人的天赋权利。政府是由于人们德行的软弱无力而有必要采用的治理世界的方式，由此也可看出政府的意图和目的，即自由与安全。但政府在潘恩看来，不是任何人或任何一群人为了谋利而开设或经营的店铺，政府应依据人权原则而建立。政府若不是建立在人的权利上，便只能意味着它赞成野兽，它本身就是野兽。因此，政府的权力所赖以存在的基础是组成社会的并作为社会主权者的人民的权力，组织或改组、产生或更新政府的权利属于人民而不属于个人。而人民授予政府的一切权力都是委托或信托，人民给政府这种信托，也可以随时收回。这就是说，一国的国民任何时候都具有一种不可剥夺的固有权利去废除任何一种他认为不合适的政府，并建立一个符合他的利益、意愿和幸福的政府。这种信托也是一种契约，即“许多个个人以他自己的自主权利互相订立一种契约以产生政府；这是政府有权利由此产生的唯一方式，也是政府有权利赖以存在的唯一原则”[②]。因此，是人民之间相互产生并组成了一个政府。

但是，人民通过契约方式赋予政府以一定的权力，不足以保证政府能真正实现自己的意图与目的，并始终遵循自由、平等的伟大原则。政府是由于人类的邪恶产生的，是不可避免的祸害。人性的缺陷和德行的不健全，决定了官吏们是不能绝对信任的。对官吏们的绝对信任，是以完善的人性为基础的，而这又说明没有存在政府的必

① “政府”一词在潘恩的著作中等同于“国家”或广义上的“政府”。他说，人们通常总把政府分为三个部门来加以探讨，这就是立法、行政和司法。而我们知道，“文官政府只由两部分权力组成，即立法或制订法律的权力和执行或实施法律的权力”。（《潘恩选集》，第 264 页）杰斐逊和汉密尔顿也与潘恩持同样观点。

② [美]潘恩：《潘恩选集》，第 145 页。

要。况且，权力具有疯狂的冲动，需要一种力量来限制和调节。因此，政府的权力活动必须受某种规则的约束。以实在法的观点审视，这种规则首先是宪法。

宪法是政府的政治圣经，“宪法是一样先于政府的东西，而政府只是宪法的产物。一国的宪法不是其政府的决议，而是建立其政府的人民的决议。这是法规的主要部分，可以参照或逐条引用；它包括政府据以建立的原则、政府组织的方式、政府具有的权力、选举的方式、议会——或随便叫别的什么名称的这类团体——的任期、政府行政部门所具有的权力，总之，凡与文官政府全部组织有关的一切以及它据以行使职权和受约束的种种原则都包括在内”[①]。政府如果没有宪法就成了一种无权的权力，一种无规则的权力，这种宪法属于人民所有，而非执政者所有，人民享有最初的制宪权，因而宪法实质上是人民管辖整个政府的根本规则。从“宪法是人民管辖政府的根本规则”这一原理中，潘恩推论出法治政府的若干要素：

（一）立宪政府不能有改变自己的权利。“如果它有了这种权利，就会专断独行。它会使它自己为所欲为；哪里有这样的权利，那里就无宪法之可言。英国议会通过法案授权自己任期七年，此举表明英国没有宪法。”[②]

（二）在关于宪法的形成或修改的原则或方式的辩论中，政府不能作为辩论的一方。这种辩论只能在人民相互之间进行。这一点也是与潘恩的契约观相通的。潘恩认为，政府不是统治者与被统治者之间订立的一种契约，而是人民相互之间订立的契约。“认为任何政府都能作为同全体人民订立契约的一方，等于承认政府在能够取得

① ［美］潘恩：《潘恩选集》，第146页。

② ［美］潘恩：《潘恩选集》，第147页。

存在的权利之前就已经存在了。”[①]宪法在某种意义上就是人民产生政府并管辖政府的契约。

（三）政府不得任意更改或违反宪法中的任何条款，宪法对政府来说就是法律。宪法对政府的关系就像政府后来所制定的法律对法院的关系——法院既不制定法律，也不能更改法律，它只能按已经制定的法律实现司法正义；政府也应以同样方式依宪法的授权进行运转。由此引申出法律至上的结论：一个自由国家的政府不在于人，而在于法律；法律是国王，而非国王是法律。潘恩甚至主张对于一项坏的法律也要遵守，“同时使用一切论据证明其错误，力求把它废除，这样做要比强行违犯这条法律来得好；因为违反坏的法律此风一开，也许会削弱法律的力量，并导致对那些好的法律肆意违犯”[②]。潘恩的法律至上，核心是宪法至上。

（四）人民有权对每一个政府和每一部宪法在原则上和形式上的缺点加以公开讨论，从而推动国民来改革其政府或宪法。这不仅是每个人享有的政治自由权利，而且是每个人对社会应尽的义务。如果一个国家制定一项法律以禁止对这项法律或其他任何法律所据以建立的原则（无论好坏）加以审查、评判，那么这个国家就是专制国家，而不是法治国家。

（五）法治政府主要是共和政府，即实行共和政体。共和政府以公众的利益作为其独一无二的目的，共和政府是为了个人和集体的公共利益而建立和工作的政府。这种政府的基本要素在于宪法下的权力制约，“如果有一部宪法来规定权力并订出几条立法机构据以行

---

① ［美］潘恩：《潘恩选集》，第 254 页。

② ［美］潘恩：《潘恩选集》，第 222 页。

事的原则，那就已经有了一种制约办法，比任何其他制约办法都更有效，实行起来也更为有力”[①]。因为这部宪法要求政府各部分权力的行使“到此为止，勿再超过”。而共和政府的最好形式是代议制。代议制政府就是自由，正如世袭政府就是奴役。一方面，它完全体现了政府应当据以建立与行使的宗旨、理由和目标，即公共利益，使国家和政府总是能够表现其特征；另一方面，它能增进社会的各种利益。“代议制集中了社会各部分和整体的利益所必需的知识。它使政府始终处于成熟的状态。……它永远不年青，也永远不老。它既不年幼无知，也不老朽昏聩。它从不躺在摇篮里，也从来不拄拐杖。它不让知识和权力脱节，而且正如政府所应当的那样，摆脱了一切个人的偶然性，因而比所谓的君主制优越。”[②]只有这种代议制，才能对自由、民主作出贡献。而像英国君主政体下的国王和上议院，从法治上讲，它们对于国家的自由是毫无贡献的。

概而言之，潘恩认为，一部具有至高无上权威的好宪法，对于国民来说，要比政府各部分权力有价值得多。它既是国民本身的护卫神，又是国民管辖政府的法律保证。他对法国宪法的分析和欣赏，倾注了他对宪法的全部热情和期望。他通过对至上宪法的高扬，为天赋人权在现实世界中找到了可靠的支柱。美国宪法史为此提供了注脚。

相较而言，潘恩属于具有浓厚自然法理念的政治哲学家。杰斐

---

① ［美］潘恩：《潘恩选集》，第 266 页。

② ［美］潘恩：《潘恩选集》，第 246—247 页。

逊和汉密尔顿则分别倡导州权联邦主义和国家联邦主义模式，[①]并形成了具有理性实践主义的政治思想和法治学说。

联邦主义，从法学尤其是宪法学角度观察，实质上是法律主义或法治主义。戴雪在《英宪精义》一书中概述了联邦主义的主要特征，一为“宪法的至尊性”——政府依赖宪法而生存，一切权力（立法、行政、司法），不论属于联邦还是州，“必须受命于宪法”，不得违犯宪法；二为划分权力——中央和地方权力的划分，立法权、行政权、司法权的划分；三为法院的权威——司法违宪审查等。这些主要特征，综而论之，即“联邦主义实与法律主义无异。何谓法律主义？分析言之，则有法院在宪法上之优越地位，又有法律精神之弥漫全国”[②]。因此，无论是州权联邦主义，还是国家联邦主义，都具有法律主义的性质。

托马斯·杰斐逊（Thomas Jefferson，1743—1826 年），《独立宣言》和弗吉尼亚州宗教自由法规的起草人，[③]弗吉尼亚大学之父，终生矢志于对自由和平等的追求。他同潘恩一样，尊奉洛克的自然权利学说（天赋人权学说）。他在《独立宣言》中，以特有的风格和精神表达了美洲殖民地人民的心愿：“所有的人生而平等，他由其创造者赋予不可剥夺的权利，其中有生命、自由及追求幸福。”以这种法哲学为

---

① 有些著述把杰斐逊视为州权派或州权主义者，把汉密尔顿看作国家集权派或联邦主义者。实际上，“联邦主义”是联邦政府与州政府的权力划分的二元体制，它的要点在于全国政府和地方政府之间分配权力。在这个意义上，杰斐逊和汉密尔顿都是联邦主义者。只不过他们基于各自的政治理想的差异，对联邦和州的权力划分持不同态度，一个强调州权，一个强调联邦权。因此，我们认为美国耶鲁大学政治学教授罗伯特阿·多尔的见解较为合理：将杰斐逊称之为“州权联邦主义者”（State Feclenalists），将汉密尔顿称之为“国家联邦主义者”（National Feclenalists）。

② 参见[英]戴雪《英宪精义》，第 197—214 页。

③ 《独立宣言》是由一个起草委员会完成的，但主要撰写人是杰斐逊，因而这个宣言表现了杰斐逊的法哲学观，至少可以说杰斐逊同意宣言中的基本思想。

基础，杰斐逊主张宗教自由、思想自由，反对思想专制。他认为“只有谬误的思想才需要政府的支持”，而限制思想的自由竞争，会使一个人成为伪君子，从而使他变得更坏；国家强迫人民信仰和皈依某种宗教，只能“在世界上制造出一半愚人及另一半伪善者”[①]。他的名言就是“我在上帝的祭坛上宣誓，永远反对对人类思想的任何形式的专制”。他反对禁止出版自由，表示毫不踌躇地欢迎一个无政府的自由报纸，而不愿有一个无自由报纸的政府。他要求废除奴隶制，以实现人人平等的原则，因为“奴隶制度是向人性本身进行的残酷战争，它侵犯黑人最神圣的生命和自由的权利”[②]。杰斐逊的一生，洋溢着对自由和平等的追求的热情。1787 年，他对美国宪法中缺少权利法案表示不满。1791 年美国宪法前十条修正案——权利法案——的通过，也在很大程度上得力于以杰斐逊为首的民主派。他在自己最后一封信里写道：“所有的眼睛都已经或正在向着人权睁开。科学之光普遍照耀，已使人人得见这一明显的真理：人类并非广大群众生来背上带有鞍座，而少数人穿着带刺的长靴、独蒙上帝恩准可以合法地来乘骑他们的。”[③]

人生而平等、自由及生命、追求幸福的天赋权利，不可能在无政府的社会状态下取得和实现。杰斐逊在《独立宣言》中指出：“为了取得这些权利，人类在他们之间建立政府，而政府之正当权力是从被治

---

① 中国美国史研究会编：《美国史论文集》，生活·读书·新知三联书店 1983 年版，第 28 页。

② 这段文字出于杰斐逊起草的《独立宣言》原稿，《独立宣言》起草委员会中一些赞成蓄奴制度的委员反对对奴隶制的谴责，致使正式发表的《独立宣言》没有抨击奴隶制的条文。

③ 转见[美]塞缪尔·埃利奥特·莫里森等《美利坚共和国的成长》上卷，南开大学历史系美国史研究室译，天津人民出版社 1980 年版，第 430 页。以下引此书，不再详注。

者的同意中产生出来的。”一方面，政府唯一正当的政治目标，是使人人享有机会均等的人权和幸福，即使是少数人的权利，也应受到政府和法律的同等保护，如果侵犯少数人的权利，就构成压迫。而一旦政府推翻了自由的基础，使人民不再相信自由是天赋的权利时，这个国家的自由就不牢靠，这个国家就不是一个自由的国家。因为自由原则是民主共和国的根本原则。另一方面，政府借以实现政治目标的正当权力来源于人民。杰斐逊多次强调自由、民主社会的一条永恒的真理：构成一个社会或国家的人民是那个国家中一切权力的源泉；人民是公权的唯一牢靠的宝库，或储藏社会的根本权力的宝库。他还认为，美国宪法正是由人民的智慧制定的，并且是以人民的意志为基础的。“人民的意志是任何政府的唯一合法的基础。”因此，人民有权通过普选挑选他们认为适当的代表来处理他们所共同关心的事情；人民也可以随时个别地撤换这些代表，或在形式上或职能上改变代表的组织。尤其是任何形式的政府，当它对于自己的政治目标有损害时，“人民便有权利将它改变或废除，以建立一个新政府，新政府所依据的原则和用以组织其权力的方式，必须使人民认为这样才最可能获致他们的安全和幸福”。

一个以人权为唯一正当的政治目标和其权力唯有来源于人民的政府，只能是民主共和国。民主共和国在杰斐逊那里有三条理想化标准：第一，人民对政府的控制；第二，政府体现并执行人民的意志；第三，政府保障人权。据此标准，杰斐逊设计了民主共和国的基本模式：以普选为基础的代议制政府、权力分立体制和法律，即联邦制法律主义。杰斐逊素来赞成普选，反对用财产来限制选举权，因为普选既是人民的权利，又可以有效地制止选票买卖，以减轻买卖选票的危险。通过普选推举人民信赖的代表，实现民治和政府的政治目标。

代议制必须是政府权力的分立体制。杰斐逊认为，应当在几个政权机构之间实行分权和相互平衡，使其相互牵制和限制，从而保证任何一个政府机构都不超越其合法限度。而“三权融为一体”和“某一种权力过大”都会毁灭自由和共和制，如议会权力的无限性，同样会产生暴政。他说：把立法、行政和司法的权力集中于立法机关或同一些人的手中，“正是专制政体的定义。这些权力将由许多人行使，而不是由一个人行使，情况也不会有所缓和。一百七十三个专制君主[①]一定会像一个君主一样暴虐无道。……即使他们是由我们选举，也不会有什么益处。一个选举的专制政体并不是我们争取的政府；我们所争取的政府不仅以自由的原则为基础，而且其权力也要在地方行政长官的几个机构中这样划分并保持平衡，以致没有一种权力能超出其合法限度而不被其他权力有效地加以制止和限制”[②]。因此，他主张用权力分立体制代替议会至高无上的原则，即把代议制建成为权力分立制。权力分立体制，首先是纵向权力划分，即联邦和州的权力划分。杰斐逊在联邦权和州权的分配上，与汉密尔顿不同，主张限制联邦权，扩大和捍卫州权。他力主在新宪法里附上一项人权法案，是因为“这个法案对各州都有莫大的关系”。他根据《独立宣言》中的自然权利学说和美国革命时期各州宪法的经验，[③]认为只有州权才能确保人权的实现，推动人民对政治的参与和激起人民的政治热情，并防止暴政和腐败的出现。他说：“如果把国内外一切政事，

---

① 指弗吉尼亚州下院的173名议员。

② 转见[美]汉密尔顿等《联邦党人文集》，程逢如等译，商务印书馆1980版，第254页。

③ 各州宪法开头部分都有“权利法案”或“权利宣言”，宣布自由、平等、取得财产的权利、信教自由、选举自由以及改组和更换政府的自由等等，因此，制订宪法的第一个目标即保障人人享有的那些“不可剥夺的权利”。这说明，州权从一开始就是与保障个人权利与自由相联系的。

事无巨细，均集中到作为一切权力中心的华盛顿的话，它将使一个政府部门对于另一个政府部门的牵制成为无力的事。”同时，“把一切州权都集中到全国政权手中，就会增加盗窃、投机、抢劫、冗员及钻营官职的机会”[①]。因此，各州应享有较大的自决权，如掌管公民权、法律事务、警察机构及各州具体事务性工作，特别是各州有权不服从违宪的法律，而且各州有权宣布联邦法律违宪或无效。[②] 但是，杰斐逊并不反对建立联邦，以取代软弱无能的邦联。他认为：“一个团结起来的民族是永远不会被征服的”，而“假如我们四分五裂了，那么，就会使好人的希望和努力受到挫伤”[③]。基于这种认识，他把军权、外交权以及州际关系的协调权分配给了联邦，他赞赏给联邦授予较大权力的宪法，说：“宪法无疑是人类史上曾有过的最明智的文件。”他在第二任总统任期内，也增强了联邦政府的权力；他还对联邦党人说：“我们都是共和主义者——我们都是联邦主义者。”[④]以此在州权的基础上确立联邦的应有权力。权力分立体制，其次在于横向权力的划分，即立法权、行政权、司法权三权的划分。他还主张在立法机构内部，也可划分权力以收互相补充和制约之效，因此，他反对一院制议会，建议设立上院和下院。总之，杰斐逊的权力分立体制，是纵横交错的主体型权力体制，其中，纵向分权尤为重要。

杰斐逊依靠什么方式来建立代议制和权力分立体制，并通过政府权力确保人权？这种方式就是法律。他说，人民有权以法律来管

---

① 中国美国史研究会编：《美国史论文集》，第 187 页。

② 杰斐逊在 1798 年起草并获肯塔基州议会通过的《肯塔基决议案》中，宣布当时联邦党人控制的国会制订的《归化法》《客籍法》《敌对外侨管理法》和《惩治叛乱法》违宪，各州应加以抵制。

③ [美]杰斐逊：《杰斐逊文选》，第 37 页。

④ [美]塞缪尔·埃利奥特·莫里森：《美利坚共和国的成长》上卷，第 431 页。

理他们自己的事情。他赞赏美国宪法，重视人权法案，正是因为他看到法律对于自由、民主和防止暴政来说是绝对不可缺少的。他尤其要求政府和人民遵守法律，说人们的重要义务之一，就是严格遵守成文法。热爱秩序和遵守法律是美国公民非常显著的特征，是美国国泰民安的可靠保证。虽然他认为，如果谨小慎微地拘泥成文法而使国家陷于覆灭的境地，那就会丧失法律本身，以及生存、自由、财产和所有与我们共享这些权利的人们，从而很荒谬地把目的牺牲给了手段。因此，严格遵守成文法并不是最重要的义务，遵守由需要而产生的法律、自卫的法律和拯救国家于危难的法律即正义，才是更高的义务。这些不成文的“正义法”控制着国家成文法。但是，杰斐逊只是希望政府在宪法之下有一种比较灵活的权力以实现其正当的政治目的，而绝对不是主张随意破坏法制，尤其是宪法。他构想的普选制、代议制和权力分立体制本身，也能够保证民主共和国的法律基础。他说过，如果我们把普选制作为一种安全措施来加以维护，那么它就会和平地驱散一切旨在破坏宪法的阴谋诡计。在杰斐逊的体系中，没有宪法的绝对权威，就不会有民主共和国，从而也就不会有人权。

杰斐逊从孟德斯鸠的著作中受到启迪，赋予教育以极其重要的意义。他认识到，教育是实行民主共和国制和法治的关键之一。从政府方面说，世界上每一个政府都会表现出人类缺点的某种痕迹，主要是腐化和堕落的某种萌芽。任何一个政府，如果单纯寄托给人民的统治者，它就一定要退化。因此，人民本身是政府的唯一可靠的保护者。为了使人民可靠，就必须在某种程度上增进他们的知识和智慧。防止权力堕落为暴政的有效手段，就是在实际可行的范围内普遍地启迪人民的智力。如果听任人民陷于愚昧无知，那么专制就会死灰复燃。从公民方面言之，通过普及教育推进代议制政府观念、人权观念和法律观念在人们心中的生根和长成，使人人都能为自己作出判断，认定什么事情会保证自己的自由，什么事情会危害自己的自由，以维护和保卫自由、民主和法治。正是在这种认识的基础上，杰斐逊认为在所有的法律中，把知识普及于人民的法案是顶顶重要的法案。他吁请在宪法中增加一项补充条款以帮助学校教育。他请人们提倡一个扫除愚昧的运动，制定和改进教育普通人民的法律。他曾在自己的家乡弗吉尼亚致力于包括实行普及教育在内的改革，希望形成“根除古老的或封建的贵族的每一根纤维，并且为真正共和主义奠定基础”的制度。在晚年，他还创办了弗吉尼亚大学，从而名垂青史。在法治思想史上，几乎不曾有人在他那样的程度上，将教育和民主、法治结合起来。这使得他在推动人类的法治史进程方面卓具功绩。

杰斐逊在设计、构建自己的民主理想和法治模式的进程中，生逢一位思想上和政治上的强有力的对手——亚历山大·汉密尔顿(Alexander Hamilton，1757—1804年)。

汉密尔顿作为制宪会议成员和美国宪法学之父，是美国那个时代最伟大的人物之一。二百多年来，人们对他的政治法律学说见仁见智，誉毁不一。但有一点似乎是毋庸置疑的，这就是他对加强联邦权力有一种固执的偏爱，对秩序和安全始终保持其与生俱来的热忱，并力主建立三权分立政府，尤其是形成司法权的独立性及其极大的权威。这些思想综合构成了汉密尔顿的法治思想模式。汉密尔顿的法治思想,集中于《联邦党人文集》[①]一书。

汉密尔顿是国家联邦主义的主要代表。他希望美利坚合众国建立一个强大而有力的联邦政府,以维护国家统一、民族独立、商业繁荣和人民自由权利。美国宪法和整个法治模式也都应为此而创建和运转。在《联邦党人文集》中,汉密尔顿的这一基本思想是从三个方面展开的。

(一)他与霍布斯、潘恩一样对人性抱悲观的观点,认为人性具有恶的要素。有人说"公益感会主宰成员的行为,并使它们完全依从联邦宪法的一切要求",这是荒诞不经的。从这里产生了建立强有力政府的需要。他说:"究竟为什么要组织政府呢?因为如果没有约束,人的情感就不会听从理智和正义的指挥。是否已经发现人的团体的作为比个人更加正直或更加无私的呢?人类行为的正确观察家已经作出与此相反的结论,而且此种结论是有明显的理由作根据的。"[②]

(二)经验证实,邦联政府是软弱无能的政府。[③] 汉密尔顿指出:在邦联时期,美国制度存在着实质性的缺陷和迫在眉睫的混乱状态:第一个实质性缺陷是邦联政府结构上的主要弊病,即"在于立法原则是以各州或各州政府的共同的或集体的权能为单位,而不是以它们

① 《联邦党人文集》由汉密尔顿、杰伊、麦迪逊三人撰述的85篇论文集合而成。这些论文是为1787年美国宪法辩护的杰作。但三人撰述篇数,各说差异较大。《牛津法律大辞典》认为,汉密尔顿约50篇,杰伊5篇,麦迪逊30篇。而我国商务印书馆出版的中文本《联邦党人文集》中标明汉密尔顿51篇,杰伊5篇,麦迪逊14篇,汉密尔顿与麦迪逊合著3篇,另有12篇则未判定是汉密尔顿还是麦迪逊所撰。我们在本书中姑且将这15篇也归于汉密尔顿。

② [美]汉密尔顿等:《联邦党人文集》,第75页。

③ 乔治·华盛顿说邦联政府是"一个半死不活的,一瘸一拐的政府,拄着拐杖蹒跚而行"。约翰·亚当斯把邦联国会界定为:"不是一个立法机构,也不是一个代议机构,而只是一个外交机构。"伍德罗·威尔顿在《国家论》中认为:"邦联行政部统治各州的唯一权力,只是劝告的权力。"

包含的各个个人为单位”[①]。因此，邦联的权威无法直接达到政府的唯一真正对象——公民个人的身上。第二个实质性缺陷，“就是它的法律完全缺乏支持。现在组成的合众国没有权力通过罚金、停止或剥夺权利或以任何其他合法方式来强制人民服从决议或惩罚违犯决议的人。……合众国提供了一个特殊的政府标本，这个政府连执行法律的宪法权力的影子都没有”[②]。尤其是缺乏司法权，使邦联政府的缺点处于登峰造极的地步。司法权的缺乏，致使邦联条例或邦联国会制定的法律，无法有效约束各州，而成了各州随意遵守或不遵守的一种劝告。此外，“目前的联盟制度从未经过人民批准，这一点对它现存缺点影响非浅。由于它所依靠的基础仅仅是几个议会的同意，所以它经常遇到关于它的权力的合法性的复杂问题，在某些情况下还产生立法撤销权的重大原则问题。由于这个制度要由州的法律批准，所以有人争辩说同一权力可以撤销联邦的法律”[③]。而一个软弱无能的全国政府，往往会造成巨大的危害：各州都逐渐篡夺权力，摧残人民的自由，全国政府则无法在法律上为人们提供任何帮助，只能悔恨交集地眼看其受到侵害；这种政府必然以解散而告终，或因缺乏适当的权力，从而无法实现政府目标，或因为了全民安全而篡夺必须的权力从而导向专制，“专制往往产生于一个有缺陷的政体根据紧迫情况而要求的僭越权力，很少由于充分行使最大的宪法权力”[④]。这些都表明，邦联政府时期美国人民所经历的祸患，并非来自邦联政府的局部或细少的缺点，而是来自这个建筑物结构上的基本错误。

① [美]汉密尔顿等：《联邦党人文集》，第73页。
② [美]汉密尔顿等：《联邦党人文集》，第101—102页。
③ [美]汉密尔顿等：《联邦党人文集》，第113页。
④ [美]汉密尔顿等：《联邦党人文集》，第99页。

现在，仅仅对这个建筑物结构进行修理是不够的，而必须改变建筑物的首要原则和更换栋梁。汉密尔顿对强有力的联邦政府的渴望，正是主要导源于此种看法。

（三）政府的力量是保障自由不可缺少的东西。汉密尔顿认为社会秩序与自由政府是协调的，政府大厦以自由作为坚固的基础，自由则以政府作为其安全条件。因为坚强有力的政府可以提供自由所需要的安全保障，在合众国以政府作为纽带的联合是自由与幸福的根源。如果国家四分五裂，各个部分（州）保持分裂状态，那么这个国家就陷入恐惧和危险状态，自由就会成为牺牲品。为了自由，必须在合众国范围内实现统一和保持团结，而这必须有一个强大有力的政府。同时，政府可以防止滥用自由。“滥用自由与滥用权力一样，都可能危及自由；前者实例之多也并不亚于后者；而在合众国，前者显然要比后者更值得担心。”[①]因此，汉密尔顿号召人民接受联邦宪法，并断言这种接受是争取自由、尊严和幸福的最可靠的方法。

一个强而有力的政府，尤其是联邦政府，必须有“足够的权力”。政府本身也不过是政治权力和最高权力的另一种说法。既然人民和各州把国民利益和州利益的管理托付给联邦政府，那么同时也应给予相应的权力，即适当而有效地管理所需要的权力。拒绝授予联邦政府这些权力，是既不明智而且危险的。因为这种授予“是以简单而普遍的公理作为根据的：手段必须与目的相称，期望通过自己的作用达到任何目的的人，应该具有用以达到目的的手段”[②]。如果政府不

---

① ［美］汉密尔顿等：《联邦党人文集》，第 324 页。美国一些历史学家指出：“联邦党人们却深信，如果一味沉湎于天赋权利哲学，就会使全国头脑昏醉而摇晃不稳或跌倒。他们认为：1776 年时的那些口号已经过时了；美国所需要的是一体化，而不是州权；眼前的危机不是专制，而是混乱或解体……”（《美利坚共和国的成长》上卷，第 329 页）

② ［美］汉密尔顿等：《联邦党人文集》，第 114—115 页。

具有人民授予的相应的权力，这个政府就会成为国民利益和州利益的不安全和不适当的储藏所。

但是，汉密尔顿对集中州权于联邦的热情，并不意味着他反对人民的权力、自由和各州应有的权力。汉密尔顿曾是平等的自然法观念的信奉者，他认为根据自然法，任何人都没有权利驾驭其他人，任何人在未得其本人同意之下受别人支配，他就成为奴隶。他坚信："美利坚帝国的建筑物应该奠立在人民的同意的牢固基础上。国家权力的河流应该直接来自一切合法权力的洁净的原始的泉源。""由于人民是权力的唯一合法泉源，政府各部门据以掌权的宪法来自人民，因此不仅在必须扩大、减少或重新确定政府权力，而且在任何部门侵犯其他部门的既定权力时，求助于同一原始权威似乎是完全符合共和政体的理论的。"[①]因此，人民掌握着宪法的权力，从而人民的权力高于立法权、司法权和行政权。汉密尔顿还认为，赋予联邦政府以较大权力的宪法，将为共和政体、自由和财产提供更大保证，因为宪法本身的基本目的之一，就是谋求合众国人民及其后世永享自由生活。固然，汉密尔顿反对在宪法中增加人权法案，但他并非从根本上拒绝承认并保障民权。一方面，美国宪法草案本身包含了人权内容，如确立人身保护令、禁止追溯既往内容的法律、禁止授予贵族爵位和刑事犯罪（除弹劾案外）审判由陪审团审理等等的规定，也不失为对自由与共和政体的保障。因而，从实质性内容而论，联邦宪法包含了人权因素。当然，联邦宪法的人权内容不能与《独立宣言》相提并论，因为制定宪法与发布宣言的时代背景、目的、任务都各不相同。另一方面，制宪会议所面临的主要问题是政治方面的技术性问题，亦

---

① ［美］汉密尔顿等：《联邦党人文集》，第113—114、257页。

即政府组织和权力分配问题，这个问题的中心是建立一个能够保持合众国统一和团结的民主的联邦政府，而不是列举人权的内容设立人权的屏障。因此，汉密尔顿出于对出现无政府状态的担心首先考虑政府权力而将人权放置次要地位，也在情理之中。美国宪政史彰明一个铁的事实：强而有力的联邦政府是实现人权的基础。此外，汉密尔顿也不反对州权，他说："新提出的宪法，非但没有表示要撤消各州政府，而且要使州政府成为国家主权的构成部分，准许它们在参议院有直接代表，而且让它们拥有某些独有的、非常重要的主权。"[①]这也是联邦制思想体系的组成部分，完全符合联邦政府的思想。

汉密尔顿的人民权利的思想，在他的共和政体和分权制衡理论中得到进一步证实。有的学者认为汉密尔顿竭力反对民主政体，而主张建立君主立宪政体。这似乎有悖汉密尔顿本人的真实思想。尽管汉密尔顿欣赏英国君主立宪制，但他深知美国人民信仰共和主义，[②]而绝不会赞同这种政体；尽管他怀疑共和政体的可行性，但他始终致力于实现缔造共和政体的目标。他在致爱德华·卡林顿上校的信中说："至于我个人的政治信条，我愿意与你剖心相见。我是十分热爱共和制理论的。我的首要愿望就是希望看到政治权利的平等，必须排除由于世袭而产生的地位的高低……""我说我十分热爱共和制理论，这是出于我肺腑之言……我还要说，我强烈希望这种理论能取得成功。"他在上书华盛顿时说："就我所知，没有人想把君主制引

---

① [美]汉密尔顿等：《联邦党人文集》，第 44 页。

② 美国学者欧文·克利斯托尔指出："共和主义传统在殖民地上始终是强大的，移民到这些殖民地上的大多数人是同情体现在克伦威尔共和国里面的思想的宗教不同意见者。而且北美的政治制度一开始就在事实上接近共和主义，特别是新英格兰的清教徒社会的政治制度。"（《美国史论文集》，第 34 页）

进我国。”[①]汉密尔顿的共和主义有两个根本要素，一是一切权力必须最终导源于人民，二是一切人的政治权利平等而不能有任何世袭性的区别。在《联邦党人文集》中，汉密尔顿把美国宪法与共和政体联系起来，认为宪法与共和政体的真正原则是一致的，宪法构成了共和政体的法律基础。他还进一步申述了共和主义的两个根本要素。

一个强有力的共和政府，应当怎样组成？这是汉密尔顿关注的焦点之一。从根本上说，汉密尔顿希望集权，但这种集权是把权力集中于联邦政府，而既非集中于一个人，也非集中于一个政府部门。他的建立政府的理由——对人性的不信任，以及为自由提供安全保障，也是对政府权力进行控制的理由。[②] 他认为，立法、行政和司法权置于同一个人手中或同一机构中，不论是世袭的、自己任命的或选举的，都可公正地判定是虐政。因此，汉密尔顿全力探寻对政府权力进行控制的方法。这种控制，是从两个层次上来进行的：第一层次是整个合众国的控制，分为外在的控制和内在的控制，即人民对政府权力的控制和政府权力内部相互之间的控制。前者是主要控制，后者是辅助性的但又是最可靠的控制。“如果联邦政府超越其权力的正当范围，并且滥用权力，创立政府的人民必然求助于他们所建立的标准，并采取作为谨慎考虑的应急措施，来补救对宪法造成的损害。从宪法观点看来，法律的适当与否，必须经常决定于作为法律基础的权力的性质。”[③]第二层次是政府权力内部的纵向控制和横向控制，即州

---

① 《美国研究参考资料》1987 年第 6 期，第 60 页。

② “用这种种方法来控制政府的弊病，可能是对人性的一种耻辱。但是政府本身若不是对人性的最大耻辱，又是什么呢？如果人都是天使，就不需要任何政府了。如果是天使统治人，就不需要对政府有任何外来的或内在的控制了。”（《联邦党人文集》，第 264 页）

③ [美]汉密尔顿等：《联邦党人文集》，第 159 页。

权与联邦权相互的控制与立法权、行政权和司法权相互的控制。汉密尔顿弘扬了各家分权制衡学说，进而详细而具体地设计了政府分权制衡的结构和模式。他说："在美国的复合共和国里，人民交出的权力首先分给两种不同的政府，然后把各政府分得的那部分权力再分给几个分立的部门。因此，人民的权利就有了双重保障。"①在这个层次的权力控制中，汉密尔顿的独具卓识之处在于：在州权与联邦权的分配上，他强调联邦权的极端重要性；在分权的基础上，创立制衡的系统理论和方式。他问道："我们到底应该采用什么方法来切实保持宪法所规定的各部门之间的权力的必要划分呢？"他的回答是："防止把某些权力逐渐集中于同一部门的最可靠办法，就是给予各部门的主管人抵制其他部门侵犯的必要法定手段和个人的主动。在这方面，如同其他各方面一样，防御规定必须与攻击的危险相称。野心必须用野心来对抗。"②对于立法、行政和司法权的制衡，他分别采取不同的态度。他要求对立法权加以更多的控制或制衡。在共和政体中，立法权必然处于支配地位，而立法机构有可能背叛人民的利益，即代表们忘记了对于选民的责任，而不忠诚于选民的重托。因此，应当依靠英明的制度、公正的宪法以及对美国人民的警惕性和勇敢精神的激励来加以防备。应当把立法机关分为不同单位，设置众议院和参议院，以相互成为立法过程中的制约力量。"由于僭越权力或背离职守的阴谋，需经两个不同机构的同意才能实现……这样就加倍地保障了人民的利益。"③而单一的机构则容易为野心所左右或为贿赂所腐蚀，因此，"如果全部立法权力尽皆委托给单一的代表机构，比

---

① ［美］汉密尔顿等：《联邦党人文集》，第265—266页。

② ［美］汉密尔顿等：《联邦党人文集》，第263、264页。

③ ［美］汉密尔顿等：《联邦党人文集》，第315页。

之要求一切公众立法均需分别由不同之机构所认可，其危险显然是更大的”[①]。他主张赋予行政部门以足够的权力，这种权力是行政部门能够强而有力所需要的重要因素，且这种权力只能由一位行政首脑行使。这种集行政权于一人的体制，最有利于明智审慎，最足以取信于人民，最足以保障人民的权益。它比行政首脑一职多人的体制要优越得多。他揭示出建立联邦法院的作用及其必要性，尤其释明司法独立、司法权威对于防止立法和行政专权虐政、实现自由与公正、保障安全与秩序方面的重要价值。他认为，在立法、行政、司法三部门中，唯有司法才能成为联邦的拱门楔石：国家权力的尊严必须通过司法机关来表示，法律必须通过法院来详细说明和解释其真正意义和作用，防止其徒具空文。违宪审查的权力也应授予法院。法院正当与特有的职责，在于解释法律，包括宪法及立法机关制定的任何法律。因此，法院应有宣布违宪的立法为无效的权力。法院的违宪审查权，也是牵制立法机关的基本力量。而法院要富有成效地完成自己的职责，并成为限制立法机关越权的保障，保卫宪法与人权，维护公正与安全，必须具有坚定的独立性，使其能以自保而免受立法、行政的侵犯。这种独立性主要以法官职位固定和法官薪俸固定为支柱——法官职位固定是法官任职只是以“行为正当”为条件。只要法官“行为正当”，就应长期任职，不可撤换。“除此而外，并无任何其他规定更能促使法官得以保持其独立性。”[②]法官薪俸固定是法官于规定期间领受酬金，该项酬金于继续任期之内不得减少。汉密尔顿认为：“就人类天性之一般情况而言，对某人的生活有控制权，等于对其

① [美]汉密尔顿等：《联邦党人文集》，第322页。

② [美]汉密尔顿等：《联邦党人文集》，第394页。

意志有控制权。”[①]因此，司法人员的财源不能置于立法机关或行政机关的不时施舍之下。当然，司法独立与司法责任是一致的，对于行为不当的法官，可以由国会进行弹劾。总之，“把权力均匀地分配到不同部门；采用立法上的平衡和约束；设立由法官组成的法院，法官在忠实履行职责的条件下才能任职；人民自己选举代表参加议会——凡此种种，完全是崭新的发现，或者是在现代趋向完善方面取得的主要进步。这些都是手段，而且是有力的手段，通过这些手段，共和政体的优点得以保留，缺点可以减少或避免”[②]。

汉密尔顿的强而有力的联邦政府、共和政体以及分权制衡都是以宪法法律为基础、以宪法法律的至上权威为保障的。尽管他把单纯用法律的力量进行统治的思想，归之于那些自命聪明、不屑汲取经验教训的政治学者的幻想，但他也把浩瀚的法典看作关系自由政体优点的必然现象，并说服从法律符合好政府的根本宗旨。法律具有至高无上的权力。他认为，政府权力就是法律权力，即实施宪法授予合众国政府或政府任何部门或官员的各种权力，就是制定和适用“必要的和适当的法律”，因为“一条法律顾名思义包括最高权力”。法律也是执行权力的适当手段，“除了制定法律的权力以外，什么是立法权呢？除了法律以外，什么是执行立法权的手段呢？除了征税立法权，或制定征税法律的权力以外，什么是征税权呢？除了必要和适当的法律以外，什么是执行这样一种权力的适当手段呢？”[③]联邦政府应当保持对国家法律的神圣尊崇，如强有力的行政权力，既需要法律的支持，也要忠实执行法律；为防止司法专横和武断，须有严格的法典

① ［美］汉密尔顿等：《联邦党人文集》，第 396 页。

② ［美］汉密尔顿等：《联邦党人文集》，第 40—41 页。

③ ［美］汉密尔顿等：《联邦党人文集》，第 160、158 页。

与先例加以限制，而司法所必具的品质就是坚定、一贯地尊重宪法所授之权与人权。汉密尔顿还将宪法置于法律之上，申明宪法的最高效力及权威。一方面，“除非人民通过庄严与权威的立法手续废除或修改现行宪法，宪法对人民整体及个别部分均同样有其约束力”①；另一方面，法律的至高无上的权力，要受宪法的明确限制，违宪的法律不具有任何效力。

的确，汉密尔顿与杰斐逊不同，汉密尔顿为集中权力、保障安全与秩序以及消除无政府状态倾注全部感情和终生精力；而杰斐逊则希望分散权力、珍爱自由并坚决反对暴政。但是，他们并无原则上的差别和对抗。正如潘恩在评论州权主义和联邦权主义时所说：“经验证明，由各州宪法授予各州政府的权力过大，而由邦联条款授予邦联政府的权力则过小。这个缺点不在于原则，而在于权力的分配。”②事实上，正是在共同原则的基础上，汉密尔顿和杰斐逊的思想、主张从不同方面推动着美国的宪政史和法治史。对于美国的宪政和法治来说，他们都是不可或缺的。

---

① [美]汉密尔顿等：《联邦党人文集》，第 394 页。

② [美]潘恩：《潘恩选集》，第 254 页。

第四章

当代中国关于法治与人治问题的论争

一种法学理论热点的兴起，不仅具有深刻的社会原因，而且也内含着对历史的反思。20 世纪 70 年代末 80 年代初，在我国法学界所展开的那场关于法治与人治问题的讨论，不只是一种对共和国法治的热切渴望，而且也是对新中国三十年法制实践的理性认识和深省。因此，分析引发这场争论的社会和历史背景对于理解争论本身是具有意义的。

一、思想解放与法学萌动

1978 年，关于实践是检验真理标准的讨论和党的十一届三中全会的召开，标志着我国社会生活的一个新时期的开始。从此，中国社会的发展进入了一个新的历史时期。回首历史，不能不使人感慨万千。如果说，我党历史上的遵义会议是一个新的开端，这个开端是以军事路线的转变为特征的话，那么，关于实践是检验真理标准的讨论、党的十一届三中全会所标志的社会生活新时期的开端,就是以思想解放为特征的。

思想解放冲破了观念的羁绊,在实践面前,一切凝固了的似乎神圣不可侵犯的东西重新受到审查和检验。思想解放意味着对于政治问题、学术问题、思想问题,人们不再拘泥于原有的教条的规定,而是力图立足于现实,根据现实提出问题,依据实践的原则寻求正确的判断和明智的抉择。这一思想解放潮流不仅为已沉寂了多年的法学理论注入了复苏的"强心剂",而且也为法学主体自身提供了创造的内在活力。马克思主义法学理论和科学的繁荣要求适宜的政治和经济条件,但作为精神领域的法学发展的首要前提就是思想的解放。解放思想既是法学理论本身的内在要求,同时也是法学存扬的社会心理环境的要求。从其一般性而言,法学主体创造的内在活力无疑会受到一定社会精神氛围的影响和制约,但从其根本来说,只有较充分的法学研究的内在活力,才能形成法学研究足够的社会精神氛围。因此,思想解放之源在于理性的、批判的创造力量,在于法学主体的思想解放本身。马克思主义法学在本性上就是革命的、批判的。正如列宁在评价马克思本人时所指出的那样:"凡是人类社会所创造的一切,他都用批判的态度加以审查,任何一点也没有忽略过去。凡是人类思想所建树的一切,他都重新探讨过,批判过,在工人运动中检验过,于是就得出了那些被资产阶级狭隘性所限制或被资产阶级偏见束缚住的人所不能得出的结论。"[①]在马克思主义法学中,没有批判就没有创造,法学的批判力和创造力是高度统一的,但这种统一需要中介。马克思主义法学的活力就在于它在批判剥削阶级法律、法学

① 《列宁选集》第4卷,人民出版社1962年版,第347页。

中找到了创造的价值。从这个意义上说，我国马克思主义法学的首要使命就是解放思想，以批判的态度对待旧法律、旧法学进而自觉地改变法律与法学世界。

思想解放潮流是法学思想自我解放的契机，有了思想解放的社会精神氛围，也就有了法学思想自身解放的条件。这场法学思想自我解放运动内含着对中国传统法学的批判，内含着对新中国三十年法学的深刻反思。

思想的解放带来了较之以往更多的法学创造自由，拓展了研究的视野，并为法学思想的发展创造了必要的前提，但它毕竟不是法学思想发展本身。解放了的思想，只有在不断的探索中把艰辛的精神劳作凝聚为建设性的成果，才能实现有价值的法学创造。这种在思想解放的社会精神氛围中进行的法学思想的解放，又内含着法学对一种新法制实践的探索，对法学新价值的追求。思想解放不仅为中国的马克思主义法学的思想解放开启了闸门，而且它一直影响着今天和未来的马克思主义法学的自我认识。在思想解放的潮流之下，中国的马克思主义法学，在中国的法学史上出现了前所未有的探索创造的主体意识。在解放了的法学思想面前，不变的法律信条受到质疑，人为设定的法学“禁区”被冲破，当时流行的法律“本本观念”遇到了实践理性的批判。这种情形犹如恩格斯对18世纪法国资产阶级大革命前夕的思想启蒙运动的描述：“宗教、自然观、社会、国家制度，一切都受到了最无情的批判；一切都必须在理性的法庭面前为自己的存在作辩护或者放弃存在的权利。”[①]与之根本不同的是，中国的马克思主义法学不是从抽象的人性出发，从永恒的“自然法”出发，而

① 《马克思恩格斯选集》第3卷，人民出版社1972年版，第56页。

是立足于整个人类的法制实践过程，特别是立足于社会主义法制实践而进行理性判断的。

首先是关于资本主义法制的认识。毫无疑问，法律作为人类阶级社会内含的一种行为规范尺度是具有特定的阶级规定性的，资本主义法制就是由资产阶级的阶级属性规定的，因而一种类型的法制所具有的特定的**阶级属性是不具有后延性的**，资本主义法制不可能内含着封建地主阶级的阶级属性，同样资本主义法制也不可能内含着无产阶级的阶级属性，但不能因此就全盘否定作为人类社会文明组成部分的**法文明的相延性**。对于西方资产阶级来说，如果没有古希腊城邦法所提供的关于人与社会关系的思想产品，如果没有古罗马法文明提供的法律技术成果，也就不可能产生近代欧洲大陆的资产阶级法文明；对于社会主义国家来说，如果没有欧洲大陆国家的资产阶级法文明所提供的法典技术、法操作程序、法概念表达方式等一系列的技术思想成果，也就不可能有今天的社会主义法文明的现实形态。法作为一种规范尺度所具有的阶级规定性，随着其阶级（统治阶级）的移替而原来的规定性也必将归于消失，但其形成的既定的法文明状态却具有其通约性和依存性。这个近乎法学常识的观点却如一块巨大的磁石，把当时的中国法学凝聚到一个焦点上：重新认识历史上的法制，特别是通过资产阶级法制以认识社会主义法制自身；通过社会主义法制的认识对法律重新进行理性的判定。1949 年以来，我们的法学发展走过了那样一条曲折的路，我国的社会主义法制经历了那么多的磨难，与今相隔不远的那场野蛮的劫掠（“文革”）使得社会主义法制几乎丧失殆尽，这一切都意味着什么？反思历史是为了把握现实；放眼世界是为了更好地认识自己；自我的不断认识是为了自我的超越，这一切都必然引出一种对社会主义新法制实践的需求——共和国法治的渴望与呼唤。

法学思想的解放要求理性的反思和科学的探索。反思是对过去的清理，是对已知的审度、批判和扬弃；探索是对未来的希望和努力，是对未知的搜寻、选择和创新。法学的思想解放——20 世纪 70 年代末 80 年代初所出现的法治与人治问题的争论就是在这种背景之下而形成的。

如果说，思想解放为 20 世纪 70 年代末 80 年代初中国法学所展开的法治与人治问题的讨论提供了社会精神氛围的话，那么，由此而进行的社会主义法制的新实践则为这次讨论提供了直接的物质基础。

党的十一届三中全会以后，我国社会主义法制建设进入一个新的时期。这个时期是以大力发展生产力的经济建设为开端的。随着党的工作目标的转移，社会主义法制得到恢复和发展，法制的重心相应地转移到以保护和促进生产力发展的经济建设中来。“发展社会主义民主，加强社会主义法制”成为新时期的必然要求。面对着随新时期突然到来的这种法制实践的急剧转变，法学不得不超越自身努力作出现实反应。这种反应既包含着对新中国三十年法制实践的反思，也显出一种缺乏自觉的朦胧意识；既包含着法学思想对转变了的法制实践的欢欣，同时也显出理论对实践认识的不足；既包含了法学对社会主义法治的萌动，同时也表现出对法治本身的疑惑。那是一个由于解放了的法学思想刚刚获得起步的原点，新的法制实践所带来的法学的新的理论所面临的一个过渡。法治与人治问题的争论正是在这种关系中发生的。它既带有思想解放所引发的新理论的萌动，也带有明显的局限，这种局限在当时的社会背景下是不可超越的。

二、法治与人治问题的纷争

20 世纪 70 年代末、80 年代初发生的这场讨论，正值我国社会主义法制的转型期。时代的特点决定了这次讨论的性质和范围。其特点是，无论哪一种观点都明确地不赞成人治。因而法治与人治的讨论实际上首先是法治与人治概念如何界定的问题，而不是人治主张与法治主张的争执。综合讨论的过程和内容大致有三种观点："法治说"，"法治与人治结合说"（下称结合说），"摈弃法治与人治说"（下称摈弃说）。这三种观点主要围绕以下几个问题而展开讨论的：

第一，关于法治与人治概念的争论。概念的界说是最为复杂的问题。在很多问题上存在不同的观点和看法，几乎都是由于概念的不同界定、不同理解而引起的，法治与人治的争论首先遇到的也是这一问题。关于法治与人治概念的理解和界定既存在着法治说与结合说、摈弃说的差异，同时在各种观点内部也存在分歧。

在法治说中，有的认为，人治从历史意义上理解就是"朕即国家""言出法随"。从现实意义上讲，人治就是凭主观办事，有法不依，以言代法。法治就是依法办事，以法治国。① 有的则认为，法治就是加强民主和法制的同义语；而人治则是专制主义、官僚主义、少数人要特权、家长制和一言堂的别名。② 有的更明确指出，法治不否定人的因素，但法的权威高于任何个人的权威，所有的人，包括最高领导人在内，都要严格依法办事，不允许有任何超越于法律之上的特权，也

① 参见《法治与人治问题讨论集》编辑组主编《法治与人治问题讨论集》，群众出版社 1981 年版，第 2—3 页。（以下引此书，不再详注）

② 参见《法治与人治问题讨论集》，第 22 页。

不允许任何人以言代法，言出法随。人治，就是掌权者个人的意志高于法律，国家的一切大事是由个人或少数人按照自己的主观意志来决定的，因而法律带有很大的随意性。[①] 判定法治与人治的最根本的标志是在法律与个人意志发生矛盾冲突的时候，是法律的权威高于个人意志，还是个人意志凌驾于法律之上。[②] 虽然法治论者之间对法治概念的理解和界说存在着差别，但在主张法律具有最高权威方面，法治论者是共同的。法治说都反对“法治与人治相互结合”的观点，认为人治与我国社会主义民主背道而驰，提倡人治就是提倡依人不依法，依言不依法；提倡人治会助长封建特权；提倡人治还容易造成朝令夕改、制度多变，损害我国社会主义法律的稳定性与连续性；提倡人治，还容易给少数野心家、阴谋家造成可乘之机。[③] 因此，法治论者认为人治与社会主义法治是根本对立的。

结合说对法治与人治概念的理解和界说之间存在着很大差异。有的从中国历史上的儒家和法家关于“治人”“治法”争论的分析中引出一个观点认为，对于法治与人治的概念不可能像区分男和女、生和死这些对立的概念那样，把它们截然分开。两个概念本身就有相互交错的地方。这里所涉及一个关键的问题就是，结合说是从法治与人治概念“相互交错”出发得出了一个用“法治”治理国家，用“人治”选拔治国人才的法治与人治能够相互结合的结论。[④] 有的认为，法治无非是指一定的统治阶级运用系统的法律手段治理国家的方法，人治是指一定的统治阶级运用有组织的人事手段治理国家的方法。其

---

① 参见《法治与人治问题讨论集》，第 25 页。

② 参见《法治与人治问题讨论集》，第 54 页。

③ 参见《法治与人治问题讨论集》，第 82—85 页。

④ 参见《法治与人治问题讨论集》，第 260 页。

内容最终是由不同社会的经济条件决定的，因而在同一经济形态的社会中，人治与法治是相辅相成的，互为补充的。[1] 有的则认为，人治和法治作为不同的统治方法，它们之间并没有绝对的界限，“法治”对于一个国家的经济繁荣和社会安定虽然起着“锦上添花”的影响，然而，起决定作用的并不是法治，而是制度本身。[2]

从参与讨论的各种观点中可以看出，摈弃说一般不为“法治”与“人治”下定义，而只局限于一般性的分析。有的认为，法治不等于民主，人治不等于专制。人治、法治的提法不科学，都是非阶级或超阶级的观点，是把国家和法律问题弄得混乱不堪的重要因素之一，因而法家理论应跳出法治、人治的窠臼。[3] 有的则认为，法治和人治的概念虽然不科学，但这两个概念在中外历史上具有重大影响，为了尊重历史应采取审慎的态度，因而主张对人治与法治的概念既不宜作口号提倡，也不宜简单否定。[4]

第二，关于资本主义法治如何评价的争论。法治论者首先是从肯定西方资产阶级法制的法治化入手分析和认识资产阶级法治的。有的认为，十七八世纪资产阶级启蒙思想家适应社会发展的需要，针对封建社会以维护和发展封建的世袭等级特权为根本目的的人治而提出了“天赋人权”的理论，主张人人平等，建立民主共和制度并在这个制度之下制定宪法作为国家的根本大法的理论，主张实现法律面前人人平等、不容许超越于法律之上的任何特权存在的理论都为资产阶级提供了法治原则。资产阶级胜利后，其法治原则在法制实践

---

① 参见《法治与人治问题讨论集》，第 266 页。

② 参见《法治与人治问题讨论集》，第 278 页。

③ 参见《法治与人治问题讨论集》，第 285—288 页。

④ 参见《法治与人治问题讨论集》，第 337 页。

中开始显现于行动。因而资产阶级的这种“法治国家”与封建专制主义国家相比在历史上是个巨大的进步。持这种观点者同时也认识和分析了资产阶级的阶级实质，指出了资产阶级法治的不彻底性和虚伪性。①

有的认为，西方资产阶级在反对封建专制主义的斗争中使用的两个主要武器就是民主和法治，他们把两者紧密地结合在一起，以民主作为法治的基础，以法治作为民主的保障。他们运用这两个武器，同封建专制主义进行了长期的生死斗争，终于取得了资产阶级革命的胜利，在人类历史的进程中开辟了一个新的时代。资产阶级的法治，并不是资产阶级革命的某些思想先驱凭空制造出来的，而是已经成熟了的客观经济、政治条件的产物。资产阶级法治并没有否定人的作用，资产阶级的议会制只是否定了君主立法，而由选举产生的资产阶级代表人物集体行使立法权；资产阶级的“司法独立”只是否定了君主“罪行擅断”，而由资产阶级的法官行使司法权；资产阶级主张法律具有至高无上的权威，只是否定了封建君主或某些官吏高踞于法律之上，以便体现资产阶级意志的法律在全国上下得到一体遵守，而并不否定他们的总统以及各级官吏行使法律赋予的职权。②

结合论者对于资产阶级法治的分析和评价，一般都是把法治作为一种统治方法入手的，在这种分析模式里，法治与人治分别被区分为奴隶制的法治和人治，封建制的法治和人治，资本主义的法治和人治。即使在同一经济形态之下，人治与法治作为一种统治方法，统治者都是交替使用或结合运用的。在封建专制社会里，封建统治阶级虽然侧重于人治，但也并不轻视法治。法治与人治作为一种统治方

① 参见《法治与人治问题讨论集》，第 56—59 页。

② 参见《法治与人治问题讨论集》，第 71—73 页。

法，是伴随着阶级社会而必然存在于任何一种阶级社会中的。有法律必然有法治，有统治阶级的存在也就必然存在人治。推而言之，在资本主义的社会制度之下，人治与法治始终是被资产阶级的统治者紧密地结合在一起而加以运用的。易言之，资产阶级在重视立法，实行法治方面虽然是侧重于法治的，但资产阶级厉行法治并不能说明它排斥人治。资产阶级为了实现本阶级对社会的统治，总是采取各种方法精心挑选最能体现本阶级意志的代表人物，通过他们治理国家，认为资本主义社会中的大选就是人治的最好的例证。①

第三，关于社会主义法治如何评价的争议。无论是法治论者还是结合论者，他们虽然在对法治和人治的看法上存在着巨大的差异，但他们的争论及其主张都是立足于完善和加强我国的社会主义民主和法制这一基本点。正是基于这样一个共同目的，两者都在不同的程度和范围共同提出了社会主义法治问题，只是在具体的分析评价方面存在分歧。

法治论者首先对新中国三十年的历史进行了总结和反思，明确提出了实现社会主义法治的重要性，认为三十年的法制实践已经证明，只有实行社会主义法治才能切实保障人民的民主权利，真正体现我们的国家是人民群众当家做主；只有实行社会主义法治才能防止像“四人帮”一类的野心家篡党夺权的阴谋得逞，巩固无产阶级专政；只有实行社会主义法治才能高速发展生产力，顺利地建设社会主义现代化强国。有论者认为，经验已经证明：我国重视法治时，国家就稳定，就巩固，经济就发展；忽视法治时，国家就混乱，经济就停滞不前，甚至倒退崩溃——社会主义法治势在必行。② 法治论者对我国社

① 参见《法治与人治问题讨论集》，第 272—273 页。

② 参见《法治与人治问题讨论集》，第 33—38 页。

会主义法治的高度重视和评价是与对法治的价值认识联系在一起的。这里所涉及的一个重要问题就是对我国历史上法家提出的“以法治国”的认识问题。对此，有的明确指出，法家主张的“以法治国”并非历史概念和科学概念的法治。法治的内涵和价值，是在资产阶级对封建主义的革命中确立的。在法律面前人人平等和消除特权，既是法治的内涵也是其价值所在。法治与民主的一体决定了法治的价值。对法治价值的分析必然提出这样的问题：“在社会主义阶段，无产阶级专政是实行人治走向历史的倒退呢？还是‘扬弃’资产阶级法治的糟粕，在社会主义阶段严格实行无产阶级的法治呢？这是必须由全党根据全国人民的意志作出裁决的根本问题。”①

法治论者不仅探讨和分析了实行社会主义法治的重要性，而且也分析了我国实行社会主义法治的可能性、途径和方法。其可能性是：我们实行社会主义法治是建立在优越的社会主义经济制度之上的。社会主义经济的公有制为真正实现公民在法律上一律平等，反对特权、压迫和剥削创造了有利的物质基础和经济条件；社会主义法治是建立在社会主义民主基础之上的法治。在社会主义制度之下，人民真正掌握了国家的最高权力，按照民主集中制原则组织起最有效的廉洁的政府，这就为社会主义法治提供了坚实的民主基础；社会主义法治是工人阶级（通过自己的政党共产党）领导下的法治，而工人阶级是人类历史上最进步的阶级，它代表着社会发展的方向和全人类最根本的利益，它没有偏见，最大公无私，因而这是实行社会主义法治的巨大力量。②

实行社会主义法治的途径和方法，被认为是在观念层上，要实现

---

① 参见《法治与人治问题讨论集》，第 129 页。

② 参见《法治与人治问题讨论集》，第 156—158 页。

社会主义法治，必须彻底改变那种把以法治国同党的领导对立起来的错误观念。马克思主义与社会主义法制是两个不同范畴，绝不可以用马克思主义代替社会主义法律，也不能用社会主义法制代替马克思主义。我国宪法和各项具体法律的制定都是以马列主义作为指导思想的。因而“以法治国”能够更好地发挥在革命和建设中的作用，从而巩固和加强党的领导。同时，实现社会主义法治，必须彻底改变那种“无产阶级要人治，不要法治”的错误观念；实现社会主义法治必须在全党和全国人民的心目中牢固地树立起法律具有极大权威的正确观念。无产阶级的法律就是人民意志的体现，具有极大的权威，因而社会主义的经济制度、政治制度，包括公民的基本民主权利和自由，一旦用宪法和法律的形式肯定下来，任何人都不能随意改变。在制度层上，全面加强立法工作，尽快地制定出一整套完备的社会主义法律，是实现社会主义法治的前提；所有国家机关和党的各级组织，全体公职人员和公民都严格依法办事是实现社会主义法治的关键。必须坚决杜绝法律定而不行、言而无信的现象，绝对保障我国法律的严肃性和权威性；必须坚决贯彻法律面前人人平等的法制原则，从思想上尤其是从制度上认真解决一部分干部包括少数高级干部在内的特权思想、特权作风、特权地位问题；执法机关，特别是公安机关要坚决依法办事。认真搞好党政机关的分工制约，切实保障司法机关的独立性，是实现社会主义法治的组织保证。[①]

与法治论者所主张的不同，结合论者认为，我国社会主义的法律要靠人来制定，也要靠人来执行。健全法律制度和选用建国治国人才，是我们实现四化的两大当务之急。依法办事的法制原则和任人

---

① 参见《法治与人治问题讨论集》，第36—62页。

唯贤的人治原则是统一的,而不是对立的。如果只讲法治,不讲人治,那就忽视了人的作用,见法不见人。[①] 有的学者认为,社会主义民主制规定着社会主义法治和人治的内在统一性,同时也为正确地实行社会主义法治和人治提供可靠的保证,而实行社会主义法治和人治的目的,又都是为了确保全体人民在共同享有对生产资料的不同形式的所有权和支配权的基础上,享有管理国家的最高权力。如果有一种不以社会主义为基础的法治和人治,那么可以肯定地说,这种法治和人治就不是无产阶级和广大人民所需要的法治和人治。[②]

关于法治与人治问题的争论既反映了我们这个时代开始的特征,也预示着以后中国法学发展的一般轨迹。今天,实现社会主义法治虽然已经不是一个值得争论的问题,但困扰着当今中国立法者和法学家们的主要问题却是"怎样实现社会主义法治"的问题。这不仅是一个重大的理论问题,而且也是社会主义国家法制所遇到的一个实际操作的问题。

三、讨论过后留下的思索

相隔于今日近几十个春秋的这场讨论早已结束了。人治与法治之争,作为一场讨论也许早被人们遗忘,至多只能引起那些怀旧的人们一丝淡淡的回忆;但作为讨论所提出的问题却并没有完全解决,它对中国马克思主义法学发展也许会产生长久的影响。今天我们回忆这段历史,并无意去参与这场已结束的讨论,因为新时代的中国马克思主义法学的发展早已超越了它开始时的那个原点。

---

① 参见《法治与人治问题讨论集》,第 261 页。
② 参见《法治与人治问题讨论集》,第 277 页。

每个人都是时代的产儿，时代为人们提供了物质和精神力量的同时也为人们设定了无法逾越的局限。人是时代的人，哲学是时代的哲学，法学又何尝不是如此呢？关于法治与人治问题的那场讨论是由我们这个时代装备起来的，它既反映了刚开始的时代的特征，也反映它无法超越刚开始的时代的那种局限。因而，如果我们用发展的眼光为标准，对过去的一种观点进行评头论足，那么这显然是不公正的。从这一点出发，可以说，讨论所能给予我们的莫过于一种讨论后的思索。

法治是什么？也许这是一个永远不能得到圆满解答的问题，但这不等于说“法治”不存在。问题是如何对之作出解释。这里涉及两个带有关键性的问题：第一，法制与法治的关系问题；第二，法治的尺度问题。如果在此把法制与法治相等同，仅仅把法治看作统治阶级的一种“统治方法”，那么法治这个概念就没有存在的意义。因为一种“法治”可以称为一种统治方法，一种“专制”也可以称为一种统治方法，任何一种与统治有关的手段、方式、措施都可称之为统治方法。如果把“法治”理解为与“法制”是同一个词，就无法揭示法治的内在规定性，那么“法治”无论是作为一种事实状态还是作为一个独立的概念也就失去了存在的意义。实际上，只要有法律存在就必然存在着法制。在历史上，既然存在着奴隶制的法，也就必然存在着奴隶制的法制。即使在最专断的封建专制那里，它也有封建法制的存在。“法制”无论作为一种历史现象还是作为法律的现实状态，它都是一个具有实证意义的综合概念。法治不同于法制，它不仅具有实证意义，而且还包含着一种价值的追求。它不仅能够揭示法制发展的实态，而且也能揭示法制之间存在的巨大差异。很显然，一种专制的法制（如封建法制）是一种法制，一种反动的法制（如法西斯法制）也是一种法制，但这两种法制都不能称为法治，因为它不具有法治所内含的价值追求。从这一角度认识“法治”这一概念，法治就不单纯是一种“统治方法”，而更重要的是一种制度，这种制度不同于一般的法律制度，它不仅是法律的至上性、最高权威性，具有连续性、程序化的特征，而且更重要的是这种法律本身必须符合一种价值追求。法治的尺度不仅在于是否“以法治国”，而且在于法律本身所追求的价值以及这种法律形成的权威程序化的机制。结合论者提出的“任人唯贤”的人治原则，在这里并不是一种“人治原则”，而是一种法治制度。很显然，“任人唯贤”若不只作为一种口号、一种原则，而是形成一种制度，那么它只有在法律程序之下才能成为现实。问题是：怎样才能保证在“选拔治国人才”上的“任人唯贤”呢？显然，没有法律的固定程序作保证，这一原则是很难从可能性转化为现实性的。至于说，资产阶级按照宪法和法律规定的选举制度选拔资产阶级的治国人才，这恰恰不是人治原则，而是资产阶级法治制度的一个重要组成部分。法治不但是实际存在的，而且其概念也是可以界定的。

这场讨论提出的一个重要问题就是对我国历史上法家与儒家关于“治法”“治人”争论的认识问题。无论是法治论者还是结合论者都是从其“治法”“治人”的思想中引出“法治”和“人治”概念的。这是争论者们在法治概念问题上纠缠不清的主要原因。这里涉及的一个根本问题是，法家所主张的“治法”是否就是“法治”，儒家的“治人”是否就是“人治”，这是一个基本前提。正如参与讨论的学者指出的：“这种争论仿佛是：我说这里是二层楼，一个英国人说这是一层楼，两人为此争论不休。事实是，我们都指的一个地方，但我们之间对楼层的计算法，各自遵循了不同民族的习惯，因而发生了争论。”[①]因而，弄清“治人”“治法”的真正含义是解开法治之“谜”的关键。我们认为，法家主张的“治法”，并不是指的法治。[②] 虽然法家也提出过“以法治国”的思想，但“所谓‘法治’，其实不仅仅是‘以法治国’的意思，而且含有用以治国的法律所必须遵循的原则、规范或理想的意思，如‘公正原则’、‘平等原则’和‘维护人的尊严的原则’等等。也就是说，法是确定的、公认的理想，而非我们通常所称的‘长官意志’或者个人灵机一动的狂想。法高于法律，是立法者和司法者用以检验法律能否生效的法则”[③]。这是问题的关键。

与此相联系的是关于资产阶级法治的评价问题。毫无疑问，法治是资产阶级首先在反封建专制的斗争中确立起来的，但其法治的完善却是在资产阶级革命胜利以后的事情。分析资产阶级法治的反封建的进步性固然重要，但更为重要的应是揭示资产阶级法治的现实形态和结构，揭示其法治发展的历史过程，这无论对于分析法治的客观内涵还是揭示资产阶级法治的阶级性都是极有意义的。“天赋人权”并不是资产阶级法治的内容或结构，而是资产阶级革命的口号和原则。资产阶级法治是资产阶级革命后在社会的组织结构层次上解决权力与法律、自由与法律、权威与自由的关系问题，而不是“人权”问题。资产阶级的法治与资产阶级的民主有联系，但两者是互不相同的两种制度。资产阶级民主着眼于鼓励和支持资产阶级的代表人物行使国家权力，而资产阶级法治的重心在于行使的权力必须受宪法和法律的限制；资产阶级民主意味着其公民享有法律下的自由

① 《法治与人治问题讨论集》，第 333 页。

② 关于儒、法两家的争论请参阅下面《法治概念分析》一章，在此不作详述。

③ 龚祥瑞：《比较宪法与行政法》，法律出版社 1985 年版，第 81—82 页。

和权利,而资产阶级法治则要求这种法律本身首先必须是“自由”的法律。在此不难看出,资产阶级统治的应然性与实然性存在着尖锐的冲突:在规范意义上,其法治处于一种理想化的形态,但在现实中,这种法治又带有很大的虚伪性,这种虚伪性正是资产阶级的阶级本质所决定的。

分析资产阶级法治的结构、内容,无疑对探索社会主义法治具有极大的借鉴意义。社会主义制度所决定的法治比资产阶级法治具有无比的进步性和真实性。从根本上说来,社会主义法治不像资产阶级法治那样被少数人所操纵,它是根据大多数人的意志形成的,因而在现实形态上,社会主义法治就比资产阶级法治具有极大的优越性。理论除研究阶级性质所决定的法治的根本差异以外,还须寻求法治之所以能够称为法治的客观属性。社会主义的本质决定了实现社会主义法治的可能性,但作为理论不能仅仅停留在可能性的研究上,而还应进一步研究社会主义法治的结构和内容,研究社会主义法治实现的途径和方法。历史的发展和时代的要求共同提出了这个问题:如何在中国共产党的领导下,形成具有中国特色的社会主义法治模式,这也许正是中国马克思主义法学所肩负的使命。

因而,有关这场讨论的意义不在于它讨论了什么,争论到何种程度;而在于这个讨论本身,这场讨论给我们这个时代留下了久远的思索。

历史上人们对法治的思考,都是那个特定时代的产物,尽管它们都蕴含着法治的一般性命题。对它们,不可全盘抛弃,但也断然不可全盘接受。

对于资产阶级政治哲学家和法学家的法治观,应注意两点:第一,在理论上,正如恩格斯在评论资产阶级的理性批判时所说:“这个理性的王国不过是资产阶级的理想化的王国；永恒的正义在资产阶级的司法中得到实现；平等归结为法律面前的资产阶级的平等；被宣布为最主要的人权之一的是资产阶级的所有权；而理性的国家、卢梭的社会契约在实践中表现为而且也只能表现为资产阶级的民主共和国。十八世纪的伟大思想家们，也和他们的一切先驱者一样，没有能够超出他们自己的时代所给予他们的限制。”[①]第二，在实践上，法治主义是丝绒手套中包着的铁拳头。

---

① 《马克思恩格斯选集》第3卷，人民出版社1972年版，第57页。

中篇

法治：理论的探索

第五章

法治概念界说

法治作为一种理论学说自从它产生那一天起就注定成为思想家、法学家的众矢之的。在西方，法治的理论学说作为古希腊哲学家亚里士多德的社会理想而出现在其《政治学》之后，就开始了它漫长的发展道路。这一历程随着思想家、法学家的探索而不断延伸，随着人类的法律—社会实践而不断拓展，形成了一幅法治理论的壮观画面。上篇的内容只是这一画面的速写或白描。实际上，对法治的殊见及其不同的理论构创远比我们所速写的那一画面无论在时空范围内，还是在理论层次上都要深刻和丰富得多。我们之所以如此“挂一漏万”地列举那些对法治的不同观点和看法，只是要说明一个简单的道理：法治作为一种理想，对之很难形成一个统一的意见。这种差异一方面来自各个阶级、各个阶层的不同价值观；另一方面也来自不同的法律—社会的实践过程。也许正是基于此，法治的理想才推动着人类的智慧在法律—社会的领域得到广泛的应用，使法治理论在不断丰富自身的同时，也不断地改变着人类社会的面貌。

然而,关于法治的理论不管有多少种看法,这些看法之间存在多大的差异,法治作为一种现实化的客观运动,从古至今其内涵已日趋丰富,人们对其所抱的见解在一些基本点上日趋一致。这说明,法治是可以解释、可以操作的。

一、法治概念的困惑

根据 1984 年我国《法学词典》(增订版)的解释,"法治"是"某些剥削阶级思想家主张严格依据法律治理国家的思想"。其中包括两层含义。其一,这种思想在中国古代主要是"以商鞅、慎到、韩非为代表的法家为反对'礼治'和'特权'所主张的任法不任人的思想"。在西方,主要是由亚里士多德所主张的思想,即"已成立的法律获得普遍的服从,而大家服从的法律又应本身是制定得良好的法律"。其二,是指资产阶级所理解的法治:"资产阶级在其革命时期,为了反对君主专制和封建特权,也强调法治,并把法治和民主联系起来,宣称法是至高无上的,国家要依据法律行使职权,不准非法限制人民的权利或将法律外的义务强加于人民。资产阶级取得政权以后,在法律上明文规定'法律面前人人平等'的原则,并把上述主张定型为一种制度。"①

由乔伟主编的《新编法学词典》也认为法治包含两层含义:第一,"是先秦法家提出的治理国家应当专用法治的主张。法家认为,一个国家只要有明确而稳定的法律制度,一切行动都依法而行,国家就可治理好"。第二,"资产阶级在其革命时期为反对君主专制和封建特

① 《法学词典》(增订版),上海辞书出版社 1984 年版,第 605 页。

权而提出的依据法律治理国家的政治主张”。“法治的要素被认为：法律至上，颁布宪法，‘三权分立’，实行法治制度，从法律上保障公民的自由权利。”[①]

另外，在《中华法学实用词典》和其他一些工具书上都有类似上述两种的解释。

很显然，这些解释都把中国古代法家的主张看作法治理论。从上述的解释可以看出，无论是《法学词典》还是《新编法学词典》，在此并不是旨在阐述法治的含义，而只是为人们提供思考法治这一概念的线索。但按照这一线索去思考，有几点不易弄清楚。

首先是“法治”一词的来源问题。按照上述的解释，似乎“法治”一词在我国古代就已存在。然而，遍考我国古代经、史、子、集都查不到“法治”这个名词。从现有资料看，最早使用“法治”一词的是梁启超。梁氏在其1922年出版的《先秦政治思想史》一书中，提出了“人治主义”和“法治主义”的概念，并用它来概括我国古代儒、法两家的政治主张。此后，“法治”在中国才被广泛使用。因而用“法治”来概括中国古代法家的政治主张并不能反映“法治”的原生意义。

其次，是“法治”概念的“准线”问题。即在什么样的层次上，以何作参照来解释“法治”含义的问题。法治是一个词义变异、弹性较大的概念，因而就“法治”论法治很难有一个较为满意的答案，必须确定一个首尾一贯的参照物。例如，以“人治”作参照物，从“人治”的对立面揭示“法治”的含义是一种解释；以“礼治”作参照物，从“礼治”的对立面揭示“法治”的含义是另一种解释，这就是法治的准线问题。

上述的解释中，第一层意思似乎是从“礼治”的对立面来揭示法

---

① 乔伟主编：《新编法学词典》，山东人民出版社1985年版，第636—637页。

家的“法治”主张。而第二层意思似乎又是从“人治”的对立面来揭示资产阶级的“法治”理论。这两种不同的解释为人们提供了两条根本不同的思路。

在我国古代，法家确实提出过与儒家不同的政治主张。但是，并不能由此就认为法家的主张就是“法治”。关键的问题在于弄清楚儒、法两家政治主张的分歧点，找出两种理论的分叉点和接合点。不能否认，法家确实提出过“刑无等级”①，“刑过不避大臣，赏善不遗匹夫”②的刑平等原则，并且他们也曾把这一主张上升为“垂法而治”③“以法治国”④的政治理论。然而，不能忽视的一点是，在这些文字里省略了一个不言而喻的主语，即“以法治国”的主体。显而易见，法家的主张并不意指“匹夫以法治国”，而是主张封建专制君主的“以法治国”。在此，“匹夫”不是“治国”的主体而是被治理的对象，“法”在此也并不表示一种社会的组织结构形式，它只是作为君主统治的“工具”、一种手段、一种“南面之术”而存在。所谓“刑无等级”，也并不意味着法律的平等，而只意味着“刑”适用的普遍性，其主旨在于君主以重刑严惩那些有害于自己专制统治的大臣，以巩固自己已取得的至尊地位。法家所主张的“法”是从属于“权势”而发挥作用的。“法”的上面有一个更大的“法”，这个“法”就是“权力”，即专制君主之权。“权者，君主所独制也”⑤，“独视者谓明，独听者谓聪，能独断者，故可以为天下主”⑥。既然法从属于权，从属于君主，那么君主何时“任

① 《商君书·赏刑》。
② 《韩非子·有度》。
③ 《商君书·壹言》。
④ 《韩非子·有度》。
⑤ 《商君书·修权》。
⑥ 《韩非子·外储说右上》。

法”,“任”何法完全由君主一人决定。君主可以制法,也可以废法,君主既可施良法,也可施恶法。法家的治国理论在政治实践上可能导致这样的结果:对于君主,既可能是“以法”而治,也可能是“滥法”而治;对于臣民既可能是疏法轻刑,也可能是繁法酷刑。在这里,理论的重心不是在“法”上,而是在“权”(君主)上。“政道”不是任法而是任人。在这一层次上谈论法,很难说清法家的治国主张就是“法治”。

不能否认,儒家也确实提出过“有治人无治法”[①]“为政在人”[②]的政治主张。儒家的理想是仁德的君主以德服天下,所以强调“为政以德”,“为政在人”。但他们并非绝对地排斥法。他们所反对的只是单任刑法。孟子说,“徒善不足以为政,徒法不能以自行”[③]。可见儒家也是肯定“法”在“为政”的地位和作用。荀子与其前辈相比,对法更为重视。“法不能独立”[④],“无君子,则法虽具,失先后之施,不能因事之变,足以乱矣”[⑤]。在他看来,法律的制定和实施,总是离不开人的。即使是比较好的法律,如果国君卿相无德无才,仍然是治理不好国家的。在这里,荀子是把贤人与良法结合起来谈论治国之道的。“法者,治之端也;君子者,治之原也。”[⑥]可见,生逢乱世的荀子所寻求的救世致治之策是突出贤人作用的。在他看来,在“先王之法”不能通行的乱世里,只有靠仁人贤人才能“治原”,达到社会的安宁和有序。可见,儒家主张仁人、贤人之治,并不排斥法的作用。儒法两家的理论分叉点是对法的功能理解的差异,而不是法价值观的分歧。这个

① 《荀子·君道》。
② 《论语·为政》。
③ 《孟子·离娄上》。
④ 《荀子·君道》。
⑤ 《荀子·君道》。
⑥ 《荀子·君道》。

分歧只是在于法家比儒家更重视法的镇压和教化的功能;而儒家在不排斥法的这一功能的前提下更重视"礼"和"德"的作用。然而,这一分歧不能代替两种理论主张的接合点:无论是法家重"法"(刑),还是儒家重"德",两家都主张封建君主专制,都是在确保"君权至上"这一大前提下谈论法的问题,两家的理论主张实质上都是人治主义的。

无论是法家的治国理论还是儒家的为政之道,它们只是古代中国特定历史时期所出现的一种"专制君权如何统治"的理论之争,两者共同担负了同一社会组织结构形式下治国的指导作用。纵观整个中国的封建社会,是依法家的理论而治还是依儒家的成说而治并不取决于两种理论主张本身的优劣高下,而是归结于最高统治者——君主本人的意志。自秦始皇"焚书坑儒"始,法家的理论成为统治者的官方学说;自董仲舒提倡"罢黜百家,独尊儒术"始,汉代统治者又把儒家的理论推上了独尊的宝座。儒家和法家的命运只能限制在中国封建专制社会的圈子里。抽掉了这一基础,剥夺了君主专制的独断权力,无论是法家的治国理论还是儒家的为政之道都失去了生存之地。当然,作为中国传统法文化一个重要组成部分的儒、法两家的法律学说与具体的法律观点是有很大区别的。我们反对历史虚无主义的态度和彻底抛弃中国传统的做法。但是,法文化与整个中华民族的文化有着本质的不同,这不但是部分与整体的差别,而且更主要是法文化带有强烈的阶级性。因此,作为儒、法两家的法律学说,虽然有些具体观点和看法在今天仍有借鉴意义,但这种"意义"只能在社会主义制度之下与我国的社会主义法制不相背离的前提下才是具有意义的。我们不能够忽视这个前提。

因此,"法治"不能依中国古代儒、法两家不同的观点作为参照物。儒、法之争并非是"人治"与"法治"之争,也非"礼治"与"法治"之争。如果把法治的概念只限定在与“礼治”相对立的那种含义，那么随着儒、法之争的消失，随着中国封建社会的结束，也就结束了法治的生命，丧失了它存在的意义。

“法治”也不单是资产阶级一个阶级的主张。很显然，如果“法治”仅仅是资产阶级的阶级主张，那么随着资产阶级的灭亡，法治也就失去了它存在的意义。相反，随着资本主义的灭亡和社会主义的胜利，社会主义作为一个崭新的制度更需要法治。当然，社会主义所要求的法治与资产阶级的法治主张在阶级属性上有着根本的区别。但是，法治作为一种理想，之所以能够称得上“法治”，必然存在某些共同的东西，具有人类社会共同需要的一般特性。

据现有的资料看，最早揭示法治含义的是古希腊的哲学家亚里士多德。亚氏在其《政治学》一书中这样说道：“法治应包含两重含义：已成立的法律获得普遍的服从，而大家所服从的法律又应该是良好的法律。”从亚里士多德以来，关于“法治”的概念引起了不同的思想家、法学家们无休止的纷争，对整个人类的法律—社会实践带来了很大困难。为此，1959 年在印度召开了“国际法学家会议”通过了《德里宣言》，这个宣言集中了各国法学家对于“法治”的一般看法，权威性地总结了三条原则：

（一）根据“法治”原则，立法机关的职能就在于创设和维护得以使每个人保持“人类尊严”的各种条件。

（二）法治原则不仅要对制止行政权的滥用提供法律保障，而且要使政府能有效地维护法律秩序，借以保证人们具有充分的社会和经济生活条件。

（三）司法独立和律师自由是实施法治原则必不可少的条件。

虽然《德里宣言》集中了各国法学家对于“法治”的一般看法，但它并没有消除关于“法治”概念理解的差异。“法治”(Rule of Law)在《牛津法律大辞典》里被看作“一个无比重要的、但未被定义、也不是随便就能定义的概念,它意指所有的权威机构、立法、行政、司法及其他机构都要服从于某些原则。这些原则一般被看作表达了法律的各种特性,如:正义的基本原则、道德原则、公平和合理诉讼程序的观念,它含有对个人的至高无上的价值观念和尊严的尊重。在任何法律制度中,法治的内容是:对立法权的限制;反对滥用行政权力的保护措施;获得法律的忠告、帮助和保护的大量的和平等的机会;对个人和团体各种权利和自由的正当保护;以及在法律面前人人平等。……它不是强调政府要维护和执行法律及秩序;而是说政府本身要服从法律制度,而不能不顾法律或重新制定适应本身利益的法律”①。

被认为与《牛津法律大辞典》具有同样权威的《布莱克法律辞典》对“法治”(Rule of Law)解释是:“法治(Rule of Law)是由最高权威认可颁布的并且通常以准则或逻辑命题形式出现的,具有普遍适用性的法律原则称为法治。”“法治有时被称为‘法律的最高原则’,它要求法官制定判决(决定)时,只能依据现有的原则或法律而不得受随意性的干扰或阻碍。”②

这是两种不同的解释,代表了两种不同的观点。然而,留心的读者只要仔细观察,这两种不同的解释也蕴含了一个相同的基本点:两者在不同程度上都是把“法治”作为“人治”的对立面的一种社会组织结构来看待的。不同的是,前者注重法律背后的价值分析,而后者注重的是法律本身的价值分析。无论对于前者还是对于后者,如果按

---

① [英]戴维·M.沃克:《牛津法律大辞典》,第790页。

② Henry Campbell Black, Black's law dictionary, 5th ed, Eagan: West Publishing Co. 1979, P.1196.

照这两种思路进一步思考，那么人们就不能不提出这样的问题："在什么情况下，法律才能表达和遵守正义的原则、道德的原则呢？""在什么情况下，法官才能完全依据法律而不受外界的任意性干预而制定判决呢？"很显然，这些问题已超出了上述的具体论点。回答这些问题，首先在于变换思路，把法治问题置于一个新的理论框架中，其关键的问题在于寻求能够全面揭示"法治"含义的分析方法。

二、法治概念方法探寻

从"人治"的对立面揭示"法治"的含义是不错的，然而，"人治"并不只是一种"法律错位"现象，法治也不只是对"法律错位"现象的一种颠倒。人治并不排斥法律的存在，在某种程度上，法律也具有行为规范尺度的作用。没有这种作用，社会不可能形成行为的认同模式，社会也就不可能形成一种持续化状态。要实现这种作用，一个社会就不能不注意法律的明确化。问题很简单，如果法律不是公开、明确的，那么行为的尺度就是模糊的，就很难使行为形成一种固定模式而得到社会认同。"人治"并非完全排斥法律的公开性、明确化原则。从法律的效力来讲，封建专制的君主本人为了维护统治的长久性，在常态下，他一般也不能随意破坏自己制定的法律。但是，人治作为一种特定的社会组织结构，它决定着法律的位置，制约着法律的功能和价值。

人治的这种特定的社会组织结构方式可能具有多种形态，但其基本内涵及其特性是相互一致的。封建的君主专制是人治的组织结构方式，但人治并非专指封建君主专制。在另一些类型中，如封建君主的开明之治，封建贵族寡头之治等形式也具有人治的特性。

在人治中，最高权力可能属于一人，也可能属于几个人，但其最高权力只有一个，并且是呈人格化的，无论这种最高权力是由“人格魅力”所支持的，还是由传统力量所支持的。人治即使能够容纳法律，但它也不能形成一种有规则的法律主治。因为，法律的维护不是为了有规则的法律统治，而是为强化权力。一个贤明之君也许会依靠其“良心”而遵从自己制定的法律；几个人若是开明之士也许能支持法律。然而，在法律之上仍然存在一种不能被限制、不能被制约的人格化权力。这种权力既可以“生法”，也可以“废法”，法律固能存在着，但始终缺乏一种自我保护机制。

在人治中，无论是君主一人，还是贵族寡头，为了拓宽权力的空间，强化国民的认同意识，就需通过人格的力量把权力转化为一种国家权威。“朕即国家”是这一转化的典型公式。因而，在国民的生活中，常常能够感觉到的并不是法律的存在，而是一种人格化权威的存在。在封建社会里，王朝的名称常常用君主的名字命名，如“路易十四王朝”“康熙年间”等等就是这种情形的写照。在这种情形下，“国家”权威与个人权威是一体的，因而服从个人的权威也就是服从国家的权威。支持君主的野心被看成保护国民自身；为拓宽君主的权力、强化君主的权威而发动的战争被赋予了保卫国民生存之地的正义举动。这样，以国家名义的个人权威与国家就具有同等意义。在这种“国家权威”之下，国民个人生活与国家生活是结合在一起的，“权威”的干预侵入社会的一切领域，因而也就不存在个人生活的“自治”性质。这种个人权威与国家权威一体化的特性所导致的结果就是漠视权利的存在。在法律上表现为一切行为被看成与“国家利益”有关，在民事领域，法律对个人的行为也赋予了强制的意义。

与此相联系，人治是一种义务本位的组成结构形式。义务与权利是一对范畴，没有权利也就没有义务，两者具有不可分离的相关性。在人治中，"权利"作为一种符合道德价值的普遍的正当要求的观念，从根本上说是不存在的。但作为法律规范意义的"权利"是存在的，并以"特权"的形式出现。法律根据身份等级的原则把"权利"授予给一部分社会成员，而剥夺另一部分成员的权利主体地位。如，中国魏明帝所制定的魏律，就明确把"八议"入律，以法律的形式规定"八议"的特权制度。权利义务是分离的，权利主体与义务主体是分离的，除了少数特权阶层享有合法权利，大部分的社会成员只能作为义务主体存在。权力本位导致了法律功能的"窄化"，权利的专属性导致了义务的普遍化。在权利专属的地方，"义务"不仅在法律规范中是普遍的(法律大都以强制性规范的形式出现)，而且还普遍地存在于法律之外，正像特权普遍地存在于法律之外一样，"义务"的普遍性、任意性构成了封建专制制度存在的法律基础。

在人治中，法律功能除了受权力本身的限制，还受其他规范功能的限制。权力不但靠法律强化其力量以形成权威，而且权力还需其他规范的支持。其中最重要的是习惯与传统。权力的获取方式以及运行方式是根据沿袭下来的惯例。"祖训不可违"就是这种方式的表达。习惯势力既是权力的合法来源，又是支持权力的有效力量。无论是统治者的个人命令还是由统治者所制定的律令，从两种意义上具有权威性：其一，命令或律令的内容必须是基于某种传统，符合习惯伦理，超越这个限度则可能发生权力危机，这一点决定了行为及其行为规范首先受到传统伦理的约束。其二，命令和律令的内容在某一方面又可能超出传统的范围，对习惯与伦理进行某些方面的变更。因为传统的伦理习惯从本性上讲，它都在不同程度上赋予统治者个人一定的专断自由。正因此，封建专制制度才能得到不断沿续和发展。传统伦理既是一种行为约束规范形式，又是一种支持权力的有效力量。

人治基于上述特性决定了其法律的价值、功能及其效力，因而不能离开这种特定的社会组织结构形式从法律本身去揭示法治的含义。

法治是一种与人治根本对立的新的社会组织结构形式，它是通过改变旧结构求得法律全新价值的。站在这个层次上来看法治，就不难看出，法治的含义首先在于它的社会意义。在法治中，权力虽然作为一种支配力量而存在，但它必须受到法律的控制。法治把权力与法律的关系置于一种新的格局，法律不但得到权力的有效支持，而且它作为一种非人格化的力量对权力发挥着制约的作用。在此基础上，法律（宪法）具有最高效力，具有普遍权威，无论是制定法律的统治阶级还是作为守法的普通国民都必须遵守的，法治在此意味着国民守法必须以统治阶级的立法者守法、护法为前提。虽然存在于社会中的传统伦理习惯也具有一定的规范作用，但这种作用须在维护法律最高效力的前提下，才具有合理性。

在法治中，个人不是一种对象化的隶属物，而是社会生活的主体。法律承认国家和个人利益间的差异，法律既维护作为整体利益的国家权力，也保护作为社会成员的个体利益。法律这种划分的目的在于法律不干涉属于个体范围的个人正当权利。社会价值趋向多样化。

法治是一种权利本位的组织结构形式。法律以承认或尊重个体权利为其存在的基础和来源。权利本位意味着权利义务在主体范围内的同一，在对象内容中的相互关联和对应；意味着消除特权，把权利关系明确地、平等地赋予全部社会成员。关于法治的这些价值要素我们在下章《法治实体价值探微》中作专门论述，在此不作详细讨论。

只有改变了人治的那种社会组织结构形式，才能使法律表达和尊重必要的价值原则成为一种可能。法律才会从权力的“异化”状态中解脱出来，成为一种全社会的普遍力量。法治分析方法的重心不在于指示法律应该遵循哪些价值原则和形式化的原则，而是在于揭示使法律应遵循的原则成为可能的必要而充分的条件。离开了“条件”从理论上为之设“应当”和“必须”的价值规范，法治就会陷入玄学的窠臼。

法治既是一个具有阶级性的概念，也是一个带有价值追求的充满活力的概念。其阶级性表现在：规定法治“质”的不是其价值和原则，而是阶级结构。虽然资本主义法治和社会主义法治都追求理想的价值，但对“价值”理解有着本质的不同。在资产阶级看来，法治的正义原则就是建立在私有制基础上的法律平等；而在无产阶级看来，法治的正义原则必须在于消灭剥削制度，在于追求人与人的实际上的平等。

其价值性表现在：法治是在阶级隶属性这个大前提之下所具有的共同原则和尺度，它是人类社会组织结构的理想化的拟制，这种理想促动着人类向着更合理的社会生活迈进。与此同时，法治本身就成为衡量社会进步的价值标准之一。人们根据理想化的标准对自己所处的现实社会进行检省和评价，为实现社会的改进寻找方法和途径。因此，“法治”学说从诞生那一天起，就担负着评价的功能，从这个意义上讲，法治的概念是具有一般性的。它不是根据现实某一社会类型而确立的，它来自人类社会的整个法律—社会实践，它是对人类有关法律的社会实践一切合理价值的高度抽象。正因为此，法治作为一种理想模式才能为不同的阶级所接受,成为不同阶级社会共同努力的目标。

综上所述,法治是一个具有可操作性、价值性的概念。它既是一种理想目标,也是一种现实化的客观运动。它在不同的阶级社会被实践着。因而人们可以从实证意义上界定其含义,使其在一定层次或范围上排除主观的价值判断,成为一个可计算的、可验证的科学化概念。与这种特性相联系,法治也具有不同的价值标准。

三、法治实体价值与形式价值的界定

法治的实体价值是指由法治所决定的法律在目的和后果上应遵循的社会原则。《德里宣言》中确立的法律原则就是对法治的实体价值的一种表达,而《牛津法律大辞典》中对法治概念的解释也是从法治实体价值着手的。法治的实体价值是在社会的组织结构层次上,对法治的一种揭示。它表明,法治作为一种社会组织结构类型,法律在其中能够遵从的最高原则和服务的最高目的。这种目的和原则从根本上说来,它并不是法律自身所具有的,它独立于法律,是由法治所决定的社会最高价值目标。法律作为促进和实现这种目标的最有效的力量,把这些最高价值纳入自身,作为自己存在运行所遵循的最高原则。这些原则主要包括正义原则、自由原则和平等原则。

正义原则。由于人们各自所处的阶级立场不同,对何为正义存在着不同甚至根本对立的看法。但从法治的一般特性出发,法律应该遵守这一原则的价值内容包括:法律在整体意义上的合道德性;法律承认利益差别,体现各个利益群体的利益要求;在重视社会利益的前提下,尊重个人价值和个体利益;法律应最大限度地实现自由;法律应是平等适用和平等待遇等等。尊重个人价值，是指对个人在社会里所具有的作用法律应予以承认、尊重和保护，其目的是实现这些作用，并为其实现提供必要的方式、途径和条件。最大限度地实现自由是指，法律应以实现社会的自由以及公民个人自由权利为其存在的前提和基础。自由原则是法治追求和实现的目标。其关键问题是：法律应处理好自由价值与其他价值之间的关系，法律不能为了自由的价值忽视其他价值的实现，同时也不能为了其他价值而忽视自由的价值。法律在协调其社会价值关系的同时，要充分保障自由的实现。平等原则是法治所具有的内在因素和重要价值。法治就是尽可能使社会各个成员获得充分的自由和最大限度的平等的一种制度。但是，法治意义上的平等并非平均主义式的平等，它是个人自由与公平的社会分配同时并存的一种平等，它以承认社会成员间的自然差别为前提，注重缩小社会差别的一种平等。它意味着法律为各个社会成员提供均等的机会，尽量地将自然、社会对人造成的不平等减少到最低限度，使各个社会成员在出发点上平等，并使那些在出发点上比较落后的社会成员尽量地赶上来。这里应指出的是：资产阶级虽然也鼓吹平等原则，但是其本质决定了它不可能做到这一点。即使它们把平等原则作为法律应遵守的社会价值原则，实际上其法律永远达不到，除非消灭了剥削制度基础上的富人与穷人的不平等地位。如果资产阶级希望做到这一点，那么整个资本主义制度也就与之同归于尽了，这个任务不是由资产阶级自身去完成，而是由它的掘墓人——无产阶级来担当的。社会主义制度的建立为社会平等原则的实现提供了丰厚的物质基础。不但法律能够遵守“平等”这一社会价值原则，而且社会主义制度本身也为之提供了实现的途径和可能的条件。因此，张扬社会主义法治的平等原则，就是社会主义制度优越性的体现。

法治是治者与被治者之间的一道屏障，它既能够保障整个社会的合法状态，也能够保障个人不受不当行为的侵害。法治的实体价值不仅决定了法律应能遵循的社会最高价值原则，而且也为法律遵循这些原则提供了充分的社会条件。这些条件包括立法权、行政权以及司法权所具有的特性。

法治不承认任何专断的权力，无论这种权力作为立法权还是作为行政权。在法治看来，立法权和行政权一样都是由宪法直接授予的，因而，它受公民和宪法的双重限制。在立法权上，一方面，它应受宪法的约束和公民的监督，以保证法律合乎社会的价值目标；另一方面，立法权作为宪法所赋予的一种能动力量，还应积极地创设各种条件，使法律追求的目标得以实现。例如，为了使法律的平等原则得以实现，立法就应创设或采取一些福利上、教育上的措施，为那些处于比较低层的社会成员达到社会的平等创造条件。又如，为了使法律的自由原则得以实现，立法就应在技术、手段、措施上把自由转化为一种实在的权利并付诸其实现的具体方式和途径。

在行政权上，法治一方面使法律具有最高权威，发挥法律的制约功能；另一方面，也使行政权能够有效地维护所形成的法律秩序。

在司法权上，法治排除了立法权和行政权的不当干预，并充分保障司法的独立地位。因此，在法律的实际运行中就能使法律的社会价值原则变成现实。法治的实体价值既包括了法律遵循的社会价值原则，也包括为实现法律的这种原则所提供的条件。

法治的实体价值是法治的重要标准。看一种社会组织结构是否为法治，不能只看法律的表现形式，更重要的是看法律追求的社会价值目标。虽然法治的实体价值带有很大的道德性质，且在客观上很难度量和操作，但它在参照其他社会标准的条件下能够成为一种价值尺度。例如，正义原则。关于何为正义，由于每个人处的阶级地位不同，因而每个人都有各自不同的看法和理解。但“正义”并不完全就是一种纯主观的价值判断。每一个社会在众多纷纭的价值中都有一个基本一致的取向。举例来说，说法治的正义就是一种包括自由、平等和安全的价值体系大概不会错，在一定的条件下，人们也会普遍赞同这一论点。这个“条件”就是不问自由为先还是平等、安全为先这个问题。虽然，对正义价值中的任何一个价值（如安全）的看法也存在分歧，但“安全”的“秩序”因素在各种论点的不同层次中都存在着，正如对“幸福”有着许多不同看法但这些不同看法必然包含某种“满足”因素一样。不能在一定程度上“满足”就谈不上幸福，就像没有“秩序”就谈不上“安全”一样。在确定了这些基本一致的取向之后，再判断一个法律是否遵循正义原则就成为可能。法治的实体价值之所以能够成为衡量法律的价值标准，就是因为它不是从法律的形式意义上，而是从法律的目的性以及结果上评价法律的。

法治的形式价值是由法治决定的法律形式化原则，因而法律形式化原则与法治的形式价值是同义异语。它不是指向法律的社会目的性，不是从法律的外在性上规定法律的准则或原则，而是指向法律本身，是从法律的内部规定的具体原则和标准。这些原则是客观的、可计算的、可操作的。

对于近现代社会来说，要使社会运行过程包括公民的权利行为和国家权力活动成为可预测、可控制的过程，必不可少的前提是社会的组织结构及其运转的规则化，而这种规则化主要来源于具有合理性的法律体系。这里所说的法治形式价值（或法律形式化原则），即表明这样一种法律体系，它由一套公认的形式规则（包括合乎形式化原则的成文宪法和一般性法律、法规)所组成,这套规则是明确的、抽象的而又可操作的;这套规则要求非人格化的服从,要求具有专门性的司法组织执行和保障。

法治形式价值的意义,我们可以从若干层次上加以阐释。

其一,法治的形式价值是社会组织结构、法律制度、体制及其运行机制的基本要素。通常所称的"法律制度",就是以法治形式价值即法律形式化原则为标志的社会制度。如果一种社会制度中没有形式化这个要素,那么这种社会制度显然不能称为一种法制。进而言之,一个社会若缺乏法律的形式化原则,就难以成为法律社会。因此,法治的形式价值必须得以尊奉和实现。

其二,法治的实体价值只有通过其形式价值才能得以体现和保障。换言之,法治的实体价值是法律形式化原则的实质价值。有时候,人们还必须通过规定和揭示形式价值来说明其实体价值。因此,在形式化原则中,着重考虑的是法律的形式化要求,即建构实现实体价值的法律实体或框架。

其三,法治形式价值构成了法律生成、发展的基本准则。一个法治社会,法律仅仅符合其实体正义或实体价值是远远不够的,还需要有能够保障社会可靠运行的形式化的法律体系。实体正义或实体价值离不开形式化价值,否则它就不可能真正实现。排斥法治的形式价值,最终会导致实体正义或实体价值的式微。况且,"'法'这个术语的绝对定义,实质上包含着选择了正当的和真实的概念和原则"[①]。

其四,在法治的形式价值的实现或适用过程中,法律形式化原则(法治形式价值)为人们提供了普遍的、公开的、明确的准则。它一方

① 法学教材编辑部《西方法律思想史编写组》编:《西方法律思想史资料选编》,北京大学出版社 1983 年版,第 73 页。

面是公民行使权利的基本保障和限制；另一方面，它又是司法组织解释法律事实和进行司法判决的唯一依据。“以事实为依据，以法律为准绳”的原则，可恰当地展示法治形式价值在司法活动中的意义。它有助于排除功利主义、伦理本位等非形式化原则所引发的功利性、随意性和不确定性，使司法过程具有可预测、可控制的性质。

法治形式价值包含着多重要素，这些要素归根结底只有从它们同整个形式价值的关联性上才显示出它们各自的意义和重要性。同时，各个要素相互之间的联系及其模式化也只能以这种关联性为基础。

法治形式价值包括：法律的至上性原则、法律的普遍性原则、法律的可操作性原则、法律的程序正义原则、法律的组织职业化、技术化原则等。对这些原则的具体论述在后面《法治形式价值论说》一章中展开，在此我们不作详细论述。

法治的实体价值与法治的形式价值是分析法治最有用的一对范畴，是分析评价法治与否的两种标准。法治的实体价值指向法律应有的价值目标，它着眼于法律的理想，注重法律的道德性。它从宏观的社会层次上说明了法治是一种“好法之治”。法治的形式价值不问法律的实体价值目标如何，而指向法律自身的形式或程序意义。它着眼于法律的实证化，注重法律的科学性。它从法律的层次上说明了法治是一种“真法之治”。这反映了两种价值取向上的差异，正是这种差异性决定了两者不能相互代替，不能只从一个方面去把握法治的内涵。纵观历史上所存在的法治理论，它们都自觉或不自觉地忽略了法治的这两个价值尺度。在近代，西方资产阶级的启蒙思想家们，极力排除实证方法，他们只从“应然”的范畴上去揭示法治的正义性问题，而不管这种“正义”所需要的客观化的条件和应具备的形式化意义。这样他们就把法治理论推向一种纯思辨、纯抽象理论的玄学境地。这不仅使得法治不能操作，而且也忽略了整个西方法制的历史过程。实际上，在欧洲大陆，自古希腊开始经古典的罗马法时期直到中世纪的罗马法复兴，法律的进步无不是以法治的形式化原则的不断强化为标志的。排除形式价值，在此只能是等于不承认历史，不承认法治的历史性和实践。就连西方一些资产阶级学者也不同意这一点。关于这个问题，我们在下篇《西方法治模式的追寻》一章中再作具体论述。

与近代启蒙思想家相反，在现代社会中，一些资产阶级学者因为法治实体价值不能操作因而又极力排除法治的正义性问题。这在实证主义法学派别中有充分的反映。他们撇开法律的社会条件、社会意义不谈，而从法律自身出发，运用语言逻辑分析工具，把法治肢解为纯形式化的东西。这种理论弊端所在是明显的，离开了问题的实质只谈形式就会把法治引向一条"只有法律没有社会"之路。

在马克思主义法治观看来，法治的实体价值与法治的形式价值是法治的两个不可分割的方面，两者在法治这个统一体中是相互联系的。形式价值作为实体价值实现的充分条件而存在，没有形式上的合理，也就不可能达到目标和目的。同时，实体价值在趋向上是形式价值追求的最终目标，形式价值最终要受实体价值的制约，离开了目标和目的，形式价值也就失去了真正价值。法治是实体与形式的统一体，是人类法律—社会实践所追求的共同目标。把握住法治的上述两个方面，就真正站在了法治这个概念的入口处。

第六章

法治实体价值探微

一、引子:法治价值入口处的探寻

法治是一种社会组织结构方式。它既有实体价值形态,也有形式化原则。但从法治的内在性出发,决定一种社会组织结构为法治的关键并不在它的形式化意义,而在于它的实体价值形态。离开了法治的实体价值形态,法治也就失去了它的支撑点。心脏停止了跳动,血液自然也就不能流动。在这个意义上讲,法治并不意味着法律的多繁。人类文明的脚步在跨出人治的窠臼而迈向法治的门槛之时,它首先踏破的并非法律的外壳而是法律的内核。从本质上讲,在人治的社会组织结构方式中并不缺少法律的存在,但由于它割断了法律生长为法治的脐带,因而,法律虽然也可能呈多繁的状态,但这些法律与法治模式无缘。在这种情况下,法律越多,就越自觉或不自觉地拓宽与法治的距离,这样,实际上就强化了社会的不法状态。

当人类从原始社会向阶级社会走来之时,随着奴隶制、封建制社会形态的诞生，法律作为一种强制性的有效力量就与统治阶级所取得的支配性、超凡性的权力联系在一起了。以欧洲的法国为例，法国在封建社会前期，法律还带着稚气，与习惯混居一起并不多繁。但到了封建社会中期，随着王权的逐步强大，法律也逐渐多繁起来，并开始与君主的权力相结合。虽然此时发生了罗马法的复兴，引起了法律数量的急剧增加、法律精神的震动，但同时也给君主带来了权力逐步膨胀的契机，因为罗马法的复兴主要是涉足私人领域，所以在国家生活的圈子内，法律的权力专断开始占据越来越多的地盘了。封建社会后期，是法律最多繁的时代，国王不但取得了绝对的权力，而且他依靠权力开始向法律本身讨伐。在政治上，“朕即国家”成为生活的格言；在法律上，国王的敕令成为最高效力的法律。国王就是权力，权力就是法律。国王—权力—法律的三位一体化，就是法律的真实身份。法律越多就越能够拓宽权力，法律也就越多地失去法的精神。1670年，国王路易十四一反传统，颁布敕令规定：一个人犯罪，全家、全村人应连坐，甚至连坐也适用于儿童和精神病患者；对已死的人，应对尸体进行惩处；如果是危及国王本人的“犯上”罪，应肢解处死。

只要法律完全沦落为权力的仆从地位，那么法律就可以按权力的需要被任意塑造。在这种情形下，法律是变态的，人同样是变态的。国王路易十四曾患有肛瘘病，当时为了治愈他的病，医生们对志愿献身进行治疗试验的肛瘘患者进行试验。一些大臣为了引起国王的注意，也自告奋勇地要求医生对自己施行切除术。一时间，患肛瘘病竟成了一件值得炫耀的幸事，肛瘘也就成了当时流行的时髦病。权力腐败了，法律也会变得无耻。法律的数量越多，社会也就越会变得不法。

我们中华民族曾创造过灿烂的文化，这种传统文化经过历史的沉淀和选择，在今天能够成为我们创造社会主义新文化的合理因素。在法的领域，历史上留下来的许多法律思想、法律技术仍有它存在的合理价值，只要我们认真地加以总结，合理地批判、继承，它便仍能够参与我国现代法治建设。但是，从总体上讲，中国的传统法文化由于与中国的封建法制相结合，在本质上是反法治的。在中国的历史上，自秦朝开始，治国名为"以法为本"，但这种法仅仅是"皇帝临位，作制明法，臣下修饬"①，明确宣布"作制明法"的权力属于皇帝一人，至于臣民则是责在执行与服从。"繁法严刑"这是秦国的立国之本，它试图从生产到生活，从行为到思想，莫不"皆有法式"，而且"乐以刑杀为威"。法律的多繁是秦律的特色。一部《秦简》，计有秦律 29 种。单在《秦律》一类中，就有《田律》《厩苑律》《金布律》《工律》《徭律》《游士律》《除吏律》《除弟子律》等近 20 个标目。律法的多繁是令人瞠目的，但律法的多繁并不意味着社会自觉地纳入常法状态。在封建中央集权制下的中国，专制权力的一元化和绝对化，使权力与法律紧密结合，构成了一个不可分割的整体。封建权力的绝对化与法律的任意性、随意性从来都是血肉相连的。极端的封建专制权力，必须用法律加以维护，靠直接的暴力得以支持。这就必然导致这样一种现象：封建专制权力所到之处，必然有法律相伴随；权力不便于直接支配的，必然付之于法律加以规范。即使是在道德自律的领域，法律也必须侵入，因为封建专制权力不会放弃任何地盘。

早在战国时期，商鞅在其变法时就提出了焚毁诗书，彰明法令，禁绝游说。韩非继承并发展了这种主张，第一次提出了"言轨于法，

---

① 《史记·秦始皇本纪》。

以吏为师”的口号。他认为必须要求所有人的思想方式和全部生活的出发点，都必须“以法为本”，[①]要求法律必须成为人们思考问题的规范和遵循的原则。始皇三十四年（公元前 213 年），秦始皇竟亲自下令焚书。于是根据法令，凡上国史书，民间收藏的诗、书、诸子等书籍一律限期 30 天内交官府焚之，逾期不交者，黥为城旦，后若再有“偶语诗书者弃市”，以古非今者灭族；严禁私学，有愿习法令者，以吏为师。于是，全国上下焚书的烈火熊熊燃烧起来。这一道法令使秦前的中国古典文献，除官方史学、部分自然科学及神学以外，几乎全部化为灰烬。秦始皇下令焚书的第二年，他又下令把涉案四百六十余位儒生全部活埋，这就是历史上的“焚书坑儒”事件。

这段历史说明，在中国的封建专制社会，皇帝的律法对于皇帝本人来讲，只是一块柔软的面团，只要皇帝兴之所至，他可以任意改弦易辙，重定规章。昨日的律法经过一夜春梦今日可能变为一张废纸。在这种社会组织结构中，自由与正义是一位稀客，然而在法制史上比发明折磨人的刑具更充分地表现人类才能的事情又是太少了。在漫漫的封建专制社会，虽然也出现了“文景之治”“贞观之治”“开元之治”的封建盛世，却从未出现过法治政治；虽然在这些“开明之治”的封建时代里，开明之君，贤良之主，能够节制自己的权力，遵守自己制定的律法，但它始终不能形成一种机制，因而始终存在着权力滥用的可能性。从根本上讲，皇帝遵守法律所依赖的不是法律本身，而是皇帝本人的良心。一个开明之君可能由于“良心”的发现，自觉或不自觉地遵守自己的律法。但在一种特定的组织结构中，“良心”与“正义”一样，谁最擅长在零售正义中掌握价码，谁就能够主持正义的拍

① 《韩非子·饰邪》。

卖来换取最高的价金。因此,在封建专制的组织结构中,法律的维护、权力的节制带有很大的偶然性与随意性。君主如果"良心"泯灭,变得昏庸,不但使得法律变得匮弱,而且还会造成整个王朝的毁灭。当然,在封建专制社会,能够对权力有所节制的除了君主本人的"良心",还有臣下谏议。在封建专制君主的身旁不乏一些有识之士,为了社稷忠心耿耿,并希望通过谏议以使君主的权力有所节制。这种谏议对于调整权力的指向和距离曾起过积极的作用。但是,"谏议"与法律一样,它本身就与封建专制制度之间存在着一种不可克服的矛盾。"谏议"对强谏者本人多带悲剧:"无功不得民,则以其无功不得民伤之;有功得民,则又以其功得民伤之。人主之无度者,无以知此,岂不悲哉!比干、苌弘以此死,箕子、商容以此穷,周公、召公以此疑,范蠡、子胥以此流。"[①]《韩非子·难言》篇也说:"子胥善谋,而吴戮之;仲尼善说,而匡围之;管夷吾实贤,而鲁囚之。"这是一个制度的悲剧,也是人本身的悲剧。无论哪一个封建王朝,只要法律与权力不能保持相应的距离,只要两者紧密地结合为一体,那么这种悲剧的发生就是不可避免的。"为善的未必蒙福,为恶的未必蒙祸",就是封建专制社会的真实写照。

英国资产阶级哲学家罗素在分析封建专制权力的形式时,形象地把权力划分为"被捆猪"式的权力、"胡萝卜与驴子"式的权力、"头羊"式的权力。第一种权力形式就如一头拦腰捆起的猪嚎叫着被拽上船时,它是受到对它自身的直接物质力量的支配。这种权力发生在个人身上,就是对他身体的直接的物质支配。第二种权力形式就如在谚语中,当驴子跟着胡萝卜走时,有些人是在引诱它按照自己的

① 《吕氏春秋·离谓》。

愿望去做，而又使它相信这样做是为了自己的利益。这种权力是隐蔽的，它是在权力的被支配者“自愿”的背后起作用的。这就是权力行使者常常以奖赏和惩罚作引诱的情形。第三种权力形式就如引诱羊群上船时的情形，只是方式与第二种不同：当头羊被强行拖进舷门，其余的羊也就自愿跟了进去。[①] 罗素对权力形式所作的划分是以权力被支配者为对象的，这种划分抹杀了权力的阶级性，这是西方资产阶级学者的通病，也是我们应当批判的。但就形式来讲，这种划分也在不同程度上指出了封建专制权力运行的实际。在这种形式的划分中，除了第一种形式，第二、三种实际是权力的转化隐蔽形式，而不是赤裸裸的权力本身。

在封建专制社会，即使最残暴的君主也不可能单靠赤裸的权力进行统治。权力是具体的、物质性的，它只能在具体的特定的对象下释放它的能量。在有些领域，赤裸的权力本身是无能为力的，而且过分使用会产生副作用，甚至可能会导致社会组织原有权力关系的崩溃，即使奴隶式劳动也是如此。比如，监工持续使用鞭打的手段必定带来抑制性的影响，惩罚的频度愈高，服从就越不可靠。一把刀剑可以砍掉不服者的脑袋，但它不能挖出脑袋里的反抗的思想和意识。赤裸的权力在任何情形下都不是万能的。一个社会要形成秩序，除了赤裸的权力，还需要权力的抽象化、形式化。权力的抽象化、形式化就是权威。

在封建专制社会，权力转化为权威的主要途径或中介就是法律。一方面，专制权力靠法律使其取得合法性。无论这种法律内含于“权力神授”，还是传统习惯和习俗，它都是为了使人们从形式化角度对

---

① 参见[英]罗素《权力论》，靳建国译，东方出版社1988年版，第24页。

权力进行合法性的人格认同。因而，法律在权力向权威转化中具有象征性功能。另一方面，虽然法律可使权力转化为权威，但由于权力本身的人格化，权力的支配者反过来又可能任意支配法律来显示权威的人格化以强化权力本身，法律又须具有工具性功能。在权力转化为权威中，法律这两种功能的矛盾是不可克服的。一方面，秩序的稳定需要权力的恒常性，需要法律的象征性功能以形成稳定的权威。另一方面，由于专制权力本身所带来的权力人格化，又需要法律的工具性功能以强化人格化权力。权威需要法律的象征性功能，权力则需要法律的工具性功能。这个根源于封建专制的固有矛盾最终导致了这样一种现象：秩序越需要法律，法律越变得从属于权力，越被沦为工具性的地位；法律越多，越象征着权力的庞大和不法，法律也就越被“异化”，法律与法治的距离就越远。因此，在封建专制的权力结构不变的情形下，法律的悲剧是不可避免的。在这种结构中，权力不但是对人的力量，而且也是对法律的力量。法律在权力的直接支配下是反复无常的，今天的合法行为，明天可能成为被杀头的理由。既然法律处于从属的地位，那么社会也就处于有法而不法的状态。一切生活在法律上被分成两极：一极是权力支配者的支配，另一极是被支配者的服从。权力没有界限的地方，就永远也不可能产生自由和权利。

人类从封建社会走入资本主义社会，这是人类脱离人治而迈向法治的第一步。在资本主义社会，资产阶级的统治权力在形式上是被法律制约着的，因而他们标榜在资本主义社会里自由权利与权力之间有了等距离，真正实现了法治。然而，事实上，资本主义作为一种剥削制度，它变换的只是一种形式而已。资产阶级的本性使得广大人民不可能真正享有自由和权利，因而也不可能真正实现法治。

人类只有从资本主义社会走向社会主义社会,法律才能真正发生革命。剥削制度的消灭,无产阶级大公无私的特性,使得广大人民既行使国家的权力,也享有真正的自由和权利。社会主义法治也许并不能绝对地消除法律悲剧的发生,但它本身却是张扬自由和权利的最有效的机制。

在法治中,法律同样直接与人相联系,没有人,法律永远也不会自动发生作用。在这里,人始终都是社会组织结构中的主体。换言之,法治并不意味着是“人治法”还是“法治人”的问题,法治不能改变作为主体的人与对象法的关系。马克思主义的法律观表明,在法治中,权力始终都是一种不可缺少的东西,是法律背层的力量。无论权力是法律有效性的唯一物质基础,还是仅为一种辅助性的条件因素都是不可缺少的。下面的情形就是,如果法律不能对人有效地发生作用或者有人拒绝服从法律,那么权力就会通过法律而发生作用,就会产生“强制的法律服从”。然而,法治的价值在于:当法律不能有效地发生作用时,权力只能通过法律对特定的主体而发生作用,这种情形如同已停转的机器一样,只有通过权力的力量才能启动法律的转动。权力既不是直接对人的力量,也不能成为直接对法律的力量,它是在法律背后起作用的一种潜在的力量。

法治的价值意味着权力的直接性转化为间接性,意味着权力直接支配的领域被法律所代替。这样,社会的组织结构就由权力支配法律转化为法律支配权力。法治的内在价值就在于它是旧社会的组织结构的改变,新社会的组织结构的形成,它是一种法律与权力关系的新格局。在这种格局中,产生了旧社会的组织结构从未有过的新要素:自由和权利。“自由”是在法律与权力关系中,权力不能够直接涉足的领域,是权力的明确界标。“权利”和自由一样,它是伴随新的组织结构而来的第二位来客，它是“自由”的具体化，是权力运行中被赋予必须遵守的法律义务。

自由和权利是与法律、权力紧密联系在一起的，它的存废是以权力—法律关系的格局为转移的。因此，从这个意义讲，法治的价值实际上就是法律与权力、法律与自由、法律与权利的关系如何构成的问题，它所回答的问题包括：法律能否约束权力，如何约束的问题；法律能否维护、实现自由与权利，怎样维护和实现的问题。法治价值的实现，意味着法律自身的革命，人类法律生活的新的开始。

二、法治实体价值之一：权力的合理位置

法治理论遇到的第一个难题就是法律与权力的关系问题。正如前文所说，法律并不能单靠法律本身取得力量，没有权力的支持，法律至少说是乏力的。即使对于那些反对把权力作为法律基础的持论者来说，也不能否认这一点：法律的权威是需要权力支持的。在这里，并不是像一些资产阶级思想家所说的，法律与自由同义而语。法律除了与自由相联系的一面，还有与权力相联系的一面。比如，当有人侵犯了他人的自由，法律就不能给予他这种自由，而必须通过制裁使这种给他人不自由的行为得到报复，法律的这种制裁力量就是权力给予支持的。实际上，法律的权威所在之一，就是得以有了权力的存在。

法治理论在这里遇到的第一个矛盾就是：法律必须得到权力支持，而权力又必须受法律的约束，这似乎是一个悖论。如果撇开组织结构这个层面，单纯谈权力的一般特性，那么法律支配权力的法治命题是不存在的。马克思主义法学认为，在社会主义以前的资本主义

社会里，统治阶级所制定的法律虽然在一定程度上肯定了人民的自由和权利，但法律最终是人民的枷锁，是人的异化表现。这种特性并不是根源于法律本身，而是根源于资产阶级的统治权力以及决定这种权力的物质基础。没有权力，法律就会成为一纸空文。既然如此，法律又怎样反过来去支配握有力量的权力呢？如果漫无边际在这上面打圈圈，也许永远走不出法治理论的这个悖论。这里需有一个前提，这个问题的解决必须把权力限定在一定的理论框架之内。权力是法治的一个价值，但是，法治还有若干个其他价值，如自由、权利也是法治的重要价值。因此，要解决这个悖论就必须弄清权力价值与其他价值之间的关系和联系。必须考虑法治中，权力的指向是什么，目的是什么，它们之间的关系是什么等一系列问题。

要解决这个问题首先还应回到前面提出的论点："法治为什么需要权力"这个命题。西方学者认为，有关权力的一些最基本、最困难的问题是由道德上的模糊性引起的。他们从道德出发，认为权力在本质上都是邪恶的，使用权力通常可能产生许多罪恶。他们认为，各种冲突使秩序取决于权力，这是一种明证。权力渗透到人际关系中，这是人类极不完善的明显标志。为了回答这个问题，他们又回到"性恶论"的老路。他们认为，需不需要权力取决于"人性善"还是"人性恶"的主张。如果人类已达到极为完善的境地，那么权力就是多余的；如果人类仍然存在一些不能够克服的致命弱点，那么权力就是必要的，法律就是必需的。如果法治理论完全按照这一思路来思索，就会陷入一个不能自拔的唯心主义的境地。抽象的人性论是法治理论不能容纳的。马克思主义的唯物史观告诉我们，人是生活在社会中具体的人，人性是由物质基础所决定的，人性只有在不同的历史过程中表现出来。如果把不同社会形态、不同历史阶段的"人性"总括起来看,人具有两面性:既具有通情达理,要求按理性和法则过理智的体面的生活愿望的一面,也有(在剥削制度压抑下的)物欲型、自私的一面。人类的本性并非全恶也非至善,人类的历史在过程和趋向上是不断地克服恶性而保持和弘扬善性的。无论从善的方面讲,还是从恶的方面讲,必要的权力都是不可缺少的。可以这样说,法治中的权力的价值主要指向秩序,也许权力有许多价值,但秩序的保持与维护是权力存在的主要理由。

关于权力与秩序的价值关系,西方资产阶级学者有许多论述。英国思想家洛克从性善论出发,推论出法治的秩序是通过多数人自觉地遵守而形成的,秩序并不是依赖权力建立的,而仅仅靠它来弥补原有秩序的不足。法治的秩序的来源不在于权力而在于人的理智和体面。相反,以斯密和李嘉图为代表的古典经济学家则从人的物欲与自私推论出法治秩序天然和谐的思想。这个理论曾盛极一时。他们认为,只要权力能保证个别经济活动的重要条件,如产权保障、货币稳定,而又不限制人们按照自己自私的欲望去谋取利益的自由,那就会自然而然地形成好的秩序;社会所需要的多数产品就会生产出来而不需要强迫任何人这样做,生产者也会得到购买者的公平报酬。另一方面,那些不能或不愿意满足社会需求的人就会失去市场,自然受到惩罚。这样,良好的秩序就会按照经济法则诞生,其中只需加上少许的权力即可。对于资产阶级的古典经济学家来说,设计秩序的是"看不见的自由市场之手",而不是看得见的政府权力之手。在这里,虽然他们两者对法治的思索方式、分析框架、逻辑体系存在着很大差异,但有一点是共同的,他们都从唯心主义的人性论出发看待权力问题,因而其结论是不可靠的。实际上,在阶级社会,任何一个统治阶级都不可能放弃权力实现统治。如果在这个问题上,有些资产阶级学者是从善良愿望出发的话，那么这种理论只不过是一种不切实际的幻想而已。

马克思主义的法律观告诉我们，法治作为人类追求的一种目标，其秩序是应由各种力量集合而成的。其中最主要的是经济规则和由此所决定的新的法律规则以及道义的规则等等，但这些力量必须附以必要的权力。单靠道义上的自然法则并不足以保持和维护秩序；经济法则中的供求关系可以有效地调节某些关系，但不能够调节整个经济。因此，法治无论是单独的还是组合的，权力都是一个重要的价值要素。这里关键的问题是怎样把权力安放在一个合适的位置。这个位置必须是既使权力的力量得以发挥，但又要划出权力的界限。这样，上面的问题就转化为另一个问题：在法治中，人们应该服从什么样的权力。这涉及法治价值的一个根本问题，即权力的合法性问题。

在封建专制社会里，权力主要是通过宗教得以认同的。“君权神授”是其最主要的理论依据。《荀子·天论》说：“天有其时，地有其财，人有其治，夫是之谓能参。”人虽然具有参天地之能，但并不是人人都能做到的。《中庸》说：“圣人能参天地之化育。”荀子说：“君子者，天地之参也，万物之总也，民之父母也。无君子，则天地不理，礼义无统。”①虽说圣与王不完全一致，但一般说来则是“内圣外王”的。“古之造文者三而连其中谓之王。三画者，天地与人也，而连其中者通其道也。取天地与人之中以为贯而参通之。非王者孰能当是？”②王道就是天道，两者是一致的，这样就把君王抬高到超人的地位，君王被神圣化了。

---

① 《荀子·王统》。

② 《春秋繁露·王道通三》。

在西方，他们把“天道”与“王道”分开，君王不能“参天地”，只能和上帝的祭司们一样，完全按上帝的旨意行事。公元5世纪末，杰拉修斯一世教皇提出了“双剑理论”，根据这种理论，上帝把权力分别授予教皇和君王，并使两者相互掣肘，以承天意。这是典型的“君权神授”理论。从这个理论出发，所得出的结论必然是对权力的绝对服从，因为对权力的任何抵抗实际上就是造上帝的反。简言之，君权神授就是权力的合法来源。

从某种意义讲，法治本身就是对封建专制的“君权神授”的权力合法性的剥夺。因而，法治与民主是一对孪生兄弟，都是在共同的基础上产生的。不打碎封建专制的君主权力的神的光环就不能产生民主，同样，也就不能产生法治。因此，分析权力在法治中的合法性必须与民主联系起来。

民主意味着权力属于人民。民主是有阶级性的，资产阶级虽然标榜民主，但资产阶级的阶级性决定了他们不可能真正实现人民民主。即使我们撇开这一点不谈，人民作为一个集合体在国家生活中也是不可能直接行使权力的。直接的民主只能在人口极少、面积不大的“小邦寡民”中行得通。在历史上，这种直接的民主只在古希腊那种城邦制的社会里存在过。因此，民主只能意味着由人民通过代表行使权力的一种政治形式。与此相联系，法治意味着只有通过人民的授权或同意权力才具有合法性，即“权力民授”的合法性。对此，资产阶级的思想家们各自从自己的理论出发进行详细的论述。洛克认为，人既然是生而自由、平等和独立的，那么未经本人同意，谁也无法把他逐出这块领地，使之服从他人的政治权力。这是权力合法性的“赞同理论”。这种“赞同理论”的缺陷是显而易见的。且不说它的基本前提上的错误（抹杀阶级性，鼓吹抽象的人性论），而且在实践上也行不通:一种权力的实施都得事先征得每一个人的赞同在实际上是不可能的。

卢梭与洛克不同,他提出了"公意"理论。卢梭认为,只要权力符合"公意",那么人们就必须服从。为此,他明确划分了"公意"和"众意"的差异。"众意与公意之间经常总有很大的差别;公意只着眼于公共的利益,而众意则着眼于私人的利益,众意只是个别意志的总和。但是,除掉这些个别意志间正负相抵消的部分而外,则剩下的总和仍然是公意。"[①]卢梭承认,人民是会犯错误的,人人的意志即众意未必就是公意。因而,这种理论可能导致这些观点:一个统治者即使是一个封建专制君主也可能代表公意。法国的路易十四国王就是这样声称的。理论上无法否认人民"公意",人民"赞同"的权力合法性,否则就不存在服从的义务。但由于这些理论的模糊性,理论上的民主建议可能导致专制的结果。关键的问题是怎样把"公意"和"赞同"外化为一种客观标准。

实际上这种客观标准只能从权力与法律的关系中去寻找。权力与法律关系的最佳连接点就是宪法。宪法在性质上既不完全属于人民,也不完全属于国家性质。一方面,宪法和其他法律一样都是统治阶级意志的表现,因而它并不完全具有人民性;另一方面,宪法又不同于一般性的法律,它是阶级力量对比的一种反映,因而统治阶级又必须把人民争得的民主成果用根本法的形式固定下来,作为进行政治统治的社会基础。因此,在这个意义上讲,宪法又具有一定的人民性。从民主和法治的实践来看,把宪法作为一种固定的形式化程序规则是一种趋势。在这种程序规则中,权力在形式上来源于宪法,因

---

① [法]卢梭:《社会契约论》,第 39 页。

而受宪法的约束，即权力的合宪性。这样，宪法实际上就成了权力运行的客观化标准。权力的合宪的合法性是民主的表达方式，也是法治价值的中心命题。权力的合宪的合法性是分析权力为什么能被法律所控制的法治价值的前提和基础。但是，权力的合宪的合法性说明的是权力的来源（即形式来源），从合法性本身并不能直接推论出权力为什么受法律（宪法）约束的结论。实际上，即使是合法性的权力也可能产生权力的异化或腐败现象。

权力的异化是权力的运行及结果与它自身相背离。资产阶级的所谓的民主政治最典型地说明了这种异化的特性。资产阶级的所谓民主政治，在权力动态的运行中，他们所标榜的权力所有者（人民）和权力的实际"代行者"（资产阶级）是分离的。他们标榜权力属于人民，然而当权力进入运行的动态过程之后，它本身就把所有者和"代行者"的关系掩盖起来。这时的权力所有者实际已经成为被支配的对象，而权力的"代行者"却以支配者的身份而出现，凌驾于权力所有者之上。这种关系好像寓言中的那个装着魔鬼的瓶子，既然瓶子已经打开，那么魔鬼再也收不回了。当人们看到权力的超凡力量而承受着它的重量的时候，很容易产生一种误解，以为这种权力是一种为少数人所特有的神奇力量，而对它乃至那些权力的代行者们加以崇奉，从而在观念上就把权力廉价地供奉给那些"代行者"们。一旦这种观念产生，那么与之相伴随的就是：那些掌握着权力的人们就可以利用自己的特殊地位为特权作辩护，从而也就使权力日益成为压迫人民的工具。权力本身并无可非议，但当它和其主体结成一种特殊关系时，就可能产生异化和腐败。

法律和权力是法治的两个不同要素。权力作为一种支配力量其价值主要指向秩序。在这里，民主与法治之间的差异是明显的：民主意味着鼓励人民行使权力，而法治则主要是对这种权力的制约，使权力更好地服从于人民的意志。从一般性讲，民主是一种政治形式，而法治则是一种社会组织结构方式。没有民主就不可能有人民的权力；没有法治就不可能存在自由。社会主义制度的建立就为这两种形式相互并存打下了决定性的物质基础，但如何把两者协调起来，仍是一项艰巨的任务。秩序是法律的一个价值，但并不是唯一价值。除了秩序，法律主要还内含自由、平等、正义等多种价值。权力除了秩序，本身并不内含法律中的那些价值，它只在目的上实现这些价值。当法律的价值单靠法律无法实现时，权力就可以运用其强制力量保证其实现。法律既需要权力的支持，同时权力也须受法律的约束，以服务于法律的目的。法治的价值之一，就在于它能保证法律价值的实现，并把权力置于一个合适的位置，实现权力的制约。

在法治中，对权力的制约主要存在几种方式，在此只略举一二。

其一，道义上的权力制约。道义上的制约主要是由道德律或理念中的道德律派生出来的。它的有效性完全取决于道义上的信念。这种道义上的信念在近代西方以自然法的形式表现出来。他们认为，自然法是人类所共有的权利或共有的正义体系，它是自然界的永恒和谐的本质在国家和法律领域的体现，作为普遍有效的一整套价值理论，自然法来源于“纯粹理性”；作为普遍承认的正当行为的一套原则，它和国家权力以及由权力支持的人定法形成对应。事实上，当他们说自然法是理想的或价值的、普遍的和源于普遍理性时，实际上是一种关于实在的自然法，而不是一种关于“自然”的自然法。在这个意义上，它是对特定时空中的国家权力的一种检省，对人定法的一种理想化的重制，其目的是为实在的权力和人定法的限制或制约提供前提。自然法的理论基础是单薄的，其立意的根据是反科学的，马克思曾对自然法学说进行过科学地分析和批判，在此我们不再赘述。实际上，自然法学说所倡导的就是我们用历史唯物主义观点所表达的一种法治文化。因而，“自然法”只作为一种有条件的、针对特定时空的一种相对的道德律令而不是一种绝对的道德律令才是有价值的。例如，“汝等不可杀人”可以看作自然法的一种道德律令。然而，用历史唯物主义的观点来解释权力是否受这一律令的限制主要取决于一种什么样的环境和条件，而不取决于这条律令本身。又如，按照资产阶级启蒙思想家的观点，“人生而自由”是自然法的典型道德律令。从消极意义上来理解，这一律令意味着不能干涉和侵犯自由。但当自由被用去滥杀无辜时，权力似乎就不应受这一律令的限制。又如，权力应受正义信念的约束，但正义的价值在人人中间并不相同。人们对“权力必须符合正义”也许不会提出异议，但当提出“应符合什么样的正义”时，歧义就发生了。有的人认为，权力只要不干涉我的合法自由就是正义的；而有的人也可能认为，权力的正义就是不能妨害我自由行动。当拿这种自然法的律令去约束权力时，权力应遵守哪种律令呢？自然法的这种相对性和模糊性决定了：在法治中，联系道义上的权力约束必然会导致宪法的约束问题。宪法的限制可能最终来自道德律令，但其所以是宪法上的，是因为这种限制是最高的、明确的。宪法比其他一切法律（包括道德意义的自然法）更为重要，它既来自国家，也来自人民，因而无论是国家还是公民个人都必须绝对地遵守。

其二，权力间的相互限制和制约。权力的宪法约束是最高的，但并不是充分的。宪法再高，它也会遭到破坏，就像生活中时常毁约一样。当权力的冲动对宪法上的限制不可忍受并想打破这种限制时，冲动就会变成行动上的凌侵。宪法再高，也能变得无效。在近代中国，民初的《临时约法》曾带来千千万万中国人对法治和共和的希冀，但当孙中山怀着善良愿望把《约法》交给袁世凯，希望他能约束自己成就共和之时，悲剧是不可避免的。没有权力的制约，一部《约法》最终成了袁世凯"皇帝的新衣"。在中国近代史上这是一个惨痛的教训。从制度方面讲，这是中国资产阶级革命的不彻底性必然导致的结果；从体制方面讲，这是一种体制没有法治基础必然引出的教训。在宪法的最高约束之下，权力部门间的相互制约，是法治的最重要的价值要求。

法治的价值表明：权力的法律（宪法）约束、权力间的相互约束以及权力的其他制约方式是多方面的，但最重要的是上述两个方面。实现权力的制约，是实现法治的制度性基础。

三、法治实体价值之二：自由与法律

法治理论遇到的第二个难题就是自由与法律的关系问题。它涉及法律在法治中的意义，自由与法治的关系，自由的尺度与法律的界限等一系列棘手的问题。

在法治中，自由实质上就是社会与个人，社会的完整性、统一性与个人的相对独立性、自由性，社会的发展与个人的完善的关系问题，也是社会权力与个人权利的比例关系如何构成的问题。因此，自由问题在以下的层次上构成法治的价值。第一，自由确定个人的位置和价值，即个人应被赋予多大程度和多大范围的自由问题。第二，它说明法律在何种情况下能够恰当地确立自由的尺度和界限。自由是联结社会与个人、国家与公民间的一条重要纽带。从总的方面讲，公民被赋予的自由范围越大，那么个人与社会、公民与国家间的联系就越紧密，这是社会发展的一种趋势。

在法治中，自由呈现出不同的形态，因而在人类的思想中也就产生了对自由的不同解释。本书无意对各种自由的理论和观点进行评介，但指出自由与法治相联系的关节点，是本文分析法治价值的前提。如果我们循着法治的思路来探求自由的话，那么，自由的内涵可以具有一种明确的界定。在法治中，自由无论具有多少种形态，存在多少种界定的方法，但有一个基本点是任何自由的理论所不能忽视的：法治中的自由必须介入法律。法律是分析自由的基本参照物。自由与法律是法治的一对价值范畴，法治既需要以自由为基点，也需要以法律作保障；反过来讲，在法治中，自由需要以法律为尺度和后盾，法律也需要自由为其存在的基础。法治的价值既要保障和实现自由，同时又要使自由具有一个明确的、强硬的限度。自由与法律这两个相互冲突的因素，在法治中必须协调起来，这种协调的功能也就是法治的价值。

总括起来讲，自由具有两重性：一方面，自由是一种由若干权利组成的客观化的实体；另一方面，它又是由若干主观因素构成的一种抽象形态。从生物学的角度讲，自由的冲动是人与动物所共有的。一头强健雄猛的野兽，可以自由选择觅食的对象。对一头狮子来讲，只要它“不愿意”，即使是一头羔羊从面前走过，它也可以不去管它，这是狮子的“自由”。在人的领域，同样存在这种自由的本能。人都有自我控制的本能，有照己意生活不受外在力量支配的愿望。这是一种“生物性的自由”。然而，即使是发自内心的纯生物性的自由冲动也常常有“法则”的介入。

在动物界，动物的纯自然的自由冲动受到两方面的限制：从大的方面看，任何动物的这种“自由”都必须服从“物竞天择”“适者生存”

的自然法则的约束，违背这种法则就不可能有任何“自由”的存在；从小的方面看，动物的自然的自由冲动受到同类群居的限制。一只雄猛的狮子在其他动物面前，它可能是“自由”的，但在头狮面前，它的“自由”必须受到压抑或限制。在动物界如此，人类同样如此。人作为高级动物，他比其他低级动物有着无法比拟的“高级的自由”冲动。人使用小小的一点计谋，可使最雄猛的野兽就范。一种珍兽对于人来讲，可以成为人的餐桌上的最鲜美的佳肴，但是，为了长远的考虑，保持生态平衡以便更有利于人自身自由的发展，人又须为自己制定限制性的法律，因为人具有任何动物所不具有的意识和思维。马克思主义正是从这个意义上认为，自由就是对必然的认识，这是对人类自由最好的概括和揭示，是我们分析自由问题的指南或理论基础。马克思主义的自由观告诉我们：人类社会的进步就是从自然王国向自由王国的过渡。然而，在剥削制度之下，人的自由冲动常常是被无理压抑的。在这里，人能制服最雄猛的野兽，但他有时难以管住自己。在精神的压抑之下，人本身也并不是一个融洽无间的单位，他有懦弱的性格，摇摆不定的卑微；有狭隘的自私，反复无常的情绪。任何内心自由的冲动既受整个剥削制度的压抑，也要经受这些不同成分的考验，经过灵与肉的搏斗。不是情感压倒理智，就是理智战胜情感。在这种较量中，一方的胜利必定以另一方的被压抑为代价。随着自由的选择被确定，问题也就接踵而至。这里所要提的问题是：为什么自由的选择是用此方的胜利来压抑另一方的冲动，而不是相反呢？正如古语所说的：熊掌与鱼不能同时兼得。既然不能同时兼得，为什么要选择熊掌而不是鱼，或者相反呢？这就是选择自由的尺度问题。法治的价值就是解决自由的尺度问题。但上述自由不在法治理论之列，在此不作分析。

客观自由来自人的社会性。人的社会性既包括了人的合群体的一面,也包括了人的自主性的一面。社会性就是这两者的统一。人的合群体性,是人与人在社会中能够和睦相处、交往的基础,自由在此意味着大家能够互相尊重的一种关系。人的自主性表明的是人与人之间的差异,它决定了人们各自的不同价值追求,因而它时常表现为人与人交往间的一种离心因素。自由在此表现为一种自我满足。这种自由意味着当我行使我的自由时,他人也有权行使他的自由。很显然这种自由如果处理得不当,就会造成社会秩序的紊乱,而最终使人人都失去自由。因此,对于个人与社会的关系来讲,自由是必要的,但需要一种尺度或限度,即需要权威的介入。没有自由,法治也就失去价值。同样,没有权威也就失去自由的秩序。因此,自由就是个人与社会、个人与个人间的一种关系。这种关系的一端系着个人在社会中应享有的权利,另一端系着个人作为社会成员为他人或社会应承担的责任或义务。自由只要是客观的,那么在任何情况下也不存在绝对自由。法治中的自由就是经过法律中介的权利与义务的统一。一方面,法律作为自由的尺度,能够确定自由的范围。在法治中,不存在漫无边际的自由,个人与个人之间的自由关系有一个明确的尺度。在这种尺度之下,每个人享有平等的自由,没有这个尺度,自由的实现就会导致另一些人自由的丧失。在这个尺度下,自由是客观的、明确的,因而也就使得那些滥用自由或不法干预自由的行为降低到最低限度。另一方面,法律的自由尺度从本质上讲就是对自由的限制。这种限制是通过法律强加给自由的责任而表现出来的。有法律的地方必然存在着自由的限制,它意味着自由不是“人人喜欢怎样就可怎样”的一种行为方式,而是“人人应怎样就可怎样”的一种规范形式。在自由实现了的地方必然存在着一种潜在的责任,自由过当的行使，这种责任就会产生。对于这一点，就连有的资产阶级学者也承认。孟德斯鸠说过，在一个法治社会里“自由仅仅是：一个人能够做他应该做的事情，而不被强迫去做他不应该做的事情。……自由是做法律所许可的一切事情的权利；如果一个公民能够做法律所禁止的事情，他就不再有自由了，因为其他的人也同样会有这个权利”①。

法治中的自由实质上就是法律尺度下的自由。问题到这里只是一个方面。法治的价值一方面意味着自由的法律限制或法律的尺度，另一方面也意味着法律这一尺度本身应具有一种“尺度”。在法治中，法律的自由并不意味着法律可以对自由实行任意的限制，法律本身应遵循一种原则和尺度。这种原则总括起来，有如下几点：

其一，客观化原则。法律对自由的限制及其标准必须是公开的而不是隐蔽的；是明确的，而不是含糊不清的。公开的意义在于，对于一般公民来讲，应该享有哪些自由，不应该行使哪些自由，法律应公开作出规定，以便于自由的实现。明确化的意义在于，法律对自由所作的限制明确无误。相反，如果含糊不清，那么不但公民容易滥用自由，而且也会导致法律权威的下降。

其二，限制自由的非目的性原则。自由必须受到限制，但限制自由本身不能成为限制的目的。资产阶级的法律虽然在纸面上规定了许多自由的权利，但在实质上，当这些规范形态的自由进入到现实状态以后，就已变得面貌全非了。不但字面上的自由受到严格限制，而且其法律的本质就是以剥夺广大人民的自由权利为目的的。正由于这种字面意义上的自由规定与现实状态存在着间隙，因而资产阶级

① ［法］孟德斯鸠：《论法的精神》上册，第154页。

法律有很大的虚伪性。在法治中，自由并不是法治追求的唯一价值目标，除了自由，法治还内含着追求平等、安全、秩序等多种价值。自由与这些价值相比，无论是同等的，还是次等的，都说明自由在法治中并不是唯一的价值。因此，为了实现其他价值目标，就必须对自由作出适当的限制。从自由与平等的价值关系来讲，犹如在行进的行列里队员与队员之间的关系一样：从“自由”的角度出发，那么走在队列前面的人就有继续保持领先的权利；如果从“平等”的角度出发，那么就必须加给走在前面的人一些限制，使落在后面的人赶上来。为了实现平等的价值，给予自由一些限制是必要的，同样，为了实现自由的价值也必须给其他价值一些限制。在这里，限制自由作为追求和实现其他价值而又必须对自由进行限制否则就无法实现时，那么这种自由的限制就是符合法治的价值要求的。

其三，最低限度的自由原则。就像自由不能漫无边际一样，法律对自由的限制也不能漫无边际，因而应遵守保持最低限度的自由原则。首先，法律为自由所划定的范围须有一个界限，并使得限制不能超过这个界限。其次，法律对自由界限的确定应以确保和满足公民个人作为社会成员应享有的那些基本的自由权利（如，必要的生活自由，政治权利等等），这是法律应遵守的一个基本准则。

在这里，法治价值所涉及的一个根本问题就是“法律的自由与自由的法律”的关系问题。“自由的法律”与“法律的自由”代表的是两种不同的价值取向。前者表达的是法律作为法治中的权威规范所应内含的价值；后者表达的是自由在法治中所应具有的界限和尺度。前者是法治的基础，后者是法治的保障。决定是否为法治的关键性命题在于前者而不是后者。马克思主义的法律观正是从第一个命题上揭露了资产阶级法律的虚伪性。马克思指出，资产阶级的“出版法根本不能成为压制出版自由的手段，不能成为以惩罚相恫吓的一种预防罪行重犯的简单手段”[①]。在另一些情况下，资产阶级的这种“法律的自由”也可能表现为：在一些法律中规定了许多自由，而在另一些法律中又隐藏着对这些自由的“合法”限制。马克思特别痛恨资产阶级在宪法上承认自由，而在具体法律上限制甚至消除自由的法律虚伪性。马克思针对1848年的法兰西宪法一针见血地指出：“宪法一再重复着一个原则：对人民权利和自由（例如，结社权、选举权、出版自由、教学自由等等）的调整和限制将由以后的组织法加以规定，——而这些‘组织法’用取消自由的办法来‘规定’被允诺的自由。”[②]同样，1850年的普鲁士宪章也规定了很多自由，然而“原来普鲁士宪法所恩准的这一切自由受到一个重大保留条件的限制。这些自由只是‘在法律范围内’被恩准。但现行的法律恰好是专制独裁的法律”[③]。“自由的法律”是“法律的自由”的前提，这是法治价值，也是自由应有的价值。马克思主义法律观表明，在立法上就出版法而言，“出版法就是出版自由在立法上的认可”[④]。不是为了限制自由才去立法，而是为了寻求自由实现的途径和方式才去创制法律；立法上只有充分地确认了自由并实现这些手段以后，才能对有碍于这些自由的“自由”实行限制，这是马克思在批判揭露资产阶级法律虚伪性的同时对那种超越资产阶级眼光限制的最为进步的社会主义法治的追求。

“自由的法律”不仅表现在立法上，立法上的“自由的法律”在司

① 《马克思恩格斯全集》第1卷，人民出版社1956年版，第71页。
② 《马克思恩格斯全集》第7卷，人民出版社1959年版，第588页。
③ 《马克思恩格斯全集》第12卷，人民出版社1962年版，第655页。
④ 《马克思恩格斯全集》第1卷，人民出版社1956年版，第71页。

法中也可能导致法律上的专断。因此,“自由的法律”也包括了司法的过程。恩格斯指出:“一切自由的首要条件:一切公务人员在自己的一切职务活动方面都应当在普通法庭上按照一般法律向每一个公民负责。”[①]“自由的法律”在此意味着,每一个执法者在执法过程中,应抱着向每一个公民负责的态度,根据法律的规定行使自己的权力。在司法过程中,当权力为了实现公民的自由,依据法律程序并依照法律规定行使时,规范意义上的“自由的法律”,才能成为现实的自由。权力的合法实现是“自由的法律”向“法律的自由”转化的桥梁和中介。经过权力的合法实现这一环节,法治中的自由与法律之间也就达到了统一。

法治的价值是多样化的,自由是法治的价值。同时,法治还有其他若干价值。为了自由的实现,法治通过法律应对其他价值作某些限制,同样,为了其他价值,也必须对自由实行某些限制。除了上述说明的限制前提和限制原则,还须具体说明在何种情形下对自由限制的合理性和合法性。根据法治的理论及实践,对自由的限制在下述两种情形下是合理的、合法的。

其一,当自由的行使明显地有害于他人时,法律对这种自由实行限制就是正当限制。这里的“有害”一词是一个广义概念,它不仅包括那些直接有害于特定主体的行为(如,有害于特定人的身体、名誉、财产等等),而且也包括有害于不定主体的行为。例如,有损于国家安全、社会稳定、生态平衡等行为。另外,这种“有害”的行为应是“明显”的行为。在法治的实践中,常常可能出现这种情况,一种有害于他人行为的“有害性”可能很小,而法律限制这种自由可能带来更大

---

① 《马克思恩格斯选集》第3卷,人民出版社1972年版,第30页。

的害处。这要求,在立法过程中,立法者应平衡两种或几种相互冲突的价值:当由法律阻止的可能的有害行为大于法律所引起的危害时,这个法律就是合理的限制。“明显”有害于他人的含义还包括可能使人愤怒、羞耻或惊恐的行为。这种“有害性”通常不是对身体或物质的损害,而是对人的心理状态的损害。例如,行使人们通常禁忌的性行为就属于这一类行为。这类行为可能是对特定主体实施,也可能对不特定的主体实施,比如,亵渎国旗或其他象征着国家荣誉的标志等。在对这些行为实施法律限制时也应注意区别“明显”或“不明显”的有害行为。有些行为虽为道德所禁止,但这类行为也不一定非有法律进行限制不可。不合道德的,并非就是不合法的。“明显有害性”是一个原则,至于说实践中哪些具体行为应该实行法律限制,哪些行为不予限制,还需由实践来解决。

其二,有些行为虽然对他人无害,但明显地有害于自己。在这种情形下,法律为了他自身的利益对其实行限制就是正当的法律限制。这种情形通常称为“法律的自由强迫权”。例如,按照宪法规定,人有选择职业的自由,但法律禁止雇佣童工;医生有行医的自由,但法律惩罚那些无执照的行医者;人有服用药物的自由,但法律禁止服用对使用者产生有害结果的药物;人有受教育的权利,但法律也要强制实行必要的义务教育等等。法律之所以要对上述行为实行限制,是因为这些自由的行使“明显地有害于”自身。这种法律的限制就是正当的限制。

在法治中,除了法律对自由的限制必须证成,法律对自由的维护应付诸具体的法律手段和措施。实际上,无论是“自由的法律”,还是“法律的自由”,都只是自由存在和实现的一种可能性。如果没有保障自由实现的具体法律手段,那么自由也就不会成为实在的权利。

作为保障自由实现的法律手段从程序意义上就是确立法律自由的优先原则和自由的物质保障制度。

法律自由的优先原则是指，如果在立法上只规定了自由的种类而没有对实现自由的具体方法和途径作出规定，那么这种自由就具有优先性。因为在法律的实践中，人们行使自由权利只能依据已知的法律，而对将来的法律如何规定是预测不到的。如果以未来可能出现的法律来衡量现实的行为，那么，不但会破坏现实法律的有效性，而且也会影响整个法律的权威。因此，关于自由权利的法律规定应从完善入手，对自由的限度、尺度、方法、途径作出具体规定，这无论对国家还是对公民个人都是有利的。

法律自由的物质保障制度是指，如果行为人的行为超越了法律规定的自由限度，那么法律就须对这种行为进行限制。但是，法律的限制只能对行为本身进行限制，而不能由此而剥夺行使这种自由的物质基础。限制自由与剥夺行使自由的物质基础有着性质上的差别。资产阶级法律的虚伪性不是表现在法律公开的对人民的自由权利实行限制，而是运用隐蔽的方式剥夺人民行使自由权利的物质基础。例如，在资本主义社会，如果作为一个记者他敢于为人民说话，其法律不但对这种正义的行为进行限制，而且还常常运用超法律的手段剥夺作为记者的资格。自由的法律物质保障是自由实现的前提条件，有了它，规范中的自由才能成为真正的现实的自由。因此，法治的价值就在于：一方面，它要求对超越法律限度的自由实行法律限制；另一方面，它也要求在限制过限自由的同时，为合法自由的实现提供充分的物质基础。

四、法治实体价值之三:权利与义务

法治价值不但表现在社会组织结构这个层面上,而且也表现在法律规范结构这个层面上。构成法律规范结构的最基本范畴或要素就是权利和义务。权利与法律的关系是法律与自由关系的另一种表达,它是理解法律现象的纽结。凡有关法律的问题莫不围绕着权利与义务这个轴心旋转。因此,权利与义务关系的构成方式是法治的价值表现形式之一。

根据不同的标准或尺度,权利可以划分为不同种类。如,根据权利的成立方式可以划分为选择性权利和利益性权利;根据权利的不同内容,可划分为政治权利、经济权利、教育权利等等;根据权利的行为方式又可划分为积极性权利和消极性权利等不同形式。从法治的价值出发,有一种划分类型值得注意。这种划分是根据权利所具有的"正当性"和"现实性"为标准的。从法治的价值出发,权利作为一种自由的具体化表现形式,只要一种社会事实成为人们的一种普遍的正当要求时,这种要求就应作为法律选择的对象进入法律规范成为法定权利。同时,这种法定权利还须通过实践的环节转化为主体的现实权利,才意味着权利的最终完成。因此,法治关心权利的价值基础,注重法定权利,着眼于主体的现实权利。在此,为了叙述的方便,我们暂且把"权利的价值基础"称作"自然权利"。法治就是自然权利、法定权利、主体的现实权利三者依次转化完成的结果。

从"自然权利"来理解"权利的价值基础"这个问题,是从近代西方资产阶级启蒙思想家开始的。他们几乎都把"权利的价值基础"称作"自然权利"。其意思是说,在现实法之上仍存在一些普遍不易的道德价值,这些价值应是法律追求的目标,而不是去限制这些价值。这些价值包括:生命权、自由权、财产权等。这些权利之所以是“自然”的,是因为在他们看来,这些权利并不是由法律产生的,而是与生俱来的,一个合理的社会中的法律就应把它们作为追求的目标。他们试图用“自然”作为框架勾画出一个资产阶级共和国的粗略轮廓。然而,由于这种“自然”的理论先天性的不足,因而这个“共和国”的理论也缺乏证成。实际上,根本就不存在什么“自然”权利,他们所表达的这种“权利”实际上就是权利的价值基础问题,即一种状态性的或观念性的既存的“社会事实”,只是这种“事实”还没有进入法律规范领域而已。另外,“自然权利”也不是与人性有关的那些价值准则,因而单纯把人性作为前提进行演绎也是不科学的。就拿他们所倡导的“生命权”来讲,生命权并不是“人生而就有”的。生命本身并不是作为一种普遍的权利存在于任何历史阶段中。在奴隶制社会,奴隶被社会公认为是一种客体性的物体,因而伤害奴隶的性命只有当作损害了主人财产时才作为一种社会和法律保护的对象,而生命本身并不构成权利。只有当人类的历史进化到一个社会普遍地认为生命应被重视和保护这一正当要求成为“社会的既存事实”时,生命才作为一种“自然”权利而存在。这种“自然权利”不是相对于人的人性,而是相对于法律的一种社会性。在这里,所谓的“自然权利”只构成权利的价值准则和价值基础,正是在这个意义上,我们把它称作自然权利,但这个概念与近代西方资产阶级思想家们所使用的这个概念有本质上的不同。法治之所以关心自然权利,是因为它从更深的层次上说明了权利的性质和法定权利的基础。法定权利就是对自然权利进行平衡、筛选而产生的。

法定权利顾名思义就是法律规范中的权利。法治价值之所以注重法定权利是因为:一方面,法定权利为人们提供了行为指导,它指导人们哪些该作为,哪些不该作为。它表明,在法律尺度内的行为是权利,超越这个尺度就是不法。另一方面,权利不是由法律本身创造的,它最终来源于既定的社会事实,因而,把自然权利和法定权利联系起来加以考察,就可以对现实法律作出较为明确的评价。人们通过自然权利能够说明权利的性质,通过法定权利能够明确权利的尺度。这样,自然权利作为法定权利的一种价值基础,为人们检省评价现实法律提供了依据,并使现实法向更高的目标迈进。因而,无论是自然权利还是法定权利在法治价值中都是不可缺少的。问题很简单,如果权利只被理解为法定权利,那么作为社会成员只能从强化法律的实在有效性来求得权利的实现;如果权利被看成社会成员的普遍的正当要求的一种社会既定事实的话,那么社会成员就不单就法律的实效问题提出要求,而且就法律本身提出要求。这样,权利的有效实现既可能是强化法律实效的问题,也可能在于改革法律本身的问题。自然权利是评价权利的价值尺度,法定权利是评价权利的法律根据。两种尺度的统一,就是法治的价值之所在。

主体权利是指具体法律关系中,主体实际享有的权利。由于它是通过权利主体本身的能动作用变法定权利为客观的结果,因而这种权利也称为“客观权利”“现实权利”。主体权利是法治的着眼点、落脚点。在法治看来,无论自然权利还是法定权利都不是最终目的。权利只有从自然权利、法定权利依次转变为主体权利时,权利才是现实的。从法定权利到主体权利,这是一个决定性的转变。从社会意义方面讲,只有实现了法定权利向主体权利的转变,把法律的规范秩序从规范状态转变为现实状态,才能形成既定的法律秩序。就社会成员方面讲,权利只有现实化、客观化才是有意义的。主体权利注重的是法律的结果以及与结果有关的手段和条件；注重的是法律为权利实现所创造的条件和环境以及为哪些社会成员创造了条件和环境。通过这种尺度人们就会发现规范中的权利和主体权利之间的实际差距，为权利的实现提出更高的法律要求。

综上所述，自然权利之所以不应忽视，因为它是法定权利的价值基础；法定权利之所以被注重，因为法定权利是主体权利实现的依据、尺度、保障；之所以着眼于主体权利，是因为主体权利是法定权利的实现，是权利的最终结果。这三种权利形态相互联系，缺少任何一个环节，都不能全面地反映法治的价值。

权利在任何情形下都不是任意性的、绝对的。正像有自由存在的地方必然存在自由的限度一样，有权利的存在也必然伴随着一定的界限和相应的义务。法治的价值表现为：无论在社会生活中还是在法律规范中，既不存在没有权利的义务，也不存在没有义务的权利。权利与义务作为一定社会利益的体现，共同担负着对个体行为的评价功能。对于权利主体来讲，它有一定的限度，行使权利不能无限制；对于义务主体来讲，应当作为或不应当作为的界限是确定的，不能无限制地为自己的行为承担责任。

权利与义务的关系首先表现在其性质中。义务作为一种法律设定的行为模式与权利具有最大的相关性，即义务规则应是针对某一权利并为保证这种权利实现而设定的。换句话说，如果一种行为与权利没有相关性，法律就不能强行为之设定义务。当然也有另外一种情况：一种行为从表面看来与某一权利本身无关，但它为社会大多数成员认为遵从这一行为模式对于维护社会生活或社会的某一价值是必需的，也能够构成正当的义务规则。例如，“严守国家机密”这一行为虽与权利无关，但为了维护国家的安全和既定的社会秩序这一价值，设定这种义务规则就是合理的、正当的。

其次，权利与义务是互补的、相应的。在一些情形下，所承担的义务，必然在另一些情况下享有相应的权利。这种互补、相应的关系既可能发生在同一主体之间，也可能发生在不同主体之间。在这种场合，义务就是享有权利应付出的代价，是有偿性的。无偿的义务就是没有限制的责任。封建专制社会，权利与义务的脱节或分离是封建法律的重要表征。因而，权利与义务的互补、相应关系是法治带来的必然结果。

从权利的方面讲，权利与义务关系的互补性、相关性主要表现在两个方面：一方面，权利作为一种利益的具体表现形式是有偿的。这里的“有偿”包括两层含义：其一，意味着同一主体的有偿性。同一个人在一种社会关系中是权利主体，而在另种社会关系中就可能是义务主体。在这里，法治的意义不在于权利的增加或义务的减少，而在于构成权利与义务的合理关系。其二，意味着不同主体的有偿性。即法律不能使一部分社会成员只享有权利，而另一部分社会成员只负担义务。另一个方面，权利在一定条件下也具有权利和义务同时并存的二重性。在有的情形下，当义务的承担者认为该义务符合自己的利益要求，并积极主动去选择时，这种“义务”实际上已经转化为权利。反之，权利也可能转化为义务。如，法律规定未成年人必须接受正式教育；法律规定公民有劳动的权利。前一个例子虽以义务规则的形式出现，但对未成年人来讲，接受正式教育也可以看成是他的权利。后一个例子虽以权利规则的形式出现，但在那些不愿参加劳动的人看来，劳动也是一个义务。这种现象再一次表明了权利与义务的统一。

权利与义务的互补、对应关系并不意味着两者的均等。只要权利与义务是两种不同的价值类型,那么两者就有主次之分。从根本意义上讲,封建专制社会的法律是以义务为本位的。在封建的社会组织结构之下,权力的专断导致了法律的暴虐,严格的身份等级关系导致了社会分层的畸形发展。表现在法律上,除了少数掌握了权力的统治者,普通的社会大众不但被剥夺了法律的主体地位,而且也丧失了独立的人格。由人治社会向法治社会的转变,不但是法律制度的变革,而且也是人自身的革命。正如马克思所说的,任何一种解放都是把人的世界和人的关系还给人自己。在近代的欧洲,从封建社会向资本主义过渡时期所出现的自然法观念、自然权利观念虽有很大的阶级局限性,但在整个人类发展史上是有着重大意义的。它表明人作为社会主体的自我意识的恢复。从此,封建法律的义务本位开始被资本主义法律的权利本位所代替。虽然在资本主义制度之下,这种"权利本位"是形式化的,而非实质性的,但毕竟是法律的极大进步。权利本位意味着只有权利存在,才能设定义务。法治的价值就是在权利本位的前提下理解义务的法律规则。权利本位并不意味着只要权利而不要义务的本位主义。权利与义务在法治的价值中始终是相互的、对应的,我们在此特别强调这一点。权利本位只是意味着权利的第一位性质。从来源上讲,义务只能从权利中派生出来,相反权利不能从义务中产生。这表明,义务是作为权利的相应的代价而存在的。如果权利的实现不必付出这种代价,那么设定义务的规则也就失去了根据。如果权利是由义务派生出来的,那么权利只能作为承担义务的奖品而存在,权利就成了奖赏承担义务的赠品。既然如此,法律就有正当理由停发这种奖品或减少种类和数量。义务本位并不意味着没有权利的存在,但它带来了权利的不确定性和随意性。

马克思主义的法律观告诉我们：无论是权利规则还是义务规则都是有阶级性的。权利与义务作为一种利益关系要成为法律的规则必然要经过立法者的意志的中介。但是，立法者的这种意志并不是一种“任性”的表现，它受社会的组织结构以及社会的整体意识等各方面主客观因素的制约。马克思在《共产党宣言》《德意志意识形态》等著作中都揭示了这一点。当一种社会的组织结构和整体意识趋向要求法律承认并尊重主体的权利时，作为统治阶级意志表现的法律也不能漠视这一点。有什么样的社会，就造就什么样的立法者，就有什么样的意志表现形成，忽视这一基本前提，就会把马克思主义的法律观简单化、片面化。

其次，权利本位意味着权利的平等。在法治的价值体系中，权利是平等性的、社会性的。每一个人不管权力大小、职位高低，作为社会成员的一分子，他既是权利主体，也是义务主体。权利与义务对个人来讲，在法律上是平等的。享有权利必须承担义务，承担义务也必然享有权利。在法律的实践中，常常出现这种情形：掌握权力的法律主体与一般的社会成员虽然在法律的规范中享有平等的权利，承担相应的义务。但在实际中，有些人常常把权力与权利联系起来，用权力去增大法定权利的范围，这种增大的权利不但违反了法律的平等原则，而且也意味着对他人合法权利的限制和剥夺。因为增大了自己的权利，必然相应地增大别人的义务，这是一种不法的特权。特权本身就是与法治相背离的。有特权的存在也就不可能真正实现法治。也许法治的价值并不能彻底消灭特权，但它能够有效地限制特权的存在。因此，强化法治的制约机制，拓宽法律的控制渠道，是实现法治的有效途径。

综上所述，法治的价值是多样化的，在不同的层次上有不同的价值：在法律与权力的关系中，它是法律本位论者；在法律与自由的关系中，它主张法律与自由的合理构成；在权利与义务的关系中，它是权利本位论者。法治还有其他价值，但实现了上述价值，也就基本有了法治。

第七章

法治形式价值论说

我们已经详细讨论过，法治包含着实体价值和形式价值，形式价值也可称为形式化原则。上一章对前者进行了分析，本章讨论后者。我们首先来探讨这一原则的起源。

一、法治形式化原则的起源

法律是复杂而专门性的，不论在哪一个文明社会，它都代表着一种规则和秩序，是具有组织性和有序性的文明社会相对摆脱了单纯偶然性和单纯任意性的一种固定形式，即一定文明社会的某种有序化模式。因而，法律总是成为各个文明社会的人们深切关注的事物之一。但是，各个文明社会的法律并不总是法治下的法律，仅从形式方面论，这些法律也并不都遵循形式化原则。在某些社会，法治形式化原则不可能成为法律生成、发育的内在性标准和要求。

在古代自然经济社会或小农经济社会（主要是古代和中世纪），

人对社会或其他人的直接依赖关系，是社会关系的主要形态。在这种社会，个体直接从属于社会共同体，没有作为“人”的应有的独立性和自主性。人类社会的历史越往前，个体就显得越不独立，越从属于一个更大的整体：家庭、公社、古代国家等等。尤其是单个的人受自然联系的桎梏，从而成为一定的狭隘人群的附属物，即一部分人通过经济强制、血缘纽带、宗族（家族）关系和国家权力对他的占有、支配或奴役。在那里，个人具有受他人限制的规定性，因而人身占有关系和人身依附关系，构成了社会结构、社会联系和法律关系的基本形态：族权、夫权、父权等宗法制度及婚姻家庭中的人的依赖关系，几乎都曾存在于每个民族早期的或古代的国家之中。如中国古代的“夫为妻纲”，“父要子亡，子不亡不孝”；在早期罗马法中，正式婚姻都伴随有夫权（夫权婚姻）——丈夫操握着妻子的生杀大权，可以出售她或贬之为奴，并有权利离婚，而妻子则无权利离婚，也无独立财产；罗马《十二表法》《汉谟拉比法典》《亚述法典》等中均有“父权”法。在奴隶关系下，奴隶不仅是主人的财产，而且是主人的活的工作机；奴隶主对奴隶的人身、生命、婚姻的自由处分的权利，成了奴隶制度的本质的组成部分。而在西欧中世纪，在封建领主之间，以地产的分封和转让为基础，通过契约形式建立了各种附庸关系；在农奴关系下，农奴表现为土地财产本身的要素，完全和役畜一样是土地的附属品。正如马克思所论：“虽然个人之间的关系表现为较明显的人的关系，但他们只是作为具有某种[社会]规定性的个人而互相交往，如封建主和臣仆、地主和农奴等等，或作为种姓成员等等，或属于某个等级等等。”[①]在这些关系之中，一部分人作为主人依靠国家这种政治组织

① 《马克思恩格斯全集》第46卷(上)，人民出版社1979年版，第110页。

和公共力量在自然经济所允许的有限范围内享有一定的权力、自由和权利，另一部分人则相反，他们只作为义务主体、责任主体为自己的主人实现其权力、自由和权利奉献自己的一切。这样，社会财产包括动产和不动产（土地）的所有权，不得不表现为特权，而这种特权又决定了权力、自由和权利及其社会存在的每一种形式，都表现为一种特权。这种社会不具有现代意义上的作为"普遍权利"的平等和自由。因此，它不是处于对权力和权威主义的极度崇拜之中，就是在义务本位的重压下喘息。即使是享有一定权力、自由和权利的那些主人，从精神个性到人格品质，也显得发育不全。"个人可能表现为伟大的人物。但是，在这里，无论个人还是社会，都不能想象会有自由而充分的发展，因为这样的发展是同[个人和社会之间的]原始关系相矛盾的。"①

因此，在自然经济社会，政治制度（权力和权利、责任结构等）、法律规范和伦理准则，其主要价值观念是强调一定个体对其他个体的依附性、个体对一定社会集团及国家的从属性。于是，在个体与个体、个体与一定集团及国家的关系中，占支配地位的原则是以义务为本位和以权力为本位。一般而论，古代世界和中世纪的各个社会的法律的格局和精神，主要由这两种本位所造就：除欠缺现代的实质性法律价值外，法治形式化原则亦未能真正成为这些社会的法律准则的一个层面，从而也未能在这些社会全面系统、始终如一地贯彻下去，以成为主宰性的准则；其中，在某些社会，似乎根本就不存在法治形式化原则。

从义务本位方面来看，这些社会的每个个体都生活在一个范围

---

① 《马克思恩格斯全集》第46卷（上），人民出版社1979年版，第485页。

宽泛、内涵复杂甚至捉摸不定的“义务丛”中：对君王的义务、对主人的义务、对所依附的社会集团的义务、对社会的义务、对国家的义务、对丈夫或父母的义务、对亲族或家族的义务、对礼或教义的义务……这些义务具有绝对的性质。但应尽义务的个体却不能享有对等的权利和自由。这种“义务丛”式的人生环境及其相应的生活方式、行为方式，导致每个个体心理、观念乃至人性的“义务化”，即义务感是个体人格、心理和意识的主导因素，在行为倾向上，每个个体在社会中，首先应按一定的社会规矩行事，以符合多重性的社会角色要求，而不是发展个性、实现权利和追求自由。结果，每个个体的自主性、独立性和个性被泯灭、消融于神秘的全体之中，每个个体只是国家的役仆，或只作为无主体性和无独立人格的工具而成为社会共同体的不可缺少但又无足轻重的构件。在此氛围中，从社会的整体结构和运行机制上看，法治形式化原则不可能在法律的生成和发展过程中成为根本性的原则，法律既不可能在社会有序化模式中占据主导地位，也不可能在人的本性里树立起可靠的权威。

以义务为本位的人际关系或个体与国家的关系，不是一种平等的利益关系和权利关系，而是一种占有、依附、服从或奴役的关系，这种关系在许多情况下，可以由自然经济本身的自然联系加以确定，也可以由非法律化的社会结构、体制和人伦网络固定化，更可以通过伦理教化的方式将义务融入个体的心理、意识和行为，或将义务条规内化为生活的习惯和人格的特性，从而形成义务中心主义的秩序。如中国古代的礼，在中国古代文化以及制度规则中，是构成中国社会秩序网络和人际关系模式的主要力量，是古代中国人的义务的基本规则。[①] 因此，中国古代的统治者和儒人学士通过礼的规则，使每个人时时刻刻都感到对他人负有许多义务，使每个人在某个方面都依赖于其他人。由此形成的中国古代社会秩序主要是礼治秩序——由礼确定社会各个个体和各个阶层、等级的义务、责任，以构建尊卑名分、人伦等级的社会结构和体制——而非法律秩序。中国古代的法律仅以强化礼教的工具居于补助地位，法律的根据也在于礼教、伦常而不在于权利、自由或正义。"德主刑辅"这一治国的总纲，命中注定古代中国不可能生成法律形式化原则。

义务本位也无法激起个体守法和护法的主动意愿。在义务本位之下，法律不是个体从社会、国家那里争取来的权利和自由的宣言，而是朝廷、皇室等官方强加给个体的枷锁。个体对此法律的接纳，是被动的、消极的，有被迫之感，逃避法律或消极避罪，就成为个体的一种基本的法律倾向乃至生活追求。因此，个体不可能自觉培养守法精神而自动遵守法律，更不用说具有为保卫法律而献身的美德。而这种精神和美德，正是法治形式化原则的文化根基和观念前提。同时，义务本位既然不能依靠法律的公正性、道德性来保证法律上或礼教上的义务和责任的实现，那么就必然要求国家以严峻、残酷的法律惩罚体系作为最后的屏障，确定保障每个个体在各自固定的身份位置上履行义务和承担责任。但是，严峻、残酷的法律，固然可以使个体因对其威慑力和血腥气有一种恐惧心理，而被迫一时服从法律，却绝对不可能有效地将个体导向对法律的忠诚，也绝对不可能确立个

① 《左传·隐公十一年》："礼，经国家，定社稷，序民人，利后嗣者也。"《礼记·祭统》："凡治人之道莫急于礼。"《礼记·经解》："礼之于正国也，犹衡之于轻重也，绳墨之于曲直也，规矩之于方圆也。"

体对这种法律的出自内心深处的爱护之情。因为当法律的目的仅仅在于强制义务与责任的实现时,作为具有自由本性和渴望权利(渴望主体性和独立性)的个体,不免会对这种法律产生一种本能的反感和潜意识的抵制;刑罚残暴恶毒的法律,也不符合理性和众人的倾向,它会使个体的精神、观念习惯于严刑峻法,从而不能使人因此更服从法律;滥用重典的国家或严峻的政府,往往会失去民心或民众的信任,其法律也就不能真正主宰民众的行为。况且,依靠重典建立起来的强暴的权威一旦被民众蔑视,谁也没有足够的能力和力量将其恢复起来。法律的残暴不等于法律的力量和威严,这就是酷刑史所彰明的唯一基本原理。所以,法律过于严酷,反而损害了法律的权威和尊严,妨碍了法治形式化原则的产生和发展。

再从权力本位来看,在古代世界和中世纪的大部分社会,国家权力形成恶性膨胀和不断扩张的态势。在这些社会,国家本身就是目的,个人必须绝对服从、效忠于国家。而且,国家权力既是无价的宝物,又没有充分发展的权利主体和自由主体与之抗衡。社会受权力支配而不是受法律支配。权力的神圣性和对权力的顶礼膜拜,牢固地扎根于个体的心理深处,这种心理在以自由、权利为核心的法治意识之外自成一块神秘的世界。但这种神圣性并不表现为法律的神圣性,顶礼膜拜也不是跪对着法律而来的;权力并非在最终的、绝对的意义上来源于法律和受束于法律。尽管对于任何一个古代国家来说,如同现代国家一样,其权力必须具有合法性,即必须符合该国家所统辖的大多数个体或统治阶级个体的价值准则和标准体系,以使这些个体承认并确信应该服从这种权力。但是,合法性并不等于合法化(法律化),因为"合法性"不是"符合法律"之意,这里的"法"不是指法律,而是指"公理"、"正义"或"自然法"等。"在合法化和合法性中间,有一点重要的不同。合法化是一个统治集团为他们自己所提出的要求——他们自然希望所有别的人都接受的要求。而另一方面,合法性则涉及那种在其中上述要求已在事实上被受压迫群体所接受和认可的条件。这也就是说,要求服从的基础已被那些被期望去服从的人们当作'正当'而接受。合法化来自上层,而合法性则是下层的赠品。"①合法性必须通过法律的转换才能成为合法化。因此,合法性不能同法制、合法化混为一谈。在国家权力的发展史中,只有当人们服从国家权力是出于对一套法律(宪法和基本法律)的同意和信守,国家权力才既是具有合法性的,又是合法化的。它一般是现代的国家权力。而在古代社会,国家权力的合法性往往不是基于对一套法律的同意和信守,而是奠基于其他信条或价值准则——或出于对传统的效忠和传统神圣性的认可,或出于对伦理纲常的赞同与遵奉,或出于对领袖人物的个人魅力、超凡品德与气质的确信等等。这些国家权力往往都缺少合法化结构和模式。当然,这并不是说这些国家权力与法律无关,一方面某些国家权力的行使方式和过程,也由一定的法律加以规定;另一方面法律又成为维护和推行国家权力之剑。然而,法律因缺少形式化原则而既不能构成国家权力的主要来源,也不能建立国家权力的基本模式,更不能形成对国家权力的绝对的约束力量。因而,在总体上国家权力是超然于法律之外、凌驾于法律之上的,权力支配法律而非法律约束权力;在法律与权力的争斗中,权力几乎总是最后的胜利者。尤其是在专制政体之下,皇帝、国王或君主往往集一切国家最高权力于一身,他按照一己的意志和反复无常的性情、爱好或喜怒哀乐行使权力和治理国家,他本身就是法

① [英]弗兰克·帕金:《马克斯·韦伯》,刘东、谢维和译,四川人民出版社 1987 年版,第 112—113 页。

律，自然无法律可以限制、约束他。权力史表明，无限的、绝对的权力没有任何法则规条可以约束它。且不论中国古代的那种绝对至高无上的皇权，就是在西欧中世纪受到各种政治力量——教皇、诸侯、法院、市民等——牵制的国王，也是时常不忘自己的万人之上的地位和权力，“朕即国家”“朕即法律”不绝于耳。英国国王詹姆士说过“国王权力无限”，“是国王创造法律，非法律创造国王”，“国王在法律之上”。法国国王路易十五宣称：“君权仅寄于我一身……立法权仅属于我一人，任何人不得分享也不受任何约束；整个公共秩序皆自我出。”[①]被大革命送上断头台的路易十六也曾做过无所不及、任我主宰的权力之梦：“这是合法的，因为我要这样。”仅此一语，就已绝妙无比地宣示出专制权力不受任何形式法律约束、限制的特性和至高无上的地位，也极其强烈地反衬出法律对这种权力的从属性和依附性。这表明，在权力本位、权力主治之下，法治形式化原则很难有生存进化的空间和机会。

此外，自然经济社会的社会关系和社会结构具有很大的封闭性，因为这种经济的主体（生产、生活组织——家庭、庄园等）往往是孤立而分散的。在一个狭窄的共同体内部和外部，没有大规模的经常性的商品交换，这种交换只在少数情况下偶然地发生。不论是中国古代的乡村经济，还是西欧中世纪的庄园经济，都是如此。如“在中世纪的社会里，特别是在最初几世纪，生产基本上是为了供自己消费。它主要只是满足生产者及其家属的需要。在那些有人身依附关系的地方，例如在农村中，生产还满足封建主的需要。因此，在这里没有

① 转引自［苏］维·彼·沃尔金《十八世纪法国的社会思想的发展》，杨穆、金颖译，商务印书馆 1983 年版，第 11 页。

交换，产品也不具有商品的性质”[①]。封闭性的社会关系和社会结构，一方面造成权利义务的简单化：社会交往，尤其是商品交换的贫乏和狭窄，使作为社会商品经济的政治法律表现的权利义务失去了基本的生产点和发育场，有限的以特权形式出现的权利和自由，也不过是对有限的偶然发生的商品交换的观照和人身占有、依附关系的反射。另一方面又导致了法律功能和“调整面”的“窄化”：封闭性自然经济交往的信用可以建立在宗法关系、风土人情乃至亲戚与熟人观念之上，而无须由契约法等加以维系，从而，自然经济社会不需要太多太复杂的形式化法律规则，即便是产生了这样的规则，它也不可能形成至高无上的权威。这毫不奇怪，自然经济社会本质上就不是一个法律社会，而是一个民俗社会、伦理社会或宗教社会。

当然，在古代世界的某个社会中，法治形式化原则就已形成起来，这主要是罗马私法体系。罗马私法体系的典型特征就是以形式法规原则为基础，从而表现为形式化的法律体系，即罗马法律的权利主体体系、所有权体系、契约体系和相关的诉讼体系。其根源在于当时简单商品经济关系及其所引发的法权要求。马克思认为罗马私法同现代生产具有紧密的联系：“罗马法虽然是与交换还很不发达的社会状态相适应的，但是，从交换在一定的范围内已有所发展来说，它仍能阐明法人，进行交换的个人的各种规定，因而能成为工业社会的法的先声（就基本规定来说），而首先为了和中世纪相对抗，它必然被当作新兴资产阶级社会的法来看。”[②]从这里，我们可以得出法治形式化原则问题的两点重要结论。一是古代罗马法治形式化原则，在中

① 《马克思恩格斯选集》第 3 卷，人民出版社 1972 年版，第 429—430 页。
② 《马克思恩格斯全集》第 46 卷（上），人民出版社 1979 年版，第 198 页。

世纪的罗马法复兴运动中成为“复活”罗马法的中心，这种“复活”不仅包括在欧洲恢复了法的意识、法的尊严、法在实现社会秩序与进步方面的固有的作用以及法的独立性，而且恢复了罗马法和罗马法学家使用的法律用语、概念和规范分类的范畴，如公法与私法的区分，物权与债权的分类，使用收益权、地役权、诈欺、时效、代理、雇佣等概念，都成为近现代西方法治形式化原则所包含的分类和概念。[①] 因此，古代罗马法治形式化原则为近现代西方法治形式化发展提供了范本，它有助于近现代商品经济的有序化和稳定进步。二是法治形式化原则是商品经济的法权要求和法律表现。奠基于商品经济的社会体制、政治结构以及商品经济运行的一般机制，即商品经济社会的权利、自由、利益及权力等，都只能由普遍的、可操作的形式化法律加以规定。这是法治在形式上具有合理性和有效性所绝对必需的。

商品经济是近现代社会中最活跃的具有多重特性的因素之一。它不仅是一种经济体系，也是一种法权体系。作为法权体系，它既是一套独特的价值准则，又从根本上改变了人们的社会关系和社会的统治形式。作为个体的每一个人，在商品关系中获得了至少是形式上的主体性和独立性。人们开始逐步摆脱古代的那种从自然联系中产生的对人的依附关系或被占有关系而使个性的发展成为可能，以享有更大的自由，并使古代的以特权形式存在的自由、平等演变成为“普遍权利”。独立的个人和具有独立法律人格的法人而非家庭、家族或其他共同体构成了社会的最基本的法律单位。因此，如果说在以前“人”的一切关系都被概括在人所附属的整体关系之中，那么，在商品经济社会，“人”的一切关系都以人作为独立的主体为基础，通过

① 参见[法]勒内·达维德《当代主要法律体系》，漆竹生译，上海译文出版社 1984 年版，第 38—39 页，第 40—49 页。

个人的自由意志(合意契约)而产生。用梅因爵士的话来说,古代社会向近代社会的运动,是一个从身份到契约的运动。[①] 该运动的一个层面,就是法治形式化原则在近代社会的整体性展开和拓进。

既然商品经济是一种法权体系,那么商品经济社会必然是一个"泛权利"社会,正像自然经济社会是一个"泛义务"社会一样。社会经济关系的商品货币化,使社会经济关系成为一种物质利益关系和等价交换关系,其政治法律表征,就是平等、自由的权利关系。"商品关系—利益关系—权利关系"构成了商品经济社会的社会关系的基本链条和整体结构。因而,与商品成为社会财富的基本元素相伴随,权利也就成为社会政治法律的基本元素,而这一元素又是通过法治形式化原则体现和保障的。

"泛权利"首先是从人们对商品、货币、债券(股票等)的独立的财产所有权开始的。财产既是一种经济现象,也是一种政治法律现象;既是一个社会的基础,也是一个个体享有其他权利的基础。财产所有权的丧失,实质上是个体自身的丧失。在商品社会,尤其如此。商品的生产、流通、转让等等,都是以商品生产者、经营者对商品的所有权为基本前提的,没有这个前提就不能通过流通、转让而实行进一步的占有。马克思认为,以自己的劳动为基础的所有权,在流通中成为占有他人劳动的基础。他说:"从法律上来看这种交换的唯一前提是

---

① 参见《古代法》,第69—97页。马克思反对把从身份到契约作为历史发展的基本规则,但也认为社会历史中包含着从身份到契约的运动。他说,在古代社会,个人处于身份等级结构之中,而在货币关系和发达的交换制度中,"人的依赖纽带、血族差别、教育差别等等事实上都被打破了,被粉碎了,"个人独立地、自由地互相接触并在自由中互相交换(《马克思恩格斯全集》第46卷(上),人民出版社1979年版,第110页)。另可参见《马克思恩格斯全集》第25卷,人民出版社1974年版,第899—900页。

任何人对自己产品的所有权和自由支配权。”[①]而不论这种所有权表现为私人所有权，还是法人所有权，或是其他形式的所有权。

以所有权为基础的商品交换，具有平等的规定性和自由的规定性。这种交换是等价物和价值相等的交换，因此，交换双方在法律上是平等的。而一个独立的商品经济主体（私人、法人等）尽管需要另一个商品经济主体的商品，但这个主体并不是用暴力去占有这个商品，而是通过自由协商或对方自愿转让的方式去获得这个商品。马克思指出：“为了使这些物作为商品彼此发生关系，商品监护人必须作为有自己的意志体现在这些物中的人彼此发生关系，因此，一方只有符合另一方的意志，就是说每一方只有通过双方共同一致的意志行为，才能让渡自己的商品，占有别人的商品。”[②]谁都不用暴力占有他人的财产，每个人都是自愿地出让财产。在这里，第一次出现人的法律因素以及其中包含的自由的因素。由此，马克思进一步写道：“平等和自由不仅在以交换价值为基础的交换中受到尊重，而且交换价值的交换是一切平等和自由的生产的、现实的基础。作为纯粹观念，平等和自由仅仅是交换价值的交换的一种理想化的表现；作为在法律的、政治的、社会的关系上发展了的东西，平等和自由不过是另一次方的这种基础而已。”[③]这种平等和自由的法律形态主要是法律平等原则和契约法体系。

平等、自由的商品交换，只能在一个大市场中进行。大市场是商品经济的特有现象，它作为商品交换发展的结果，进一步成为商品交换的发展场所。只有在大市场之中，独立的商品经济主体才能进行

---

① 《马克思恩格斯全集》第46卷（上），人民出版社1979年版，第454页。
② 《马克思恩格斯全集》第23卷，人民出版社1972年版，第102页。
③ 《马克思恩格斯全集》第46卷（上），人民出版社1979年版，第197页。

平等、自由的生产和交换,包括实现商品生产者的自主权利和商品消费者的选择自由。而大市场存在的前提之一,就是法律化的市场结构和市场运行规则。有秩序的市场,首先是法律化的市场。因为交换市场是一个由陌生人组成的世界,在这里,人们只能根据法律契约等形式化法律来建立联系、树立信用及保证各自的权利、自由。因此,大市场的存在,表明了商品经济关系普遍法权化的必要性。而且,大市场所滋生的自由观念和法权观念,能够成为这种法权普遍化的思想基础。

"泛权利"还导源于商品经济社会的交换关系等等所具有的开放性和扩大化特性。与自然经济关系的封闭性和简单化不同,商品经济关系是在极为广阔的空间中形成和扩展的。资本主义经济关系的发展史,已充分证明了商品经济社会各种社会关系的扩张性和伸展性。这种经济关系创造了人与自然之间的普遍联系和人们相互之间的普遍性的社会交往。社会个体存在和发展的方式及可能性都是多重性的。复杂而广泛的并且具有不断发展能力的商品经济关系和社会关系,导致了一系列崭新社会现象的出现:首先是普遍化的权利义务关系和一般的、抽象的人权,进一步是法律,特别是民法和权利法占据主导地位,而成为调整商品经济关系和社会关系的主要的具有至高无上权威的规则。在商品交往中,人们不再信奉那些传统的在自然经济交往中起突出作用的各种规则,如礼教伦常、宗法制度、家族戒律、人情网络、风俗习惯等等。甚至少数的法律规则或禁令,也不足以使庞大而复杂的商品交往等等正常进行。唯一有效的方式就是制定和适用形式化法律体系。通过形式化法律,使各种社会交往或社会联系表现为法律上的交往和法律体系,从而满足商品交往和其他社会交往的需要。法律发展史也表明,形式化法律与商品交往的规模和社会关系的数量是成正比例的，是同步发展的——古代罗马的简单商品经济创造了不那么完备的形式化的私法体系，而资本主义发达的商品经济则使形式化法律涵盖社会经济交往的一切领域，从而成为一切社会关系的基本模式。

经济体系的平等、自由及市场因素作为一种法律化的商品特性，必然转换成为法律化的社会特性。当平等、自由、市场超出经济范畴而进入社会，尤其是政治范畴，这种平等、自由及市场就成了一种抽象的、普遍的社会法权要求和法权体制。近现代各国宪法和宪法性政治文件(《人权宣言》等)中所确认的基本人权：平等、自由、财产权、生命权及追求幸福的权利等等，只不过是商品这两个字的各种社会形式和法律形式而已。而这正是“泛权利”这一概念的内核。

因此，对于“泛权利”的商品经济社会，法治形式化原则是一个主导性和关键性原则。社会的各种权利、自由等等，唯有在形式化法律之中才能存在，也唯有在形式化法律之中才能实现。这些权利、自由的法律形态大致上包括权利主体法、所有权法、民权(政治权利)法、契约法、市场法、责任法和法律救济体系。这无异说，以形式化法律体系为出发点，商品经济社会的各种主体，都主要是法律上的主体，而非主要是伦理、习俗、宗教上的主体；这些主体的社会行为，都主要是法律上的行为，而非主要是伦理、习俗、宗教上的行为。总之，独立自由的主体、多样化的“泛权利”体系，只能属于形式化法律的世界。

商品经济社会奉法治形式化原则为圭臬。法治形式化原则最终确立自己不可动摇和无可争辩的主导地位，不仅受商品经济本身的因素的制约，而且还受制于国家权力和国家管理的合法化模式及其法律化运转机制。

“泛权利”的社会结构表明，商品经济社会不是义务本位而是权利本位的社会。而权利本位作为近现代社会国家合法性的基础，必然把国家权力或国家机器的建构与运转，限制在这种基础所允许的范围之内。国家权利不再像古代世界和中世纪那样绝对神圣、绝对至高无上。这种国家权力从其生成的那天起，就有一个天然的限制物——商品或权利。国家权力不得不适应和保障平等竞争、公正交换和契约自由等等商品的正义，这使得对国家权力的限制具有经济的强制性和社会的合理性。商品或权利对国家权力的限制又主要是通过形式化法律来实现的。这就是说，只有当商品或权利转换成形式化法律体系时，它们对国家权力的约束才具有实在的、可评估的力量，这种约束也才能不仅为权利主体所助推，而且为国家权力所接受。因此，奠基于商品经济的近现代国家的权力主要受法律统治。所谓法律统治，是指国家权力的合法化，国家依法享有权力和行使权力，它包括：法律组织和分配能力，通过法律把权力的行使纳入有序化的运转轨道；法律限制权力，即给有可能腐败的权力设置障碍，在这里，权力的自由行使受到了法律规则的约束；法律还极力避免滥用权力的危险，尤其是避免绝对的权力所造成的绝对腐败，从而将权力导向对权利的保护或促进其他社会公正目的的实现。在这种法律统治之下，近现代国家的标志就是法治政府、文官制度、依法行政等等。

“泛权利”结构的法律化和国家权力的法律化，也就是法治形式化原则的发展，已经构成了商品经济社会史的一个实质性的组成部分。这已不再是一个学术问题，而是成为无法回避的事实。它表明，在商品经济社会，法律既具有保障权利的禀赋，也具有约束权力的本能；法律既是商品秩序，也是权力体制。也许尤为重要的是，法律实质上是对社会本身的一种主要安排。正如美国法学家庞德所言：“所有其他社会控制的手段被认为只能行使从属于法律并在法律确定范围内的纪律性权力。……家庭、教会和各种团体在一定程度上起着在现代社会中组织道德的作用,它们都是在法律规定限度内活动并服从法院的审查。"[①]诚然,人们对于法律也曾有过奇高的幻想或不恰当的期待,结果反而亵渎了法律的神圣。但是,除了法律,近现代的人们还能找到更可靠、更实在也更见成效的可以把权利和权力组合成一个相对和谐而又有活力的社会结构的规则体系吗?理论和经验都已经排除了这种可能性。

林林总总的事实表明,近现代社会的发展一方面造就了法治形式化原则,另一方面又在很大程度上依赖于这种原则。近现代社会需要可靠的形式化法律的保障,尤其是保护工商业自由发展和民主自由的有序化运转。从这里,我们也可以看出,近现代社会区别于古代社会的重要标志,是形式化法律体系的存在。也就是说,近现代社会与古代社会,不仅在经济性质、权力运行上迥然不同,而且作为一种社会组织形式、制度,在法律上也具有根本的差别。

下面,我们分别讨论各种法治形式化原则。

二、法治形式化原则之一:普遍性原则

从法律形式主义和规范学角度加以界定,法律是一种包含着普遍性的允许、命令或禁止非特定的人们如何行为的规则或标准。作为一种普遍性通则,法律不同于个别性、特定性或一次性的命令、指示和决定。在法律学说史上,自从亚里士多德在《政治学》中把法律认定为"一种一般的陈述"以来,法律普遍性就成为哲学家和法学家

---

① [美]罗·庞德:《通过法律的社会控制 法律的任务》,沈宗灵、董世忠译,商务印书馆1984年版,第12—13页。

关注的重要问题之一。他们从各个不同方面揭示了法律普遍性的含义或要素，如罗马法学家乌尔比安说法律具有普遍的适用性；卢梭论证“法律的对象永远是普遍的”；奥斯丁认为法律是具有普遍约束力的命令；黑格尔则阐述道：法律“规定和确立普遍物”，其所涉及的内容是“完全具有普遍性的国内事务”。[①]

法律的普遍性是在法律历史进程中不断进化的。早期法律史的一般过程：判决→判例→成文法(法典)，从法律的一个历史断面上体现了法律普遍性的成长与发育。随后，我们从《十二表法》到《拿破仑法典》和《德国民法典》，从《法经》到当代中国的《刑法》和《民法通则》等等的发展过程中，也看到了法律普遍性进化的种种表现形态。一般而论，法律的普遍性程度取决于下述事实：社会结构的性质、复杂化与合理化，人们行为的千差万殊及其同一性的存在，人类理性水平和立法能力的进步。法律的普遍性实质上是一定的人们以自身的理性、智慧为基础，通过立法和法律的方式对社会结构和人们的多色行为世界进行科学抽象的结果。科学抽象意味着在立法过程中把无数个别的东西从个别性提高到特殊性，然后再从特殊性提高到普遍性，也就是立法过程要从一定社会结构对法律的需求出发，并从大量复杂纷繁的事物中舍弃个别因素和特殊因素，寻找其具有共同性和一般性的东西，正如立法过程要舍弃统治阶级内部的个别利益、特殊利益而确认其共同利益一样。正因如此社会越是向前发展，法律的普遍性程度也就越高。

在法治社会，法律普遍性对形式化法律体系和法治来说，也是事关宏旨的。法律普遍性首先与形式化法律作为近现代社会的主导性

---

① [德]黑格尔：《法哲学原理》，范扬、张企泰译，商务印书馆1961版，第286、315页。

有序化模式相关：普遍性是这种模式在调整范围和法律技术上的表征。同时，尽管法律的每一条通例规则不可能精确而且毫无遗漏地制定出来，因为用一般性陈述表达的这些规则不能完全概括人们的千差万别的行为和社会事态，但具有普遍性的法律可以有效地防止公民，尤其是政府和司法的随意性、擅断性，使法治过程具有连贯的、一致的公正性质。这种法律还能使一种抽象的规则，在一定时期内适合于调控形态、种类各异的具体行为和关系，从而形成法律的稳定机制和适应机制相互黏合的统一、合理的法律调整体系。此外，通过公开的一般准则，人们可以预测自己未来行为的方向、界限及其法律后果，以合法地选择和安排这种行为；政府也可以把握其行为的目的与方式，并把自身的行为纳入法律铺设的道路，以保证政府行为的合法性和公正性。如果缺乏应有的普遍性，那么无论是个别的法律规则还是整个的法律体系，都难以实现各种价值目标，自然也无从产生法治效应。

法律普遍性原则，包含具有递进关系的三个要素：普遍性调整、一般性陈述、普遍适用性。

普遍性调整。在近现代社会，法律是社会有序化的主导模式和核心机制。从法律调整范围上说，这种主导性就是普遍性。在人们通常理解的法律普遍性调整的概念之上，法律将社会结构和社会活动的主要领域纳入自己的规制范围。统治阶级通过国家对社会的控制，即调整人们的社会关系、安排人们的社会行为，并对国家本身的结构进行设计及对其行为加以限制等，主要是以法律方式进行的。特别是从法社会学角度看，法律是社会生存、发展条件以及社会本身的一种基本事实，一切社会生活都直接或间接地由法律所形成和引导，而且，持久的社会秩序与安定，没有不依赖于法律的。于是，社会结构具有法律框架，社会运行具有法律指向和法律约束，社会的一切主要活动都能从法律方面予以评价。所以罗尔斯指出：在法治社会中，“法律体系的特色在于它的广阔范围和调节其他交往的力量。……法律秩序对某个已很好确定的领域行使一种最后权威。它也具有这样一些特征：控制大范围内的活动和保护利益基本性质。这些特征直接反映了以下事实：即法律确定了那种所有其他活动都在其中发生的基本社会结构”[①]。而在以伦理、礼教、习俗等为主导性社会活动方式的社会，法律不可能在调整范围上具有普遍性。

但是，按照法治的实体价值目标来分析，在严格（可检验，衡量）意义上，将法律的普遍性调整归纳为权利（自由）模式、权力模式的法律设定，似乎更为合理。以此观点为基础，我们可以把关于权利（自由）和权力的各种范围、界限、运行方式及保障体系等，作为法律普遍性调整范围的最低临界线及其一系列相互关联的临界点（详见下章第二节《法治的制度框架》）。这些临界线和临界点，可以作为衡量法律调整是否具有普遍性的基本标准：当一定的法律体系逼近这些临界线并大致上靠拢各个临界点，那么它就基本上具有“普遍性调整”的特性，否则就不具有这种特性。

值得注意的是，法律调整的普遍性有一个重大的限制，这就是它不能也无法涉足评价和判断人们的情感与思想的世界，或区分人们心灵的善恶美丑。法律的普遍性要求法律保障人们的思想、言论自由，但并不意味着法律可以以人们的思想状态和意识观念作为追究人们法律责任的标准。因为对人们的思想进行惩罚的法律，无非是对非法行为的公开认可，它是极不人道的、公开的专制主义的做法；

① ［美］约翰·罗尔斯：《正义论》，何怀宏译，中国社会科学出版社 1988 年版，第 226 页。以下引此书，不再详注。

而且人类的经验也证明，企图用法律的力量来对付人们的感情、思想上的是非与纷争，从来都是不能成功的。正如毛泽东同志指出的，企图用行政命令的方法，用强制的方法解决思想问题，是非问题，不但没有效力，而且是有害的。凡属于思想性质的问题，凡属于人民内部的争论问题，只能用民主的方法去解决；只能用讨论的方法、批评的方法、说服教育的方法去解决，而不能用强制的、压服的方法去解决。

一般性陈述。法律的一般性陈述是从法律规则内容和表述形式上揭示法律的普遍性。它要求通过一般词句或普遍词汇将法律规则内容表达出来，以便概括复杂的社会结构和抽象人们的斑驳陆离的行为，并将法律平等原则规则化、条文化。所谓一般词句或普通词汇，主要是指具有较大综合性与包容性的法律概念、术语，如法律行为、权利、义务、犯罪、侵权、代理、诉讼等等。这些概念是经过法律理性思维把握各种法律现象、法律事务的全体，综合更多的个别感性事物而形成的。法律理性思维的抽象过程使人们能够抛开个别感性事物的所有其他特征，发现共同的东西。任何一个法律概念、术语的形成，都是以这个抽象过程为基础的。而法律规则的一般性陈述，不过是由立法行为将这种抽象的过程及其结果以语言文字的方式加以再现而已。随着法律领域个别感性事物的日益增多乃至爆炸性发展，法律理性思维的抽象性也将逐渐增进，从而法律的一般性陈述也具有不断强化的趋势。

法律的一般性陈述的基本意旨，不仅在于用一般的、抽象的规则，包容复杂的社会结构、社会行为和社会事态，而且在于在法律上表达平等的要求。现代社会无以计数的行为和事态，决定了法律只能考虑不特定人的、抽象的行为，而绝不考虑个别人的、具体的行为。这样，法律对社会全体成员的引导和约束，是通过一般的、抽象的法律规则来实现的。虽然现代法律并不排除在法律陈述中包含着对某个特定阶级、阶层或集团的专有权力（权利）的肯定，但是在法律陈述中不能将这些权力（权利）指名道姓地授予某一个人。因此，在规定法律平等的各项具体内容时，法律不应确定享有这种平等的特定对象，而应作一般性的陈述。依据同样的道理，法律也不能对某个个别对象发号施令，或在法律陈述中将法律制裁施加于某个个别对象。显然，法律的一般性陈述，有助于防止特权法、等级法或歧视性法律的产生。

由于法律的陈述是一般性的，因而法律不同于个别的、特定的命令。法律学说史上一些重视法律普遍性的哲学家和法学家，也曾注意到法律与行政命令的区别。亚里士多德说"命令永不能成为通则（'普遍'）"。黑格尔认为立法权和行政权的区别在于前者涉及的是完全普遍的法律规定，而后者包括的则是特殊的东西和执行的方法。奥斯丁虽然把法律界定为一种主权者的命令，但他并非把所有的主权命令都归结为法律；在他看来，法律只是普遍性的主权命令。因此，行政命令或其他一些命令，不能成为法律的组成部分。有时候，人们采用公布法律的方式来公布行政命令，试图使行政命令具有法律的性质，但是，这种做法并不能改变行政命令的非法律性质，而且它还混淆法律与行政命令之间的严格区别，甚至可能把法律应有的主导性地位让给行政命令，从而进一步强化人们对行政命令的偏好或崇拜，并弱化人们的法律观念，损害法律的权威。

普遍适用性。它是指法律在它所涉及的那些领域内有普遍的约束力，法律适用于一般的、抽象的人，而非特定的、具体的人，这种普遍适用性是法律普遍性调整和一般性陈述的逻辑结论——普遍性调整范围决定了法律适用性的普遍范围；一般性陈述又导致法律适用的对象的普遍性。此外，法律的普遍适用性还包含着“类似情况类似处理”和“反复适用”的准则。“类似情况类似处理”的准则能有效地通过形式化法律来调节人们的行为，约束政府和司法活动，并保证适用法律平等。况且，既然在法律的一般性陈述中已经给出了“类似情况类似处理”的一般标准，那么，严格依法适用法律，就正合法律的要求。在“类似情况类似处理”的准则中，也逻辑地蕴含着“反复适用”的准则，后一种准则只是前一种准则在时间上的扩展和延续。

三、法治形式化原则之二：可操作性原则

法治的实体价值和法律的普遍性调整，必须外化或表现为一定的形式、形态，这就是可操作性的形式化法律体系。所谓可操作性，是指法律具有通过一定操作程序而不受守法者和法律操作者任意说明与解释的支配，并确切、公开地加以实现（遵守、适用）的特性，它包括法律的公开性、确定性、不矛盾性及适中性诸方面。

法律的公开性，指法律和创制法律的过程、意图应由各种媒介彻底向全社会所有组织和公民个人公开，反对“秘密法”或“内部规条”。法律是引导、约束公民行为和国家行为的基本规则，公民和国家遵守、执行、适用法律，首先取决于人们对法律的认识和了解，因为人们只有事先知道法律对他们提出了什么要求，才能自觉地按这些要求行事。而人们对法律的认识和了解，又是以法律的公开性为前提的。而且，尽管“不知法律不能成为任何人逃脱罪责的借口”，已经成为永

恒的法律格言，[①]但法律公开是更公正地追究任何违法者责任的条件之一。如果法律高高在上或深藏于官府，民众无从读到它，那显然是极不公正的。法律的公开性，还提供了一种可能性，使人们有机会检讨和批评法律的各种缺陷和弊端以及产出这种法律的组织结构、活动方式及其程序的非理性因素，从而促使法律创制者修正这种法律，并进而设置更符合科学要求和正义要求的立法组织及其活动的方式与程序。这是完满的法治状态得以形成并不断进化的巨大动力。而那些所谓“秘密法”“内部规条”之类不公开的法律，在本质上是极端专制性质的，它也体现了非法治化的政治权力的神秘和高深莫测。

公之于世的法律规则，应当具有确定性，即它应是明确、清晰、具体的，它意味着尽可能地排除所有的“弹性”或“可塑性”——含混性（含糊不清的、一字多义的、能作歧义解释的）、模糊性（语义的范围比较不确定的、伸缩的幅度比较大的）及笼统性。法律的确定性，首先有助于公民明知可以或不可以或应该怎样行为。由于法律在内容上是确定的，在语义上是一致的，所以法律概念、术语及其所内含着的行为模式在所涉及的全部组织和公民那里获得一致的和确切的含义，从而防止了歧义性。如果法律含混而模糊，那么法律就不只是明文规定的那些规则，而是演化成了因各人理解的差异所致的无数个既无连贯性也无一致性的规则了，这在实际上等于放弃法律或无法律。由此，公民不明了其确定的权利、自由和义务，因而往往无法履行其义务，实现其权利和自由。如“法无明文规定不为罪”，要求法律

① 有的学者不赞成这一格言，如黑格尔认为，“从自我意识的权利方面说，法律必须普遍地为知晓，然后它才有拘束力。”他进一步补充说：“法与自由有关，是对人最神圣可贵的东西，如果要对人发生拘束力，人本身就必须知道它。”（《法哲学原理》，第224、224—225页）因此，他主张“不知法，不为罪”。

的含义得到清楚的规定,对较严重的违法行为有严格的解释。假若这种法律所禁止的内容不确定,公民就不知道不应该或可以怎样行为。尤其是,"如果法无明文规定不为罪的准则,比方说,由于模糊的、不精确的法规而受到侵犯的话,那么我们能够自由地去做的事情就同样是模糊的、不精确的。我们的自由的界限便是不确定的。在这种情况下,人们对行使自由就会产生一种合理的担心,从而导致对自由的限制"[①]。

具有确定性的法律,还可以公正、有效地引导、约束国家和政府的行为:文官执行法律的行为和法官适用法律的行为等。政府官员和法官的行为若无明文的、确定的法律标准的引导和约束,而取决于其无限制的自由裁量或模糊的、极有弹性的和不准确的法律规定,那么,政府和司法就可能偏离其法定的正当目的,权力就会走向腐败,甚至导致灾难性的社会后果。一方面,法律规范,主要是政治性或权力性法律规范,其容量或弹性愈大,运用法律的随意性就愈大,因而"以言废法""以言代法""以权压法"或披着"合法"外衣滥用权力和实施非法行为的可能性也就愈大。另一方面,对于弹性很大的法律,不仅政府官员和法官今天可以这样解释,明天又可以那样解释,而且不同的政府官员和法官的解释也可以不同,这样,法律的一致性和平等性也就被"合法"地损害和破坏了。正因为如此,在专制社会,法律的不确定性总是专制者追求的法律形式目标。

当然,法律的确定性既非绝对的,也非靠一日之功即可成功的。事情的复杂性就在于,有多种因素制约着法律确定性的形成,使得法律内容的界限有时多少有点含糊不清和模棱两可。至少有三个呈递

---

① [美]约翰·罗尔斯:《正义论》,第229—230页。

进关系的因素：一是法律内容所涵盖的对象的不确定性、模糊性，即使是最伟大的立法者、法学家，也难以完全精确地把握它们。二是人的认识能力的相对性、局限性，因而，法律的模糊现象也来自用以观察对象的器官和分析对象的思维（思想、方法等）。三是法律陈述所使用的语言。“词汇的用途是用以表达思想的。因此，语言的清楚明晰，不仅要求明确形成的思想，而且必须用完全符合这种思想的明确词汇来表达。但是没有一种语言是如此丰富，以致能为每一种复杂的思想提供词汇和成语，或者如此确切，以致不会包括许多含糊表达不同思想的词汇和成语。因此必然发生这样的现象：不管事物本身可能有多么精确的区别，也不管这种区别被认为是多么正确，由于用以表达的词汇不正确，就有可能使它们的定义不正确。”①除此而外，有时候，法律创制者还为了某种实用目的，有意识地使法律具有一定的不确定性。所有这些因素，都必然会造成法律一定程度的含糊。也正是由于这些因素，人们试图使法律精确化的努力，并非总是能够成功。但是，人们也并不因此而放弃对法律确定性的追求。而法律创制者要完成法律的精确化、确定化过程，不仅需要依靠理性与审慎，包括学人才子的博识多能和众人的判断，而且必须依靠自身的经验和不断实践。

而在关系日益复杂、行为种类繁多的现代社会，法律的确定性原则开始受到挑战。各国的法律实践在创制确定性法律规则的同时，也形成和发展了一系列自由裁量规则。也就是说，法律制度既表现为具有很高程度的确定性的规则形式，也表现为范围更广泛、阐述也更模糊的一般准则，主要是自由裁量规则。于是，有些学者认为，当

---

① [美]汉密尔顿等：《联邦党人文集》，第182页。

代社会，特别是那些正在进行伟大改革的社会，法律应具有较大的弹性或伸缩性。人们断言，一种华而不实的确定性可能比老老实实的含糊不清还更有害。然而，大量的弹性规则无疑会冲击法治原则，从而造成更大的危害性。因此，我们更愿意说，合理的确定性远比完全的不确定性，尤其是享有极大自由裁量权的执法人和司法官的随意性更为可取。无论如何，从法治原则上讲，法律的确定性要求总应比弹性要求占有无可争议的更主导、更重要的地位。

法律的确定性，主要在于确定公民、社会组织的权利、自由和政府的权力，并具体划定公民行为、社会组织行为和政府行为的"禁区"，即制定明确的禁令或戒律。公民、社会组织的权利和自由列举详密，而义务、命令、禁止的陈述不确定，这对于权利、自由的实现来说，并不完全是一件好事。权利、自由的限度，往往不是通过权利、自由本身来界定，而是由义务、命令和禁律来标明。所以，义务、命令、禁律不确定，权利、自由就不可能具有安全感，也不可能在法定界限之内自我扩展。特别是在那些没有民主、自由及法治传统的国家，在那些权力至上、义务至上的国家，权利、自由固有的伸缩性的方向一般只能是缩狭性，而非伸张性。在这个意义上，法律的确定性，首先是义务、命令、禁律的确定性，而不是权利、自由的确定性。同样，如果政府的权力仅仅通过明确的法律加以授予，而没有确定的禁令或限制性条款进行约束，它就会超越法定的范围，使政府官员滥用权力，以权谋利或侵犯公民和社会组织的权利与自由。

如前文所述，法律是一种一般性的陈述。在可操作性方面，法律又是一种确定性的陈述。一般性和确定性的统一，的确需要深邃的立法理性、杰出的立法才能和高超的立法技巧。否则，不是一般性陈述变成含混性、模糊性和笼统性，就是确定性成了个别性和特定性。

不论哪种结果，都有悖于法律的形式化要求。

法律的不矛盾性，是指法律的协调性、和谐性。作为一种主导性和确定性的行为模式，形式化法律体系必须避免自相矛盾，以达到和谐统一，这是历代思想家和法学家所普遍承认的基本定律。马克思主义法学的奠基人就曾经发表过被法学界熟知并常常加以引用的论述："在现代国家中，法不仅必须适应于总的经济状况，不仅必须是它的表现，而且还必须是不因内在矛盾而自己推翻自己的内部和谐一致的表现。"现代社会要求"建立和谐的法体系"（恩格斯语）。如果法律自相矛盾，那么人们或者无所适从、手足无措，或者选择对自己有利的法律规定，或者自己寻求其他解决法律矛盾的办法。凡此种种，无疑都会阻碍法律进入合法化操作过程，从而严重损害法律的至上权威。

法律的适中性，主要是指法律内容的适当的度。所谓适当的度，表示权利、自由、权力、义务、禁令及法律责任等合理可行，既反对"不及"，也反对"过"。正像权利永远不能超越于一定的社会经济状况及其所决定的政治文化状况一样，权利也永远不应滞后于这些状况。从积极方面言之，法律应该规定人们可以实现的义务和禁令，可以行使的权利、自由和权力，可以承担的法律责任及其相应的法律后果。从消极方面言之，法律不应该规定人们无法履行的义务，无法遵循的禁令，无法实现的权利、自由和权力，也不应该规定超过合理限度的法律责任和过于严酷的法律后果。如果缺乏这些适中性，法律就会"不及"或"过"。而"不及"的法律不能及时地为公民、社会组织、政府官员和法官的行为提供合理性准则，有损于人们对法律的依赖和信任。"过"的法律则使公民、社会组织、政府和司法难以遵守、执行或适用法律，也使政府和司法机关或者强迫公民、社会组织履行无法做到的义务，或者对种种不法行为视而不见，置之不理，极大地削弱人们对法律的尊重。

四、法治形式化原则之三：至上性原则

法治的一个重要含义，就是法律在最高的、终极的意义上具有规制和裁决人们行为的力量：法律或是公民行为的最终导向，或是司法活动的唯一准绳；不论是私人还是政府，都必须首先和主要受法律的约束。因此，各个时代的法治思想家无不对法律的至上权威关怀备至，或详或略地加以阐释和弘扬。

法律至上性原则，作为一种制度形态和法律精神，主要是近现代社会和法律理性化的产物。在此之前，人类生活及其活动方式如法律被认为是由天命支配的，于是人们必须效忠于上帝和神意。法律没有独立性，不仅是宗教和神学的婢女，而且教会教条就是法律信条，圣经词句在各法庭中都有法律的效力。事实上，那时的社会结构与体制、专制政治制度和官方意识形态既不承认也不保障法律的至上性。虽然那时西方一些国家的法院宣布法律的至尊性，如英国法院有一条古老的规则："法律是最贵国宝，为君主所有，全国人民以至君主本身都须受治于法。倘使法律不能为政，以至全国无法律，必致全国无君主，复无任何遗产之可言。"法国高等法院也曾有过类似的宣言。但是，那个时代的权利结构和权力体制上还不具备形成法律至上性的基本精神和制度模式。而随着社会的商品化、民主化和理性化，法律的作用越来越大，在制度模式和观念形态上，法律都被看作社会的基础；法律不仅从牧师和宗教的束缚下解放出来，而且挣脱了专制政治权力的重压，从而获得了独立的地位和新的生命力。尤

其重要的是，商品化、民主化和理性化的核心在于对人的尊严的认识，在于人的发现和人的解放，也在于至少在形式上确立了公民经济、政治和思想上的主体地位，即人本身而不是上帝成了社会政治结构的中心。因此，个人主义、自由主义的经济秩序、政治秩序、思想言论秩序及其相应的法律秩序形成了。作为一种社会组织方式，权利化的法律取代了曾被奉为圭臬的神意。资产阶级和其他阶层对商品、民主、理性的化身——法律——的自信，取代了对天启的信仰，法律也因此拥有更大的权威，或赢得了有产者的忠诚。1642 年、1689 年、1776 年及 1789 年，西方人都曾在法律中寻找革命权利的根据。随后，在近代西方法典化时代，法学家又开始进一步将法律捧上神坛加以供奉，如《拿破仑民法典》被称为“圣约柜，应该受到虔诚的尊重”，因而“遵守《民法典》将成为普遍的道德准则”。这种被人们称为“法律偶像化”的思潮，在 19 世纪不断高涨。[①] “对资产者来说，法律当然是神圣的，因为法律本来就是资产者创造的，是经过他的同意并且是为了保护他和他的利益而颁布的。……而主要的是，法律的神圣性……秩序的不可侵犯性，是他的社会地位的最可靠的支柱。”[②]因此，在私人行为和政府行为中，法律树立了至上权威性，从而为近现代资本主义契约关系和立宪政体奠定了基础。

在社会主义社会，法律也应具有至高无上的权威。这是因为，社会主义法律反映了高于一切的全体人民的整体利益及其所决定的共同意志和奠基于社会发展规律的正义意识。列宁在针对签署土地社会化法令时指出：大多数人的意志对我们来说，永远是必须执行的，

---

① 参见[法]亨利·莱维·布律尔《法律社会学》，许钧译，上海人民出版社 1987 年版，第 68 页。

② 《马克思恩格斯全集》第 2 卷，人民出版社 1957 年版，第 515 页。

违背这种意志就等于背叛革命。因此，不仅全体人民要遵守法律，而且作为国家最高权力机关和立法机关的全俄苏维埃代表大会也必须亲自执行并检查自己通过的法律。为此，1918 年 11 月全俄苏维埃第六次非常代表大会通过了《关于确切遵守法律》的决议号召："共和国的全体公民、所有苏维埃政权机关和一切公职人员，都严格遵守俄罗斯社会主义联邦苏维埃共和国的法律和中央政权机关过去和现在所颁布的决议、条例和命令。"中国马克思主义法学家、新中国法制事业的开创者董必武也明确地说："法是统治阶级的意志，我们立法是表达了我们的意志。我们自己制订的法律，自己不守，怎么叫别人守呢？"[①]所以我们的法律必须是神圣不可侵犯的，具有至高无上的权威。1982 年宪法也确认了这项根本原则："一切国家机关和武装力量、各政党和各社会团体、各企业事业组织都必须遵守宪法和法律。一切违反宪法和法律的行为，必须予以追究。"正是在这个意义上，马克思主义法学把违法犯罪不单纯看作是对社会主义法律的破坏，而是主要看作是对人民利益、意志和正义意识的违反和践踏。因而，社会主义法制制裁违法犯罪不仅仅是对不法分子的惩罚，而且也是人民利益、意志和正义意识的自卫手段。

法律至上性原则要求人们对法律的服从，实质上是一种非人格化的服从。因为形式化法律是一种非人格化的普遍规则。卢梭在分析法律对象的普遍性时揭示了法律的非人格品性：法律"只考虑臣民的共同体以及抽象的行为，而绝不考虑个别的人以及个别的行为"。因此，"一个人，不论他是谁，擅自发号施令就绝不能成为法律；即使是主权者对于某个个别对象所发出的号令，也绝不能成为一条法律，

---

① 《董必武政治法律文集》，法律出版社 1986 年版，第 521 页。

而只能是一道命令”①。因而人们只是服从国家的法律，而非服从国家的官吏；人们对法律表示忠诚，而非对某一个特定官员或超凡人物的忠诚。国家的文官系统是法律的执行者，只对法律负责。这种非人格化的服从，不仅使法律的权威具有至上性和独立性，而且使法律的权威具有稳定性和一贯性。而在非形式化法律之下，人们服从的往往是人格化的统治，也就是官吏的直接统治：个人服从官吏，效忠官吏；下级官吏只对上级官吏而不对法律负责，同时下级官吏对法律的信守取决于上级官吏对法律的态度——当上级官吏不愿执行法律时，下级官吏也只能对法律表示轻蔑，形成“上行下效”的人格效忠机制。中国古代的官僚系统、西欧中世纪领主之间的附庸关系以及农奴对领主的人身依附关系等，都是人格化的统治。如中国古代伦常之一，就是“君要臣死，臣不死不忠”。西欧中世纪附庸对领主的义务是：不侵犯领主人身，并保护领主生命；不破坏领主的名誉并保护它；为领主当人质；遵照领主召唤去服军役等。农奴对领主也有许多义务，如为领主服务，维护领主的荣誉；不脱离领主的统治与监护，毕生投靠领主的势力与保护之下等。人格化的统治，一方面排除了法律的主治地位，另一方面又带有极大的随意性及情感性因素。因此，它既不能保证法律的至上性，而使人们对法律的服从限于人格效忠所允许的范围，也容易破坏社会结构、制度的稳定性和社会运行的连续性。它是反法治的，是悖于法治形式化原则的。

非人格化的法律服从，既有正题，也有反题。所谓正题是指法律作为最高的、根本的行为规范引导公民（私人）和政府的行为；所谓反题则是指法律禁止公民滥用权利、自由和政府滥用权力。正题和反

---

① ［法］卢梭：《社会契约论》，第50、51页。

题加在一起，就是合题——法律支配公民行为和政府行为的至上权威。

从公民行为方面论，法律至上性原则的价值在于确立法律下的公民主动、自由选择的权利。在现代法律文明中，权利本位原理的模式化机制，就是公民权利、自由及其相应的义务、责任的制度化、法律化。这种法律形态是授权规范和禁止规范的综合体系。一方面，通过授权规范确定权利、自由的基本内容及其种类，另一方面通过禁止规范设定权利、自由的空间界限或行为的可能性空间。由此演化出表征法律至上性的两种法治精神或原则："法授权（权利）即自由"和"法不禁止即自由"。换言之，只要公民的行为符合法律授权或不违反法律禁令，那就是合乎法律至上性要求的。而后一方面是尤为关键的问题。

人们通常认为，以权利、自由作为依归和走向的现代法律文明，是以授权规范为基础和核心的，这在一般意义上是正确的。但是，任何权利、自由，都是由授权规范和禁止规范共同创设的。授权规范赋予公民以一定的权利、自由，自不待言。禁止规范也具有创设权利、自由的功能。禁止规范所禁止的边界，就是权利、自由的范围或界标。任何一种授权规范的背面，都是禁止规范，尽管在一定的法律形态中，这种禁止规范并不确定。世界各国宪法中的言论自由需要若干禁止或限制条款加以划定，就是一个典型。而且，在许多情况下，禁止规范是设定权利、自由的一种基本方式，即通过禁止规范隐含或默许性地确认、扩展权利和自由。在19世纪的英国，"言论自由""出版自由"等术语，少见于议会法律或议案之中，但英国有产者的"言论自由""出版自由"权利却在诽谤法和保密法中加以规定。也就是说，自由议论、出版的限度在诽谤法和保密法之下。此外，英美法系确定企业行为的法律界限，也不是侧重于规定企业有何权利、自由，而是主要规定企业不应该做什么。因而，在现代社会，禁止规范完全可以成为权利、自由的法律形态极为重要的组成部分。实际上，以法律的实体价值为指向的禁止规范，往往会比授权规范赋予人们以更大的选择自由和发展活力。在法律上，权利、自由的列举和授予，总是要受政治、意识观念及立法技术等因素的制约。而禁止规范则可以被限制在有限的范围，以使法律的“自由度”扩张到最充分合理的程度。

因此，法律至上性要求实行“法不禁止即自由”的原则：法律不强迫人们去做法律所禁止的事情，也不强迫人们不去做法律所不禁止的事情，而是要把在“禁止”的标界之外实施的一切行为都看作合法行为，都看作对法律至上权威的认可。

在政府行为上，法律至上性奉行的则是另一种原则。法治的实体价值理论表明，法律与权力的关系，是同法律与权利、自由的关系具有同等意义的问题。法律不能与权力分离，权力是法治的前提和根本条件之一，这已是法治史上的事实。但是，以权利为本位的近现代社会，至少在理论上、形式上，把整个国家机器和政治体制建立在这样的基石之上：国家权力是人民或社会公众授予的，旨在保护人们的权利和自由；权利和自由是标明国家或政府通常所不得随意侵犯的活动范围的界标。这个界标的形式化结构或主导机制，就是可预测、可操作的形式化法律体系。因此，对于法治来说，最重要的是权力依赖于法律，受治于法律；权力最终通过法律受托于人民，权力具有形式化的法律形态以及权力受法律引导、约束等。正是基于这一点，近现代各法治国家宪政发展的道路，一直沿着为权力体系设置合理而又合法的体制的方向延伸。在18、19世纪，明确的法律规则对权力的主治取代了“超法”的武断权力或专制权力，正如戴雪在《英宪精义》中说，巴士底狱实乃无法律限制的权力的一种象征。因此，法国人民攻破它，也是一种象征：法律主治代武断权力而兴起。而在20世纪，自由裁量权的法律约束成了法律至上性和整个法治的焦点。近现代法治运动，就法律形式而言，就是在确定的法律规则与自由裁量规则之间摇摆。

此外，权力的"合法化"结构及其运转，是法律对公民或私人行为具有至上权威的前提。在最尊重法律的英国，资产阶级认为要求人民遵守法律，首先必须使各种国家政权机关不越出法律的范围。对于社会主义国家，恩格斯指出："一切公务人员在自己的一切职务活动方面都应当在普通法庭上按照一般法律向每一个公民负责"，是"一切自由的首要条件"。[①] 这其实是任何法治国家的一般特性。事由很简单：大凡对法律具有极大破坏力量的人，都是手握执法权柄的人。普通百姓违犯法律，总是逃不脱法律制裁，而且难伤法治根基。只有手握一定权柄的人，才能摧毁人民对法律的信心，才能摧毁法治，如希特勒、林彪、"四人帮"之流。反之，也只有政府依法行事，人民才能从心底里信奉和尊重法律，法治也才能坚如磐石。

因而，法律至上性原则认为，对于国家、政府来说，"法未授予的权力，属于非法权力，不能享有和行使"，即法律至上性要求权力在法律授予的基础上依法行使。否则，便是对法律权威的莫大侵害，也是对公民权利、自由的莫大威胁。所谓"法律授予"有多种方式：第一，法律明文确定性地授予，就是通过明确、具体、详细的形式法律规则规定国家和政府的权力的范围、行使规则（程序等）及限制。这种方式是从近代宪政创建、形成时期开始运用的。在那个时代，各个法治

---

① 《马克思恩格斯全集》第19卷，人民出版社1963年版，第7页。

国家一般力图将政府权力严格限制在确定性的、标准化的法律规则之中，主张“罪刑法定主义”“无法律即无行政”“依法行政”“依法司法”，而反对政府和司法享有广泛的自由裁量权，因为这种权力会导致行政独裁与司法专横，违反法治精神。有些学者称这个时代为“机械法治”的时代。第二，法律由“不确定的规定”或“自由裁量规则”授权。这些规定或规则是一些任意的标准和一般的条款，它们往往使用不确定性陈述或模糊语言——“非常时期”“遇必要时”“认为适当时”“必要的限度”“必要的措施”“情节显著轻微”“情节特别严重”等——从而使政府和司法在含混、笼统的法定范围内享有自由定夺的权能。这种弹性规则是伴随着现代管理和司法行为的复杂化而产生的，它赋予政府和司法以一定的“自由裁量权”，它意味着法治从“机械”时代进入“机动”时代。第三，法律隐含权力，指法律不根据任何确定性规则或“自由裁量规则”授权于政府和司法，这种权力一方面“隐含”在规定法律意向或权力目的等价值性条款之中，另一方面“隐含”在法律规定其他权力的条款之中。一旦政府和司法认为有必要，即可从这些条款中推论出自己需要的权力。第四，法律禁止政府和司法享有某些权力，这是法律授权的一种特殊方式。在现代各国，上述四种方式都是杂而用之。但是，理性和经验表明，只有第一、四种方式，最具有可靠性、有效性，也最符合法治精神。而第二、三种方式，虽具有一定的合理性和必要性，但也包藏着危害自由和法治的根源，有时不仅不能使权力达到至善目的，反而成了权力腐败的渊薮或官吏“任性裁量”“以权谋私”的“合法”凭证。因此，法治国家既要通过行政法和司法法体系加强对“自由裁量权”和“隐含权”的立法控制，使这些权力成为有一定之规而非含糊不清、捉摸不定的权力，又要建立违宪审查、司法审查和社会监督体制，以防止这些权力的滥用和失控。

当然,权力的滥用和失控,在任何法治国家都是存在的。纸上的法律并不总是能完全变成社会现实。这也意味着法律至上性原则的实现会受到权力的干扰。在法律与权力的二律背反中,法律固然可以限制、约束和引导权力,但权力也常常超越或凌驾于法律之上,甚至触犯法律。因此,法律至上权威的树立,乃至整个法治的构建,从来就是在逐步利用法律控制权力和反对权力侵犯法律的过程中展开的。

法律至上性原则的核心在于宪法至上和司法至上。宪法具有最高权威,这已成为公认的法治和法律至上性原则的根本标志。宪法的精义,是控制权力以保护权利、自由。宪法首先确定国家权力的来源、结构、范围及其活动原则与程序,在这个意义上,宪法是控制权力活动过程的基本规则,其目的在于限制和控制政权的范围,并划定行使权力的合法方式。宪法又是人民或公民的权利、自由的宣言,它规定权利、自由的种类、内容及相应的义务,正如列宁所说:宪法是一张写着人民权利的纸。因而,宪法不过是对权力、权利、自由及相应义务、责任的分配与安排,是政府和公众都应尊奉的共同约定的基本文件。如果政府不按权力的宪法规则行事,就会产生权力腐化或“权力的无政府主义”,①公民的某些权利、自由就可能化为乌有。而如果公民不遵守权利、自由的宪法规则,则会导致权威和秩序的崩溃或“社

① 从法治的角度看,无政府状态不仅仅是人们一般所说的一个社会的人们不受政府法律、权力命令与支配的状态,而且也指政府权力不受法律规则调控或约束的状态。前者是“社会的无政府状态”,后者是“权力(政府)的无政府状态”。而在某些特定的时代,两者的危害性又有很大不同,在重建社会有序化结构和运行机制时,“社会的无政府状态”的危害性大于“权力的无政府状态”;在发展民主政治和公民个人权利的时代,后者的危害性显然大于前者。

会的无政府主义”，最终葬送权利和自由；而且，滥用权利、自由也会使权力为维持必要的权威和秩序而转向强化权力，从而限制和削弱权利和自由。由此可见，政府和公民对宪法的认同与服从，是政治权力和权利、自由合理生存并有序运行的法律基础。

宪法至上既要求宪法成为评价和衡量政府、公民行为的根本准则或最高标准，也要求政府和公民保障宪法的最高权威。1982 年《中华人民共和国宪法》序言规定：“全国各族人民、一切国家机关和武装力量、各政党和各社会团体、各企业事业组织，都必须以宪法为根本的活动准则，并且负有维护宪法尊严、保证宪法实施的职责。”因而，宪法是评价所有立法活动、其他所有法律以及一切国家机关执行、适用法律的最高法律尺度；宪法也从根本上衡量一切政党、社会组织和公民的行为。而宪法的最高权威并非自发地形成，它需要一整套周到的保障。其关键在于宪法本身所设置的政治权力结构，包括违宪审查机制。违宪审查是一种“宪法诉讼”或“司宪”性质的活动，它能保证宪法具有真正的法律的特性。国家如果对违宪事件只能袖手旁观，而无法追究违宪者的责任，那么宪法就只是一种道德说教，就只具有政治道德的性质。这样的宪法显然不可能有什么权威。此外，宪法还需要社会公众对宪法的忠诚与保卫。政治权力结构对宪法的保障固然是至关重要的，但这种权力结构无论如何总是存在着违反宪法的可能性。面对这种危险，宪法不得不求助委托权力于政府的人民大众。人民作为宪法的最后的看守人和保护者，应成为保卫宪法最高权威的最后力量。

司法至上是法律至上性原则的另一个核心。司法的天职在于通过适用法律来保护和捍卫法律。所谓法律至上性最终表现为司法成为各种法律争端与讼案的最彻底、最权威即最具有约束力的裁处方式。这是因为，司法是解决法律争端与讼案的最文明、最公正因而最可信赖的法律机制。司法至上首先在于法院对行政行为，尤其是滥用权力行为的监督或审查；法院享有对行政处罚、行政强制措施等行政行为的司法变更权（参见《中华人民共和国行政诉讼法》）。司法至上还要求法院成为处理私人、社会组织间权益纠纷的主要、终极的机关。总之，政府行为和私人行为对法律的依赖总是要转化为对法院的依赖，法院应成为政府活动和私人生活的支柱。当法院不被人们所信赖时，那么法律的威信也就丧失殆尽了。尽管在某些国家——主要是美国——已经对其司法至上（中心是司法违宪审查）提出了批评，要求对司法的违宪审查权力加以限制，这在这些国家是十分自然的：随着民主制从代议制向参与制的发展，有产者希望进一步限制保守的、非民选的最高法院的权力。但是，一方面，那些批评家并非从整体上否定司法至上；另一方面，在那些司法地位低下、权威微弱但又正在向法治发展的国家，贬损司法权力似乎是很不明智的。司法至上仍应成为秩序、自由和法治事业的强有力的支撑点。

五、法治形式化原则之四：程序正义原则

程序正义原则涉及所有通过一定程序处理的法律纠纷与犯案问题：调解、仲裁、诉讼等，但其核心在于司法诉讼程序，尤指刑事诉讼程序的正义问题。我们在此仅述及司法程序正义。

从形式上看，“公平”从来就是法所追求的一个价值目标，尽管不同时代、不同阶级及不同思想家对“公平”的理解往往各有差异。西方文字中的“法”，如法兰西语 Droit、德语 Recht、意大利语 Dritto，俄语中的“法”（ΠPaBo）字和古代汉语中的“法”字，都包含有公正、正

义、正直等含义。[①]

公平司法是法治的组成部分和基本条件，因为司法的公平与公民的权利（自由）和政府权力的法律机制紧密相联。权利（自由）和权力的合理运行都有赖于法律，而只有当人们相信法律是限制、约束权力从而保护权利（自由）和无辜者的公正的东西时，人们才尊敬和拥护法律。但如果法律的实现、适用过程不忠实于事实和法律，那么即使公正的法律也会走型变味；如果不能做到有罪必罚并进行公平审理，也会损害法律的公正和权威。因此，没有公平司法，就不会有法治。

尤为重要的是，在司法诉讼中，公平审理乃是法律应当赋予法律讼案当事人和每个公民的至关重要的权利，正如美国麻省宪法规定："每一个公民在受审时都有权要求法官在人道所能容许的限度内进行自由、公正及独立之审判。"公民如果没有受公平审判的权利，那么其他权利（自由）都有可能成为泡影，并且可能导致司法权力的滥用，损害司法对法律的公正、合法的维持，从而造成法律的不法活动。

诚然，程序上的公平性与实体法的公平性相关，即程序上的公平以实体法的公平为基础。实体法若不公平、不正义，显然在实质上就谈不上程序的公平及审理的公平。正如马克思所昭示的："如果认为在立法者偏私的情况下可以有公正的法官，那简直是愚蠢而不切实际的幻想！既然法律是自私自利的，那末大公无私的判决还能有什么意义呢？法官只能够丝毫不苟地表达法律的自私自利，只能够无

---

① 法、德、意三国"法"字源出于拉丁"正直"（Directum）这个词，兼有"公道"、"正义"和"法律"两方面的用意。汉字"法"的古体为"灋"，《说文解字》云："灋，刑也，平之如水，从水；廌，所以触不直者去之，从去。"即含公正、正直之义，后改"法"为"律"，而据《说文解字》："律，均布也"，就是使"天下之不一而归一"。

条件地执行它。在这种情形下，公正是判决的形式，但不是它的内容。内容早被法律所规定。”“审判程序和法律应该具有同样的精神，因为审判程序只是法律的生命形式，因而也是法律的内部生命的表现。”[①]但是，实体法的公平性并不能自然地保证程序上的公平性：正当的目的不能使不正当的程序、手段合法化，正当的目的只能通过正当的程序、手段在公正的场合来达到。而且，程序上的公平性作为法律形式化要素，也具有重要的意义——当程序公平时，实体法的公平就能更有实效；而当程序不公平时，实体法的公平的明灯就可能熄灭。

程序上的公平或公平审判，就是司法程序正义原则。这一原则内含于理性法律规则之中，它既可用来检验司法活动及其判决的公正程度，又可用来保证司法诉讼的正直性、公道性及合法性。具体来说，它包括客观性、公正性、中立性、正当性、便利性和合法化。

司法的客观性，是指司法诉讼以讼案的客观事实和充分可靠的证据为基础，法官在没有合法地审查全部证据和听取全部辩论（律师参与）之前，绝不能径自作出判决。当然，非法获取的证据在司法程序中不应采用，也就是通过非法搜查、刑讯逼供等非法方式取得的证据在司法诉讼过程中具有不可采证性。这就要求，一方面要有一部完备周到的证据法规，另一方面要关注程序的合法性和正义性，严格遵循形式程序规则，而不能单纯考虑证据的有用与可证。

司法的公正性，即平等性，它意味着法官平等地对待诉讼的双方当事人或各方当事人，不偏袒任何一方，对所有的人平等地适用法律。换言之，法官必须尽心倾听诉讼各方的陈述和意见，并摆脱任何

① 《马克思恩格斯全集》第1卷，人民出版社1956年版，第178页。

宗派成见或私人感情，防止法律天平发生倾斜，以达到平等保护和平等惩罚的目的。这种公正性乃是对法律平等原则的必然引申。

司法的中立性，指法官审案具有独立性格，既不受诉讼当事人（包括律师）意见的支配，也不受公众舆论的控制，更不能成为政府权力的附庸。同时，法官作为中立的裁判官，不能审理他本人的任何案件以及与他有血缘、联姻关系或其他利害关系的人的任何案件。这也是各国建立司法回避制度的根据。

司法的正当性，即司法依据法律规定的“正当程序”（Due Process）对刑事、民事方面的受指控者的合法权利加以保护。这种正当性要求早在1215年的英国《大宪章》中就已明文确定下来了，该宪章第39条规定：国王允诺“任何自由人不得被逮捕、监禁、侵占财产、流放或以任何方式杀害，除非他受到贵族法官或国家法律的审判”。1354年，爱德华三世也颁布法令：“未经法律的正当程序进行答辩，对任何财产和身份的拥有者一律不得剥夺其土地或住所，不得逮捕或监禁，不得剥夺其继承权和生命”。此类“正当程序”亦为法国《人权宣言》所确认。《人权宣言》第7条规定：“除依法判决和按法律规定的方式外，任何人都不应受到控告、逮捕或拘禁。”并通过1606年英王詹姆士一世批准的《弗吉尼亚第一宪章》而“移居”美国：美国1791年第5条宪法修正案确认，“未经法律的正当程序，不得剥夺任何人的生命、自由和财产”；1867年第14条宪法修正案又将州的司法活动纳入此种规定之内。随后，各国宪法，包括社会主义国家的宪法，[①]也纷纷用不同的语言对“正当程序”加以陈述。综合上述各国有关“正当程序”的法条及其相关的学说，司法的正当性包含了三重含

---

① 如《中华人民共和国宪法》第37条规定：“任何公民，非经人民检察院批准或者决定或者人民法院决定，并由公安机关执行，不受逮捕。”

义:(一)"正当程序"的公平目的或正义目的,这种目的首先在于保障公民的生命、自由、财产等权利不受非法剥夺和限制,如获取证据的司法行动,不得非法侵害犯罪嫌疑人的"隐私权"、"通信秘密权"及"住宅权"等;其次在于保证检察官、法官等的行动端正和公平,而这种次要目的是以上述首要目的为依归的。(二)"正当程序"中的各种正当的诉讼制度、规则及诉讼方法:无罪推定原则、公正的调查程序与技术、陪审制度、律师制度及公开审问等等。正当的目的,必须通过正当的手段体系来实现。那种只问目的是否正当而不管实现目的的手段是否正当的做法,最终不仅不会导致正当目的的实现,而且会毁灭正当的目的。因此,"正当程序"所内含的诉讼制度、规则、方法的正当性,是非常重要的,从操作层面上看,它们的价值远远超出正当的目的。(三)"正当程序"的救济措施。"正当程序"的正义目的和制度、规则、方法都有被违反和侵犯的可能,即发生程序错误。因为检察官、法官也都是凡人,而不是完人。为此,司法的正当性要求采取一定救济措施,纠正程序错误。如英国的人身保护令是诸如受非法拘禁者的救济方式。在美国,"任何被拘留的人都可援用历史上'人身保护令'(urit of habeas corpus)以判定他的被扣押是否合法。……在州法院内被判有罪者得援用'人身保护令'(有时亦称'自由令')请求联邦法院重审他们的案件,最后亦可请求美国最高法院予以重审,其可申述的理由是在审问过程中他们得自《宪法》的享有适当法律程序的权利曾遭受损害"①。这些做法虽然主要是保护有产者的,具有一定的虚伪性,但仍可为社会主义法治所借鉴。

司法的便利性,主要是指司法程序应方便人民群众实现诉权,保

---

① [美]哈罗德·伯曼编:《美国法律讲话》,陈若恒译,生活·读书·新知三联书店 1980 年版,第 53 页。

护实体权利，避免烦琐和极端形式主义，反对程序上的“繁文缛节”。

司法程序的合法化，就是司法程序应形成严格的规则体系——管辖权规则、取证规则、辩护规则、公开规则、审问规则及执行规则等。这种规则体系综合构成一定的程序法或诉讼法。上述司法的客观性、公正性、中立性、正当性及便利性等程序正义的实现，都必须以一定程序法或诉讼法的存在及有效适用为前提。

六、法治形式化原则之五：法律组织职业化原则

职业化[①]的法律组织，是法律实体价值实现的中转机构，也是保障具有普遍性和可操作性的法律的至上权威和程序正义的物质力量。这种组织是由大量“法专家”或“法律工作者”——专业上有资格用一定权力（权利）从事法律工作的人——组成的。也就是说，法律组织实际上是职业性法专家集团或法律方面的职业角色集团。因此，所谓法律组织职业化，真实含义是“法专家”的形成和组织化。

法律组织的职业化，是伴随着社会分工，尤其是法律成为独立功能系统而出现的。当恩格斯说随着立法发展为复杂而广泛的整体，出现了新的社会分工的必要性、一个职业法学者阶层形成起来了的时候，他事实上也揭示了法律职业化的根源和必要性。当然，恩格斯的上述论断是对罗马法学家集团形成过程的理论抽象。它并不表明在整个古代世界都已经有了职业化法律组织。在罗马时代，职业法

① 美国法学家 R.庞德说，职业（Profession）一词是指“一群人从事一种有学问修养的艺术，共同发挥替公众服务的精神——虽然附带地以它谋生，但仍不失其替公众服务的原旨”（转见[美]哈罗德·伯曼编《美国法律讲话》，第 208 页）。《不列颠百科全书》（第 15 版）说法律专业是“以熟谙法律及其应用为基础的职业”。

学者阶层的形成，以及公元前200年到公元600年法律专家的产生和法律专家行业的出现，都是与形式化私法体系相联系的。而在其他古代国家，如中国，职业化的“法专家”不是屈指可数，就是根本不存在。在这些国家的古代记录中，几乎没有留下明确的、近代意义的法律专业的痕迹。即使是人们所知道的最早的法律家——法官，也只是一个兼职的专家：由行政官员、国王兼任，或由教士、僧侣兼任，或由文人学士兼任。但到了近代社会，大规模的并且不断扩展的社会分工的必然结果之一，就是“法专家”集团的蓬勃发展。正如社会学家埃米尔·杜尔凯姆在《论社会分工》一书中写道：“……分工不只是经济领域所固有的；在社会的极不相同的领域中都可以看到它日益增长的影响。政治、管理、司法的职能日益专门化。在艺术和科学领域中情况也是如此。”①很显然，在复杂的近现代商品经济条件下，即使法律在形式上合理，也不能保证法律实际运用中的合理问题。因为法律形式的合理实现，尤其是法律至上权威和程序正义的维护，都有赖于职业化法律组织的各方面努力，也有赖于各个法律组织的工作程序以及各个法律职业人员的素质。正所谓“徒善不足以为政，徒法不能以自行”（孟子）。

一般而言，职业化是从两个方面来展开的：专门化和技术化（专业化）。

专门化，意味着法律组织和“法专家”是一种具有特殊性、独立性的职业组织和职业人员，即专司法律工作的组织和人员。前者主要有立法、司法等法律专业组织，后者主要有立法者、法律操作者（检察员、审判员、仲裁员、公证员等）、律师及法学家等法律专业人员。

① 转见[苏]尼·布哈林《历史唯物主义理论》，李光谟等译，人民出版社1983年，第255页。

（一）立法组织及立法者。在古代社会，“立法者”（Law-givers）并不是一种职业名称，它既可以是政治家、行政官员或圣贤先哲，又可以是法典的技术性的编纂者。如汉谟拉比、摩西、德拉古、梭伦、商鞅等，都是立法者。在文艺复兴之后，西方人开始把“立法者”作为一个专有名词使用，主要特指那些从事专门立法工作的“法专家”，在广义上，它也包括国会议员和人民代表。这些“法专家”及其所组成的立法组织都应是专门化的。它们都是政治权力分工以及立法功能独立化的产物。它们保证法治的实体价值从一种法治理想外化为制度、规则，即法律体系，并使这种法律体系具有普遍性、可操作性及必要的程序正义内容。

（二）司法组织及法律操作者。它们作为一种专门化的法律组织和“法专家”，其形成和发展的过程，也是与司法独立、司法与立法和行政职能的分化相关联的。到了现代社会，它们的内部也开始不断分化，如世界上许多国家设立了各种专门法院。司法组织和法律操作者的主要职能在于使形式化法律进入实际操作轨道，成为至高无上的权利（自由）和权力的运行规则，并使这种操作轨道由正义性程序法加以制约和引导。它们把实现法律视为特定的价值取向。因而，实现法律越是被法律操作者提升到绝对价值的地步，法律就越有权威，法律操作者的行为就越具有合理性，它们也就越能扮演满意的职业角色。

（三）律师。律师是高度专门性的法律职业，尽管某个律师既可从事诉讼辩护，也可司职私人（公民、企业、公司）法律顾问；既可为政府提供法律咨询，也可参与草拟法律文件。律师也是现代国家的极为重要的“法专家”或法律专业人员。他们一方面为政府、法律操作者、个人、企业（公司）及各种各样组织防止发生法律难题提供帮助，另一方面在法律难题发生时又为解决这种难题提供帮助，而其根本宗旨则在于保障实体权利、自由、权力和程序正义的实现。如在一个健全的法治社会里，必须有律师代表被告并为之辩护，以保证被告不受法律操作者滥用正当法律程序之害。公开审问本身不足以保证正当法律程序的合法运动，“最根本的是要使被告始终有一位熟练的律师站在他的一面，尽力使他的权利受到保障。当案件在法庭受最后审判时，唯一对被告有利的事情就是让他有提供证据和有理由依据的答辩之机会。除非被告有一位专业的辩护律师代表他，不然此种机会就不可能有何意义。假使不准他享有此种法律代表，那么公开审问的过程即变为可疑和有了缺陷”①。显而易见，没有律师的帮助，不仅被告，连政府、企业等组织与全体公民的权力、权利和自由都得不到有效保障；这些组织和公民，也都无法在具有至上权威的形式化法律体系之下合法、理智而又富有活力地活动。

（四）法学家。主要指法学院、法学研究机构中的法律学者、法律教育者或著作者等非常熟悉乃至精通法律的“法专家”。从广义上说，“法学家”包括那些有突出法学成就的政治家、行政长官、法官及哲学家、社会学家等，但从“职业化”角度来识别，“法学家”集团则将这些人除名在外。作为职业学者，法学家有四项主要职能：探讨法律、法治的理想原则及各种法哲学问题；对形式化法律或判例进行解说、诠释、分类和归纳，使之系统化；对法律、法治进行历史的、比较的分析；对现行法律、法治予以批评性评论和设计未来的法律、法治，包括对某一具体法律制度、原则及组织进行评论和设计。这些职能都事关法治的价值实现和形式化过程。

---

①　[美]哈罗德·伯曼编：《美国法律讲话》，第 29 页。

法律职业的专门化，总是以其技术化为基础的。尤其在现代社会，“法专家”都应是经过专门培养、训练而具备文化修养、渊博知识和丰富经验的专门家。法律是一门专门性和技术性很强的复杂科学，人们如果不熟悉和掌握它，显然无法创制和运用它。而在那些追求和重视科学、知识的社会，法律所应得的尊严和威望，也在很大程度上取决于创制与运用该法制的职业人员所具有的知识水平和工作技能。再者，法律工作者所行使的立法、司法等法律权力，需要与知识联姻，使知识成为约束法律权力的非法律化方式。有人说过：“权力经过了天才和品德的净化，就成为神圣的东西。”这是有一定道理的。这些都表明法律组织及其工作者技术化的重要性，对于不同职业“法专家”来说，技术化的要求也是各不相同的：立法者作为法律的创制者，需要智慧和睿智，即不仅要有丰富的立法创议力，而且要有高度的立法技巧。法律操作者要懂得法律科学，正如一个政治学教授熟悉政治学一样；法律操作者还要掌握法律论证和推理的各种规则，也就是熟练运用法律解决司法纠纷或讼案的复杂艺术。律师既要具备法律操作者所具备的知识与技术，也要成为出类拔萃的辨论家和咨询家。而法学家则应是运用科学方法进行创造性学术研究的里手行家。当然，不同职业“法专家”在技术化要求上也有共同的方面，这就是他们不能只是懂法律的人，他们在懂法律的同时，还须懂哲学、历史、政治理论、经济学、社会学及伦理学等与法律密切相关的领域。法律科学毕竟不是社会科学中一门封闭而又自给自足的独立学问。难怪一位律师说：“一个只懂法律的人，只是一个十足的傻瓜而已。”

法律组织的技术化，可以通过多种途径加以推进。其中，职业法律教育，特别是法学院的教育，占有举足轻重的地位。那些有志于法律事业的青年学子，习律既成，即可投身于职业法律行业或组织，为法律事业尽忠尽智。尽管在法律方面，未经职业学校培训的人，也可通过自身修习钻研而成为行家，但这并非人们踏入法律界的常规方式，也非法律组织技术化的主导途径。此外，法律规定人们充任立法者、法律操作者和律师等“法专家”的条件和资格，也有助于法律组织的技术化。

第八章

法治状态剖析

法治状态是法治的一个综合性、整体性问题。法学史上，法学家们已经提出了有关法治状态的多种理论模式：(一)法治状态应符合一定的道德秩序。(二)法治状态是一种理性的状态，这种理性即是理想法律的价值准则，如自然法理念。(三)法治状态内含着一种代表文明社会生活经验——通过各种政治和法律制度在调整关系和安排行为时的经验所发展而来的经验——的价值标准，所以它是一种以经验为依据、以经验为先导的状态。(四)法治状态是一种自由的状态，因为它主要包括了一种保障每个人的充分自由的制度。(五)法律是一种行使国家权力的威胁，从而法治状态是一种强力的秩序。(六)以弗洛伊德心理学为基础，根据个人心理来解释法律活动，设想法治状态是一种心理冲动的秩序。

在本书中，法治状态被界定为：一方面是一定社会状态的实质性组成部分，另一方面是以法治的实体价值为核心的法治结构或机制。它包含四个基本变量：观念模式、制度框架、组织结构以及法律秩序。

一、法治的观念模式

法治不只是一种制度化模式或社会组织模式，而且也是一种理性精神和文化意识。作为前者，法治具有工具性的意义；而作为后者，法治具有信仰性的意义。工具性意义必须依赖于信仰性意义，正如信仰性意义依赖于工具性意义一样。正是在这个意义上，观念分析是法治研究的重要思路。法治的制度、组织、秩序和法治状态的模式及其变迁，在一定程度上都可以从法治观念模式及其变迁中得到说明。

法治观念就是对法治理性精神和文化意识的抽象，是法治的基本倾向或人们对法治的态度、信念，即对法治价值、法律制度、法官等等的认识（法治知识）、评价（正义与非正义、合理性与非合理性）、反应（信任或厌恶、认同或抵制）及期望（要求、愿望）等。其核心是法治的实质价值观念和法律权威观念。

法治观念首先是制度创设和制度变迁的前提。一个国家的法治状态下的法律制度决定于什么呢？马克思主义法学已经证明，它归根到底是生产关系和商品经济关系的表现。但是，这种为生产关系和商品经济关系所决定的法律制度要成为现实，必须先以法治观念的形式通过人们的头脑。所以，人们如果不先形成法治观念，就不可能创制法治的法律制度。同样，人们如果不先经过法治观念的变革，也不可能通过变迁或创新，把一种法律制度提高到一个新的发展高度。

从法治的实体价值理论上来看，法治状态下的法律必须是合乎理性的，也就是具有合法性。现代西方政治学认为："如果某一社会中的公民都愿意遵守当权者制订和实施的法规，而且还不仅仅是因为若不遵守就会受到惩处，而是因为他们确信遵守是应该的，那么，这个政治权威就是合法的。如果大多数公民都确信权威的合法性，法律就能比较容易地和有效地实施，而且为实施法律所需的人力和物力耗费也将减少。”“如果合法性下降，即使可以用强制手段来迫使许多人服从，政府的作为也会受到妨碍。”[①]所谓法律的合法性，就是指法律为大多数公民或统治阶级所同意或接受，因为这种法律符合大多数公民或统治阶级的价值标准和观念体系。最终根源于一定社会的生产关系和商品经济关系以及人们在社会经济政治关系中的地位的一定价值标准和观念体系，构成了法律合法性的唯一基础和来源。在法治社会，上述价值标准和观念体系，除了统治阶级的意识形态、伦理准则，主要就是法治观念模式。如果缺乏健全和成熟的法治观念模式，那么，人们就无以对法律进行合法性判断，就无以形成对法律的共识与认同。这样，法律合法性的基础就很单薄和脆弱，法治的实现也就相当困难了。

法治观念模式既然为法律合法性奠定了基础，那么它就可以使法律规则和制度“内化”入个人的个性（认知、动机、情感、态度）和组织的目标取向，从而“驱动”个人和组织的法律行为——这就是法治观念模式所具有的“内驱力”。特别是，尽管一种法律制度体系要求有可强制实施的惩罚手段，以证明法律有能力控制和减少违法的、犯罪的等反法因素，但法治观念的公众化和个性化，将使守法成为公众的人生观和正义要求或道德要求，而不仅仅是法律强制力的要求，而这才是法律发生功效的首要的、根本的保证。

---

① ［美］加布里埃尔·A.阿尔蒙德等：《比较政治学：体系、过程和政策》，曹沛霖译，上海译文出版社1987年版，第35—36、36—37页。

法治观念还可以起一种特殊的作用：补救法律的缺陷。在历史上的人治与法治的争论中，人治论者反对法治所持的一个基本理由是：法律不可能周详、全面和完备无遗，而人的智虑（人治）则可避免法治的这一缺陷。如柏拉图曾认为，法律在任何时候都不能完全准确地给社会的每个成员作出何谓善德、何为正义的规定，也不可能制定出可以绝对运用于所有问题的规则。因此，最理想的方法并不是给予法律以最高权威，而是给予贤主明君以最高权威。现代的法学家也发现了法律的各种弊端，如超稳定性、僵化性、保守主义倾向以及对人的自由发展的不合理限制等。法治论者并不否认法律的上述缺陷和弊端。但是，克服这些缺陷和弊端的理性化方法，绝不是实行人治——因为人治所造成的危害远远大于法律的缺陷和弊端所带来的危害——而是实行法治，包括法治观念模式的辅佐。一方面，由健全的法律创制者在法治观念模式的引导下，不断修改和矫正法律，为人的自由活动设定更广阔、更合理的法律空间。另一方面，由经过法律教导（训练）的法律操作者遵从法律的原来精神，公正地处理和裁决法律所没有周详规定的地方，正如雅典陪审员投票决狱前的誓言所说："有法可据者，当依法投票；法所未详者，当本法意，尽我诚心，作合乎正义的投票。"近现代英、美等国实行的衡平法或判例法，就是依据法治观念克服法律的超稳定性、僵化性及保守主义倾向的有效机制。这是值得我们借鉴的。

法治观念对法律制度、法治状态的制约，首先是通过成熟、健全的公民心态对法律制度、法治状态的制约来实现的。欧内斯特·比埃里认为：民主、自由和法治的"先决条件是必须有受过教育的人，而不是毛坯状态的人，也就是经过培养而超越了作为纯粹生物存在的个人。只有在满足进化了的人这一先决条件之后才能将个人的概念加以抽象，赋予他以相对于集体组织的某些权利。……因此，实现政治自由最大危险不在于宪法不完备或者法律有缺陷，而在于公民的漠不关心”①。个人权利、思想言论自由、普遍平等，无疑需要通过法律制度模式化，形成合理有效的结构和运行机制。但如果没有国民的觉悟，法律也是徒具空文。因为若缺少成熟和觉醒的国民，不仅国民的行动、生活不能普遍法律化，从而损害秩序、权威及民主自由，而且极个别阴谋家、野心家（如林彪、“四人帮”）践踏法律和极少数政府、司法官员违犯法律也不会受到多数国民的自觉抵制。1916 年，陈独秀一针见血地指出：“立宪政治而不出于多数国民之自觉，多数国民之自动，惟日仰望善良政府，贤人政治，其卑屈陋劣，与奴隶之希冀主恩，小民之希冀圣君贤相施行仁政，无以异也。”②而人人养成遵守法律、维护法律的观念和习惯，同违反和破坏法律的行为进行斗争，这就是实现秩序、自由和法治的一个伟大的力量。

但是，法治的实现，同样也要求具有健全法治心态的政治家和官员（干部）。一方面，法治社会的法律是如此之多、之复杂，使它已超越一个普通人所能知晓和理解的能力；而且，在许多特定情况下，民众推动法治进程的力量和作用，也是有限度的。另一方面，政治家和官员（干部）因其特有的政治地位、权力职责等，在推进法治方面负有独特的责任，并能起独特的作用：他们可以有力地领导人民或统治阶级实行法治。如在原捷克斯洛伐克共和国，全国上下皆尊法制，与党、政府领导人和国家干部的法治观念紧密相关：曾任共和国总统、

---

① 转见[法]克洛德·德尔马《欧洲文明》，郑鹿年译，上海人民出版社 1988 年版，第 121 页。孙中山先生云：“宪法之有效力，全恃民众的拥护。”卢梭的名言是：“法律不是铭刻在大理石上，也不是铭刻在铜表上，而是刻在公民的内心里。”

② 陈独秀：《吾人最后之觉悟》，《独秀文存》，安徽人民出版社 1987 年版，第 40 页。

捷共总书记的胡萨克以及联邦政府总理的什特劳加尔都是法学博士，立法、司法机关的许多领导人，也都获得过法学学位，甚至司法部的许多中层干部也拥有法学博士头衔。在美国，调查资料显示，大多数美国人关于法律内容的知识是相当少的。他们对于他们的宪法权利的性质，一般也不是很了解。不少美国人甚至都不了解宪法。作为个别的资本家或有产者对美国资产阶级法治的推动，往往是因为他们把宪法当作神圣的东西，从而高度尊重和支持宪法。但是，美国资产阶级政治领导集团的法律素养和法治文化心态，却极大地有助于把美国社会，尤其是国家权力的运行引入资产阶级法治轨道。据统计，从华盛顿到里根，美国总统当过律师或攻读法律专业的有 25 人，约占总统人数的 2/3，其余 1/3 没有法律专业文凭的总统中，有不少人被公认为法律专家，甚至对法律深有研究，如主持制定美国宪法的华盛顿。在行政部门的各级组织中，也都有律师和法律专家在制订政策。如卡特政府的 13 名内阁成员中，8 名是律师。他们每人还依赖一位拥有数以百计的助手并对一系列问题提供法律与政策方面意见的总法律顾问。律师们也担任行政机构中许多不属于法律事务方面的职位。此外，美国国会议员中，律师出身或精通法律的人也占有相当比例，如第 94 届国会，律师出身的议员有 288 人，占议员总数的 54%。这些都不能不使美国资产阶级法治具有坚实的、可靠的人才基础，美国资产阶级对劳动人民的统治也就更加有效和精巧。

那么，在法治社会，法治观念模式应具有怎样的模式呢？抛开其各种细节不论，它大致包括三大组成部分：

权利观念。主要是对权利本位的意识，对权利内容、类型及范围（界限）的认知和对权利的崇高信念。它可分为财产权观念、自由观念、平等观念、权利义务对等观念以及人们对自由、平等、权利的热情等等。这些观念是法治观念模式的主轴，它在法治观念模式中的作用和意义，是由前述权利本位原理所决定的。

权力观念。即关于政治权力的理性精神，主要有权力的合价值（目的）观念、权力的合法化观念、权力依法行使的观念等。

法律主治观念。法律主治是法治极为重要的特征。“主治”表现为“主导性”和“至上性”。“主导性”是指法律成为社会有序化的主导模式，“至上性”则是法律具有至高无上的权威。在这种“主治”状态中，包含着一系列相应的法治观念。一方面是对法律及法律权威的“认同意识”，即形成比较成熟的法律至上理论体系，政府运作符合法律至上理性，一般民众以法律至上为法律认同之精义，以法律至上为法律行为之指南。另一方面是对法律的忠诚意识、神圣崇尚、巨大热情以及高度信任。在专制社会，人们往往对君主、伦理、教义或宗法习俗表示忠诚。而在法律主治之下，忠诚法律、热爱法律则是政治美德。[①] 戴雪认为英国政治美德即是爱法律和守法，而孟德斯鸠把政治上的“善人”界定为“他是爱他的国家的法律的人；他的行动是出于爱他的国家的法律”。可见历代法学家十分重视人们对法律的忠诚和热爱。在社会主义社会，人们对法律的忠诚和热爱也是一个公民的美德，它表现为守法、执法的自觉性，护法的勇气以及尊重法院的判决。尤其重要的是，法治要求人们对法律有一种信仰意识，总是保持关于法律的理想化形象和权利总是会受到法律保护的信念，也就是人们在内心世界树立起关于法律的神圣形象。卢梭引证马基雅弗利

---

① 我国1954年宪法曾规定：“一切国家机关工作人员必须效忠人民民主制度，服从宪法和法律”。对法律表示效忠的一种基本方式是对法律宣誓。这种宣誓在古雅典城邦就已产生；近代法国的公民，也要对法律宣誓；南斯拉夫社会主义宪法也规定了政府官员应宣誓效忠宪法的制度。

的话说:在宗教之中隐含着对法律的崇拜。而马克思主义法学也认为近现代法律具有神圣性。恩格斯指出:“所有通过革命取得政权的政党或阶级,就其本性说,都要求由革命创造的新的法制基础得到绝对承认,并被奉为神圣的东西。”[①]在前文论述“法律至上性原则”时,我们已经引证恩格斯等人的话说:资产阶级法律对资产者来说是神圣的,而社会主义法律对人民来说也是神圣的。因此,一定政党和阶级对法律的严格遵从和捍卫,是顺理成章、十分自然的事情。此外,人们还必须对法律及法治活动具有永不衰竭的巨大热情。法治的历程好像连续不断的浪头,它总是和各种暗礁进行着斗争。从观念方面看,这些暗礁不仅包括专制集权思想、封建特权意识、无政府主义和极端自由主义,而且包括民众对法律及法治的冷漠、麻木或薄情寡义。民众对法律,尤其是宪法的冷漠和麻木,最终会导致在冷冰冰的世界里让宪法和法律窒息,使宪法和法律成为漠不关心的牺牲品。因而,当人们在谈到法律时说:这和我有什么相干?那我们就可以料定法治的不幸境遇。而人们对法律和法治的巨大热情,又是以对法律的信赖或信任为前提的。法律的力量在很大程度上依赖于公众的信任:对法律创制者的信任,对法官、检察官、警察及法庭的信任,对法律制度的信任等。没有这些信任,人们就不会产生对法律的巨大热情,也不会把法律当作神圣的东西并忠诚于法律,从而也不会形成一个法治的社会。当然,人们对法律的信任,取决于多种因素,包括公众对由法律所建立的社会生活秩序的期待;法律本身的公正性与人民性;公众对法律的认识,尤其对法律效力及权威的认识;公众对法律原则、规则的接受;法律操作者的公平执法、司法;由法律倾向引

① 《马克思恩格斯全集》第36卷,人民出版社1975年版,第238页。另可参见《马克思恩格斯全集》第2卷,人民出版社1957年版,第515页。

导的舆论。由此可见,法律信任形成的过程,实质上是一种法治活动过程。

在法治观念模式中,宪法观念占居核心地位。在任何一个法治的社会或正在步入法治的社会,法治观念首先是宪政观念:宪法作为法治制度的最重要的因素,其观念形态当然也支配着整个法治观念模式。这是所有推行法治和向往法治的人们的共识。法国大革命时期的著名政治家罗伯斯庇尔代表资产阶级说:“宪法的巩固依靠风俗的善良,依靠对神圣人权的知识和理解。”他要求“让人权宣言永远保存在一切人们的记忆中……举行公开仪式时要庄严地拿出人权宣言,让它在人民的一切集会上,在人民代表出席的一切场所,引起人们的注意吧,让人们把它写在我们房屋的墙壁上吧,让它作为父母给自己子女的头一个训示吧”[①]。中国领导制定1954年和1982年宪法的政治家们,也把宪法观念的培养当作法律观念启蒙的头等大事。

一定社会的法治观念模式的形成,既取决于一定社会的商品经济、民主政治及统治阶级和其他的人们对生活秩序的理想设定,也历经一定的变革过程。当人类社会有序化模式从人治状态、礼治状态转化为法治状态时,也必然伴随着法观念的革命——一种近似于“沉默的”或“悄悄的”革命。因为法观念的变革,常常是法律革命或改革的先导。这种法观念的变革,实质上是“农业文明—人治(礼治)”法观念向“工业文明—法治”法观念的转换。在西方,这种转换主要是从文艺复兴运动开始的。在文艺复兴运动中,人文主义者对神(上帝)的深刻怀疑,对“人”这个伟大精灵的备至推崇,尤其是罗马法的复兴——法国著名比较法学家勒内·达维德在《当代主要法律体系》

---

① [法]罗伯斯庇尔:《革命法制与审判》,赵涵舆译,商务印书馆1965年版,第153页。

一书中认为,罗马法复兴的内容之一就是罗马法观念的复兴,而罗马法观念不过是西方近代法治观念的先声,正如罗马法是西方近代工业社会法的先声——初步构成了西方近现代资产阶级民主、自由和法治的观念基础。随后,那场震古烁今、气势磅礴的资产阶级思想启蒙运动又通过卢梭、孟德斯鸠等人将这种观念基础进一步理性化和系统化:进一步明确了"公民概念"即人权思想和法是社会有序化主导模式并具有至高无上权威的观念。这种转换,虽然正如恩格斯所评论的,是一次人类从来没有经历过的最伟大、进步的变革,它使一个新的世界出现了,人类历史的新纪元开始了。但是,它也具有不可避免的历史的和阶级的局限性:近现代资产阶级的统治的基础从此牢固地确立起来了。在中国,法观念的转换大致上始于19世纪末20世纪初,但时至今日,转换并未最终完成。这是由于中国法观念的转换,极其复杂地交织着传统法观念与现代法观念的冲突、外来法观念与本土法观念的冲突。这种双重的并且具有交叉性的冲突,使中国法观念的转换过程特别曲折和艰难。

不仅如此,法治观念模式形成之后,也会不断经历变革过程。由于现代社会商品经济关系和现代管理的日益复杂化,统治阶级和其他的人们对人类生活秩序的重新设想以及对民主、自由、权力、秩序及法治的重新思考,所以法治状态及其观念模式需要常变常新。但是,法治观念通过模式化和制度化的方式,既在人们的内心深处得以积淀,也在法律制度及组织结构中得以外化,并固定化为一种观念定势,因而具有很大的稳定性和保守性,甚至超稳定性和抗变性。因此,法治观念有时不免发生一定的危机,尤其是对法律的认同感、信任感和神圣意识的危机。它可能引发法治的危机。为了克服这些危机,法治观念模式就必须通过部分变革和更新的方式,转换内容,调整结构,以形成新的更具有适应性的模式。

法观念的转换和法治观念的自我调整更新,一方面是在旧观念的死亡中诞生,另一方面是旧观念在新模式中获得新生。观念的革命与变革,不是彻底的否定,而是包含着继承或扬弃的飞跃与发展。即使是在新旧观念之间出现了历史的断层和深刻的对抗,新观念也不可能不部分依靠旧观念或部分保留旧观念的内容而成熟。也许正因为如此,法观念的转换及法治观念模式的变革过程,才显得异常复杂,它不仅伴随着焦虑和困惑,而且也伴随着心理失衡和精神痛苦。

法观念的转换和法治观念的更新,除法治实践的推动以及自发性发展外,主要是通过启蒙来实现的。启蒙可以促进人的不断自觉觉醒,唤起人们对自由、平等、秩序以及法律的憧憬和期待,从而为一定社会的人们培养健全的法治心态。启蒙是一个历史的过程,因而法观念的转换和法治观念的更新也是一个历史的过程。启蒙的方式是多种多样的,主要有三种。(一)社会传播模式:新闻、文学艺术(法制文学等)、报刊及书籍等。这种传播模式可以在极为广阔的空间内,针对无以计数的受启蒙者传播秩序、民主与法治的理想和知识,从而推进法治的伟大进程。如以法律倾向引导舆论,引导公民和一切组织的行为,既是法治的一种文化征象,也有助于法治观念的形成、巩固和深化。(二)学校传播模式。这是一种制度化的传播模式。学校教育(不仅仅是法学院、法律学校和法律系的专门教育)不仅可以为法治奠定文化科学基础和各种人才基础(尤其是法律人才),而且能够使法治观念普及化,使人们在"社会化"过程中从观念上法律化。法治的实现和维持依赖于人们的积极参与和普遍责任感,因而法治倾向于拥有更多的有文化和受过教育的民众。因此,在一定意义上,教育是法治过程中关键性的要素之一。当然,并非任何教育都具有这种效应和意义。为法治所需要的教育本质是自由的和义务的，即它是双重教育：主体性教育和自我—社会约束（法律、伦理约束等）教育。（三）对法律议案如宪法修改草案的全民讨论乃至全民公决。这种讨论和公决把民众引入法治活动之中，使民众了解法律和树立法律参与感，进而遵守法律和保卫法律。

此外，一些国家的宪法还规定了特定的启蒙、宣传方式。如1918年《苏俄宪法》序言说：这部根本法“必须由苏维埃政权全部地方机关广泛地公布出来，并放置在所有苏维埃机关的显著地方”。1947年意大利宪法也规定：“宪法原文将于共和国每一乡之公用大厅内存放一份并在1948年全年中进行陈列，俾使每个公民得以熟悉。”

总而言之，法律的创制、法律功效与价值的实现，都要求人们具有与之相适应的，由权利观念、权力观念及法律主治观念所构成的法治观念模式。法律往往对社会现实具有改造、变革的性质和功能，也要求人们不断更新自己的法治观念模式。不论从哪个意义上说，法治必须有相应的观念形态。如其不然，法治就只能是本本上的，而不是现实的——不可能诞生法治的制度形态，也不可能从制度形态过渡到秩序形态。

二、法治的制度框架

在最一般的意义上，“制度”是指构成一个整体的各部分具有规则性、系统性或规律性的图式或排列。但是，在法律科学中，“制度”或“法律制度”有诸多用法。《牛津法律大辞典》指出：一种“法律制度”(Legal institutions)其含义“囊括社会制度、政治制度、经济制度等等。它有时指一套业已确定的习惯、习俗或惯例，以及围绕着它们而形成的法律规则，如婚姻、家庭、契约和财产”。“它有时指某个法律体系中已确立的、重要的组成部分，例如：婚姻制度、财产制度、继承制度和法院组织等，不同于每个制度中的具体规定，其中每一制度都含有大量特殊的原则和规则……”另一种“法律制度”（Legal system），或者指一定社会的“全部法律的总和，亦即某国或某地区法律的总和”。或者指“一国法律结构（立法、行政和司法、法院、法官、行政人员等）、法律原则和规则的主体（宪法、刑法、财产法等）、法律思想、法律理论、法律方法、法律程序、法律技术、法律传统以及司法实践的总体。……从这个意义上讲，法律制度比‘法’的含义要广一些。因为它包括各种制度、传统、个人、技术、实践以及作为法尚存疑问的其他因素”。此外，法律制度还可被看作调整社会关系和安排人们行为的一组准则，包括有形的制度（法人制度、法院制度等）和无形的制度（法律价值观、法意识形态、法律风俗及与法律相关的伦理规则等）。

在本书中，我们把“法律制度”界定为法律的一般模式，即法律设定的命令、允许和禁止的行为模式。这种行为模式是定型的、可预测的并反复适用（生效）的。在此定义之下，法律制度有广、狭义之分。广义的法律制度是社会制度的总范畴，包括各种社会制度（经济制度、政法制度等）和专门法律制度。由于社会制度具有法律性及合法化机制，或者说法律是社会制度中很重要的实质性要素之一，因而都可看作法律制度。如经济制度主要是包含了民商法这种实质性要素的产权（所有权等）体系，以马克思为代表的科学的经济分析显示，法律，特别是所有制法律，可以使占有和经济制度的经济内容及特征合法化和制度化。因此，所有制的法律形式和内容是经济制度的组成部分，是所有制经济实质的正式组成要素；而且其意义随同所有制的发展而增长。[①] 政治制度也是如此。许多研究政治制度的宪法安排的著作把政治制度定义为组成“国家”“政府”的一整套正式的法律制度。苏联理论家说民主的性质在于它具有政治法律性。《中国大百科全书·法学卷》也认为近现代政治制度、国家制度都是由宪法和法律加以安排的。狭义的法律制度是社会制度总范畴中的某一类制度，即专门法律制度，如立法制度、司法制度、律师制度等。本书所使用的法律制度主要指广义的法律制度。

法治的主旨在于依据一定的价值观来构建社会的基本结构和行为方式（运行机制），形成以法律制度为主导的有序化模式。因而，从形式的意义上说，法治就是人们对社会的一种制度设计和安排，即对权利、自由、义务、权力、责任等进行合理分配。人权法案、行政法、法人制度、所有权制度、契约制度、市场法律机制、商标制度、专利制度、一夫一妻制等等，都是这种制度设计和安排的实例。这些制度一方面是工业化和民主化的产物，另一方面又是工业化和民主化的前提。

近现代社会是高度组织化的社会，工厂、商品流通、市场、自由、民主政治等，都需要法律这种专门的、具体稳定性的社会调控机制。所谓工业化，首先不是厂房、设备、技术、机械等等，而是一种利益体系、一种组织、一种生产制度和市场规则，即充满活力的、自由的商品经济秩序和工业规程。也就是说，工业化首先是一种法权体系。前文已经述及，所有权是“泛权利”社会中基础性的权利。工业化的首要前提就是明确的所有权——社会分工的发展、经济利益的多元化及独立化以及各种依附性社会关系的解体，必然形成受法律保护的排他性所有权体系。只有具备了这种所有权体系，经济单元（私人、

---

① 参见[南]伊万·马克西莫维奇《公有制的理论基础》，陈长源译，中国社会科学出版社1982年版，第17—18页。

企业、公司等）才能作为独立的并有能力负责的主体在市场上参加平等竞争和平等交易。而经济单元对市场的参与，不仅需要有效的市场法律规则，而且要有基本的法律方式，即民事、商业等方面的契约（合同）。此外，有人认为，从法律角度看，企业本身就是一组契约的有机集合。所有这些都表明，所有权、市场乃至整个工业化，为了避免自身成为“法学上的幻想”就必须包含非常具体和完备的所有权法、契约法、企业法、市场法等民商法规。而脱离由法律制度设计和安排的财产所有权、市场机制、企业制度来大谈商品经济、工业化，“只是属于小农意识形态的骄傲”。[1] 工业化的进程也表明：有时由于缺乏明确一致的规则和制度，商品经济的发展会引起严重的不良后果。因此，商品经济的或工业的法律秩序是工业发展的文明方式，而这不仅需要法律，而且需要大量的法律。所谓民主化，也是一种结构、规则和程序，如民主的价值原则——自由、平等、利益等等；民主的活动规则——少数服从多数、保护少数、权力制衡等等。这些原则和规则使民主成为一种由法律加以设计和安排的政治制度。民主化之所以首先是一种制度，一方面是因为在制度框架之内，可以建立起权利、自由、权力等民主单元在民主过程中必须遵守的规范。只有凭借制度化规范的力量，权利、自由、权力才能“各安天命”，不越雷池，才能控制并解决它们相互之间及各自内部的冲突，并建立相互制约和支持的关系。另一方面，近现代社会的私人（公民、法人等）对权利、自由的向往和对服从别人武断意志的反感，要求法律促进和维护最大限度的自由和权利，并阻止权力的滥用；同时，国家为了社会整

---

[1] 参见发展研究所综合课题组《改革面临制度创新》，上海三联书店 1988 年版，第 19 页。现代社会，已出现了产权经济学、制度经济学、法律—经济学等，这意味着人们冲破小农意识形态的束缚，寻求工业化意识形态的努力进入了一个新的时代。

体利益和反对社会无政府主义，也希望政府具有法律权威，由此出现了法律之下的权利、自由和权力。如北美殖民地在经历了人治的教训后，在根据《独立宣言》制定各州宪法时，人们要求“永久性法规”和“要法治不要人治”。[①] 虽然没有任何宪法、法律和法律制度可以绝对保障权利、自由，并绝对防止或阻止权力的滥用，但宪法、法律和法律制度越完备有效，民主化的质量就越有保证，其进程就越稳健有力，从而其前景也就越灿烂光明。

总之，工业化和民主化要求通过制度化方式清晰地、合理地划分、分配权利、自由和权力。一个权利、自由和权力混沌不清和缺乏相应制度体系的社会，不可能是一个法治的社会。

在近现代社会，法律制度已经发展成为庞大而复杂的体系。从理性的角度说，这个体系可以从横向和纵向两个方面来确定它的基本模式及其亚模式。

法律制度的横向模式以法治的实质价值为基础。由于法律制度是对权利、自由和权力的合理分配，所以它的基本模式包括权利（自由）的法律模式和权力的法律模式两个组成部分。

在法治状态中，法律制度首先是对权利的模式化。权利是法定的，因为它不仅获得法律制度的承认，而且也受到法制制度的保护。在宪法和法律之中，权利和自由是一种制度结构，是规定种种权利和义务的规范体系。因此，权利是制度化的规范综合体。一般而论，权利的法律模式具体化为下列亚模式：

（一）主体制度：法律认定和规定权利的主体，包括哪些人（公民、

---

① 见[美]罗·庞德《通过法律的社会控制 法律的任务》第一章“为什么要有法”。1780 年马萨诸塞州宪法的《权利宣言》第三十条说：不能实行人的统治，而只能实行法的统治，但它们的实质在于资产阶级通过法而实行的统治。

法人等）享有权利，这些人须具备何种资格——权利能力、行为能力——才能享有权利。

（二）内容制度：法律规定权利主体应享有的各种权利、自由。这包括一方面列举或宣告权利、自由，另一方面以义务和禁令方式确定权利、自由的界限（限制）。如公民权利（人权），从第一个方面说，主要有自由权和公民权（这种划分有相对性和交叉性）。① 自由权有意志（思想）自由权、政治自由权（选举权和被选举权、结社、示威游行、集会自由等）、经济自由权（契约自由、贸易自由、竞争自由等）、言论自由权（学术自由、创作自由、新闻出版自由等）、人身自由权（迁徙自由、择业自由、不受非法拘捕等）、宗教自由、秘密通信自由和婚姻自由等等。公民权有了解权（知政权）、参政权、追求幸福权（环境权、休息权等）、财产所有权、生命健康权、劳动权、受教育权、平等权、住宅权、继承权、诉权、公平审判权、申诉权、控告权、保持荣誉和名誉的权利及隐私权等等。这些自由权和公民权都需要通过法律制度化。从第二个方面说，任何公民的自由权和公民权，都既可能非法干扰其他公民的权利，也可能导致社会无政府主义，甚至给社会造成灾难性后果。据此，必须由法律制度把一定的自由权和公民权限制在尊重他人权利的范围之内，以建立平等的公民权利体系。如用诽谤、色情、泄密及煽动叛乱等方面的规则来限制言论自由；用公共安全、公共秩序及交通等方面的规则来限制示威游行及集会自由。

（三）实现制度（“社会化”制度）：法律赋予权利主体实现上述权

① 我们在这里只是说明问题，而无意划分权利体系。对权利体系结构的划分，可以从不同方面来进行。如苏联法学家认为，“在一定的社会经济形态和一定的历史条件下，权利体系可以划分为公权和私权。……权利体系根据主体所参加的社会关系种类被进一步划分为部门和制度。”（[苏]Л.С.雅维茨：《法的一般理论——哲学和社会问题》，朱景文译，辽宁人民出版社 1986 年版，第 151 页）

利、自由的方法、手段，包括物质的、组织的方法和手段。

（四）责任制度：滥用权利和自由所应承担的法律责任。这种责任制度是权利、自由制度的派生物，因此，它来自权利和自由本身而不是为了对行使权利、自由的人们进行威胁和恐吓。同时，责任制度的具体种类及其内容是与权利、自由体系和滥用权利、自由的性质及程度相适应的。

（五）救济制度：主要是法律为权利、自由受到侵害的人提供有效的法律救济方法。法治社会的原则一般是"有权利，就有救济方法"，因为受到侵害而又得不到救济的权利、自由，无论多么美妙动人，也是毫无价值。现代各国的民法及民事诉讼法、行政法及行政诉讼法乃至违宪审查制度都遵循了这一原则。

法律制度横向结构的另一部分是权力的模式化。在工业化和民主化条件下，权力应是文明的、合理性的，这至少意味着：权力的目的是正当的——维持秩序与安全、保障自由和权利以及实现社会发展目标、权力具有权威性，以保证目的的实现；权力分散化（内部分工），以有助于民主和自由；权力制度化（法律化）。在法治社会，权力制度化有三点意义：一是保证权力目的的正当性、权力的权威性和分散化；二是制度化权力通过民主方式产生和分配，所以它是一种社会（实际上是统治阶级）同意并更容易得到公众的支持，也更能实现其正当目的；三是制度化权力往往更加非个人化、非人格化，即具有非个人性特征。这种权力属于职位、官职或角色，而非属于个人所有，因此它有助于防止权力腐败和权力的非法运行。从模式化角度观察，权力制度化包括若干亚模式：

（一）形成制度：法律规定权力的来源（如"一切权力属于人民"）和一定人们掌握权力的方式（如选举等），以确定社会统治阶级的各个成员通过法定和平方式获得行使权力的资格。

（二）构成制度：权力的范围，即有哪些国家权力，这些权力应管理社会的哪些一般事务或公共事务；这些权力如何分配和划分，即分工与制衡体制或各种权力的关系模式；行使权力的组织、机构的结构。

（三）限制制度：主要是确定权力的界限，侧重于规定禁止政府获得某些权力、政府不得采用某种方式行使法定权力，如对“自由裁量权”的制度约束，或如美国宪法修正案第一条规定：“国会不得制定法律，剥夺言论或出版自由，或人民和平集会或申请政府申冤的权利。”事实上，任何宪法都不同程度、或明或暗地包括了对一切政府权力加以限制的含义。

（四）运行制度：法定的权力运行（行使）过程、方式、规则及程序等。

（五）保障制度：即权力机构和组成权力机构的人行使权力的法定保障，如中国人大代表的“言论免责权和表决免责权”制度；西方国家保障司法权独立的法官制度（法官终身制、专职制、高薪制和退休制）。

（六）责任制度：法治国家的一个中心观念，就是权力主体对超出法定权力（滥用权力）的行动和消极地不行使法定权力的无作为负责。因此，确立政府权力和政府责任之间的适当平衡，是民主政治和法治的一个重要目标。这就要求，建立完整的权力责任制约机制，即法律责任体系，包括政治责任、违宪责任、行政责任、民事责任乃至刑事责任。

（七）监督制度：包括政党监督制度、社会监督（主要是舆论监督）体制、违宪审查和司法审查制度。

上述权力的制度化模式，在现代社会，主要由宪法、立法法、行政法、司法法、行政诉讼法、司法责任法、监督法等加以安排。

法律制度的纵向模式，则是从法律的表述范围和普遍性程度上进行的层次等级划分。它包括四个级别：法律原理、法律原则、具体法律制度和法律规则。

法律原理表示实质性的法律制度，它主要涉及一个法律制度体系的性质、目的、理想及价值取向等最具有抽象性和普遍性的问题。如表明社会主义法律制度和资本主义法律制度根本区别的内容，就是法律原理。一种法律制度体系内部“政策性”的指导思想，如英美法系中的合同对价原理和公共政策原理，世界各国的刑事政策、劳改政策等等，也是法律原理。

法律原则一般是指对大量较具体的法律陈述进行统一说明、论证和解释的普遍性规范，这种规范可以作为法律适用过程中法律推理的权威前提。它一方面是从法律原理中派生出来的，另一方面是从具体法律制度和规则中抽象出来的。因此，它既可从各个方面将法律原理加以具体化，又可指导具体法律制度和规则的制定、解释和适用。在法律实践中，它有助于在形式化法律之下寻求实质性公正，灵活而又合法地对待所面临的法律难题。一位法学家就此恰当地指出：“一般法律原则往往是判案遇到困难的法官的救生圈。这些原则都是笼统的大框框，这就使人能把它们适用于许多不同的案情。因此，当法官需要时，很少有找不到一条能解决问题的一般法律原则的情况。因此，这些原则含义的含糊，也使它们特别富于可塑性。它们可以被援引来适用于各种截然不同的情况。因此，它们让法官或仲裁员在改正因严格适用不恰当的法律规则而产生的不幸后果方面，或在补救实在法的各种不足之处方面，享有很大的作判断之自由。

一般法律原则极其恰当地为法官作出撤开法律去设法体现公平原则的判决，提供了牢固的法律基础。”[①]由于范围和普遍性程度上的差别，法律原则同样有各种不同层次，有最一般的法律原则：民主原则、法律平等原则、法制原则、统一原则及权利义务对等原则等；有次一般的法律原则，主要是立法、执法和司法的一般原则；也有比较具体的原则，如罪刑法定原则、罪刑相适应原则、罪责自负原则和无罪推定原则等等。

具体法律制度，如选举制度、市场制度、司法审判制度、法人制度等等。这些制度是在相应的法律原理和原则制约下形成的，同时又通过许多法律规则加以确定。一般而论，这些制度比法律原则更为具体，但又比法律规则更为抽象地规定了人们行为的标准或尺度。因此，一项法律原则往往包含了若干在逻辑上相互关联的具体法律制度，而一项法律制度则包含了一系列有机联系的法律规则。尽管在有些情景中，一项具体法律制度也可以与几项法律原则相关，但这项具体法律制度往往只涉及这些法律原则的某个共同层次或侧面，而不是囊括这些法律原则的全部内容和要求。

法律规则，它有时指构成一个法律体系的法律规定的整体，即整个法律制度的纵向模式。在这里，它特定地表示比较具体、特殊和专门的法律规定，法律规则比法律原理、原则和制度都要详细和具体，如死刑、无期徒刑等刑罚规则比刑事政策（法律原理）、刑罚原理（刑罚法定主义、罪责自负、刑罪相适应等）和刑罚制度（主刑制度、从刑制度等）显然详细和精确得多。

当然，法律制度四个层次等级的划分，是一种逻辑的划分，这种

① ［法］米歇尔·维拉利：《国际商事法——第三种法律秩序的理论探讨》，李泽锐译，《法学译丛》1986年第6期。

划分具有相对的意义：法律原则可以是特定的和具体的，而法律制度、规则有时是抽象的。

上述法律制度的横向和纵向模式，具有双重性：一方面，它是根据现实的法治状态中许多的具体制度创造出来的，因此它首先是解释性的。根据这个一般模式，人们可以比独立地研究每个制度更加深刻和严谨地阐明这些制度的性质、内容、功能及其运转情况。另一方面，这个一般模式是通过逻辑抽象的过程形成的，因而它具有理想性和预见性，既可用来描述法治发展的一般方向，又可预见这个模式中的某个组成部分今后的发展方向及发展轨迹。

法律制度模式不是孤立存在的，也不是各自分离的，而是具有内外关联性。外在关联性是指法律制度总是和社会中的其他因素如经济、文化（观念、信仰、评价标准等）、历史等因素互相关联。内在关联性则是指法律制度框架内部各个组成部分——权利模式和权力模式及其内部的各种制度，法律原理、原则、具体制度、规则及其内部的各个成分——之间互相关联。由于存在这些关联性，所以，社会经济、文化的变迁会导致整个法律制度模式的变迁，一种法律制度的变迁，也会导致另一种法律制度的变迁；在一个社会中有效的法律制度模式，在另一个社会则未必有效，同样道理，在一个法律制度模式中有效的法律制度（亚模式），在另一个法律制度模式中也未必有效。此外，上述关联性也决定着法律制度模式在不同时代、不同性质的法治国家既有同一性，又有差异性。法治的比较研究表明，各法治国家不可避免地面临许多相同或类似的社会法律问题，这些国家可以采用相同或类似的制度来解决这些问题，因而，各种不同的法律制度模式包含着一些共同制度，如人身自由、自由权利、家庭权利、民事权利等方面的制度。但是，社会制度本质的区别、历史和文化的差异等，使各法治国家法律制度的总框架有迥然各异的性质，其具体的制度格局、内容、形式等也时有不同。因此，不同法治国家的法律制度的移植是可能的，但远比技术的移植困难。

法律制度模式还具有动态的性质，所以它是法律进化过程或发展的集合。根据马克思主义发展观，这种进化或发展的方式，或是量变的、循序渐进的，或是质变的、飞跃（突变）的。由此产生了制度变迁或制度创新的问题。这一问题的分析框架是：（一）制度变迁或创新的根本力量（动力），有内生因素，即法律制度内部固有的因素，如结构、规模等；也有外生因素，即社会经济、文化因素等。（二）制度的变迁或创新的根本方向，是对权利的进一步扩展，还是对权利的进一步保护？是对权力的重新分配，还是对权力的重新限制？是进一步完善其形式，还是提高其理性水平（价值关切度）？（三）制度变迁或创新的方式，包括量变、部分质变乃至革命，诚如马克思所言："在许许多多国家里，制度改变的方式总是新的要求逐渐产生，旧的东西瓦解等等，但是要建立新的国家制度，总要经过真正的革命。"[①]（四）制度变迁或创新的阶段性，也就是经历哪些阶段，包括逻辑的阶段性——从分析到设计到实施，历史的阶段性——经历多长时期。同时，也包括各个阶段的战略目标、具体步骤等。在这每一个问题上，政治家、法学家的批判性眼光和理性能力都具有特别重要的意义。改进或变革法律制度，产生了对法律科学和其他科学知识的需求。尽管绝对地说人类的法律理性是有限的，但法律科学的进步却可以扩大这种理性，从而提高人们构思、创设和管理新的法律制度的能力。这是法律制度理性化地动态运转的重要前提。

---

① 《马克思恩格斯全集》第1卷，人民出版社1956年版，第315页。

三、法治的组织结构

近现代的工业化和民主化，在任何国家都不仅产生了相应的观念模式和制度框架，而且形成了相应的组织体系。工业化和民主化下的法治状态，也同样包含着一定的组织体系。

“组织”概念通常在两种含义上加以界定：动态的“组织”，指组织化过程，即社会状态、法治状态的形成、保持过程及其自我调适、进化的过程；静态的“组织”，指组织机构，也就是通过明确的程序及一定活动以达到既定目标的集团或团体，如政党、议会、工会、行政机构、企业、法院、学校等等。在本书中，我们主要使用后一种“组织”概念。

从实体价值上进行规定，法治组织是一种权力或权利（自由）的物化方式或集合。而所谓法治国家，也可以说是各种合理合法的组织的集合。合理性的组织结构，不仅为法治状态的诞生和成长提供了“襁褓”，而且为其发展、转型（变革）奠定了坚实的基础。它既可以形成符合法治实体价值和形式价值的法律制度，也可以保证这种法律制度的实现。这是因为，法律制度不会自动地形成，也不会自动地实现，因而一个社会法律制度存在和实现的前提是制定、遵守、执行和适用法律制度的组织的存在。离开一定的组织，所谓法律制度的形成和实现，就很难说了。所以，戈尔丁说：“哪里社会组织的合理形式居统治地位，哪里就呈现出理想的法制。”[①]

一般地说，有效性是法治组织体系和各个法治组织的核心问题。一个有效的组织是一个能完成给定目标的组织，或是一个能实现其

---

① [美]戈尔丁：《法律哲学》，齐海滨译，生活·读书·新知三联书店 1987 年版，第 98 页。

价值并具有相当功效的组织。因此,完成给定目标是衡量组织有效性的一般尺度。在法治上,组织体系和各个组织的有效性的保障是多重性的,从组织结构和组织关系上说,主要是形成合理的组织特性,即相对独立性和相互制约性。

法治的组织结构,涵盖的范围是非常广泛的,其种类或类型也是多样化的,正如各种组织理论对组织的分类是多样化的一样。从法律视角观察,法治的组织主要有三大类型。

(一)一般的非法律组织。它是指那些不专门从事法律职业,也不属于辅助性法律组织但又与法律具有关联性的社会、政治、经济、文教组织:企业、公司、社会团体、学校、医院、行业协会、各种利益集团等等。在现代社会组织结构中,尽管组织的专门化是一个总的状态和发展趋势,每一个组织都具有一种主导性功能和特性——或经济的、或文化的、或政治的、或公共福利的等,但是,一个组织又往往同时履行多重功能,特别是在不同背景之下,一个组织履行的功能更不可能相同或单一化。非法律组织也是如此。从法律方面看,它也具有一定的法律功能和法律特性。如企业是一个经济组织,但又是法律主体,具有法人性质,遵循产权法、契约法等相关的法律也是它的目标取向和责任之一。而且,非法律组织既是通过法律制度直接或间接地安排和创设的,又需要通过一定的法律机制来实现其主导性功能和其他功能。因此,对这些组织应当进行法学的分析。美国著名社会学家帕森斯认为,如果公司只让经济学家来研究,政府组织只让政治学家来研究,学校只让教育学家来研究,显然是有局限性的。他主张社会学家也要研究这些组织。同样,这些组织也必须进入法治思考的范围。

在法治组织体系中,非法律组织应有助于相关法律制度的实现和保障相关人群的权利（自由），这就要求它们具备一定的组织特性。我们仅以经济组织（企业、公司等）来分析这个问题。

以产权制度、法人制度和契约制度为核心的现代民商法及其所属的法规体系（《企业法》《破产法》等），是现代经济组织的法律基础。但是，这些法律制度的实现，不仅取决于它们的公正性、完备性及其强制力量，而且取决于经济组织的结构和特性。也就是说，只有以"契约关系"为组织联系——组织内的联系和组织间的联系——的经济组织即契约型经济组织，才有可能使民商法制度成为具有现实约束力量的法律规则。而那些发育不全的经济组织，往往难以与民商法制度合拍，从而使这些制度成为"法学上的幻想"。从历史的和国际的情况来看，这种发育不全的经济组织主要有两种类型：第一，具有自然经济性质的家族型经济组织，即以血缘、亲缘、亲友、邻里等带有封建宗法制度烙印的社会关系为组织关系的经济组织。它的组织媒介是"人情""血缘关系"，活动方式是小生产式的，活动规范主要是宗法制度、人情道德和家族习惯等。它必然地要排斥民商法制度。第二，行政型经济组织，其组织特性是：高度附属于行政权力，并实行行政命令的控制方式，也就是组织的结构、运行机制、维系体系基本上以行政权力为核心，在组织内和组织间，行政权力关系决定权利关系。它也内在地排斥民商法制度。[①] 这两种类型的经济组织都不可能成为法治所需要的组织。

社会主义法治下的经济组织作为法律主体，是各种经济权利的集合体：所有权（产权）、自由、平等、民主管理权等相互关联的权利共同构成经济组织的法律地位。因此，现代经济组织是一种法权体系，

---

① 参见《改革面临制度创新》"主报告"和"专题报告"第6、7、9、10篇和房汉廷著《中国市场流通组织发育的天然缺陷》（载《光明日报》1989年2月11日）。

它具体分为三个方面：一是经济组织相互之间的权利关系，如签订契约的自由、平等权利。二是经济组织与政府的权利关系，即经济组织相对于公共所有权（国家所有权）的有限所有权或相对于政府权力的经营自主权——《中华人民共和国行政诉讼法》（1989 年）规定法人组织可以对行政机关侵犯法律规定的经营自主权的具体行政行为提起诉讼。三是经济组织内部的权利关系，主要是经济组织的成员所享有的经济民主和经济权益（股份等）。此外，经济组织作为一个利益共同体，必须能够维护所属成员的各种权利（自由）；在其权利受到侵犯时，能够提供帮助。如果一个经济组织不具备上述权利性，那么，它也不可能实现民商法制度，从而不可能成功扮演其在实现法治方面的角色。

（二）职业性法律组织。这是法治组织的轴心和主体。法治状态正是主要在职业性法律组织的推动下形成和运转的。不同职业性法律组织在法治过程中的问题，各不相同。立法组织必须实现职业化，并以合理（能民主、公正和有效率地制定法律）的内部结构为纽带，面向民众和知识界，沟通立法组织与公民组织、知识组织等各种社会组织的正当联系，以便民主、科学地立法。执法组织，主要是形成向法律负责的文官系统。司法组织应追求其职业化和相对独立性。律师组织应趋向于社会化。法学家组织（中国法学会等）则需培养独立科学人格和积极参与法治活动的法学人才。限于篇幅，这里我们只详谈司法独立问题。

司法独立，与法治形式价值特别是法律至上性原则和司法组织职业化相关联，可以说在古罗马法中就已确定下来：查士丁尼于 539 年规定："每一法官只应……服从法律，并按照法律规定作出判决，就是在皇帝颁布了命令或者事务上的措施使诉讼沿着一定轨道进行判决的时候，法官也只应服从法律。因为我们的意愿是：法律的意愿必须有效。”541 年，他又重申了这一规定。

司法独立作为一项以近代立宪民主政体为基础的法治原则，其直接渊源则在于孟德斯鸠的三权分立学说。在《论法的精神》中，孟德斯鸠把司法独立看作公民自由的保障：“如果司法权不同立法权和行政权分离，自由就不存在了”，尤其是“把司法权放在已经拥有行政权的人们的手中，这是再坏不过的”。后来，北美大陆的杰斐逊和汉密尔顿在自己的宪政模式中弘扬了孟德斯鸠的三权分立学说，并进一步把司法独立认定为权力合理化、民主化的组成部分和防止权力专制主义的强大屏障。这样，司法独立就成为西方世界普遍承认和接受的法治原则。19 世纪至 20 世纪，在理论上，法学家们以孟德斯鸠等人的思想为起点，强调司法独立是近现代的自由社会和法治社会的支柱，并不断根据特定的时代条件对司法独立加以研究，努力为保障司法独立探寻各种行之有效的方法。而在实践上，西方各资本主义国家的宪政文献都明确无误地确认了司法独立。① 在宪法和法律中还建立了保障司法独立的法官制度——法官不可更换制（终身制）、专职制、退休制和高薪制等。②

但是，经验表明，西方世界并未完全实现自己所宣告的司法独立原则。这也是许多对司法独立持客观、理智和冷静态度的资产阶级法学家的共同看法。如在三权分立模式最为典型的美国，司法独立也往往受到多方干扰和阻碍。虽然美国司法系统（法院）对政府可以

① 如 1947 年《意大利共和国宪法》规定：“法官只服从法律”。1947 年《日本国家宪法》规定：“所有法官依良心独立行使职权，只受本宪法及法律的约束。”1949 年《德意志联邦共和国基本法》也规定：“法官具有独立性，只服从法律。”

② 详见龚祥瑞等著《西方国家的司法制度》，北京大学出版社 1980 年版，第 89—94 页。

起一种富有生气的、有效的抗衡作用,通过违宪审查对国会也时常有所牵制,而且美国律师协会制定的《司法行为准则》也规定:“法官必须坚持司法系统的统一和独立”,“法官必须忠实于法律,……他必须不因党派利益、公共喧嚷,或者害怕批评而发生动摇”。但在美国一些法学家看来,现实主义法学已经从法官身上剥掉了用黑色法袍裹着的一贯正确的外装,显示出他们办案往往是受不合理偏见的推动多于根据法律规定办事。人们指出:“在司法观察家们中,很少有人认为法官们在制定判决时,对公共舆论和公众的关注漫不经心。他们的判决可能受报刊带批评性的社论的影响。法官们往往出身于中产阶级,因而在判决中往往吸取了中产阶级的偏见和条条框框。在许多司法管辖区,法官是由党派控制的政治性选举中被选任的。”①因此,他们不能不考虑党派利益。于是,资产阶级的法官们在某些方面和一定程度上只具有一种表面的独立性。

司法独立并非资产阶级法治文明独有的因素,它作为现代民主和法治的重要司法制度,作为现代国家司法组织和活动的基础,也一次次写入社会主义各国宪法和司法法之中。马克思主义经典作家对资产阶级国家司法独立的有力的、无情的批判,丝毫也不影响社会主义各国高举司法独立的旗帜。在南斯拉夫,“法院独立行使司法职能,根据宪法、法律和一般自治文件进行审判”,被认为是符合公认的一切进步思想的基本原则。而在中国,抗日民主根据地颁行的《陕甘宁边区宪法原则》就规定:“各级司法机关独立行使职权,除服从法律外,不受任何干涉。”1954 年宪法和司法组织法(《法院组织法》和《检察院组织法》)也宣布“人民法院独立进行审判,只服从法律”,“地方

① [美]H.特德·鲁宾:《美国法院与公众》,刘赓书译,《法学译丛》1981 年第 5 期。

各级人民检察院独立行使职权，不受地方国家机关的干涉”。1979年新的司法组织法和1982年新宪法相继恢复了1975年、1978年宪法取消的司法独立原则。此外，东欧各前社会主义国家的宪法也都无一例外地对司法独立加以确认。[①]

上述种种法律规定表明，司法独立构成了现代各国司法组织的基本法律特性，并已成为遍及世界的一种法律制度和组织原则。虽然司法独立具有阶级性，社会主义国家和资本主义国家的政治制度截然不同，其宪政模式也颇有差异，但不论是社会主义法治，还是资本主义法治，都不能不承认司法独立是司法组织和诉讼制度的宪法原则，创设并坚定地实行司法组织的独立体制。这种超越时代和社会制度的共同性法律现象，使我们不得不在深层次上来思考司法独立的必然性和合理性。

由于孟德斯鸠三权分立学说的世界性影响，所以，人们往往在三权分立模式之内寻找司法独立的理由。但事实上，司法独立问题已经超越了三权分立模式：社会主义司法组织是在议行合一模式中确立和保持其独立性的。显然，这两种不同的政治权力模式都不足以使人们从中找到司法独立的根据。因此，人们尝试着在这两种模式之上来探讨司法独立得到普遍承认的深层原因。

一种基本尝试是，有的学者从社会分工这一普遍原理出发，论证司法独立：社会分工不仅是经济领域的事情，而且也是政治、文化、科学领域的事情，由于分工，司法的独立性成为必要。这是一种值得进

---

① 1971年保加利亚宪法规定：“审判员和陪审员独立行使职权，只服从法律。”1960年捷克斯洛伐克宪法说：“经选举产生和独立的人民法院行使捷克斯洛伐克社会主义共和国审判权。”1972年匈牙利宪法指出：“审判员独立，只服从法律。”1968年民主德国宪法也要求“审判员、陪审员和社会法庭成员审判独立，仅受德意志民主共和国宪法、法律和其他法规约束”。

一步掘进的思路。的确，社会分工的广泛性，特别是国家政治职能的分工，为司法提供了独立的可能性。不过，社会分工原理能否奠定司法独立的根基，则尚存疑义。

我们认为，司法独立的深层原因在于法律系统的独立性、法律的权威性和司法的公平性。

法律系统的独立，是人类法律发展史的主题之一。马克思主义法学把法律看作独立的职能部门。早期法律不断与伦理、宗教、习俗等分离而向独立的系统演化，已成为法律史家公认的定律。在古罗马和英国法制史中，人们努力“把法律当作居位在一个封闭的圈地之中的不可碰的女神来崇拜”，如英国早期的法学家们总是喜欢说：“法律将容忍损害而不能容忍干扰。”随后，法律又开始相对独立于政府。庞德认为法律是“政治上组织起来的社会”的法律，并不意味着法律是政府的一部分。事实上，正如人们所指出的：力求独立与自治的法律努力，几乎遍及所有高度发展的各种法律制度之中。[①] 与法律的独立性相适应，并为了维护这种独立性，就需要也必须建立一个独立的专门机构——司法组织。如果法律系统是不独立的，那么司法组织的独立性就无必要存在了。

法律必须是有权威的，已如前章所述。法律权威的存在，是法治过程中一系列复杂因素相互作用的产物，如法律的公正形象、公众对法律的信任、文官系统依法行政以及司法组织的合法化运转等等。仅从司法组织方面言之，司法独立有助于提高司法组织的权威，从而有助于体现和捍卫法律的权威。一个有极大权威的独立的司法组织，本身就是法律权威的一种象征。这不仅是因为独立的司法组织

---

① 参见［美］E.博登海默《法理学——法哲学及其方法》，第233—235页。

的唯一目的是保护法律,使法律有效实现,而且是由于服从法律是司法独立的内在精神和固有性格,司法愈是服从法律,法律就愈是具有权威性。因此,司法不独立,既意味着司法组织无法实现自己的唯一目的,威胁和损害法律权威的不法行为也不能有效制止,也意味着司法活动超越于法律,形成司法组织的不法运动。这必然导致法律权威的减损。在这个意义上,我们不能不同意丹宁勋爵在谈论"蔑视法庭罪"时所发表的观点:"在所有必须维护法律和秩序的地方,法院是最需要法律秩序的。司法过程必须不受干扰或干涉。冲击司法正常进行就是冲击我们社会的基础。为了维护法律和秩序,法官有权并且必须有权立即处置那些破坏司法正常的人。"①

司法独立还根源于司法的公平性。马克思主义法学认为,法总是一方面与阶级利益相联系,另一方面又与社会公平相联系。尤其是在社会主义社会,实现社会公平永远是法治的职能,因而公平性也就是法治的永恒特性。法治公平性的一个重要环节是法律操作层面上执法、司法的公平性。司法作为解决法律争议或讼案的特殊的国家活动,无疑同公平相关联,甚至可以同公平同等看待。也就是说,司法是以国家的名义,在"公正"的场所(法院),以"公正的形式"(正当法律程序等)进行"公正的审判"(准确、合法、公正的判决)。这就决定了,法官或法院不能从属于任何当事人,也不适宜于在作出法律判决之前进行民意测验,而只应忠实于事实,忠实于法律。这是支持司法独立的最强有力的论点。譬如,司法公平性要求法院平等地处理任何公民之间的权益纠纷,这种处理不能按某一方当事人的意志而只能依照事实和法律来进行。如果法院成为某个人的附庸,或某

① [英]丹宁勋爵:《法律的正当程序》,李克强等译,群众出版社1984年版,第9页。

个人可以指示法院如何判决，那决无法律平等可言，也决无司法公正可言。再有，现代司法组织一般都享有对行政组织的活动进行审查和监督的权力，以防止和纠正政府官员的越权行为，从而保证政府行为的正当性、合法化和保护公民的权利、自由。在西方资本主义国家，有一种公法上的裁判权制度，根据这种制度，解决行政权力和要求权利的人们之间的公法上的纠纷，属于独立于行政权之外的司法机关的职权范围。如美国法学家们认为，美国法院的一项宗旨是保护公民抵制政府的专横行为，政府不依法活动而造成的对公民权利的种种侵犯行为，使得公民需要依靠法院来纠正政府及其代理人的滥用职权行为。在社会主义国家，政府权力和公民等法律主体的权利（自由）之间的纷争，也开始在不同范围内适用司法上的诉讼程序：南斯拉夫法院有权对行政部门正式通过的最终的行政法令的合法性实行监督；匈牙利检察院对国家行政机关的合法性的监督对象包括部长会议以下行政机关的一般性措施——法规和其他规范性的规则；中国的人民法院则通过审理行政案件，对具体行政行为是否合法即是否侵犯公民、法人或者其他组织的合法权益进行审查。显然，司法机关独立于行政，不受行政机关干涉，是司法审查的基本前提。诚如《中华人民共和国行政诉讼法》（1989 年）规定："人民法院依法对行政案件独立行使审判权，不受行政机关、社会团体和个人的干涉。"若司法机关从属于政府，成为政府的工具，或受政府的领导与管辖，所谓司法审查也就不能不流于形式，司法的公平性就可能丧失殆尽。

司法独立的实现，并不是一件轻而易举的事情。从理性上说，司法独立奠基于法律的独立性、权威性及司法的公平性。但现实中各种司法独立体制的建立，则不完全符合这个思路，这就使司法独立的实现更为艰难。换言之，如果一个社会的法律缺乏必要的独立性、权威性，司法公平也是有待实现的价值目标，却在法律上承认司法独立，那么司法能否真正独立，就不容乐观了。原因的不成熟也许导致结果的不成熟，但不管怎样，那些承认司法独立的国家，至少在形式上不能不为此提供某种保障。就社会主义司法独立而论，它首先需要合理的政治权力模式，从而为司法独立创造政治条件；它要求加强和改善党对司法组织的领导，党的领导和司法独立并不矛盾；[①]它还要求建立社会主义司法制度或司法职位保障制度，这一制度的核心在于司法官民选制；此外，司法官本身也应具备独立的品格、忠实于法律的责任感和维护法律权威的使命感。

（三）辅助性法律组织或准法律组织。从法治理论上来看，现代诉讼制度和司法组织是适应人们不断强化的权利意识和权利要求而产生、发展起来的处理社会争端的主导制度和组织。这种制度和组织也可看作衡量法治进化状态的一种重要标准。但是法治和法制发展的历史过程，并非完全按照上述模式演进。有的比较法学家认为，在所有国家里，大部分争端都是通过司法机关以外的途径解决的。事实表明，这种看法有一定道理。在美国和欧洲各国，20 世纪六七十年代开始了所谓“非审判纠纷处理”（Alternative Dispute Resolution）运动，以应付讼案激增的强劲趋势，从而出现了非司法化倾向。[②] 而在各社会主义国家，“非讼事件”是一个基本的概念，司法社会化也是司法发展的一个重要趋向：苏联制定了关于“同志审判会”的法律，规定同志审判会有权受理轻微偷窃案、公共场所酗酒案、

① 党的十一届三中全会公报指出：“司法机关要保持应有的独立性”。《中国共产党章程》规定：“党必须保证国家的立法、司法、行政机关独立负责地协调一致地工作。”这说明，司法独立并不妨碍党的领导，党对司法的领导就是“保证”司法独立。

② 参见北京大学法律系法理教研室等编《法律社会学》，山西人民出版社 1988 年版，第 237—238 页。

房屋承租人间的纠纷等；它可以宣布某些处分，如小额罚金、训诫、公开警告，也可以建议企业领导对罪犯在一定期间予以降级或调职处理。在南斯拉夫，司法制度的新发展是设立自治法院，包括联合劳动法院，这既是行使司法职能的一种新形式，也是司法制度社会化的结果。此外，还有过去已经建立的其他形式的自治和社会法庭——仲裁处、公裁会和调解委员会。在罗马尼亚的各工厂企业、经济组织、合作社、机关和市乡人民委员会中设立了1.4万个群众审判委员会，负责解决一些民事纠纷（财产、遗产和家庭纠纷）以及情节轻微的刑事案件（酗酒闹事、打架斗殴、盗窃公物等）。而中国的八十多万个各级调解组织所实行的调解，更是被讼案缠身的法官和司法领导人称为"东方的经验"。凡此种种，都意味着非诉讼组织可以有条件地作为法治组织的组成部分与司法组织一同发展。可以预言，在当代社会条件下，法律的主导性的发展，现代诉讼制度有效性的固有限度，将共同进一步推动法治状态下的非司法化运动或司法社会化运动，随之，那些辅助性法律组织也会具有扩展的趋势，其作用也将逐步强化。但是，在非诉讼组织和非司法处理已充分（过度?）发达的中国，当务之急还在于发展、完善现代诉讼制度和司法组织。

四、法律秩序

自古以来，法律就是与秩序相关联的。"法律是秩序的化身""法律是秩序的象征"等命题，一直为思想家和政治家们津津乐道。法律秩序也是法治状态的组成部分，对它进行应有的说明和探索，自然也是法治学说的内容之一。

"法律秩序"一词，往往被不同社会、时代和国家的学者赋予不同的含义。在国外，综归起来，大体有两种界定。

第一，规范意义上的："法律秩序"是法律或法律制度的秩序，其外延等同于法律，其内涵是法律体系、结构的有序化。凯尔逊主张法律秩序是一种"法律规范等级体系"或"一个共同体的法律规范的总和"。庞德把法律秩序看成具有强制力的政治组织调整关系和安排行为的"有系统"的制度。《牛津法律大辞典》写道：法律秩序"是从法律的立场进行观察、从其组成部分的法律职能进行考虑的，存在于特殊社会中的人、机构、关系原则和规则的总体"。而博登海默更直截了当地说："秩序这一术语将被用来描述法律制度的形式结构，特别是在履行其调整人类事务的任务时运用一般规则、标准和原则的法律倾向。"[①]总之，"法律秩序"意味着法律作为一个复杂的结构，根本不存在互不关联的、杂乱无章的一些法律单元，它总是构成一个体系，形成一种秩序。

第二，实际意义上的：苏联法学家认为，法律实现的结果形成法律秩序。尚巴指出："法律秩序是法的实践方面，即在社会关系中执行和实现了的法。"进一步言之，"法律秩序不是法律规范中所规定的应有的或可能的行为，不是抽象的权利和义务，而是人们对这些应有和可能的具体实现，是权利主体的实际行为，是法对任意性社会关系进行的有保障的适应调整。正是这种与法的作用相关的人们的实际行为——构成法律秩序"[②]。而雅维茨也认为："法律秩序是社会关系的这样一种状态，它是法律规范和法制实际实现的结果"，"法律秩序是在社会关系中实现了的法制"；"法律秩序能够被看作是法的实现

① ［美］E.博登海默：《法理学——法哲学及其方法》，第206页。

② ［苏］P.M.尚巴：《法律秩序与民主》，常玢译，《法学译丛》1987年第4期。

的终点”。所以，人们“不能把法律秩序与法律同一”[①]。

中国法学界“引进”和接受的是“实证意义上的”法律秩序概念。但是，对于法律秩序的范围或外延则有不同的规定。一种认为法律秩序是法律建立和维护的社会秩序，它包括由法律建立和虽不由法律建立但由法律保护的社会秩序，即各种社会秩序的总和。因此，它被称为广义的法律秩序。另一种认为法律秩序是通过法律和制度建立起来的社会中人们相互关系的有条理的状态。它只包括法律调节的社会关系状态，所以被称为狭义的法律秩序。还有一种把法律秩序界定为法律实现之后形成的特有社会关系和社会行为的实际状态——法律引导人们的行为和调整人们的关系而形成的有条不紊、井然有序的状态，包括法律行为秩序和法律关系秩序两个部分。

在本书中，我们根据对法治状态的结构划分和对法律制度的宽泛理解，也拟采用上述广义的、实证意义上的法律秩序概念。因为从广义法律制度的范围上看，法治状态下的法律秩序，在外延上涵盖了各种基本的社会关系领域，每一种基本的社会秩序（经济秩序、政治秩序、家庭秩序等）都具有法律秩序的性质。因此，法律秩序代表着社会秩序的总体。当然，这并不排除各种基本的社会秩序也具有伦理秩序、专门（或经济或政治或家庭……）秩序的属性。

法律秩序是特定社会人类的一种基本追求和向往。社会和法律进化的规律之一，就是从无序到有序的转换，从一种秩序到另一种秩序的更新。在人类历史上，尽管有些人主张社会无政府主义和极端自由主义，但绝大多数人还是很自然地接受了“秩序”观念。西方思想界从古希腊时代开始，就牢固地确立了秩序观：米利都学派等提出

---

① ［苏］Л.С.雅维茨：《法的一般理论——哲学和社会问题》，第203—204页。

了自然的、物质的秩序，苏格拉底经柏拉图到亚里士多德论证社会中的秩序。罗马人对秩序的渴望，表达在他们的“有社会就会有法律”的格言中，从而表达在那种社会形态最发达的私法体系中。在中世纪，基督教学说把世界的秩序看成神授的秩序，正如圣奥古斯丁声称：“没有什么不发生于秩序之中。”托马斯·阿奎那说创建秩序的能力是智慧的标志。在近代，以天赋人权理论为基础，产生了个人主义或自由主义秩序观。随后，虽然近代秩序观在社会化大工业和高科技的冲击下，发生了严重危机，但人们仍在从各个方面进行创建新秩序观或试图重新恢复近代秩序观权威地位的努力。而在中国，先哲圣贤们所设计的伦理、宗法或礼治秩序模式，在几千年的历史中引导着中国社会的有序化运动。在马克思主义理论中，由习惯或法律所建立的秩序，也被看作一种生产方式的社会固定形式。因而，在他们对未来理想社会的构想中，也逻辑地包含着对秩序的憧憬。而事实上，历史也不断地表明，有序社会总要比无序社会更有助于人类的正常生活，也更有助于实现社会统治集团的利益和要求。因此，人类社会的各种政治组织或社会组织，都在不同社会状况和价值观的约束下，不断地运用习惯、伦理、传统、法律等等来确立各种秩序，以防止无序状态即社会非规范或无组织的出现及增长。

在法治社会，法律秩序尤其深受人们的关切和重视。一方面，法律秩序构成了工业化和民主化的秩序基础，正像法律制度构成工业化和民主化的制度前提一样。所谓民主的有序化和工业的有序化，都主要是通过法律来建立的，换言之，民主和商品经济都主要由法律来设定其有序运转的机制，法律的实现就形成了民主秩序和商品经济秩序。另一方面，法治最终表现为一定的法律秩序。因此，法律秩序可以作为一种重要尺度，用来衡量法治的水平、质量和规模，包括法治过程中的缺陷：法律秩序的合理化、合法化及稳定性程度愈高，愈是标志着法治的成功；反之，法律秩序如扭曲形式化法律体系的合理性、公正性，或法律秩序遭到严重侵犯和破坏，那就说明，法治存在内在的弊端或不同程度的危机。

法治下的法律秩序，首先是一种合理性和合法化的社会秩序。合理性是指法律秩序符合法治的实体价值，这种法律秩序实质上是权利（自由）和权力的正当行使的秩序。而在专制之下，法律秩序的目的在于限制人们的权利和自由，并形成权力无限扩张和不断侵略私人领域的势态。这种法律秩序对私人来说主要意味着义务和责任，对专制君主等则意味着无义务和不负责任。显然，它是一种不公正、不人道的法律秩序。合法化是指法律秩序是法律制度的派生物——只有形式化法律体系经过法制运动过程才能导致这种法律秩序的形成。没有法律自然就没有法律秩序；法律不完备，法律秩序也会残缺不全，甚至向紊态演化。在法律秩序合法化过程中，宪法起着极为重要的作用。因为宪法规定了创制基本法律、法规的根本精神、一般原则及其相互之间的关系，宪法本身的一系列原则、制度和规则也直接在使法律秩序成为社会法律现实时实现，从而，宪法成了法律秩序形成的最高层次、最有权威的“指示器”。

法律秩序作为一种有序化社会关系状态，包含了诸多因素，从而形成了一种时序和空间相统一的立体结构。从时序上看，根据马克思主义五种社会形态理论，法治下的法律秩序分为资本主义法律秩序和社会主义法律秩序。（前资本主义的各种法律秩序，在总体上不属于法治下的法律秩序，故不列于此种结构之内）而在空间上，人们一般又从两个方面加以划分，一是从理想与实证的角度，分为理想法律秩序与实在法律秩序；二是从基本法律部门上分为刑事法律秩序、民事法律秩序、行政法律秩序等等，这些划分都是合理的。但我们认为，最有效的划分，是依据前述法治下的制度模式，将法律秩序分为权利（自由）秩序和权力秩序。这是对法律秩序进行法治分析的最理想的结论，也是制度模式实现后的必然结果。前引苏联法学家P.M.尚巴把法律秩序的结构分成三个方面的关系：以最广泛的社会政治结构如国家制度和社会制度为媒介的关系；实现公民、劳动者集体（企业、机关、组织）、社会组织、国家机关以及国家和整个社会等主体的权利、自由、利益和义务的关系；依据法律和合同产生的具体法律关系。这些关系的实质都在于权利（自由）、权力两方面的关系。所以，法治下的法律秩序至少在形式上具有民主性，它的基本目的就是通过法律建立权利（自由）和权力的关系及其内部的各种关系的协调状态。

法律秩序的形成是一个异常复杂的过程，它伴随和交织着自发性和自觉性、自愿性和强制性等多重特性。从根本上说，法律秩序是法律实现的结果，而这种实现往往受不同力量的引导和约束。就法律秩序的形成具有文化性质而言，它要受各种无意识、潜意识、习惯、风俗、传统定势等因素的影响，因而在一定程度上具有自发性。这种自发性使那些不知法的人们有可能不违法或不自觉地守法。但是，法律秩序的形成更主要是一个自觉的过程，它需要国家及各种法律主体的自觉活动，也即需要各种法治组织的能动作用。自觉主要是：有目的地设定理想的法律秩序模式；建立法律秩序由理想状态到实在状态的转化机制——法制运行机制；改善制约法律秩序形成过程的各种主客观条件，如法治观念的启蒙与更新等。其核心是建立法制运行机制。法制是法律和法律秩序之间的中介环节，因而加强法制是形成和强化法律秩序的主要途径。

与此同时,法律秩序也是人们自愿遵守和国家强制人们遵守法律的结果。法制史表明,法律的实现永远也不可能单纯依靠自愿,正如不能单纯依靠强制一样,虽然强制总是迫不得已的。自愿遵守法律,一方面要求法律是合理的、公正的,另一方面要求人们对这种法律具有自觉的信念和不可动摇的信任,并牢固地树立法律至上权威的观念。强制遵守法律主要是通过独立的、备受民众尊敬和信赖的司法组织来实现的。这种强制是任何法律秩序的形成所不可缺少的。在19世纪和20世纪的法律学说中,各种"法"的定义都包含了强制性规则这个重要含义,法律具有强制约束力的概念占据统治地位。这种强制乃是由法律正当性和合理性所奠定的权威的一种外部形态。如果没有法律强制,那么形式化法律就是"无焰的火,不亮的光"。而在法律秩序形成过程中,每一次对于法律权威的挑战,都是对法律秩序的一种威胁,所以法律强制就成为这个过程的必然要件。正如耶林以诗化的语言指出:"法不只是单纯的思想,而是有生命的力量。因此,正义之神一手提着天秤,用它衡量法;另一只手握着剑,用它维护法。剑如果不带着天秤,就是赤裸裸的暴力;天秤如果不带着剑,就意味着软弱无力。两者是相需相成的,只有在正义之神操剑的力量和掌秤的技巧并驾齐驱的时候,一种完满的法治状态(Rechtszustand)才能占统治地位。"[①]

由于法律秩序形成过程受束于各种复杂的甚至相互矛盾和对抗的因素,因而这个过程充满着不法现象。也就是说,现实的法律秩序总是不完全符合理想的法律秩序,它包含着法律冲突、权益纷争以及违法犯罪因素。因此,法律秩序的有序化状态只是相对的,而非绝对

---

① [德]鲁道尔夫·封·耶林:《权利斗争论》,潘汉典译,《法学译丛》1985年第2期。

的。正是这种相对性，才使法治组织的自觉活动成为必要和可能。

五、法治状态的整合模式

“整合”(Integration)，又称“一体化”，是指法治状态的四个基本变量互为依存并结合成为整体。它既包含静态整合即法治状态的整体特征，又包含动态整合即法治状态的黏合过程。

法治状态各部分的整合，在前文各节中均有所涉及。这里，我们通过几种整合模式作进一步提示和论述。

整合模式一：价值整合。法治价值是整个法治的核心，是法治区别于人治的根本标志之一，它可以作为一种“内聚力”或“黏合剂”，把法治观念、制度、组织及秩序连在一起，从而使法治状态成为价值表现和价值实现的完整机制。因此，法治状态各部分向法治价值的聚集和逼近，就是法治状态整合的基本模式。由于法治价值是法治状态中所有部分都一致趋向的主题，所以这种整合模式又可称为主题整合。

整合模式二：适应整合。从逻辑上说，法治状态的四个变量必须相互适应，才有可能形成一个整体。但从历史角度看，这些变量既不可能同时发展到同等程度的成熟状态，也不可能同时完成相互黏合，而必须在各自发展的过程中，经历一个曲折甚至漫长的适应历程。通过相互适应来实现整合并维持整合，也是法治状态整合的重要模式之一。

我们首先来看看制度、组织、秩序怎样与观念相互适应。一方面，制度创设、组织构建和秩序形成都既导源于社会经济关系和社会结构的法律需求，又受制于一定的法治观念。这种观念是一种基本的引导和控制力量。有的学者认为,法律直接随着文化而变化。文化贫乏时,法律也匮乏;文化发达的地方,法律也就繁荣。因为法律制度、组织和秩序是一个国家或民族的文化、社会价值观念、一般意识形态及法治观念的集中表现。分而论之,法律制度与价值取向是相结合的:价值规定了行为的总方向,而制度不过是一种一般的行为模式。组织的价值模式也决定着组织的基本取向,因而指导组织和组成组织的个人的活动。法律秩序也必须是合价值的秩序。这种价值模式也可以评价制度、组织及秩序在整个法治状态中的合法性。同时,制度创新、组织重构和秩序再生,也要求进行法观念的适应性转换或变革。另一方面,观念的东西并不能完全保证其本身的实现,它还必须依靠物质的力量,即制度模式和组织结构的力量。制度、组织和秩序要成为人们所接受、尊重和信奉的东西,当然必须体现法治观念并奠基于这种观念之上。但观念要成为最有力的精神因素,也应当外化为制度、组织、秩序并通过它们来保障实现。这是一种双向的契合。也许具有特别意义的是,任何法治观念在一定国家中的传播及其对传统法观念的变革,都需要一种适当的制度模式和组织结构的支持。在那些国家,法观念与权力结合,实现了政治化、法律化,尤其是在"政治—文化"一体化文化观念模式下,传统法律制度和组织结构无疑是传统法观念的保护伞。而这不仅会使批判传统法观念的人们招致传统法律制度、组织结构的压抑或制裁,而且会使现代的法治观念无力发起对传统法治观念的合理冲击。因此,法治观的转换,必须以法律制度和组织结构的转换为依托;法律制度和组织结构的支持,是法观念变革与启蒙成功的条件。否则,那些具有合理性的新观念,只能被碰得头破血流。在这里,我们看到了"文化—观念决定论"的困境。它告诫人们,应当研究两个重要的命题:制度、组织及秩序发展的观念成分和观念发展的制度、组织和秩序成分。

制度模式和组织结构，也存在适应问题。制度模式需要由组织结构来创建、运转和维持——这些不仅仅是专门法律组织和辅助性法律组织的任务，而且也是一般的非法律组织的事情，只是各自的作用、方式不同而已。组织结构也具有自己的制度环境和制度模式，如组织自身的制度化程序、组织的权力范围、义务界限及责任制度。事实上，许多法律制度总是用于建立、引导和制约一定的组织，如法人制度之于企业、公司，人大组织法之于人民代表大会，司法制度之于法院等等。

法律秩序与制度模式、组织结构之间，同样可以实现整合。法律秩序在一定意义上是组织结构实现制度模式的结果，自不待言。制度模式和组织结构也要根据形成、强化合理化和合法化法律秩序的需要，进行创新和重构。

整合模式三：调节模式。法治状态中的各个变量，其发展程度（主要是与法治价值的契合程度）和演变过程都不完全相同，甚至大不相同。这种差异决定了这些变量相互之间的矛盾、摩擦和对抗，即冲突。为了促进和保持这些变量的整体状态，需要通过自觉的调节，来缓和冲突，或直接消除冲突。如那些力图实现法治的后发现代化国家为使本国的法律制度适应现代化社会的需求，引进了法治国家的一些法治制度，但其传统法观念又排斥或曲解法治国家相应的法治观念。结果，那些被引进的法治制度不是变形就是“虚置”。要在这种冲突状态下实现观念与制度的整合，唯一的方式就是调节，主要是解决观念对制度的怪悖。

正如法律秩序状态是相对的一样，法治状态的整合也是相对的。相对整合状态的形成，一方面是整合过程的产物，另一方面又成了法治状态进一步演化的障碍，以至于为了进一步的发展和整合，不得不打破原有的整合。法治的价值模式和组织的历史主动性，也即法治状态本身，为此提供了动力和杠杆。

下篇

法治：实证的分析

第九章

西方资本主义国家法治发展模式的追寻

今天的“西方”和“欧洲”并非一个概念。无论是政治、经济还是文化，北美大陆与其母胎的文明——欧洲文明相比，其差异是明显的，“欧洲的文化和美国的文化和文明毕竟是不同的”[①]。但是，这种差异点与其相似点相比是式微的。它们毕竟是同属一个家族的不同成员，有着类似的亲缘关系，谁会否认美国曾是欧洲的儿子这一事实呢？在法的领域强调这一点，是非常重要的。美国的法观念、法制度不管与欧洲有着多么大的不同，但这种观念和制度始终带着欧洲的某些遗传基因，具有深刻而重要的相同之点。它们有相同的渊源，有类似的价值观念，它们或多或少都是希腊、罗马和犹太人遗产的继承者。欧洲与北美的法文化的相同之点，共同构成了一个与社会主义法律体系相对应的“西方资产阶级化的法世界”；它们之间的差异之点又把它们分成一个个不同的“发展模式”，这些不同的模式说明了

---

① [法]克洛德·德尔马：《欧洲文明》，第5页。

它们各自所走的不同道路。因此,研究西方资本主义国家的法治发展过程的差异性与研究其统一性有着同等意义。

一、法治的胚胎:古希腊、罗马的法制发展

“欧洲文明是希腊人、罗马人和犹太人的遗产”,[①]但是,在法的领域,欧洲国家惠泽于希腊人、罗马人的地方比犹太人要多。“欧洲从希腊继承了什么?继承了关于人和社会的某种概念的动力线。从罗马和罗马帝国继承了什么?继承了一种政治的和法律的思想,一种范畴”,[②]这两者构成了欧洲法制发展的核心。当古希腊的政治家伯里克利创制了“雅典宪法”(恩格斯语),古罗马的法学家创造了“罗马私法体系”之时;当柏拉图写出了《理想国》《法律篇》,亚里士多德完成了《政治学》之时,这意味着一个不同于古代东方文化的法文明已经开始孕育诞生。

希腊本是一个重智慧轻经验的民族,加之受奴隶制商品生产发展水平的限制,决定了希腊人永远也创造不出像后来它的继承人——罗马人那种高度发达的“私法”体系。然而,一个民族的伟大之处不仅仅在于它能否为后人留下什么,还在于它为后人改变了什么。希腊人没有像罗马人那样留下一部宏大的“民法大典”,但它却为后人提供了一种思考法的方法,这一方法一直影响着整个欧洲大陆国家的法治进程。希腊人不是从个人与个人的关系上来思考法或法律,而是着重于从个人与社会、个人与国家(城邦)的关系上来思考法的问题。

---

① [法]克洛德・德尔马:《欧洲文明》,第3页。

② [法]克洛德・德尔马:《欧洲文明》,第3页。

在古希腊的城邦制时代,特别是在雅典,"城邦至上"不仅是一种"官方学说",而且也是国民的普遍心态。亚里士多德的"人天生是一个政治动物"的著名命题也就是从这一点出发的。在古希腊,能称为"个人权利"的东西,并不是指公民作为独立的个体所拥有的权利,而始终是指公民作为城邦的一员所参与城邦生活的机会。这种"机会"不是由"理性"或法律提供的,而是根据人的身份地位决定的。"希腊人认为,他的公民资格不是拥有什么而是分享什么,……这就意味着像希腊人所设想的,问题不在于为一个人挣得他的权利,而是保证他处于他有资格所处的地位。"①奴隶之所以不能参与城邦政治生活,是因为他没有这个权利,是因为他没有参与政治生活的资格。城邦实质上就是具有身份资格的公民个人的集合体。因而权利的唯一指向就是城邦和谐生活的实现。技艺是为城邦服务的技艺;宗教就是神圣化的城邦生活本身;法律就是能够保证有资格的公民参与城邦生活并保证生活和谐的一种尺度或准则。这种个人与城邦关系的特性直接影响了"雅典宪法"的特性。在古希腊,能称作"宪法"的东西并不是我们今天所称的能够标出个人权利、政府权限的最高准则,而是一种"生活模式",其最高价值是保证共同生活的和谐。在雅典,"宪法"的各项制度,如轮流担任公职、用抽签的方法决定任职人选等等都是为了使更多有资格的公民参与城邦政治。

城邦既是一个社会,又是一个国家。在这个集合体里,每一个有资格的公民不论地位高低、财产多寡,在参与城邦生活方面是平等的。从这个意义上讲,城邦体制是民主的。这种民主制为古希腊创造出辉煌的成就,为整个人类曾贡献过不朽的艺术和哲学,而且它也

① [美]乔治·霍兰·萨拜因等:《政治学说史》上册,第25页。

训练了公民学会自我管理的技能，为后来欧洲的政治、法律的发展提供了历史根基。

然而，这种城邦制从一开始，就埋下了悲剧的种子。城邦所依靠的不是一种“理性”的法律，而是公民个人的善意。城邦虽小，但它和现代社会有着同样的机制。城邦作为一种制度要健康发展，要达到和谐的共同生活，就必须满足各方面要求。一方面特别发达，往往会抑制其他方面的发展，就像某一器官的过分发达，会抑制其他某些器官的正常发育一样。希腊城邦的衰败，原因是多方面的。但原因之一是与城邦制自身相关。在城邦制中，法律始终作为一种维护城邦民主的武器与公众舆论结合在一起，掌握在公民手中。就像“雅典宪法”不是一种法的结构而是一种生活模式一样，法律能够做的只是在于促进城邦的和谐生活，而且这种功能也是随意性的。这样，城邦民主发达了，而法律却萎缩了。在雅典，陪审法院有千余众。然而，有些人根本不懂法律。他们不是靠法律处理问题，而是根据政治热情、正义感审判案件。在这里，需要的不是精通法律的法官，而是能言善辩的雄辩家；需要的不是法律公平地实施，而是眼泪、情感来打动听众。当雅典的民主容不下一个苏格拉底而把他处死时，法律的悲剧和城邦制的悲剧也就同时发生了。

柏拉图、亚里士多德关于法的论述，不能拯救希腊城邦法的衰败，因为他们的出发点是以坚信“美好的生活必须通过参与城邦”的生活才能实现这样一个假定为前提的。在这里，对于法律来讲，“参与城邦生活”比个人在道德上的义务和权利都是一个更重要的概念，因此，法律不能拯救城邦和城邦不能拯救法律具有同一的意蕴。探寻法的发展不能从“城邦意识”的框架中自发地发展出来，而须从城邦以外的意识或观念中寻找，这就是斯多噶主义关于法的新学说。

随着城邦的衰落，"作为政治动物，作为城邦或自治的城市国家一分子的人已经同亚里士多德一道完结了；作为一个个人的人则是同亚历山大一道开始的"[①]。这是后希腊学派——斯多噶主义——兴起的社会文化背景。城邦的衰落使得人们不得不学会过独立的生活，这是一个时代的完结，也是法制历史的转折，虽然它经过了一个较长的历程。在这一历程中，人们在慢慢地为自己塑造灵魂的同时，也为法律准备着塑造灵魂的材料。梅因指出："后期希腊各学派回到了希腊最伟大知识分子当时迷失的道路上，他们在'自然'的概念中，在物质世界上加上了一个道德世界。他们把这个名词的范围加以扩展，使它不仅包括了有形的宇宙，并且包括了人类的思想、惯例和希望。……他们所理解的自然不仅仅是人类的社会道德现象，而且是那些被认为可以分解为某种一般的和简单的规律的现象。"[②]自然哲学和道德哲学在这里融汇合一。客观规律与主观理想从两个极端走到了一起，彼此深入到对方深处；人类的价值判断在物质世界中间找到了一种不容置疑的权威性，外在的自然则在人类灵魂深处发现了自己最真实的生命。这正是斯多噶学派关于"自然法"的深沉张力所在。在斯多噶学派的理论框架里，一个是个人的概念，个人不单是城邦的一个分子，而且是整个人类的一个单位；一个是普遍性的概念，即个人所具有的共同性。就个人来说，每一个人都具有不可分享的自我的内心生活。每一个人都有根据这种"内心生活"提出一种固有权利的权利。在这里，权利不是分享的，而是个人拥有的。与此同时，每一个人都拥有这种权利就意味着自我的人格也就受到他人的尊重。从城邦出发，个人须作为公民而生活；从自我出发，个人必然

① ［美］乔治·霍兰·萨拜因等：《政治学说史》上册，第178页。

② ［英］梅因：《古代法》，第31页。

作为一个个独立的成员拥有平等的权利。这样,人与人之间包括奴隶在内都应是平等的,而不是根据城邦公民资格分享城邦的权力,对城邦权力的要求就变成了对个人权利的要求。为满足这一要求,就须为整个世界设想一种法律,一种既体现自然本性,又能体现这种新价值要求的法律——自然法。

自然法意味着传统的城邦权力和特权必须在更高的法面前接受审判。既然思想家们为整个世界提供了一种观念法的标本,并把一种新价值纳入了一个自然的存在,那么一切实定法也就失去了昔日的荣光。很显然,城邦主义的式微与自我意识的觉醒是新的法观念滥觞的关键所在。在斯多噶学派那里,据人的身份资格而组成的城邦群体已失去了那种永恒的道德价值,取而代之的是一种根据内在性人人平等的大同世界;城邦法与正义的等式受到怀疑,正义也就从法律中游离出来。这种关于法的新观念打破了囿于城邦的那种法律模式,它从个人与社会、个人与国家的关系构成上重新修订了法的价值。至此,法律作为一种永恒的正义东西变成了一种被检省的对象,作为尺度的法律被加上了一种更高的尺度。这样,与实在法相对立的一种更高的法被悬于法律之上,成为法律追求的永恒目标。

从科学意义上讲,斯多噶主义关于自然法的法律二元论的观点和理论,是唯心主义的、反科学的,因而我们必须用马克思主义的唯物史观对其进行分析批判。但是,它的一些主张,如解放奴隶、人人平等等仍有着巨大的进步意义。它的关于法的二元论观念一直影响着欧洲大陆的法治发展进程。从近的说,罗马的法学家的创造力深深浸润着斯多噶主义的哲学,浇灌着罗马法生长的也是这种哲学。它通过罗马法对整个西方的法律哲学、法治发展产生了深远的影响。斯多噶主义的时代以及斯多噶主义的法律学说本身无法与 18 世纪的欧洲大革命相比，也无法与近代的自然法学说相比，然而它毕竟为后者准备了一种传统。无论这种传统是被积极地拥抱还是被消极地接受，结果都是一样的：它所奠基的道路恰好正是后来欧洲所要踏上的道路。胚胎已开始孕育，不论时间的长短，新生命终究会诞生的。

如果说，希腊人最先提供了一种观念的法，那么，罗马人则最先实践了一种制度。罗马人在哲学上是贫困的，他们务实的特性决定了在法的思想观念方面只能重复希腊人的思想。当西塞罗主张有一种真正的法律，这种法律既是正确的理性又与自然相应并永恒地适用于所有人的时候，这意味着罗马人无法从理论上把斯多噶主义的自然法学说再向前推进一步。

如果我们仅仅停留在这方面来评价罗马人，显然是不公正的，因为法治从来不只是一种学说，而且也是一种实践。罗马人不是有关法治理论的首倡者，他们却首先实践了一种制度，创造了一种形式化的法律体制。这种体制对于希腊人来讲是望尘莫及的。罗马法是罗马法学家的产物，罗马法学家是法官而不是哲学家，因而他们在创造罗马法时，不能不根据罗马的社会实际对希腊的自然法学说实行改造。在罗马法和罗马法学中有三个概念值得注意：市民法、万民法、自然法。市民法是一个特定的实在法的概念，它特指罗马公民所适用的法规或习惯法。但是，万民法和自然法两个概念的界限却非常模糊。万民法原本是罗马人的创造，但它又具有希腊人所言及的自然法要素。从法学意义上讲，万民法是指所有罗马帝国的居民都享有平等的公民法的一种“各民族共有的法律”，在哲学上它又是各民族的法律共通的应遵循的原则。在罗马早期，无论是作为政治家的西塞罗，还是作为法学家的盖尤斯都是把这两个概念看作一回事。但在公元 3 世纪以后的法学家则是把两者区分开来；这是罗马法以及罗马法学区别于希腊法的一个明确标志，它标志着罗马法中的一个新要素出现，标志着一种不同于希腊的新法律体制的形成。

根据自然法，即使一种为人们普遍实践的法律仍可能是不公正的、不合理的。如，按照自然法，所有的人包括奴隶生来都是自由平等的，但按照万民法，奴隶制的存在却是合法的。这样，即使对于万民法来讲，承认在其之外还存在一种更高的法律，则是重要的、有意义的。但是，罗马法以及罗马法学的意义不在此，问题是如何能把一项法律做得合乎自然法。对于这一问题法学家必须回答：要么不承认自然法的存在；要么废除不合自然法的万民法。在这里，法学家表达的只是一种哲学，而不是一种政治主张。他们只是发现了奴隶制支配着社会的这一事实，但他们无法在政治上解决它。重要的是，希腊哲学家的自然法在罗马变成了法学家的自然法。法学家并不否认"人生而平等"的自然命题，他们在创造法律时就是本着这种精神行事的。其结果是，一种自然法的理想变成了法学家创造成文法的具体要求，一种普遍不易的正义被看成实在法努力的目标。诚如法学家乌尔比安所说的："正义乃是使每个人取得他的权利的一个固定的而永恒的力量。法律的箴言是这样：过诚实的生活，不伤害任何人，给予每个人他自己应有的东西。法学是有关人的和神的事物的学问，是有关正义和非正义的学问。"[①]这样，希腊哲学中所主张的实体正义被罗马法学家变成了一种形式化的法律正义。在这种正义原则指导下，罗马法学家创造了一种形式化的法律制度。这种制度不是对个人与社会、个人与国家关系方面作出安排，而是解决个人与个人之间的利益关系。罗马法的这种特性就在于它的"私人性"和契约

① 转引自[美]乔治·霍兰·萨拜因等《政治学说史》，第211页。

化。所谓“私人性”是指法律与国家的政治生活无关，它只调节私人间的事务。契约化意味着法律的正当性是以承认各自的权利义务为前提，它把契约中的个人看作平等的原子，一种脱离了身份等级，冲淡了智力、财产方面的不平等的法律面前的平等，法律的功能注重的是私人利益的调节或分配。对个人来讲，法律是一种形式化的规则，是一套用来划分和确定各方权利、义务的调节机制。法律作为一种普遍遵守的权威被树立起来，法律正义也就被理解为市民商业利益的法律化。

罗马法以及罗马法学的意义不在于向它的继承者们提供了一种检省法律的武器，而在于它提供了一种形式化的法律制度。根据这种制度：法律本身就是一种形式化的正义标准，是不同社会群体共同遵守的行为准则，具有凌驾于社会之上的权威性；人与人之间不是一种人格化的身份关系而是一种非人格化的契约关系；无论是帝王、官员还是一般大众作为公民个人在法律面前形式平等；统治阶级也要服从非人格化的法律秩序（不能滥用权力侵犯公民的私人生活）；法律不是秘密制定，而是根据一定程序制定的；由公认为合法权威（即统治阶级）强制实施的；法律是明确的，合乎逻辑的；因而，法律为个人关系和行为的各方面成为可计算的、可预测的、可控制的。罗马法提供了一种形式化的“私法”制度，也为这种制度的保持与发展培养了一个法学家集团。

罗马人扬弃了正义的抽象思辨，而是在日常生活的法律领域中寻求正义的存在，这表现了罗马人的务实特性。有了这种特性，他们探讨了有关个人领域的全部法律问题，创造了一种发达而形式化的“私法”制度。后来的欧洲，经过了几个世纪的“无法状态”的苦苦挣扎，最先发现的并不是希腊人的有关政治自由的理想，而是罗马的

"私法"制度。罗马法在中世纪的复兴,是欧洲大陆向法治方面发展迈出的第一步。它们企望首先在私人领域恢复昔日罗马人的法观念、法权威,把整个社会引向法之治的轨道。正是在这一点上,罗马法以及罗马法学表现了它的普遍意义和价值。

希腊、罗马给欧洲法治的发展留下了丰厚的遗产。希腊城邦古老的自由制度特别是希腊人提出的自然法思想从哲学上表达了人类对"好法之治"的向往,表现了人类追求正义法的宏大理想。希腊人思辨的天性决定了他们是思想者的先驱,而不是根据这种思想建立一种合理的法律制度的建设者。他们的思想后来被罗马人首先实践了。然而,罗马人只是建立了一种形式化的"私法"制度,实际上,罗马人并不完全是希腊思想的实践者,他们也没有成为希腊思想的真正实践者。在法治理论中指出这一点是重要的。当欧洲大陆复兴罗马法之时,它们要为之弘扬的并非希腊人的思想,而是罗马那种制度。希腊思想只有再等几个世纪之后,被近代的启蒙思想家们发现才变成了一种有力量的武器,并催助着一种新的法律制度的诞生。希腊人、罗马人所创造的法文化正是欧洲法治发展的思想和制度上的准备。

二、从"法"个人走向"法"国家:法国及欧洲大陆国家法治发展模式

公元5世纪,是改变欧洲历史进程的一个转折时期。日耳曼人的入侵结束了罗马帝国辉煌的历史。昔日繁荣的罗马城市变成了杂草丛生的残垣断壁,一座座象征着文明的建筑物成了农人采石用的废墟。随着罗马经济的衰退,罗马的文明也衰退了。随之而来的,罗

马的"私法"体系如雪崩般地碎落下来，这些碎片瓦砾的大多数之于一个对罗马文明陌生的民族——日耳曼人——已经变得毫无用处。欧洲的法律历史倒退到一种"自然状态"。日耳曼人必须用一种不同于罗马人的组织方式来组织社会。这样，在罗马帝国灭亡的地方便出现了形形色色的日耳曼人的"蛮族"王国。

欧洲中世纪早期，社会已倒退到几乎原始的状态。组织社会力量的法律已沦落到最低限度。在日耳曼法中，虽有调节私人关系的"私法"规范，但其出发点在于保护家庭、氏族、公社等团体的集体利益，因而以个人为中心、尊重个人意志自由的权利个人本位的"私法"制度被团体义务本位的制度所代替。随之而来的契约观念、交换平等的观念以及有关法律的正义观念也就消失了。在这种法律形态下，"个人间和社会集团间的纠纷都通过弱肉强食的法则或首领的专断来解决。当时最流行的制度是仲裁，其目的并不是秉公把应属于每个人的东西给予每个人，而是维护集体的团结、保证敌对集团之间的和平共存及保持和平局面。此外，社会应该保障个人'权利'的理想本身被否定了"，(基督教)"宣扬的是仁慈，而不是正义，是劝告信徒们接受牧师或修士的仲裁，而不要去找法院"[①]。日耳曼的各个王国形成了，法律也有了，但它无法重建罗马人那样的法律—社会模式了。这一时期，在欧洲的历史上被称为"法的观念的淡漠时期"。[②]

公元813年，日耳曼人的一支——法兰克人所建立的法兰克王国分裂了。在这个基础上形成了三个王国，法兰西王国是其中之一。法兰西王国虽然是较晚出的一个王国，但其社会的组织结构方式与先前的日耳曼各国差不多。在法兰西各个领地，都保留了自己的法

① [法]勒内・达维德：《当代主要法律体系》，第37—38页。
② [法]勒内・达维德：《当代主要法律体系》，第38页。

律习惯，其文明程度也并不比先前高出多少。然而在罗亚尔河以南的法兰西则不同，它除了接受日耳曼人所带来的改变，还保留了古代留下的城市。这些城市与其说是旧社会结构的有机部分，毋宁说是掺进旧肌体的异物。在这些城市中，旧社会结构的控制力量相对薄弱无法阻碍潜在因素的增长。这时的法兰西各城市与意大利各城市的发展水平相比还较落后，但它们共同代表了新社会的要素。大规模经商的实践培养了市民一种平等交换的兴趣，从而产生了自由的观念。商业的逐步繁荣带来了财富的聚积，这使得城市的居民恢复了一种从古希腊和古罗马衰落以来已经不复存在的自信心和作为城市居民的自豪感。随着商业的繁荣发展，城市也就逐步造就了一个新的阶级——市民阶级。这个阶级是在吸吮着穷人的血养育起来的，但在当时它却代表着一种进步力量。这个阶级的出现意味着它将模塑着后来欧洲大陆国家的社会进程。

“封建社会建立在人与人之间宣誓和承诺的基础之上。正如仆从向领主宣誓效忠一样，市民之间也互相宣誓效忠。人们将市镇——这个市民们的地盘比作集体所有的领地。那些组成市镇的人们丝毫不曾否定他们所处的时代所公认的基本准则，即互相承诺义务……不同的是他们使这些准则适应于一种新的社会现象。”[①]那么又如何使这些“基本准则”适应于“新的社会现象”呢？一方面，他们争取脱离原来的领主支配而享有独立；另一方面，他们需要一种根本不同于各领主的新的社会组织结构形式。很显然，市民既不能从基督那里去寻求一种能够支配商业社会的力量，因为商业社会本身就是与道德世界相悖的；市民阶级也不能从各领地的习惯法中去寻求

① ［法］克洛德·德尔马：《欧洲文明》，第41页。

一种调节商业社会的运行机制，因为混乱不清的习惯规范是与土地相联系的，引入这种规范无疑是在窒息一种生气勃勃的商业精神。这样，“随着城市与商业的复兴，社会上终于认为只有法才能保证秩序与安全，以取得进步。以仁慈为基础的基督教社会的理想被抛弃了……人们不再把宗教与道德同世俗秩序与法混淆在一起，承认法有其固有的作用与独立性，这种作用和独立性将是此后西方文明与观点的特征”[①]。处在此时此地的市民阶级只能顾首历史，从那已衰落的罗马法中去寻找自己所需要的东西。

12世纪，在市民阶级的簇拥下，一场轰轰烈烈的罗马法复兴运动在欧洲大陆兴起了。这场运动是由市民阶级发起的，但其主要媒介是靠教授们的作用。其中最著名的大学是意大利的波伦亚大学。罗马法的复兴实质上是法的观念的复兴。“社会应受法的支配并不是什么新观念。至少在有关个人间的关系方面，它曾为罗马人所接受。但在十二世纪回到这个观念却是一场革命。哲学家们与法学家们要求把社会关系建立在法的基础上，取消多少个世纪以来一直占统治地位的专断制度。他们期望有一种以正义为基础的而理智又能使人们认识的新法；在世俗的、非宗教的关系中，他们决不求助于超自然的东西。”[②]这样，教授们在书斋里开始从事一项工作——他们不但要为社会确立一种新的观念，而且要为之建立一种新的制度。他们试图通过罗马法的学习和研究为欧洲大陆提供一个法律的新样板，使其共同接受一种“普通法”。因而他们对习惯加以抨击，认为习惯法不能表达正义需要予以拒弃，统一运用一种明确的形式化法律。教授们的两个理想在不同程度上都实现了：法的观念恢复了；他们所

---

① ［法］勒内·达维德：《当代主要法律体系》，第38页。

② ［法］勒内·达维德：《当代主要法律体系》，第38页。

创造的“普通法”也在不同的程度上为各国采用了。

在法国，罗马法化的“普通法”作为“理性”被接受，在其南部，罗马法还作为一种成文规范被采用了。在德意志，罗马法在原则上被接受即作为一种“成文理性”而起作用。罗马法复兴的意义不在于它导向了一种新的制度或在多大程度上实施了这种制度，而在于它恢复并确立了一种观念。这种观念“首先是把法看成世俗秩序的基础本身这一观念的恢复”，是法的意识、法的尊严、法在保障社会秩序，使社会得以进步方面有着重要意义的观念的恢复。它还“意味着法律用语、规范分类的范畴和使用的概念将是罗马法学家进行研究的用语、范畴与概念”[①]。有了这种观念作底子，就在形式化方面为欧洲大陆的法治发展做好了充分的准备。

然而，由于市民阶级的局限性所致，这场运动有着不能逾越的历史局限。罗马法复兴运动并不要求建立一种包括政治权力控制在法律之下的新的社会组织结构。相反，市民阶级试图通过一种强大的力量作为实施罗马法的后盾，本身就要求国王专权。同时，国王加强王权也需要市民阶级的支持，需要罗马法作为推进政治统一的“理性”力量。“在法国罗马法是作为成文的理性到处被接受的，是理性的命令而不是帝国的理性，因为法国国王是他的王国的首领，不承认被看成是帝国法律的罗马法律的强制效力。”[②]也就是说，复兴的罗马法只作为国王的“理性命令”才能在整个封建社会中起作用，如果承认罗马法本身就是帝国的理性，那么意味着国王的权力也要受罗马法的“理性命令”的约束。这是最值得注意之点：国王支持这场运动是因为运动本身不反对国王，市民阶级成功地发动了这场运动是因

---

① 参见[法]勒内·达维德《当代主要法律体系》，第48—49页。

② [法]勒内·达维德：《当代主要法律体系》，第51页。

为得到了国王的支持。这说明，市民阶级所要求的“理性法”只不过是着力于私人关系中的罗马法；它们要求的法权威只不过是“世俗社会受世俗规范管辖，宗教生活受道德规范管辖”；法的观念只不过是在交换中要求平等的权利和义务的“私法”观念。罗马法的复兴代表了市民阶级在法律制度方面的要求。这种要求不是表现在社会整体意义上彻底法治化的意向，而只局限于商业领域、个人交换间的法律普遍调节、平等保护权利与义务的要求。在这个意义上，法并不是作为整个世俗社会秩序基础的法而被需求，它只是作为以财产关系为特征的市民社会秩序的基础而被需求。罗马法本身并不能担当起彻底改变整个社会组织结构的重任，因为它只是一种市民阶级着力于财产关系所需求的法，这种法解决不了个人与社会、个人与国家间的新关系。市民阶级的要求超不出市民阶级本身。商业的秉性只能把它的目光局限于财产关系的领域，随着市民阶级被其后继者——资产阶级所代替，在法的观念上也就与市民阶级分道扬镳了。资产阶级作为一个新的阶级在这时表现出它的勃勃向前的进步性。

市民阶级所支持的王权在16、17世纪的许多欧洲国家都导致了国王的专制统治。法国的王权是欧洲君主专制的典范，它只承认一个原则就是朕即国家。路易十四以太阳作自己的象征，认为自己的光辉如太阳一样普照众生。强大的王权在欧洲曾是作为实现民族统一的工具而得到国民的拥护。然而，在王权完成了它的使命后，它并没有作为整个民族利益的象征，相反，它却成了贵族利益的最大保护伞。在国王的专制统治下，贵族的特权继续存在，放弃了政治统治权的贵族成为民族经济的巨大赘瘤，专制制度在开始时是有利于经济发展的，现在却成了资本主义经济发展的桎梏。“朕的国家”则站在以国王为首的贵族那边维护特权，而脱胎于市民阶级的资产阶级虽然在经济上取得了优势地位，但政治的支配权完全被控制在国王手里。经济发展的阻碍、政治上的无权地位使新兴的资产阶级认识到：要发展资本主义经济必须首先推翻专制制度。历史把资产阶级和广大的人民群众连在一起，共同反对那个专制制度。这样，作为市民阶级所要求的财产关系中的交换正义就被资产阶级和广大人民群众所要求的分配正义所代替；作为市民阶级所要求的财产关系法治化就被资产阶级和广大人民群众所要求的整个社会的法治化所代替。资产阶级的要求代表了一种潮流，它预示着封建专制制度行将结束。但是要完成这一使命，很显然罗马法并不能提供一种理论的先声，因此需要一种新的理论。这个理论“就须克服两大障碍，击败两大敌人。一方面，法律必须肯定自身的独创性，肯定自己在精神上是独立于神学教条的，同时还须摆脱神学的危险的插手。另一方面，应该清楚地确定纯属法律的领域，并把这一领域与国家的领域划分开来；同时，还应保护法律的独特的性质及其特殊的价值，使之免遭国家专制主义的侵害。关于近代自然法的基础的争论就是在这条双重战线上展开的。一方面必须与利维坦国家作斗争，同时还必须同神权政治论——一种认为法律是从人类理性无法认识的完全非理性的神意中产生出来的观点——作斗争”①。罗马法的复兴只需要克服第一个障碍——与基督教神学作战，以恢复世俗社会的法观念。而现在的理论却要同国家作战了，它必须设法把国家控制在法之下。换言之，它关心的不是私人关系的法律问题，而是个人与国家、个人与社会关系的法律问题。

17、18世纪携带着新兴资产阶级雄心壮志的启蒙运动在欧洲大

① ［德］E.卡西勒：《启蒙哲学》，顾伟铭等译，山东人民出版社1988年版，第231页。

陆展开了。它以自然法学说为骨架,以法律主义(而不是国家主义)为轴线,不但表达了法的新思想,而且也从理论上粗略地勾画了一种新的社会组织结构的大致框架。按照近代自然法的理论,在人类社会中存在一种先于一切人的权力和神的权力的法律,并且具有独立于这两种权力的效力。这种法律不在于权力和意志,而在纯粹的理性。只要纯粹理性认为是"存在的"东西,只要某种东西是源于理性的纯粹本质,则任何政令都无法改变或贬损它们。法律就其最初和最原始的意义来说,就其自然法的意义来说,绝不能被归结为仅仅是一些纯属任意的条例的总和。法律不只是被颁布的、被制定了的条例的总和,而是首先安排事物的。法律"发布命令",而不是"接受命令"。①

虽然基督教神学也坚持自然法的观点,但它是把"自然法"置于神法之下的。而近代的自然法理论却反复强调了"自然法"的超验性,并使正义观念超乎所有存在物之上。在近代自然法的理论中,正义和法律的两个概念是和谐一致的,即建立在法律之上的社会就是正义的,同时符合正义的社会也必然是一个法治的社会。启蒙思想家毫不怀疑自己的理想,他们用近乎专断的口吻,把自己的要求宣布为真理,并找到合适的表达方式。他们把自古希腊以来的自然法学说加以政治观念上的改造,使一个法学概念变成了一个革命性的公式。聚集在这个公式下的是一群政治主张不尽相同的人:格老秀斯、洛克、孟德斯鸠、卢梭……这些人之所以被归结为自然法学派不是因为他们发现了自然法,而是因为他们都以自然法的名义,在理论上勾画了一个资产阶级法治社会的大致框架。因而自然法学说的价值以

---

① [德]E.卡西勒:《启蒙哲学》,第233页。

及理论重心并不在于科学地揭示国家的实质和法律的起源，相反，为了一个紧迫而伟大的目标——消灭专制制度，在理论上不得不把国家的实质连同国家存在的事实本身忽略不计，以便把注意力全部投放到现存国家的道德批判上。自然法学说带来的政治和法律实践的结果比在理论上的贡献要多。它要完成的不是解决全部的法的理论问题，而是试图用"理性"的光芒普照一个新的资产阶级社会。正如法国著名的比较法学家达维德指出的："自然法学派（这个名称并不恰当）拒绝接受秩序取决于神意与事物性质本身这一古典的概念……它不再把法视为自然现象，而是理性的产物。……法学家们从世界主义的理想中得到启发，力求公布一部一切时代与所有各族人民所共有的、不变的、普遍适用的法的正义规定。……鼓吹理性，唯意志论学说承认法律具有新的作用，这些都将为制定法典工作铺平道路。"①

自然法学说从"自然"所推衍出的自然权利、社会契约、人民主权、限权政府、公民自由等概念成为新的资产阶级法治社会建设的最有用的理论材料。他们所设想的这个社会是：以理性为基础，一切人生而平等；人们对生存、财产、自由有着不可剥夺的自然权利；政府必须遵守法律，保护而不能剥夺人们的自然权利。这是思想家们对私有制的一种虚幻的期望，实际上不消灭私有制就不可能真正实现这个理想。但这个理想在当时的情况下对于一般社会大众来讲还是有巨大的吸引力和诱惑力的。很清楚，这个社会的最大危险并不在于个人之间没有法律，而是在于政府可能凭借手中的权力而剥夺个人权利。因此，就必须把自然法成文化，明确规定个人与国家的关系。

① [法]勒内·达维德：《当代主要法律体系》，第44—45页。

随着资产阶级在政治上的胜利，宪法也就必然诞生了。按照自然法学说，宪法不同于其他法律，它是根本法，是自然法的化身，因而就是正义所在。不仅国家所有的法律、法令不得违反宪法的原则，而且国家以及政府都须受宪法的限制。宪法的意义固然要求每一个公民都要服从国家的法律，但它首先要求的是政府守法。这不是因为公民守法不重要，而是因为政府守法对于资产阶级社会的建设具有更大的意义。资产阶级反对封建专制就是要消除不受限制的权力，因而也就自然把注意力放在政府权力的合法性问题上。

在个人关系方面，“自然法学派本质上不是革命的。……自然法不曾创造并向实践提供过任何代替罗马法的制度，它的作用仅涉及一些细节，并且更多的是用以要求已被承认的解决办法的现代化与明确化，而不是提出新的基础”[①]。因而，资产阶级的法制建设必须在高举自然法旗帜的同时，再次高举起罗马法的旗帜，废除以土地所有权确定的身份等级的封建法律关系代之以契约的平等关系，确立以保护私人权利作为国家权力的最高准则。“法是理性的产物”原本是罗马法、罗马法学的命题，而资产阶级把它理解为在私有制基础之上的个人人格派生出来的自然权利。康巴塞雷斯在谈到拿破仑主持制定的法典时把这一问题表达得更清楚，立法的目的在于创制一部“由理性批准而由自由担保的自然法典”。在18世纪资产阶级革命时代，无论是在纯个人领域，还是在公共生活领域，罗马法学说与自然法学说并不矛盾而是相互影响。实际上，被资产阶级运用的罗马法已经是被“自然化”的罗马法原则；运用中的自然法是被理想化的成文法。前者表现为体现了交换中的平等权利的民法典的实施，后者

---

① ［法］勒内·达维德：《当代主要法律体系》，第45页。

表现为确保法律约束国家权力的宪法的实施。随着这些代表自然法学说最高成就的法典化法律的诞生,资产阶级的法制体系已基本形成。至此,一个由文化到政治、由抽象观念到具体制度的转化,一个由思想到制度确立的过渡,标志着资产阶级法治的发展模式也在欧洲大陆国家形成。

以法国为代表的欧洲大陆国家的法治发展模式是伴随着文化革命和政治革命而确立的,它具有鲜明的阶段性特征。首先是伴随着罗马法复兴所发生的法文化方面的革命,它虽然只是部分地改变了个人间的法律关系,确立了以罗马法为理性的“私法”制度,但是它在观念层上所带来的结果更为重要。它恢复了自古希腊、古罗马以来的法权威观念,唤醒了人们的法意识。同时,这种观念和意识连同罗马法的形式化原则都为后来资产阶级法治发展模式的形成提供了充分的材料,因而,从罗马法复兴到近代自然法学说的诞生,是以法国为代表的欧洲大陆法治进程的一个重要阶段。有了这种文化作底子,17、18 世纪的自然法学说才被广泛地接受。资产阶级政治革命的胜利,自然法当然地成为建设的理论指南,于是,法治的发展也就进入了一个关键阶段。这一阶段,随着罗马法最先在欧洲大陆国家的胜利,建设的着眼点也就从个人领域转移到公共生活领域。在这里,不但要求国家制定一种统一的法律以便人们服从,而且要求国家首先须服从法律;法律不但要成为社会的最高权威,而且法律自身必须符合理性或正义。这样,最先从个人领域的法治化努力也就转变为整个社会的法治建设,从法治形式价值的追求转变为法治实体价值的追求。这两个阶段看起来是互相分属的,实际上是一个连续过程。在此不能够把罗马法复兴的法文化革命与 17、18 世纪的资产阶级政治革命对法治发展的意义分割开来。政治革命对法治的发展固然重要，但文化的条件更为根本。文化条件是在先的、决定性的，政治革命是在原有的文化条件的基础上进行，并且无法脱出固有文化范式。另外，政治革命虽然能够把原有的文化进行某些改变或进行某些方面的深化，但它永远不能脱离原有的文化条件。

三、传统与革命：英国资产阶级法治发展模式

英国的法治发展与以法国为代表的欧洲大陆国家的法治发展相比是具有独特性的。它从不曾发生由罗马法复兴所引起的法观念的更新，也不曾经历自然法学说倡导的法典化而引起的法制革命。英国资产阶级法治发展模式是英国历史长期演进的产物，它受到政治革命的冲击比法国受到的冲击要少得多。今天的英国人仍然喜欢强调其法治发展的历史特征，并以普通法能成为法治发展的存在形式而感到自豪。在他们看来，抛弃了普通法这种形式也就失去了法治发展的固有价值。仅就这一点来讲，足可以说明英国资产阶级法治发展的独特性。因此，要追寻英国法治发展就必须从追寻普通法的历史开始。

1066 年诺曼人征服英格兰，这是影响英国后来法治发展模式的最有意义的一个年份。在这以前的时期，通常被称为盎格鲁·撒克逊时代。这个时代的英国与欧洲大陆的其他日耳曼王国差不多。盎格鲁·撒克逊社会是一个典型的农业社会，而且这个社会相当原始。它刚刚“接受基督教的信仰，迷信仍旧到处存在。没有能够维持秩序的政府，行凶闹事、抢劫和暴死都是日常惯见的。虽然这个社会仍然保留古老的日耳曼部落社会的许多痕迹，封建制度的某些特点却正在发展”。这是《不列颠百科全书》对当时英国社会的描述。在这种

社会形态之下，法律在何种程度上被需求是可想而知的。原始的社会组织带来的必然是一种松散的结构形式。在这里，组织社会的关键问题不是如何划分各种权利、义务，而在于如何控制“个人报复”引起的社会传统秩序的混乱。法律的组织力量就是对这种混乱的秩序实现某种有限的控制或缓冲。在可能的情况下，法律通过用金钱补偿的方法制止个人间的报复或流血。法律的功能可以被描述为：如果一个人被谋杀，那么谋害者就要付出一笔补偿金。法律的任务就是确定这笔金额。被害人家属有权要求强制执行补偿，倘若得不到补偿，就可直接报复，从而可能引起长期的流血仇杀。法律是乏力的，靠这样的法律组织起来的社会很难取得稳定的秩序状态。很显然，一个社会所面临的主要任务不是如何去实现个人的权利、义务，而是如何维持一个社会所需要的秩序。这就迫使把法律引入这一轨道上来。1066 年诺曼人征服英国的事件本身并没有使法律发生根本变革，可它决定了英国法的整个发展前途，决定了英国资产阶级法治发展与法国不同的模式。

诺曼人征服英国以后，其统治的最大困难是被征服者的反叛和不服从。威廉一世国王并非一个万能的君主，他要给英国人带来秩序首先必须从强化统治秩序开始——这是任何一个征服者必须要解决的关键问题。威廉深知，在这个广大而潜在地怀有敌意的当地居民中，诺曼人只是一小批外国征服者而已，强化统治秩序对诺曼人有着特别重要的意义。为此，威廉必须采取如下措施：

第一，必须加强当地居民的自我控制，使其自觉地服从统治秩序。于是，威廉大力整顿先前存在的联保制，使每一个当地居民加强自身责任。更有甚者，威廉还建立起“惟英国人是问”的制度，即任何被害人都作为诺曼人看待，除非该区域有四个自由民能证明被谋杀者是英国人。否则,就要对该区域的全体居民课以很重的罚金。

第二,在对被征服者实现自我控制的同时,还须加强征服者自身的统治基础。很清楚,要把被征服者纳入统治秩序必须建立一种制度,使其成为一个强大的中央政府能够生存的基础和支柱。为此,威廉征服英国以后,便宣布自己是英国的国王,宣布所有财产皆为国王的财产,然后将其从被征服的盎格鲁·撒克逊的领主手中剥夺过来,重新分封给自己的侍从——法国人的贵族和僧侣。封建制度的萌芽早在诺曼人征服前就已在英国出现,领主与平民之间的人身依附关系的基本原则是众所周知的,然而,诺曼人对这种制度大加发挥和精心制作。此后在理论上,英国全部土地都属于王室,大部分土地立即转授给侍从,这些侍从作为国王的佃户要报以特定的服务,并把土地转授给较小的佃户,由他们再转授出去,以换取服务。通过这样逐次分封过程建立起的封建金字塔,成为威廉进行统治的经济基础。

第三,必须改革国家机构,建立起能够强化统治的政治结构。威廉征服英国后,所引起的直接结果就是王权的强大和政治结构的相对集中化,而这一结果在某种意义上是由威廉创设的御前库里亚会议所引起的。其功能是:协助国王,具有智囊作用;协助国王经管全国财政,并作为司法的最高审级,审理案件;协助国王处理一般行政事务,具有最高管理机关的身份角色。这样,在政治、经济上诺曼人已建立起一种中央集权化的统治秩序。

然而,这里的关键问题并不是如何建立一种不同于先前的社会制度,而是如何引入一种能够组织这种社会的有效机制。一个单靠军事力量组织起来的统治秩序是很难持久的,而必须把这种统治秩序经过一种“合法程序”转化为多数居民能够认同的社会秩序。因此,对于征服者威廉来讲,在建立一种社会制度的同时,还应保留一些英国人固有的制度，以便把自己塑造成英国人的真正君主，而淡化作为一个外族入侵者的形象。于是，诺曼人以封建制度为基础，以集权化的政治体系为支柱，依据英国固有的习惯法创造了一种新的法律制度——普通法。

普通法并非由威廉一世通过一项立法文件创设一个总揽地方法院一切管辖权的中央法院系统而完成的。建立中央集权化的系统是一码事，能否控制那些不曾统一的地方习惯势力又是另一码事。实际上，一开始中央行政的实施就遇到了地方上的重重阻挠，而且地方法院是贵族和地主收入的重要来源，因而这些人对削弱其司法权力的任何企图和措施都要进行抵制。中央司法权的形成是一个漫长的过程，在这一过程中，国王通过其法官和审判才控制了全国的司法行政。但地方法院的管辖权并没有被正式废除，而只是随国王法院的管辖权的扩大而被削弱。这决定了英国的法律秩序不能通过法律的统一完成而必须通过中央司法权的扩大来完成。随着中央司法权不断扩大，一种新的法律也就形成了。这种法律就是普通法。

普通法不是一种能够普遍适用于全国的具有实体意义的法律体系，也不是由国王通过立法的形式颁行的一种法典，它从一开始就是作为一种“原则”而存在，这种原则是作为与王权有关的普通法法院审理案件时所遵守的一种程序。“程序”是普通法的核心。换言之，普通法不是从立法机关中产生的法，而是来自法院审判案件所遵从的一种程序规则。

普通法形成后，英国并没有完全剥夺各地方法院根据地方习惯审判案件的权力，只是随着普通法法院管辖权的扩大而被削弱。随着地方法院权力的缩小，一般平民百姓在地方法院不能得到公正保护的情形下，也愿意通过普通法法院来主张自己的权利和利益。在这种情形之下，与普通法地位的确立有关的一种制度——令状制度也发展起来。根据这种制度，国王作为“正义的源泉”，有权向起诉人颁发令状，使他们在地方法院执法不公时得以诉请国王以求法律上的救济。这些令状反映出那些能由普通法法院强制执行的权利的与日俱增。这一权利的增长又使地方法院的审判权日趋衰落。这样，普通法不仅作为一种制度被固定下来，而且作为一种观念也已形成。这种观念不是把法律看作正义的化身、权利的同位。在那里，普通法只是一种原则，是国王主持“正义”必须遵守的规则和依靠的工具。因此，“正义”的国王必须遵守普通法；同时，国王又是“正义”的源泉，因而普通法又须服务于国王的“正义”举动。在英国，“国王产生普通法与普通法产生国王”的意义是相同的。

作为一种制度的普通法，其保守的性质是不言而喻的。但作为一种观念中的普通法，它自身也包含着“国王的法律国王应该遵守”这一新的要素。普通法观念的形成，意味着英国开始与其法国等欧洲大陆的兄弟分道扬镳。在法国，法律是与正义同位的。在其观念中，如果法院所适用的法律是违反正义、理性规则的，那么这些法律将被宣布为“坏法”，反对这些“坏法”是法律工作者以及全体公民的责任。在英国，法律与正义并不相关联，它只是作为一种法官决定诉讼的一些理性原则。按照这些原则，审判案件应适用这种程序而不适用那种程序；应由陪审团参加案件的裁决，而不能没有陪审团参加案件审理等等。在这里，“法院的公平”观念比任何抽象的所谓“法律的正义”思考更为重要。普通法所追求的是一种“公平”，而法国的法律则倾向于追求“正义”；普通法所关注的是对人的权利救济，而法国法律则关心的是权利本身。在英国，当一个人走进国王的法院，他并不是向国王要权利，而是请国王主持公道，请求给予在其他地方法院没有给予的权利(救济)。这两种不同观念决定了两条不同的法治发展道路。

13世纪是两种不同发展道路的分叉点。13世纪的欧洲为英国和法国提供了相同的背景:文艺复兴运动的兴起,标志着人的自我意识的觉醒;城市自治、商业繁荣标志着社会关系的革命。这种相同的背景也产生了一些相同的结果:罗马法的复兴是欧洲大陆国家法观念的恢复,同时也给英国的法律注入了生机。英国和法国的大学里讲授着同一种法律——罗马法。对教授们来讲,讲授罗马法不只是完成学究式的著述工作,而是进行更有实用价值的工作,他们期望各国接受他们的学说,推进法律的变革。为了这个目的,不管是英国的剑桥或牛津,还是欧洲大陆的波伦亚、巴黎、塞拉美加或乌晋沙拉,各个大学都在传授着同一种法学思想。

虽然英国和法国在学术上相互接近,然而法治的发展道路却沿着不同方向前进了。在法国,罗马法的复兴促成了"私法"领域的革命,使法国沿着"法个人"到"法国家"的道路发展;在英国,由于普通法已经形成,它不需要按照欧洲大陆同行那种模式来塑造自己的法律。罗马法是那样的姗姗来迟,以至于无法抵抗普通法的诱惑。但这不等于说罗马法对其毫无用途,相反,罗马法作为欧洲共同的文化背景同样也带给英国人新的观念和意识。无论这种观念和意识是在法典中表现出来还是在判例中表现出来,其实质都是一样的。然而,有了普通法这种英国人自己的法律制度,也就不需要用罗马法化的制度彻底摧毁普通法。他们要做的,是用罗马法化的法(重要的是罗马法观念而不是制度)改造普通法,使普通法合理化、明确化。

普通法本质上不是一种个人关系的"私法",格兰维尔直率地说过:“国王陛下的法院对于私人间协议一般不予保护。”[①]普通法的发展使得普通法法院与王权关系逐步分离,在爱德华一世时期,王座法院法官的活动已独立于国王,至詹姆士一世,法官为了进一步争得独立审判权而开展斗争,并挫败了国王想参与审判的企图。作为普通法,一方面,国王必须有权向下级法院和公职人员发布执行令、禁令和复审令,以制止滥用或僭越司法权;另一方面,国王发布的这些“命令”对国王自身也有法律效力,特别是国王所发布的人身保护令状,这种令状国王必须遵守。这些令状后来在遏制国王特权方面成为与宪法具有同等效力的规范。如果说法国在中世纪的斗争主要是在私人领域展开的,那么,英国的斗争在中世纪主要是普通法范围内的法院与国王之间展开的。

法院本来就是从御前会议分离出来由贵族阶层所组成,因此,法院与国王的斗争实质上是贵族与王权的较量。这场斗争最终确立了一种“中立”的权威即无论贵族还是国王都必须遵守法律的“至上权威”。如上所述,诺曼人征服英国所实行的封建制度原本是为了巩固国王的统治权,然而也正是这种制度导致了王权的式微。在英国,即使是王权最强大时,贵族也从未停止过斗争,他们虽然时常反叛,但大都并不是为了争取各自的“独立”,而是为了争取“最高权利”,他们反对国王越权,竭力维护在王权所及范围内的最远的离心地位。英国王权与贵族的斗争造成了一种复杂的结果:一方面,由于王权的相对强大,国家始终没有分裂;另一方面,贵族的反抗又给王权加上某种限制,确定了“统治者”(国王)与“被统治者”(贵族)之间相互的权利义务,而确立这种权利义务的最高表现就是法律,法律对于任何一

① 转引自[法]勒内·达维德《当代主要法律体系》,第301页。

方都是平等的,不得违背。作为国王一方哪能甘愿承认这一点,他难免时常想去碰碰法律,但这种情况无不以国王的失败而告终。13世纪,国王约翰专横暴虐、无视法律,强收额外税款,结果斗争中一败涂地,于1215年被迫签署了《大宪章》。这个《大宪章》明确规定了国王不能超越法律,否则贵族有权拿起武器驱除暴君。《大宪章》第一次明确地规定了一条原则:国王的权力不是无限的,应在法律的控制下行使国王的职责。《大宪章》作为一种制定法是英国普通法的补充形式,因而具有浓厚的封建特性,但它明确了权力受法律限制的法治原则,这是具有进步性的一面。当13世纪罗马法在法国被广泛采用,而形成一种"私法"制度时,英国却在普通法的范围内找到了一条适合本民族的法治发展之路。

这样一来,罗马法化的"私法"制度在英国也就沦为较次要的地位。只有当普通法变得对私人生活不能实现普遍调节时,英国人才根据罗马法的观念去考虑私人生活的法律问题。然而英国人没创造出像罗马法那样的"私法"体系,而是根据自己的民族传统与习惯创造出一种类似于普通法形式的衡平法。衡平法是关于私人生活关系方面的法,其精神和观念是罗马法化的,然而在形式上它与普通法一样都是一种判例法。衡平法"在实质方面实施的,在极大程度上也是罗马法和教会法的原则。这些原则一般说比之普通法的那些经常爱用古词而过时的规定能更好地满足文艺复兴时代的社会利益观念和正义感"①。这样,在普通法和衡平法的基础上,英国开始走向一条不同于法国的法治发展道路。在法治的实体价值方面,英国以普通法为主要形式,同时颁行制定法,着力解决权力与法律、贵族与国王、臣

① [法]勒内·达维德:《当代主要法律体系》,第307页。

民与国家间的关系问题；在法治的形式价值方面，它依据罗马法原则解决了个人间的关系问题，它保持自己的固有传统，拒弃法国的法典化模式而确立了判例法主义，并经多次的法律改革、司法改革，使法律趋于明确化、程序化，使法律程序简明化、公正化。当然，这种法治发展只是形成了一种外部的模式，其内容还须经过长期的演进，经过政治上的革命。

一个统治者如果不知道是什么使他的统治具有合法性，那么他的统治也就失去了支持的道德基础，斯图亚特的国王们就是这种人。当詹姆士一世摆出一副神学家的派头说他的权力是来自上天而公然无视传统时，那么英国人就有权推翻这种权力，这是早在 13 世纪就已形成的传统。17 世纪的英国革命在法制上并不是对传统的反叛，相反，恢复已形成的法制传统乃是革命的一部分。1642 年查理国王在向议会宣战时发表的公告说："我的愿望是，用已知的本国法律统治国家……我在上帝鉴临之下，郑重而真诚地宣誓，我要维护议会的正当特权和自由……"假若查理早一点说出这样的话，他又何须发动内战呢？假若国王能做到这一点，又何必进行流血呢？革命中资产阶级和新贵族颁行的《权利请愿书》《权利法案》《王位继承法》等一系列法律、法令不就是为了迫使国王能真正遵守法律吗？英国的资产阶级革命具有两种结果：从形式上看，国王依然存在，虽然更换了新国王，国王仍被称作陛下和最高元首。历史没有割断，传统得以延续，这反映了英国资产阶级革命的不彻底性。从内在结构看，革命使国王与议会交换了位置，是议会缔造了一个国王，而不是国王创设了议会，这个国王只有根据议会提出的条件才具有合法性，因而国王必须遵守议会的法律。不但国王要服从法律，而且议会本身也要服从选民的意志。这样就使得法治的发展具有了新的含义，且它本身也是法治发展的有效机制。至此,革命与传统靠着无形的链条紧紧地结合在一起,英国人学会和掌握了解决问题的新方法,改革和渐进成了英国资产阶级法治发展的特色。

四、"宪法主治":美国资产阶级法治发展模式

美国社会的历史特点决定了美国资产阶级法治所走过的独特历程,决定了其法治发展的独特模式。美国的历史虽然不长,但它开始于欧洲那激动人心的年代:文艺复兴、宗教改革、罗马法复兴等重大事件对于将要成为美国人的那些人有着观念化的影响。美国来自欧洲,这种文化上的渊源使得美国不能完全脱掉母体的痕迹。美国的法治发展模式既有英国的影子也留有法国的痕迹,但其历史的特性使美国既不能完全沿袭英国之路,也不能照搬法国的模式,而是在两者的基础上根据历史使命以及社会所提供的材料铺设一条由自己设计的法治发展之路。这条路使美国人用较短的时间走完了其他国家必须用几百年甚至上千年才走完的那些历程。似乎可以这样说:一方面,由于美国与欧洲有着文化上的亲缘关系,因而其法治发展必然带有欧洲(英、法)的痕迹;另一方面,由于美国社会历史的差异又把法治发展推向了另一条道路。

美国是一个在"发达的历史时代才开始自己发展的国家"[①]。北美大陆直到被哥伦布发现以前,仍是一块空旷的大陆,一块几乎没有开垦过的荒原。美利坚的历史,是从欧洲移民到来时才开始的。美国是英国人的后裔,它是由英国移民所组成的一个国家。早先在不

---

① 《马克思恩格斯全集》第3卷,人民出版社1974年版,第82页。

同时期前来北美这块大陆定居的现为美利坚合众国所占据的这块大陆的那些移民，他们彼此间并不相同，然而他们所处的环境却是相同的：背后的那个海洋已经把他们与母国彻底地隔绝了，相同的命运以及相同的语言像一条金织的纽带紧紧地把他们联结在一起。最初的这些英国移民并不是一些目不识丁的粗鲁汉子，他们在母国受得的教育使他们比大部分同时代的欧洲人更熟悉权利观念和自由的原则，并且那时作为民主制胚胎的乡镇自治制度已深深地植根于移民们的习惯中。大海把这些人的肉体完全与母国分开，但自由的精神和权利的观念却被大海送到了一个新大陆。1607 年，弗吉尼亚成为英国的第一个殖民地。据有关资料表明，当时被送往弗吉尼亚的人大都是一些寻金的人，“主要是些没落的绅士和被释放出狱的罪犯，还有少数找不到工作的正派手艺人”[①]。弗吉尼亚随着这些人的到来，蓄奴制也就被传入了，而这对南部各洲的社会以及整个未来都产生了巨大影响。蓄奴制把惰性传入社会，惰性又是产生无知与傲慢的根源；它削弱了思想的力量。然而，美国是“一个从未经历过封建主义，一开始就在资本主义的基础上发展起来的年轻国家”。[②] 蓄奴制是奴隶制度的残余，但在弗吉尼亚以及南部其他殖民地，蓄奴制是以种植园制度的形式出现的，其一开始就是资本主义生产关系的一部分。这种生产关系的特性决定了资产阶级的政治生活模式。在南部各殖民地，没有一个像欧洲国家那样建立在世袭基础上的官僚集团，没有一个军事等级。相反，与职业、迁徙、经商的自由相一致，也存在着参与社会政治生活的自由，当然这些自由和权利只是对白人的自由民而言的。后来，弗吉尼亚随着其他移民的纷至沓来才逐渐

---

① [美]塞缪尔·埃利奥特·莫里森等：《美利坚共和国的成长》上卷，第 52 页。

② 《马克思恩格斯全集》第 38 卷，人民出版社 1972 年版，第 558 页。

形成了殖民地内的自治群体,1619 年弗吉尼亚议会正式诞生,标志着议会制作为一种社会的基本制度已在北美初次登场。

与弗吉尼亚南部各殖民地不同,在北部新英格兰的各殖民地中则是另一番景象:那些移民是来自母国一些比较独立的阶级,他们受到过良好的教育,很多人还在欧洲因才学出众而闻名,他们并不是因为生计所迫才离开家园的,他们之所以要横渡大西洋纯出于一种求知的渴望,是为了能在一个人迹罕至的不毛之地自由礼拜上帝——这些人就是被称为"朝圣者"的清教徒。他们在普里茅斯登陆关心的第一件事便是立即签署了一个法案,决定按多数人的意愿进行管理,这个法案后来被称作"五月花号公约",这个公约与弗吉尼亚议会并列,成为美国社会制度的两大奠基石。从那时起,移民工作一直在进行,查理一世在位的整个时期都把一群群新的信奉某些教派的人赶到美洲去。新英格兰的人口迅速增加,当其母国已达到专制的顶点时,新世界则由清教徒组成了一个自由的社会。作为现代法治基础的那些普遍原则,那些在 17 世纪的欧洲鲜为人知,甚至在英国也不曾取得胜利的原则,在新英格兰已全部为法律所承认和确立了:公民参与公务;自由投票决定赋税;掌权者应负责任;个人享有自由;由陪审团参加审判;等等。在康涅狄格,选民团一开始就由全体公民构成,行政官员大都由选举产生;在新英格兰,早在 1650 年就建立起独立的乡镇,乡镇的独立,是本地利益、权利、义务聚集的核心,它给自由一种活动的余地。虽然殖民地仍然承认母国的至上权力,但一种新的制度已在各乡镇建立了。美国的法治发展不是自上而下形成的,而是自下而上开始孕育的,这对以后美国的法治发展模式产生了重大影响。这种影响有两方面:一方面,根据英国普通法形成的惯例,在通过殖民扩张获得新领土上必须适用英国的法律。这就决定了北美殖民地必须以英国的普通法作为最高规范。不管实际情形如何,在理论上这是一条最高原则。换言之,北美殖民地沿用英国法是由殖民地与宗主国的关系决定的。

另一方面,由于北美殖民地的社会一开始就与英国本土存在着很大差异,当英国本土还没有改变封建关系时,殖民地内部却已形成了具有现代意义的自治群体。这种情形决定了殖民地既要援用普通法,又要创造一种新的法律制度以适应殖民地社会自身的需要。实际上,殖民地援用普通法从一开始就是有选择性的,它们援用的普通法并非英国传统意义上的普通法,而是作为与生俱来的权利,作为财产、自由、正义的概念被带到北美去的普通法。当他们援用普通法,他们援用的是"英国人在普通法中的权利"。当移民们同英国政府及其在殖民地的代表作斗争时,他们所依据的就是这种权利。1774 年北美殖民地会议即大陆会议的权利宣言中,各殖民地宣告:应该享有英国普通法上的利益的权利;享有经验上适用于地方及其他问题的殖民地时期英国制定法上的利益的权利。不难看出,殖民地所需要的是英国人的一般自由权,他们不需要也不想要普通法本身。相反,英国殖民者对殖民地的压迫的法律根据就是来自普通法,英国政府对殖民地的暴政是普通法制度的重要组成部分。这种援用普通法的结果是,一方面,普通法作为殖民地与宗主国联结的纽带在理论上被承认而实际上已被拒弃;另一方面,普通法化为一种自由的精神被带到一种新的法律体系中去。这种法律体系既能适合于殖民地社会,又能保持宗教传统。

在新英格兰各殖民地,由于移民大都是由清教徒组成的,因而他们把法律秩序与宗教信条联系起来。例如,康涅狄格的 1650 年的刑法,它从《圣经》中借用条款,把亵渎神明、行妖术、通奸、儿子虐待父母等行为都看成重大犯罪而处以死刑。这与其政治体制中的公民参与公务、自由投票决定赋税、个人自由等自由原则形成了鲜明的对照。在这里，法律所关心的，是维持一种守法精神和按上帝意志生活的良好品行，因此，法律侵入人的良心管辖的范围，也就成了维护秩序所需要的德行。清教徒们所遵从的原则具有宗教精神与自由精神相结合的特性。对清教徒来说，自由有两种类型：一是天性的自由，一是公民的自由。天性的自由是人的一种本能，它是一切动物都具有的。这种自由既可使人作恶，也可使人为善，它与法律权威互不相容，不受任何权威的约束。假若人人都发挥这种自由的潜能，那么，就会导致自由的滥用而最终使人人都不自由。另一种自由是由上帝的指令所要达到的目标或目的。没有这样的自由，道德律和法律权威便无法维持，同样，没有这种权威也就失去了任何自由。这种自由的真谛就是用一种服从权威的方式来维护实施的。这些清教徒既是教派的热心拥护者，又是一些革新家。尽管他们有些宗教见解十分狭隘，但他们不怀政治上的偏见。“由于他们不承认自由的要求与法律的要求之间有什么矛盾，从神学上或哲学上找不到论据说明应该限制对自由的热烈追求，他们做到了以法律规定的自由作为他们共和国、他们的社会秩序和道德的基础。”①这样，一种清心寡欲的宗教信条就与自由、秩序紧密结合起来。有了对自由的崇尚，便有了对民主的渴望；有了对秩序的热爱，便有了对法治的需求。1639 年的《康涅狄格根本法》作为一种宪法文件，明确地表达了这种思想。

与新英格兰各殖民地不同，南部各殖民地主要是由来自英国其他阶层的移民组成的，他们为了改善自己的生活环境才漂洋过海来

① [美]H.S.康马杰：《美国精神》，杨静予等译，光明日报出版社 1988 年版，第 38 页。

到这块新大陆。他们在一处安家开垦土地，其子女也为了同样的目的离开自己的出生地向另一处开拓，因为土地是充足的。这种双重移民是一个接连不断的过程，也是一个人口自然分散的过程。一个人只要不愿做别人的附庸，他同样可以到别处去碰运气。这些人当初离开他们的第一故乡，是为了改善环境，他们抛弃第二故乡是为了使环境变得更好，因为到处有运气等着他们。这种“淘金”的愿望像一团火，时刻在助燃着力求发财的那种激情。他们打破了将他们囿于出生地的那种束缚，而不断开拓着新世界。贪财的愿望、独立自主的爱好，成为促成新社会成长的要素。没有这种不安于现状的愿望，就没有移民的连续化过程，没有这一过程，社会就犹如死水一潭而使自由精神和观念生长的活力窒息。这一特点直接影响了美国法治发展模式的形成。对财产的贪婪成为一种被值得称颂的勤勉，整个社会就像一个为了发财而组织起来共同开发新世界的公司，他们为生意的兴隆而忙碌，他们首先想到的不是人怎样为法律而生活，而是法律如何才能使他们生活得更好，他们把经济上的习惯引入法律生活之中，以为没有法律秩序事业便不会发达，没有了自由便没有了事业。他们循规蹈矩，是为了经济具有稳固的基础，他们不信任专横的权威，是因为他们相信自由是经济发达的活力。正如美国人自己说的，“美国人归化了上帝，就犹同他们归化了许许多多其它观念一样，他们具有乐观的性格，所以他们坚持认为上帝是仁慈的并且到处都可以得到上帝的恩宠。他们不信任专横的权威，所以他们就把上帝的无限权力主观地理解为尊重法律”。“当他们设想天堂的时候，他们以为天堂也受美国宪法管辖的。”①

---

①　［美］H.S.康马杰：《美国精神》，第250页、第247—248页。

尽管各殖民地之间存在巨大的差异，这些差异即使过了很久仍然清晰可辨，然而，相同的环境以及相同的社会基础使它们共同构成了一个民族。在殖民地的内部关系上，各殖民地是一些相互独立的政治群体，这些群体有不同的起源、不同的信念以及有处理本身事务的不同方法；在与宗主国的关系上，各殖民地又构成一个统一的整体，这个整体代表着一个新的民族。虽然，它们必须承认宗主国的专断权威，但是它们却形成了一种不同于旧世界的新的社会。这个社会一开始就不存在身份等级的特权关系，也不存在凌驾于众人之上的一种人格化的权威；相反，来自母国的移民们都是一些相互独立、平等的原子，因而他们要解决的问题就是自由与秩序的共存关系问题。还有什么比“宪法”更能代表自由和秩序呢？政治生活的民主化、个人生活的契约化、社会的法律化，这些都体现了一个民族在其成长过程中已具有的民族特性。“宪法”之于美国，并非一般意义上所理解的是“独立战争胜利的产物”，它自始就是这个民族生存成长所依据的准则和基础。然而，我们也不能不指出，美国的这种民主和法治只是针对白人而言的，广大的黑人是被排除在外的，至于说印第安人，那么这种民主和法治恰好是建立在屠杀印第安人的基础上的，这反映了其民主和法治的阶级性。

只要在一个社会之上还存在无法控制的专断权威，那么这个社会就无法永远保持其独立性。英国殖民统治的倒行逆施，终于酿成了1776年的革命。革命提供了一个民族为了赢得独立而精神勃勃地进行斗争的壮观，它宣布了一个新国家的诞生。然而，我们不能对美国的独立革命作夸大的解释。美国独立革命与法国大革命不同，那些站在独立运动最前沿进行领导的是一些“半贵族式”的人物，他们并不是持有彻底民主和平等观念的革命家。他们虽然领导革命取得了胜利,但与此同时,他们也维护了美国社会的现有结构。当他们理解到那种自由的精神已经取得胜利时,他们立即停止了对自由的努力,而对国家和社会投了现实、冷静的一瞥:自由的滥用也会导致国家和社会的毁灭。因而美国从一开始就注重个人与国家、个人与社会关系的处理问题。这个特点一方面是根源于殖民地与宗主国的关系,另一方面也是美国早年的社会历史与环境造成的。

独立革命的胜利,消除了美国与英国法律的隔阂。一方面,他们根据殖民地时期已经形成的习惯沿用英国普通法和衡平法并进行了英国法美国化的工作;又一方面,他们根据早已形成的传统,寻着"宪法主治"的道路展开了法制建设的工作。1787 年,美国制定出世界第一部成文宪法,这部宪法为美国的社会勾画了一个大致的框架。他们在坚持传统的基础上,根据孟德斯鸠的理论绘制自己的蓝图。美国首先接受的是孟德斯鸠的"人性论"观点。按照孟德斯鸠的看法,一种社会组织方式如何得于对人性所抱的态度。在他看来,人性是不完美的,因而靠贤人之治是非常危险的。被美国人称为美国宪法之父的麦迪逊就这样说过:"在这方面,如同其他各方面一样,防御规定必须与攻击的危险相称。野心必须用野心来对抗。……如果人都是天使,就不需要任何政府了。如果是天使统治人,就不需要对政府有任何外来的或内在的控制了。"如何控制权力呢?麦迪逊接着说道:"毫无疑问,依靠人民是对政府的主要控制;但是经验教导人们,必须有辅助性的预防措施。"①经验使美国人确信,一部宪法难以防范权力的凌侵,而必须分散权力中心,使权力互相牵制。"防止把某些权力逐渐集中于同一部门的最可靠办法,就是给予各部门的主管人

---

① [美]汉密尔顿等:《联邦党人文集》,第 264 页。

抵制其他部门侵犯的必要法定手段和个人的主动。”[①]据此，美国人开始把孟德斯鸠的分权理论加以改造，使其既适用于一个大的共和国，又要适合于一个联邦制的合众国。这样，“在美国的复合共和国里，人民交出的权力首先分给两种不同的政府，然后把各政府分得的那部分权力再分给几个分立的部门。因此，人民的权利就有了双重保障。两种政府将互相控制，同时各政府又自己控制自己”[②]。这种分权包含了联邦政府权力的分立与制衡，也包含着联邦与州的权力的分立与制衡，这种模式用宪法的最高形式加以确认并固定下来，成为美国社会组织的最高原则。

关于联邦与州的分权，美国宪法第 1 条加以规定；关于联邦政府的分权，宪法同时也在第 1 条中加以规定。规定国会由彼此独立的两院组成；规定国会议员在任期内禁止担任行政职务；宪法第 2 条规定总统由选举产生，选举不受国会控制，任期固定，禁止国会缩短总统的任期和在任期内增减其薪金；宪法授予总统明确的、有限制的合法权力；规定建立在很大程度上独立于总统和国会的司法部门；规定宪法修正案须经国会两院各 2/3 多数通过或 3/4 的州批准，使宪法很难任意修改。如图所示：

① ［美］汉密尔顿等：《联邦党人文集》，第 264 页。

② ［美］汉密尔顿等：《联邦党人文集》，第 265—266 页。

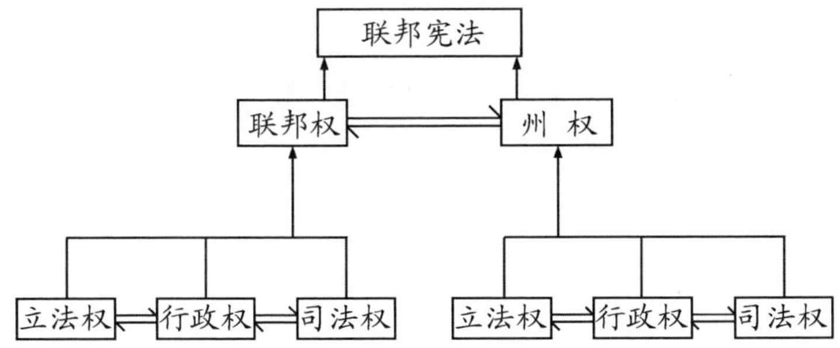

从图中可以看出，这种纵向、横向相结合的分权模式构成了美国法治的基本结构。首先，由于宪法给予各个权力组织的权力既相联系又不相同，而且这些权力在运行中由于双重的制衡机制的作用而相互抵消，因而任何一个权力组织很难单独获得一种专断而僭越宪法的权力。其次，这种纵横结合的双重分权结构使各种权力彼此牵制，权力在趋向上只能服务于宪法所设定的目的，即使发生权力滥用的现象，也因权力中心已被分散，而能将其危害降到最低限度。再次，这种结构是一种民主程序，它为人们提供了一种机会：少数人也有机会否决他们所强烈反对的施政方案，这就为在“宪法主治”的前提下，得以通过协商和平解决问题提供了一种可能性，从而也就排除了那种由于个人权力的专断而可能发生的权力滥用。

美国的法治发展模式是沿着“宪法主治”的道路而形成的，这是美国不同于英国和法国的重要方面。

第十章

新中国前三十年法制透视

新中国四十年法制的历程,在人类法制史的长河中,的确过于短暂。但它在中国法制的演变史和新型人民共和国的成长史上,则具有极为重要和特殊的意义。成就的辉煌,道路的曲折;希望与梦幻,遗憾和痛苦,都那么令人难以置信地交织于这一短暂的历史时期。为认识人民共和国法制的成长,也为着今后选择更好的法制发展道路,人们不能不对这四十年的历史进行透视。这种透视不仅要包括中国共产党和中国人民的所思所想,也要包括其所作所为;不仅要充分估计我们所取得的成就和所获得的经验,而且不掩盖我们所犯的错误和所受的挫折,以便全面地把握这段尤其值得人们深思的历史。《关于建国以来党的若干历史问题的决议》指出:“忽视错误、掩盖错误是不允许的,它本身就是错误,而且将招致更多更大的错误。……忽视或否认我们的成就,忽视或否认取得这些成就的成功经验,同样是严重的错误。”①

对于新中国四十年法制的历史，我们基本上依据上述《决议》中对新中国社会发展的历史分期，并从法制本身的发展规模和成熟程度上，以 1949 年、1954 年、1957 年、1966 年、1976 年、1978 年为转折点，大致划分为新纪元、伟大的奠基、风云突变、走向悲剧、拨乱反正的徘徊和改革（十年法制）六个阶段。②

在本书中，我们拟把透视的重心放在后十年法制上，而对前三十年法制在本章只作一概观。

一、新法制的初步预言

新中国法制的创建，标志着中国法制史的伟大转折，正如社会主义制度的建立，是中国历史上最深刻最伟大的社会变革。这是中国人民在中国共产党的正确领导下所完成的伟大历史创造。

作为历史连续性和继承性的一种表象，中国人民并不是随心所欲地创造，也不是在他们自己选定的条件下创造，而是在既定的、从过去继承下来的条件下创造。也就是说，中国人民创造新型法制的历史条件，就是它之前的那段绵长而又极其繁杂的中国法制史。

中国法制史大致发端于夏朝“禹刑”。自此，它就在自给自足的

---

① 见《三中全会以来重要文献选编》下册，人民出版社 1982 年版。下文凡引此《决议》者，皆出自此书，不再一一注明。

② 对四十年新中国法制历史的阶段划分，在学术界有种种不同看法。我们不准备对这些看法加以评介。可参看吴大英、沈宗灵主编《中国社会主义法律基本理论》（法律出版社 1987 年版）；范业强、李英时主编《寻求发展的社会》（华夏出版社 1987 年版）；郑谦等著《当代中国政治体制发展概要》（中共党史资料出版社 1988 年版）；蓝全普编《30 年来我国法规沿革概况》（群众出版社 1980 年版）以及陈守一等著《我国法制建设 30 年》（《法学研究》1979 年第 4 期）。

乡村经济(小农经济)、专制集权体制和官僚政治的基础上开始了长达数千年的缓慢演化。由于这种经济、政治的基础总是原样不动,所以古代中国法的特质一直没有改变,古代中国法的模式也从未发生过根本转换。粗略地说,我们可以对古代中国法作如下描述:(一)法乃帝王之具,故皇权高于法的权威,"法生于君",法亦为君所随意废弃。(二)法不是中国社会有序化的主导模式。在中国,一般的社会秩序是靠宗教、纲常及下层对上层的绝对服从而不是法来维持的;于是,主导性社会有序化模式是"人治"与"礼治",而不是"法治"。(三)"礼"为"法"之根据和本原;"法"以"礼"为其道德基础,正如西方实在法以自然法为价值准则。(四)法维护家长制,即法律不以个人而以"家"或"家族"为基本法律单元。因此,缺乏民商法及相应的财产权利、契约自由等法观念。(五)"法"的政治性因素多于经济性因素。其首要目的是政治,也就是牢固的政治控制,因而刑法不仅发达而为法的核心和主要部分,而且异常酷烈。勒内·达维德说:中国的传统观念并不排斥法,但是据说,法只用于对付野蛮人:无视道德和社会的人、不可救药的罪犯等等。这是很有道理的。总之,古代中国法适应政治控制和维护至高无上的皇权及其所属的官僚政治的需要,通过礼、家法族规和刑法建立了"人治"与"礼治"的社会有序化模式。

在自1840年以来近一个半世纪的艰难历程中,中华民族迎着血雨腥风前仆后继地反对内外敌人,力图克服内患外侮、争取国家的自立自强和人民的自由幸福,并寻找、摸索中国经济工业化、政治民主化和思想现代化的崭新制度化模式,即法治,以期完成对上述有序化模式的革命。这是一个崇高的理想和伟大的希望。但是,中国近代社会的演变,并不总是使中国人民的理想和希望成为现实。在相当长的一段时期内,各种不同政治力量的努力相继失败:康有为、梁启超变法的流产，使他们梦寐以求的君主立宪政体成为泡影；作为中国革命民主派旗帜的孙中山领导的民族资产阶级通过革命所建立的中华民国，随着《中华民国临时约法》淹没在袁世凯称帝的喧闹声中而宣告破产；随后，孙中山开创的旧民主主义革命又断送在实行恐怖统治的蒋介石独裁政府手中。其中的情由当然很复杂，不是一两句话就可言明，但有几点似可略作提示：一是近代中国经济主要还是乡村经济，经济生活的商品化、社会化程度还很低，[①]这不是所谓变法、革命所能立即加以改变的。在城市中，虽然出现了一些私人资本主义商业和官办工商业，但它们不是在西方列强的重压下喘不过气来，就是在官僚资本和独裁政府的控制下难以发展壮大，因而这些工商业的政治代表都不能成为推动中国社会现代化和法治化的独立力量。二是中国近代社会自清朝帝国覆灭到 1949 年，反动的军事领袖或武力集团，不是运用枪杆子捍卫法律，保护人民；而是破坏法律，欺压百姓，法律不敢也无从过问。五四运动前后大胆抨击旧礼教和封建文化的吴虞，在针对袁世凯称帝那样背叛国体的严重犯罪而不能援用《临时约法》第 41 条之规定[②]绳之以法时说："今对于背誓叛国之人，抛弃法律之规定，不加以制裁，而惟就情与势为前提，是直无法律之国也。且今日既抛弃法律，而以情与势为前提，则后之继任者，倘复有背誓叛国之举，更不能以法律相绳，而止得仍以情与势之如何定之，则吾国将永陷于无法律之境。各呈其势之所至，各用其情之所

① 毛泽东在 1949 年曾指出："中国还有大约 90％左右的分散的个体的农业经济和手工业经济"，即"我们还有 90％左右的经济生活停留在古代"。而"现代性的工业经济"只有大约 10％左右。其中，"最大的和最主要的资本是集中在帝国主义者及其走狗中国官僚资产阶级的手里"。(《毛泽东选集》第 4 卷，第 1430、1431 页)

② 《中华民国临时约法》第 41 条规定："众议院认为大总统、副总统有谋叛行为时，得以议员总数 2/3 以上之列席，列席员 2/3 以上之同意弹劾之"。

推，战斗纷争，当无定日。"[①]李大钊亦云："袁氏当国数年，蔑弃法纪，纵容奸宄。但为一姓之鹰之犬，虽犯盗国殃民之罪，而亦为所伏容，甚且在赏奖之列焉！法律不敢过问，即问之而亦无效。"[②]可见，国家分裂、战乱纷然、社会混乱，必无法治；国家无优良之政体，也必无法治。三是那绵延数千年的封建的社会有序化模式，既含有一定的精华，也是沉重的历史包袱。这一模式不仅仅是社会组织结构和社会行为规则，而且也是文化观念、思想意识乃至心理个性。因此，尽管康有为、梁启超、谭嗣同等维新派猛烈抨击封建专制、纲常礼教及法律文化；孙中山等革命民主派对封建制度、宗法礼教和野蛮的法制进行了有力的批判；五四时期的新文化运动也彻底地揭露了封建专制制度、宗法家族制度、封建等级制度以及封建立法司法制度的"吃人"的本质。但是，封建专制制度、官僚政治及其"人治""礼治"模式一直是中国近代政治、法制历史上的一个难以消逝的幽灵和阴影。这并不奇怪：在西方，作为创建法治模式先导的法治观念的革命，经历了大约400年的时间，而且这种革命可以从古希腊的法治理论和古罗马的私法体系中汲取丰富的营养。当然，中国也不能期望在不到一个世纪的时间里完成法观念的根本转换。这一点，也深深影响着新中国的法制史。

马克思主义在中国的传播和生根，中国共产党的产生和发展，终于使中国人民寻找到了创立中国现代法治的思想武器和领导力量。中国出现了法制新纪元的曙光。在新中国法制创建之前，中国共产党及其领导的中国人民从实践和理论两个方面，开始探索新法制。

---

① 吴虞：《吴虞文集》，成都美信印书局1916年版，第112页。

② 李大钊：《罪恶与忏悔》，1917年4月21日《甲寅》日刊。

在实践上，共产党人在领导中国人民进行武装斗争的过程中，在各个革命时期和各个革命根据地制定了大量新民主主义法律——国家法、人权法、刑事立法、土地法、婚姻法、劳动立法、财政经济立法、诉讼立法、治安保卫与人民调解立法等等；也建立了新民主主义司法制度，借以巩固人民政权、保障人权、打击敌人、发展经济和进行土地改革。[①] 从而，不仅开始了创建新法制的初步尝试，而且为在理论上探索新法制准备了感性材料，并为新中国法制的形成和发展奠定了基础，提供了经验。

在理论上，中国共产党开始设计未来中国即新国家、新宪政和新法制的蓝图。毛泽东在《新民主主义论》(1940 年)、《论联合政府》(1945 年)和《论人民民主专政》(1949 年)这三篇杰出的著作中，构想了新国家、新宪政和新法制的核心目标和基本模式：将中国建设成为一个独立、自由、民主、统一和富强的新国家。从政治法制方面说，新国家的政治制度是以工人阶级为领导的、以几个革命阶级联盟为基础的人民民主专政。这种专政包括两个方面：一方面，在人民内部实行民主，其政权组织实行民主集中制，由各级人民代表大会决定大政方针，选举政府；人民享有各种政治权利和各项自由权，尤其是“人民的言论、出版、集会、结社、思想、信仰和身体这几项自由，是最重要的自由”，因而新制度的任务也在于，解除残酷地束缚中国人民个性发展的民族压迫和封建压迫，“保障广大人民能够自由发展其共同生活中的个性”[②]。另一方面，对敌人实行专政，剥夺他们的发言权和选举

---

① 详情请参阅张希坡、韩延龙等编《中国革命法制史》上册(中国社会科学出版社 1987 年版)；蓝全普编《解放区法规概要》(群众出版社 1982 年版)。

② 这一思想和马克思、恩格斯对新型社会理想的描述是一致的：“代替那存在着阶级和阶级对立的资产阶级的旧社会的，将是这样一个联合体，在那里，每个人的自由发展是一切人的自由发展的条件。”(《马克思恩格斯选集》第 1 卷，第 273 页)

权。这些既构成了新国家人民民主的制度或宪政模式，也构成了新法制的政治基础和价值目标。

对于新法制，中国共产党人没有陷于幻想，而是去设计其具体的模式。他们只是一般性地指明了新法制的方向，这就是必须废除国民党的反动的“六法全书”和一切旧法及其司法制度，通过制定保护人民的法律、法令和司法制度，建立新型的人民的法制，并使新法制成为新国家的一种有序化模式和权威机制。正如新法制开创者之一的董必武同志指出：“建立新的政权，自然要创建法律、法令、规章、制度。我们把旧的打碎了，一定要建立新的。否则就是无政府主义。如果没有法律、法令、规章、制度，那新的秩序怎样维持呢？因此新的建立后，就要求按照新的法律规章制度办事。”[①]以此为方向，党提出了新法制的一些指导性原则：第一，以马克思主义国家与法的理论和毛泽东人民民主专政学说为指导，坚持“实事求是”的马克思主义思想路线和动员、依靠群众的群众路线。第二，新法制要建设和巩固新型人民政权，保护人民利益。第三，新法制应实现社会主义的人民的人权，[②]即确认和保障人民所享有的各种政治权利和自由权等。第四，实行早已是解放区新民主主义法律的民主法制原则的法律面前人人平等原则，特别是党组织和党员首先应当服从和自觉遵守党所

① 《董必武政治法律文集》，法律出版社1986年版，第41页。

② “人民的人权”是中国共产党领导人民革命的奋斗目标之一，也是新国家、新法制的重要内容。1923年的“二七大罢工”提出过“争自由争人权”的口号。1935年《八一宣言》号召人们“为人权自由而战”。1941年中共中央政治局批准的《陕甘宁边区施政纲领》“保证一切抗日人民（地主、资本家、农民、工人等）的人权……”1942年《陕甘宁边区保障人权财权条例》规定人民享有的人权包括言论、出版、集会、结社、居住、迁徙及思想、信仰的自由，并享有平等之民主权利。该条例还规定了人权的司法保障——正当程序、上诉制度等。毛泽东要求新国家、新法制确认和保障的人民的各种政治权利和各项自由权，当然也是“人民的人权”。

领导的政府颁行的法律。第五，要强化人民的司法机器，打击敌人，保护人民。在人民的法律还不完备的情况下，司法机关的办事原则是：有纲领、法律、法令、条例、决议规定者，从其规定；无上述规定者，从新民主主义政策。

上述新法制的总方向和指导性原则，都是符合马克思主义法律观、中国国情和中国人民的利益的，是正确和可行的。历史已经表明，新中国法制建设遵循这些总方向和指导性原则，就取得巨大的成就，一旦有所偏离，则难免遭受挫折乃至出现严重错误。

二、1949：新纪元

中国法制的新纪元是从1949年开始的。如果说新中国的成立，宣告了旧中国的结束，那么新法制的创建，则是对旧的社会有序化模式的伟大革命。这具有划时代的意义：中国法制的历史，从此开辟了一个新的时代。

新法制的创建，是一个非常复杂的、艰难的过程。它一方面在新中国之初一系列军事、政治、经济、社会和思想运动中围绕着“新法制的预言”来展开，另一方面又充分借鉴中国新民主主义革命时期法制建设和苏联社会主义法制建设的现成模式及其成功经验，从而在废除国民党“六法全书”和一切反动旧法的基础上，从制定人民的法律和组建人民的司法机关两个方面开始描绘新法制的历史。

新与旧是相对而言的。新法制和旧法制的关系，从来就是任何一个新型政权在法制方面所面临的首要问题。马克思主义法学创始人为解决这个问题提供了一个经典办法：虽然新旧法制之间存在着必然的继承性，但旧法制是从旧社会关系中产生出来的，因此，不能使旧法制成为新社会发展的基础，而必须废除旧法制，正如必须废除旧国家一样。只有这样，工人阶级才能通过新法制来建立新社会、新国家所需要的正当秩序。但是，由于各个社会主义的人民民主国家革命特点和法制背景的差异，这些国家采用上述办法的方式、过程也各不相同。苏联十月革命胜利后，曾有条件地参考引用旧法，但不久就同过去一刀两断，全部废止了旧法，即扫除了已被推翻的政府的法律。在南斯拉夫、波兰、民主德国等社会主义国家，则未完全取消旧法。如南斯拉夫最高法院于 1951 年指出：在法院拒绝适用旧法的某条规定时，要求法院明确指出“适用这条规定会违反的规定、制度或政治原则。不能只是说某条旧法的规定不再有法律效力，不作其他明确说明，就完全拒绝其适用”。这就是说，废除旧法主要是废止表明旧法的阶级性即反人民的规定，而其技术性、形式化方面的东西则可保留下来。

中国的情形与上述两种情况均有所不同。《中共中央关于废除国民党的六法全书与确定解放区的司法原则的指示》(1949 年 2 月)认为，国民党的“六法全书”和一般资产阶级法律一样，以掩盖阶级本质的形式出现，但实际上它只能是保护地主与买办官僚资产阶级反动统治的工具，是镇压与束缚广大人民群众的武器。因而，“在无产阶级领导的工农联盟为主体的人民民主专政政权下，国民党的六法全书应该废除。人民的司法工作，不能再以国民党的六法全书为依据，而应该以人民的新的法律作依据”。“同时，司法机关应该经常以蔑视和批判六法全书及国民党其他一切反动的法律法令的精神，以蔑视和批判欧美日本资本主义国家一切反人民法律、法令的精神，以学习和掌握马列主义——毛泽东思想的国家观、法律观及新民主主义的政策、纲领、法律、命令、条例、决议的办法，来教育和改造司法干部。”在此原则和方针引导之下，随着人民解放战争的不断胜利逐步废除一切反动旧法，直至在全国范围内全部废除一切反动法制。1952年历时9个月的司法改革运动，可以说是彻底废除反动法制的一种继续。这一运动的内容是改造整个旧司法机关和反对、批判旧法观点。[①] 这次运动是创建新法制的一个重要运动。它是巩固人民民主专政不可缺少的一项群众性政治斗争和思想斗争，它从政治上、组织上和思想上整顿、纯化了人民司法机关，有力地保证了人民司法机关为人民的民主性质，促进了人民司法机关对各种群众运动的积极参与和保护。当然，它也出现了简单化和片面化的弊端，如全盘否定传统法律文化，全盘否定“司法独立”观点等等。

因此，新中国废除旧法制，即包括废止旧法的法律效力，改造旧司法人员和旧司法机构，也包括清除旧法观念和旧司法作风，即“不能让它留下任何痕迹”（董必武语）。这可能是人类法制史，尤其是社会主义法制史上从未有过的对旧法制最彻底、最全面的废除。毫无疑问，它为人民共和国的新法制开辟了道路。但是，它给新中国四十年法制所造成的影响，仍然是需要人们科学、客观地加以探讨的题目。

废除旧法制和创建新法制是相伴相随的。当新中国的铁拳把旧法制砸得粉碎的时候，新法制也开始萌生了。法律总是随着它所顺应的那个社会运转的主流生成和发展的。中国的人民民主专政政权在建国初期的主要任务和完成这些任务的方式也大体上决定了新法

---

① 中共中央确定司法改革运动的目标是：“各级人民法院机构的改造和反对旧法观点是相互联系的，应将二者结合进行”；“这次司法改革运动必须是从清算旧法观点入手，最后达到组织整顿之目的”。关于司法改革运动的历史背景、成就和出现的问题，可参见《董必武政治法律文集》、陶希晋《新中国法制建设》（南开大学出版社1988年版）和陈守一《新中国法学三十年一回顾》（载《法学研究》1980年第1期）中的有关部分。

制的任务和萌生方式。对共产党人和全国人民来说，1949 年后的中国，百年积弱、百废待举、百业待兴：新兴的人民政权需要巩固；因战争而遭受严重破坏的经济需要重建和复兴；广大农民需要从封建土地所有制下解放出来；文化教育需要恢复和发展；社会秩序需要维护等等。为此，必须最大限度地组织全国人民并调动他们的积极性。于是，新中国一方面组建各种国家政权机关，另一方面开展一系列大规模的群众运动——从 1950 年到 1954 年宪法颁行前，主要进行了全党整风运动、镇压反革命运动、土地改革运动、宣传贯彻婚姻法运动、知识分子思想改造运动、司法改革运动、三反（反贪污、反浪费、反官僚主义）运动、五反（反行贿、反偷税漏税、反盗骗国家财产、反偷工减料和反盗窃经济情报）运动、普选运动（民主运动）和反分散主义、地方主义——这两个方面，特别是后一个方面也构成了新中国初期社会运转的主流。它们不能不决定着新法制的地位、任务，制约着新的法律的形式特征、司法体制乃至中国人民的法律理性和心理。正因为如此，这段时期，中国人民政治协商会议和人民政府根据《共同纲领》制定了一系列法律，[①]包括各种"组织法"（《中央工农政府组织法》《人民法院暂行组织条例》《工会法》等）、"运动法"（《土地改革法》《惩治反革命条例》《惩治贪污条例》等）和"管理法"（涉及行政、公安

① 有人统计，从 1949 年 9 月到 1954 年 8 月的 5 年中，新中国法律、法令、法规性文件总计为 500 多件（参见蓝全普编《30 年来我国法规沿革概况》，第 10 页）。但统计范围、途径不同，统计数字有时差别很大，如国务院法制局统计，从建国到 1957 年 7 月 15 日，制定公布的法律、法令、条例、规则等法 4018 件（陈春龙等编《法律知识问答》，北京出版社 1979 年版，第 18 页）。前 5 年显然大大超过 500 多件。

司法、行政监察、经济、科学文化教育等方面的法律)。[①] 其中,群众运动对新法制形成方式的制约,影响尤为深远。群众运动主要依靠群众的直接行动,而不是依靠严格的法制来引导和约束的。虽然制定了许多法律,但有些法律是在运动起来以后才制订的,如《惩治反革命条例》就是一例,因为当时不可能等法律订好再搞运动,只能在运动中或运动到了高潮,在总结原来指导运动的政策、指示、命令施行的经验基础上制定法律。因此,一方面,群众运动更多地服从于新民主主义原则和党的有关政策,另一方面,正如董必武在 1954 年就指出的,在群众运动中,人民群众"甚至对他们自己创造的表现自己意志的法律有时也不大尊重"[②]。这使得新中国早期没有出现类似苏联早期那样的大规模立法活动,特别是法典化运动,[③]尽管新中国有着苏联无法具有的雄厚的新民主主义法律基础。此外,推动各种运动的法律、法令、条例大都具有纲领性、原则性(通则性)和暂行性特征。所有这些对新中国法制历史所产生的副作用,有些在 50 年代中期就有所认识,有些过了几十年方得以初步思考,而有些至今还不甚明了。

新的法律组织是新法制必不可少的成分之一:新法律必须由新的法律组织来创制和实施。因此,新中国初期法制建设的重要方面

---

① 如对原政务院发布和批准发布的 250 件法规(1952 年底以前发布的约占 90%)进行分类整理:关于组织各级行政机构和建立工作制度的,约占 30%;关于组织进行各项社会改革的,约占 20%;关于管理经济(包括调整公私关系)、文教建设和其他工作的,约占 50%(1955 年 12 月 30 日《国务院法制局关于法规整理工作的总结报告》)。

② 《董必武政治法律文集》,第 333 页。

③ 苏联于 1918 年制定了第一部宪法、《苏俄人民法院条例》等,1921 年后实行新经济政策期间(主要是 1922 年—1924 年)相继制定了新的宪法、民法典、民事诉讼法典、刑法典、刑事诉讼法典、亲属法典、土地法典以及《检察机关条例》《法院组织条例》《律师机构条例》等。

就是创建和强化人民司法组织和其他法律组织，以通过法律来巩固人民民主专政，维护社会秩序，保卫人民的革命成果和一切合法权益。[①] 为此，新中国陆续设立了各级人民法院和人民检察署、公安部、司法部、法制委员会以及协调指导民政、公安、司法行政、法院、检察等法律部门工作的政治法律委员会，并形成了各自相应的制度，如1951年9月3日颁行的《人民法院暂行组织条例》确定了陪审制、巡回审判制、公开审判制、三级两审制等审判制度。

在土地改革、镇压反革命和"三反""五反"运动中，尚在组建或很不健全的国家司法组织，显然无法及时处理大批各种类型的案件。因而当时成立了一种权宜的、过渡的即临时的群众性司法组织——人民法庭。人民法庭类似苏联早期出现的革命法庭，[②]是动员群众参与各种社会政治运动的产物，也是一种"非常司法机关"。由于人民法庭的活动方式也带有明显的群众运动的性质和特点，所以它既有助于体现人民司法的群众工作路线，激发人民群众的政治热情，推动各种运动的深入进行，也造成了一定的错判、误判现象，并助长了人们不尊重法律规定和法律程序的风气。[③]

在这一时期，人民司法工作在当时特定历史环境下采用了一些尝试性或过渡性的做法，如批判和否定司法独立原则；政法机关（政

---

① 1950年11月3日政务院《关于加强人民司法工作的指示》指出：人民司法"是人民政权的重要工具之一"，其基本任务是"保护人民民主革命的胜利，镇压反革命活动，巩固新社会秩序和保障人民合法权益"。

② "革命法庭"是在正规法院制度以外来惩处人民敌人的临时组织。苏联1917年11月公布的《关于法院的第1号法令》规定设立"革命庭"，主要管辖反革命案件和投机倒把、怠工等重要刑事案件。

③ 有关人民法庭的一些具体情况，可参见《刘少奇选集》下卷，人民出版社1985年版，第46页。郑谦等：《当代中国政治体制发展概要》，第25—26页。《最高人民法院、最高人民检察署、司法部关于土地改革地区的人民司法机关必须大力参加人民法庭工作的指示》（1951年11月16日）等。

法委员会、司法、法制委员会、人民法院和人民检察署)合署办公;人民法院审判案件在无法律时依据政策;党委审批案件制度;等等。它们都不同程度地影响着新中国法制的道路,有些临时的制度甚至一直沿用几十年而不变。

三、1954:伟大的奠基

从 1949 年到 1954 年宪法颁行之前,新中国的法制逐步萌生起来,从而全面取代了国民党反动政府的一切旧制度。但是,这个时期的新法制更多的是根据组建新政权和进行各种群众运动的需要而形成的,在总体上,它是一种过渡型的法制。也就是说,它所创建的制度、组织、程序等基本上是探索性和暂时性的,而远未能建立起中国新法制的基本模式;社会主义法制原则也尚未确立下来。

真正为中国新法制奠定其本身的现实基础的,是 1954 年 9 月的第一届全国人民代表大会以及两年后的党的第八次全国代表大会。1954 年 9 月—1957 年这短短的二三年时间,是新法制的一个伟大的时期,尽管其法制也不完备。因为它是新法制的奠基时期。所谓奠基,大致上是指,新法制开始从“过渡期”进入“成型期”,从运动式发展进入稳定、正规发展的道路。具体地说,它意味着一方面,在理论形态上,新法制初步趋于成熟:法制被看作主导性、权威性社会的有序化模式或制度化机制;国家管理、社会运行及对敌专政都必须遵循社会主义法制原则。另一方面,新法制的粗略模式或宏观轮廓也开始初步确立起来了,新法制进一步发展的方向初步明确化和模式化,从而新法制的制度框架和组织结构开始走上正常发展的轨道。从这个意义上说,在新中国三十年法制的历史上,这个时期是获得了惊人成就的黄金时期,以至于二十四年后新中国法制再次大踏步前进的时候,在许多基本的、重要的方面,都不得不重新回到这个时期,并以此为基础和起点重建新法制,发展新法制。所以,它标志着新法制的发展进入了一个新阶段,也是新法制的第一个里程碑。

1954年的中国,已大大不同于新中国之初。如果说,过去几年新国家的主要任务是彻底摧毁旧的社会制度和社会秩序,并建立新的社会制度和社会秩序,包括摧毁旧法制和建立新法制,因而社会运转的方式主要是剧烈的阶级斗争和接连不断的大规模群众运动,那么,现在剧烈的阶级斗争时期已经过去,社会生产关系和政治经济状况也发生了根本变化,而新国家的基本任务则在于保护和发展生产力,实现人民的各项基本权利,巩固已经建立起来的政权和社会秩序。因此,新国家必须实现一个根本转换:从主要不依靠法制和依法办事转到确立社会主义法制原则,坚决依赖法制,大力加强法制。

在各个社会主义国家的法制发展史上,一般都必然要经历这样一个根本转变。我们以苏联为例。列宁在十月革命胜利后就十分重视法制,主张加强立法,严格执法守法和建立法律监督机制。但在1917年—1921年,由于实行军事共产主义或战时共产主义政策,法制的作用受到很大限制。而从1921年开始实行的新经济政策,使苏联社会主义法制不得不第一次出现大转换:新经济政策时期的主要任务之一,就是“在生活的一切领域确立革命法制的严格原则”。列宁从三个方面分析了这种大转换的必然性:(一)在政治上,“随着政权的基本任务已经逐渐由武力镇压转到管理工作,镇压和强迫的一般表现也会逐渐由就地枪决转到法庭审判”[①]。(二)在经济上,“我们

① 《列宁选集》第3卷,人民出版社1962年版,第518页。

当前的任务是发展民事流转，新经济政策要求这样做，而这样做又要求更多的革命法制。……我们的政权愈巩固，民事流转愈发展，就愈加迫切需要提出实施更多的革命法制的坚决口号"[①]。（三）已经巩固的新政权要通过法制充分保障人民的自由权利，如社会主义出版自由的含义之一就是，书刊出版后，只有法律可以决定人们在言论上所负的责任，即实行出版自由的社会主义法制原则。列宁在十月革命刚刚胜利时签署的出版法令指出："一旦新制度确立起来，对报刊的各种行政干预就必须停止。而将依照开明与最进步的法律，并在对法庭负责的范围内对出版实行充分的自由。"总之，在列宁看来，没有统一的革命法制，就根本谈不上什么创立文明制度和维护文明制度了。与此同时，苏联共产党和苏维埃代表大会等陆续通过了有关"革命法制"的几个决议，要求在生活各方面奠立严格的革命法制的基础，并坚决实施革命法制。正是在这些正确理论的引导下，苏联在新经济政策期间掀起了大规模法典化运动，即使是拿破仑时期的法典编纂运动——拿破仑当政期间法国在不到 10 年时间内制定了 5 部著名法典，包括拿破仑引为自豪并作为西方法典范例的《民法典》——也无法与此相比拟。

中国共产党人，尤其是作为新法制开创者的政治家们，一方面从列宁的上述法制理论中获得了巨大力量，从苏联新经济政策期间法制大转换中吸收了丰富营养，另一方面从新中国法制发展和社会政治发展的经验教训中认识到，新中国也必将经历法制的大转换。

早在 1953 年底，中央人民政府委员会第 28 次会议讨论通过的《关于政治法律工作的报告》就提出了初步转换政法工作的设想，指

① 《列宁全集》第 33 卷，人民出版社 1985 年版，第 148—149 页。

出:“现在,大规模的有计划的经济建设已经开始了。在这种情况下,我们的政法工作,主要的已经不是进行像过去那样的社会改革运动,而是逐步健全和运用人民民主的法制,进一步巩固人民民主专政,同时,继续完成过去尚未完成的某些社会改革,以保障经济建设和各种社会主义改造事业的完成,保护人民群众的民主权利使之不受侵犯。……因此,我们就应该加强全体国家工作人员和全体国民的守法教育,加强立法工作和司法工作,特别是保卫经济建设的立法工作、侦查工作和惩罚工作……”并规定了今后政法工作的四项基本任务。第一,健全人民民主的法制,保障经济建设的顺利进行。第二,进一步健全人民民主制度,加强自下而上的群众性的监督与批评。第三,保护人民的民主权利,使“人民群众的一切合法权益是应该被尊重的”,成为国家全体工作人员,特别是政法工作人员所切实遵守的原则。第四,保护国家财产,依法严厉制裁一切贪污和盗窃分子。随后不久,依据上述报告制定的一个指导性文件——《1954 年政法工作的主要任务》,把立法工作放在首位,并规定从立法、司法、检察、公安、民政等方面来加强法制。

在 1954 年 9 月召开的第一届全国人民代表大会上,上述初步认识得到深化,不仅更进一步认识了新法制大转换的必然性,认识了实行社会主义法制原则的极端重要性,而且使新法制的理论模型进一步清晰。刘少奇在《关于中华人民共和国宪法草案的报告》中认为,宪法“给了我们目前的奋斗以根本的法律基础”,因此,“宪法是全体人民和一切国家机关都必须遵守的”。尤其是各级人民代表、一切国家机关及其工作人员,“在遵守宪法和保证宪法的实施方面,都负有特别的责任”;“中国共产党的党员必须在遵守宪法和一切法律中起模范作用”,中国共产党还必须领导全国人民为保证宪法的完全实施而斗争,并按照宪法规定的道路来建设伟大的社会主义国家。[①] 董必武在这次会议的发言中指出:“现在国家已进入有计划的建设时期,我们的宪法已经公布,今后不但可能而且必须逐步制定比较完备的法律,以便有效地保障国家建设和保护人民的民主权利。”[②]

对新法制大转换进行系统的理论阐述,要归功于 1956 年 9 月党的第八次全国代表大会。这次大会的政治报告果断地宣布,“我们目前在国家工作中的迫切任务之一,是着手系统地制定比较完备的法律,健全我们国家的法制。”这是由于,“革命的暴风雨时期已经过去了,新的生产关系已经建立起来,斗争的任务已经变为保护社会生产力的顺利发展,因此,社会主义革命的方法也就必须跟着改变,完备的法制就是完全必要的了”。完备的法制的主要任务是巩固人民民主专政,保卫社会主义建设的秩序和保障人民的民主权利,惩治反革命分子和其他犯罪分子。为了完成这些任务,当务之急是:(一)确保公民的民主权利和自由。“必须使全国每一个人都明了并且确信,只要他没有违反法律,他的公民权利就是有保障的,他就不会受到任何机关和任何人的侵犯;如果有人非法地侵犯他,国家就必然出来加以干涉。”(二)国家和政府严格守法、执法。“我们的一切国家机关都必须严格地遵守法律,而我们的公安机关、检察机关和法院,必须贯彻执行法制方面的分工负责和互相制约的制度。”(三)依法惩治反革命分子和其他犯罪分子。我们的公安机关、检察机关和法院必须同反革命分子和其他犯罪分子进行坚决的斗争,但是“这一斗争必须严格地遵守法制”。董必武在这次会议上也强调:“现在无论就国家法制建设的需要来说,或者是就客观的可能性来说,法制都应该逐渐完备

---

① 《刘少奇选集》下卷,第 168—170 页。

② 《董必武政治法律文集》,第 371 页。

起来。法制不完备的现象如果再让它继续存在,甚至拖得更久,无论如何不能不说是一个严重问题。”[①]这表明,八大在理论上总结了自1953年底以来对新法制大转换的认识以及1954年9月后法制大转换的实践进程,从而为今后新法制大转换的进一步发展指明了方向。

与理论上的不断转换相适应,新法制的实践也开始实行转换。1954年9月,第一届全国人民代表大会第一次会议以前所未有的立法规模而载入新法制的史册:通过了《中华人民共和国宪法》,并根据宪法通过了《全国人民代表大会组织法》、《国务院组织法》、《人民法院组织法》、《人民检察院组织法》和《地方各级人民代表大会和地方各级人民委员会组织法》等一批基本法律。在这个时期,依据宪法相继制定了一些重要法律、法令,如《逮捕拘留条例》(1954年12月)、《兵役法》(1955年7月)、《关于劳动教养问题的决定》(1957年8月)等等,形成了新法制发展的高潮时期,[②]从而开始结束了自1949年以来的“过渡型”法制,新法制的正式格局初步奠立;“过渡型”法制的一些有效的原则、制度、程序、组织结构也围绕这个格局而发展。[③] 这使得新法制开始具有了社会主义类型法制的一般特征和形态。

新法制的基本格局主要包括:

(一)确立了社会主义基本政治制度:国家一切权力属于人民,建

---

① 《董必武政治法律文集》,第481—482页。1957年后的事实,完全证明了这一警告的正确性。

② 从立法方面看,据统计,在从1954年宪法颁布至1957年的三年间,全国人大及其常委会、国务院制定的法规和国务院各部委制定的较重要的法规性文件共731件(参见蓝全普《30年来我国法规沿革概况》,第4页)。除去1957年反右后制定的法规和法规性文件,两年半时间达600多件,多于前五年的立法数量。

③ 第一届全国人大第一次会议通过决议,确认“所有自从1949年10月1日中华人民共和国建立以来,由中央人民政府制定、批准的现行法律、法令,除开同宪法相抵触的以外一律继续有效”。

立人民民主专政，实行人民代表大会制度等。

（二）将社会主义法制原则法律化、条文化。宪法规定："一切国家机关工作人员必须效忠人民民主制度，服从宪法和法律"；"全国人民代表大会监督宪法的实施，全国人大常委会实行违宪审查"；"人民法院独立进行审判，只服从法律"；"中华人民共和国公民必须遵守宪法和法律"。

（三）正规化的一级立法体制正式确立。原来由中国人民政治协商会议和中央人民政府委员会代为行使的立法权统一归于全国人民代表大会；随着各大行政区的撤销，不再存在各大行政区依据国家法律、法令制定地方性暂行法律、条例的情况；地方各级人民代表大会也没有制定地方性法规的职权。

（四）确认和保障人民的民主权利和公民的各种自由权利。1949年《共同纲领》曾确认人民依法有选举权和被选举权，有思想、言论等自由权，但由于当时法制的重心所限以及法制的不完善，因而发生了一些侵犯人民民主权利的现象。[①] 从1953年底一直到1956年党的八大期间，保护人民民主权利不断受到重视，并被视为新法制大转换的基本内容。因此，逐步完备人民民主制度和人民民主法制，从加强立法和健全人民司法、检察、公安制度方面切实强化人民民主权利和自由的法律机制，就成为人们关注的中心之一。1954年宪法与《共同纲领》相比，不仅大大增加了人民民主权利和自由的内容——公民

---

① 1953年底的《关于政治法律工作的报告》指出："过去由于我们是处在紧张的战争和大规模群众运动中，又由于我们的法律还很不完备，司法制度特别是检察制度还很不健全，有些公安机关和法院还有粗枝大叶或组织不纯甚至使用内刑的现象，以致有一些人被错捕、错押或错判，侵犯了这些人的民主权利。"如1953年抽查前3年处理的600万刑事、民事案件，判错的估计大概是百分之十。（参见《董必武政治法律文集》，第273、280—281页。）

在法律上一律平等、劳动权、休息权、受教育权、住宅权、从事科学文化活动的自由以及控告权、获得国家赔偿的权利，都是《共同纲领》所没有的，而且规定了实现人民民主权利和自由的保障，如国家供给必需的物质上的便利，以保证公民享受言论、出版等自由；设立法律正当程序，保护公民人身自由不受侵犯①等等。同时，社会主义法制原则是保障公民权利、自由的有力武器：人民的民主权利充分地受到国家的保护，首要条件是一切国家机关和国家工作人员必须严格遵守国家的法律。此外，开始着手起草民法和建立律师制度等，也有助于公民合法权益的保护。凡此种种，都使得新法制呈现出使民主制度化、法律化的良好势头。

（五）建立了比较成型的先进的社会主义司法体制。包括：第一，设置了比较合理的司法组织机构，人民法院系统由最高人民法院下设地方人民法院（基层、中级、高级人民法院系列）和专门人民法院（军事、铁路运输、水上运输法院），人民检察院也是最高人民检察院统一领导地方各级人民检察院和专门人民检察院。第二，人民法院审判独立原则。在《共同纲领》和1951年《人民法院暂行组织条例》中没有审判独立的规定，1952年的司法改革运动还批判和否定了司法独立。但建国五年来的司法实践证明，审判独立是人民司法工作的规律。因此，1954年宪法和《人民法院组织法》都对此加以确认。第三，人民检察院实行垂直领导体制。由于建国之初的特定历史条件和检察机关处于组建过程，所以1951年《各级人民检察署暂行组织通则》规定实行双重领导。“但我们从来没有反对过列宁指示的国

① 宪法规定：“任何公民，非经人民法院决定或者人民检察院批准，不受逮捕。”据此，1954年12月颁行《逮捕拘留条例》，这个条例可以说是一部专门的“正当程序法”。

家检察机关垂直领导的原则。”[①]1954 年宪法和《人民检察院组织法》规定检察机关实行垂直领导，独立行使职权，完全符合列宁的法制思想。第四，适用法律一律平等。第五，设立辩护制度。开始建立律师队伍，至 1957 年 6 月，全国已有 19 个律师协会、800 多个律师顾问处，有律师近 3000 名。第六，建立其他各种司法制度：公开审判、回避、合议制、上诉、审判监督、两审终审、法官民选等等。这些都意味着新中国开始致力于司法体制的正规化建设。

此外，一些重要的基本法正在或准备草拟：《刑法草案》形成了第 22 稿，《刑事诉讼法草稿》（初稿）起草工作也已完成，并准备起草民法。

当然，新法制的奠基时期，也存在着轻视法制、忽视法制的问题。1954 年以前法制发展过程中的一些消极因素并未消除。1954 年至 1957 年开展或开始的群众运动——思想批判运动（批判胡适思想和俞平伯《红楼梦研究》等）、批判“胡风反革命集团”[②]、肃反运动、社会主义改造运动、农业合作化运动、整风运动和反右运动等，加之前五年群众运动对法制的影响，继续制约着新法制大转换的过程。人们的法制观念，尤其是干部的法制观念还很淡薄，不守法的倾向也没有得到有力的纠正。这些造成的消极后果，在 1957 年以后充分突现出来。对此，我们将在下一节中详加论述。

总而言之，法制的奠基是初步的，有不成熟的地方，也存在一些问题，但有了一个良好的开端，只要新法制沿着已经奠定的格局向前发展，新中国法制之路无疑是光明的，前程是远大的。十分可惜，

---

① 《董必武政治法律文集》，第 323 页。

② “胡风反革命集团”案已由中共中央于 1980 年予以否定，并给胡风平反。1988 年中共中央又进一步为胡风全面平反。

1957年那场影响深远的反右运动，停止了继续完善新法制模式的努力，从而宣告了法制大转换的结束，随之而来的是法制近十年的停滞和大滑坡。

四、1957：风云突变

1957年春夏之交，必要的反右派斗争开始了。但是反右派斗争被严重地扩大化了，造成了不幸的后果。在法制方面，它突然打乱了正在向正规化法制发展的进程，并严重冲击了新中国刚刚建立起来的、需要大大加以完善的法制模式，使新中国法制历史进入了低潮时期。

正如任何一个国家的任何时代都会有一定法制一样，从1957年到1965年，新中国法制并未完全停止发展或彻底取消。在此期间，政治家和法律家们在不同场合曾表示要加强法制。1957年1月，毛泽东要求所有的人都遵守革命法制，不要破坏革命法制。1957年7月第一届全国人大第四次会议认为我们有可能在总结过去经验的基础上制定社会主义的各种法律，并进一步健全各项审判制度和检察制度。1958年2月中共中央发布的《工作方法六十条》提倡各级党的干部学点法学。毛泽东在1962年还指出："不仅刑法要，民法也需要，现在是无法无天。没有法律不行，刑法、民法一定要搞。"刘少奇也于1962年强调："法制不一定是指专政方面的，人民内部也要有法制，国家工作人员和群众也要受公共章程的约束。"在立法上，制定了《治安管理处罚条例》（1957年10月）、《户口登记条例》（1957年10月）、《国务院关于国家行政机关工作人员的奖惩暂行条例》（1957年11月）、《农业税条例》（1958年6月）和《商标管理条例》（1963年4

月)等等;60年代初,相继恢复了刑法、民法和刑事诉讼法等基本法的草拟活动,其中刑法草案已改出第33稿。在司法方面,初步正规化的司法体制也曾在一段时间内不同程度地运行。

但是,总体而言,这一时期的法制没有实现党的八大关于加强和完善社会主义法制的正确决定,也没有进一步促成法制的大转换,而是经历了停滞、削弱和走下坡路的过程。具体言之:立法没有什么大的进展,重要的基本法的创制严重受阻。几部已有相当基础的重要法典(刑法等)的制定工作经历了搁浅(1958年)→恢复(60年代初)→停顿(60年代中期)几个时期,使这些法典难以问世。其他有关经济建设、行政管理和公民权利方面的法律、法令的创制也受到严重影响,尤其是初步正规化的司法体制不断削弱。比较合理的司法组织结构被不正常的合并、精简所取代:1957年8月,铁路与水上运输法院撤销。在人民公社化之后,公社成立政法公安部;许多地方县一级的公安机关、检察院和法院实行了组织合并,也成为政治公安部;地区和省(直辖市、自治区)两级的公、检、法机关则实行联合办公,由党的政法工作领导小组或政法党组实行统一领导。1959年4月,第二届全国人大第一次会议作出决议,撤销司法部,地方各级司法行政机关也随即撤销。1960年11月,在中共中央批复《中央政法小组关于中央政法机关精简机构和改变管理体制的报告》后,最高人民法院、最高人民检察院和国务院公安部合署办公,由公安部党组统一领导,从而在最高层次上进一步削弱了司法体制。同时,宪法确认的司法独立原则和“垂直领导”体制,通过非修宪程序加以否定。1957年7月中央规定地方司法机关向地方党委负责,随后,司法机关不仅服从党中央和地方党委的方针政策的领导,而且服从各级党委对审判具体案件的指示。60年代中期,从捕人到审判均须由党委或政法党组作出决定方能执行。检察机关的“垂直领导”也改为“双重领导”。此外，辩护制度、律师制度基本上被废除，相应的律师组织也基本上被取消。司法过程中的基本程序和诉讼制度大都不同程度地被否定。总之，整个法制从1954年以来的高峰逐步落入低谷，严重地损害了原有初步正规化的法制模式和人们对法制的尊重与信任。

从提出和确认社会主义法制原则，到逐步放弃社会主义法制原则，法虽立而自毁，这是值得人们深思的又一个大转向。促成这种大转向的原因是多方面的，即各种错综复杂的因素交织在一起，共同促使这一时期的法制偏离50年代中期所奠立的法制道路。

首先是党的指导思想的严重失误。50年代中期确立社会主义法制原则和大力加强法制，是建立在党对社会主要矛盾已发生根本变化的认识的基础之上的：随着社会主义制度基本上建立起来，国内的主要矛盾已经不再是工人阶级和资产阶级的矛盾，而是人民对于经济文化迅速发展的需要同当前经济文化不能满足人民需要的状况之间的矛盾。因此，国家的主要任务是集中力量发展社会生产力，实现国家工业化，逐步满足人民日益增长的物质需要和文化需要。由于社会主要矛盾和国家主要任务的根本变化，国家管理和社会发展的方式也必然要实行大转换，即从大规模的群众运动转向稳定、正规的法制建设。正是在这种认识指导之下，新中国法制建设才在短短的二三年时间内取得前所未有的辉煌成就，并获得了丰富的经验。但是，1957年反右派运动开始之后，毛泽东就不断修正上述正确认识。1957年10月，他在党的第八届中央委员会扩大的第三次全体会议上认为，“八大”决议上关于现阶段社会主要矛盾的提法是错误的，指出：当前我国社会的主要矛盾是“无产阶级和资产阶级的矛盾，社会主义道路和资本主义道路的矛盾”。到1962年9月的八届十中全会上,毛泽东又进一步发展了这个观点,并把社会主义社会中一定范围内存在的阶级斗争扩大化和绝对化;而且毛泽东的观点和思想得到了这次全会的赞同。对社会主要矛盾的认识的大转变,也必然导致对“八大”加强和完善社会主义法制的正确决定的修改,必然使初步正规化的法制模式停止运行。在毛泽东上述观点和思想不断深化的同时,关于法制建设的基本指导思想也随之变化:一方面社会主义法制原则的思想几乎全部废弃,另一方面法制的功能仅仅限于对敌专政和惩罚犯罪分子。毛泽东在1958年说过:不能靠法律治多数人,多数人要靠养成习惯;民刑法那样多条谁记得了?一搞大跃进,就没时间犯法了。民事审判工作的方针是以调解为主。中共中央向“八大”第二次会议作的工作报告(1958年5月)也指出:对残余反革命分子和各种刑事犯罪分子必须继续加以镇压,而对人民内部的矛盾,“一般地都应采取整风的方法加以解决”。同年,中央政法小组在一份报告中认为:“我们商定的原则是,凡是不适用的,一律不要用,可以冲破旧的,创造一些因地制宜、简便易行的新制度;凡是还适用的,就应继续适用。刑法、民法、诉讼法根据我国实际情况来看,已经没有必要制定了。”[①]其结果是宪法和司法组织法的一些民主原则和法制原则不经法定程序修改就被冲破了,或不适用了,重要基本法的创制工作也停顿下来。毫不奇怪,1962年、1963年第二届人大第三、第四次会议的《新闻公报》中没有法制建设的内容。为了适应阶级斗争的需要,司法机关的头等重要的任务是同敌对分子和犯罪分子作

① 《关于人民公社化后政法工作一些问题向主席、中央的报告》(1958年12月20日)。该报告认为没有必要制定刑法、民法的结论,与一年前董必武在第一届全国人大第四次会议上《关于最高人民法院工作的报告》所述情况完全不同。董必武的报告用详尽事实说明了制定刑法、民法的必要性。

斗争。如1958年6—8月召开的第四次全国检察工作会议确定今后检察工作的任务是:运用法律武器,通过加强对敌人的专政,为总路线的顺利实现保证一个安全的环境。至于其合法性监督、法纪监督等项职能,就是次而又次的了。由此,法制建设走入了一条偏窄的道路,从而深深制约着整个法制的格局和规模,并在很大程度上影响着法制运行的方式和过程。如法制建设紧跟运动,政法部门出现了"有事办政法,无事办生产"的怪现象,这甚至成为政法工作基本路线的一部分。[①] 如此完全违反政法工作规律的做法,当然只能有损于法制的健康发展。

反右严重扩大化和"左"的法律思想,也极大地破坏了初步正规化法制模式的运行及其进一步发展,并给随后的法制建设造成严重影响。1957年,党反击极少数资产阶级右派对党的领导和新生社会主义制度的进攻,是完全必要的,但由于反右运动的严重扩大化,使大多数同志从帮助党整风的善意出发而提出的正确、合理而又符合宪法和法律规定的意见与言论,受到错误的批判,从而形成了一股极"左"思潮。这在政法界尤为突出。因为当时政法界被认为"是阶级斗争最尖锐、最集中的部分","右派分子在政法战线分布得相当深,而且广"。政法界反右斗争是从1957年底正式开始的:10月9日和14日《人民日报》分别发表《在政法战线上还有严重的斗争》和《克服政法工作中的两种倾向》的社论;11月,司法部全面转入整风第三阶段,集中火力反对右派思想和旧法观点;12月20日《人民日报》又发

① 1959年5月召开的全国公安、检察、司法先进工作会议确定今后的政法工作路线是"服从党委领导,依靠人民群众,参加生产劳动,为全党全国中心工作服务"。而这一路线又是根据1959年10月中共中央批示公安、检察和司法三个会议的文件所作的指示——"政法工作应当坚持党委领导和群众路线,应当与生产劳动相结合"一提出的。

表《政法部门需要彻底的整顿》的社论。它们也标志着政法界“狠批”“深挖”右派分子的斗争全面铺开。1958年,政法界反右斗争进一步深入:除1957年12月份召开的全国省、市、自治区检察长会议外,从1958年3月至8月,第四届全国司法会议、第四届全国检察工作会议、第9次全国公安工作会议相继召开,其主题都是检查和批判“右倾错误”。不仅如此,全国法学界也都卷入反右斗争。综归起来,政法界错误批判所谓“右派观点”和“右派错误”,主要是在下述若干方面:

(一)批判“忽视对敌专政,片面强调保护人民民主权利”的“错误”。事实上,新中国政法界从未放松对敌专政,而长期以来忽视保护人民民主权利,尤其在反右斗争中更是如此。这就不可避免地在实践上导致严重混淆两类不同性质的矛盾。正如刘少奇在1962年所总结的:“这几年的政法工作,就问题方面来说,总的经验教训是混淆两类不同性质的矛盾,主要是误我为敌,打击面过宽。……这几年的错误,主要是用处理敌我问题的办法去处理人民内部矛盾。”①

(二)把善意批评党政不分、党法不分现象和要求依据宪法坚决实行审判独立的正确言论,说成是“右派分子借口审判独立反对党的领导”,是“以法抗党”,或被视为“忽视党的绝对领导”和“对党闹独立性”。本来,按照宪法和司法组织法的规定,人民法院依法独立行使职权和检察机关实行“垂直领导”,并非要取消党的领导,因此,否定党对司法的领导是违宪和违法的。但是,党的领导不等于事无巨细一一过问。这就要求改变50年代中期以前的党委审批案件等暂时性制度,使司法制度和审判活动方式科学化、正规化,这也是符合宪

---

①　《刘少奇选集》下卷,第450页。

法和法律的。而在反右过程中,一些人把党对司法的领导提到绝对的不适当的地步。一些所谓驳斥"司法独立"这一"反党错误观点"的文章认为,党应该"具体过问人民法院的审判工作",各级党委"是最称职来衡量一个案子的肯定和否定意见"。一本"跃进"著作更明确地说,党对法制工作的绝对领导,绝不仅是方针、政策的领导,而且也是具体业务如审理案件、执行判决等等的领导。"在司法工作中,审判机关必须切实遵守党委关于审批案件的规定,向党委请示。党有权过问审判机关的任何案件,任何工作。……实践中,对于一个具体案件,如果事实清楚,证据充分,在处理上一般应根据地方党委的意见。如果需要变更的时候,除了应采取慎重态度外,还应征得地方党委的同意。"①由于错误地批判为宪法所确认的"司法独立"的社会主义审判原则,过分强调司法活动必须接受党的绝对领导,所以,在政法界形成了一些极"左"的观念,如司法机关是"党的驯服工具""党法不分""全党办公安"等。而在实践上,不仅使党委成了司法具体业务的办事机构,而且司法机关成了党委的执行机关;不仅有的党政负责人随便批准捕人,根本不要公安局、检察院这一套,而且,比较正规化的审判活动方式、审判制度和程序也随之打乱了。鉴于这些很不正常的做法,刘少奇在 1962 年强调:"法院独立审判是对的,是宪法规定了的,党委和政府不应该干涉他们判案子。……不要提政法机关绝对服从各级党委的领导。它违法,就不能服从。"②

(三)批判"忽视法制的群众性"的"错误"。50 年代中期以前,在一系列大规模群众运动中,曾一度形成了国家司法机关和人民群众

---

① 参见中国人民大学国家与法权理论教研室编著《论人民民主专政和人民民主法制》,中国人民大学出版社 1958 年版,第 223—226 页。

② 《刘少奇选集》下卷,第 452 页。

共同"办司法"的超常格局,即实行了人民群众直接参与审判活动的非正规化方式,如人民法庭。随着 1954 年宪法和司法组织法的颁行,司法体制开始走了正规化道路,也就是既要依靠群众实行群众路线,又要实现司法职业化、专门化,改变原有的非正规化方式。但这种转变却受到不合理的批判,认为它是"抱着资产阶级书呆子的习气,去看待群众的革命斗争"。以这种"批判"开路,在大跃进时期的司法实践中出现了重视"法制的群众性"的各种形式:走出法院、"群众的民主辩论"、"群众的反坏运动"和调处委员会(不同于调解委员会)。这其实是对群众路线的简单化和庸俗化。它们也带来了一些消极后果:司法活动偏离正规化道路,损害了宪法和法律的权威;有的公社、工厂、工地随便捕人,有的单位还自己搞拘留、搞劳改,侵犯了公民的宪法权利。

(四)对一系列社会主义法制原则和法律制度进行批判。1954 年宪法宣布公民有言论、出版的自由和进行科学研究、文学艺术创作和其他文化活动的自由,但反右时却把"新闻自由"、"出版自由"和"文艺自由"的要求作为反动言论加以批判;"公民在法律面前一律平等"被指责为"抹杀法律的阶级性","同反革命讲平等";强调依法办事,是"法律至上"的资产阶级观点,是"不要党的政策","搞法律孤立主义";辩护制度、律师制度被批判为"替坏人说话,敌我不分","为阶级敌人开脱、掩护"等等。

(五)把一些正确的批评、建议,往往当作右派分子向党发动的进攻而进行"反击"。如对批评新中国社会主义法制不健全,轻视法制,有法不依,以言代法,党法不分,外行领导内行等现象的言论,都不加分析地大加批判。其实,上述言论有许多是正确的或基本上正确的,有些还是毛泽东、周恩来、董必武等领导人反复强调过的。

政法界的反右扩大化，给新中国法制建设造成了严重影响。它不仅中断了法制正规化发展的进程，而且随意批判和否定宪法和法律中的法律原则、法律制度，极大地损害了宪法和法律的权威，助长了法律虚无主义倾向，破坏了初步培植起来的全民法律意识。它把一些维护宪法原则和法制权威的法学家、政法干部错误地打成右派分子，极大地挫伤了法学研究、教育人员和政法干部的积极性。尤为重要的是，由于在许多问题上混淆是非，所以形成了一系列长期禁锢人们思想和观念的极“左”的法律思想。

重政策轻法律，以政策代替法律，这既是新法制不断被削弱乃至走下坡的重要表现，也是其重要原因。建国以来，由于群众运动本身的特点和法制的极不完善，各种社会改革运动只能主要以政策作为准则。这就历史地在不少人民群众、党员和党的领导干部中形成一种重政策轻法律的观念。50 年代中期法制初步正规化，尤其是人民法院独立审判案件只服从法律的原则确立之后，上述观念有必要加以改变。但实际上，一方面上述观念既然是历史地形成的，就必然具有一种历史的惯性，从而继续支配人们的头脑；另一方面接连不断的新的社会改革运动仍然沿袭以前的运动的方式方法，政策依然是各运动的主要行动指南，这与社会主义法制原则和“八大”关于加强和完善社会主义法制的正确决定并不完全合拍。因此，重政策轻法律的观念不仅没有改变，相反还有所发展：在有必要和可能完善法制以及法制已初步正规化的情况下，长期以政策代替法律，使政策成为具有权威性的最重要司法活动标准。因而，在司法领域，政策的地位和权威不断强化，法律则退居极为次要的地位。

进一步言之，50 年代末新中国法制的大转向还有经济方面、政治方面和法律文化方面的深层原因。

从经济方面来说，新中国实现工业化的基础和背景都与近代工业化时期根本不同：近代工业化有比较发达的本国经济市场和世界市场，有成熟的企业家队伍，使国家或政府无须在广泛范围内直接地控制和调节社会经济生活，只需通过法治进行间接的调控和引导，因而工业化和法治化是同步发展的。而新中国工业化则不具备上述条件，所以国家或政府不得不扮演直接的“经济组织者和管理者”的角色，通过直接的计划和行政指令最大限度地集中资源（资金、劳动力和自然资源等），并进行资源配置，以推进工业化进程。于是，新中国的工业化，特别是1956年完成三大改造和建立社会主义公有制之后推行的工业化，必然需要以指令性计划为主要调控手段的工商业经济体制和农村经济体制。1958年，虽然毛泽东主张应当使用商品生产、商品流通和价值法则等来发展社会主义，认为“历来就有商品生产，现在加一种社会主义的商品生产”，但是他对商品生产和价值规律的认识，仍然没有突破斯大林的框子。同时，由于当时党在指导思想上的“左”倾错误的影响，把搞活企业和发展社会主义商品经济的种种正确措施当成“资本主义”。其结果是，50年代末至60年代，中国形成了一种高度集中统一的以行政直接控制和调节为根本特征的计划经济体制。在这种经济体制中，国家享有至高无上的经济权力和几乎无所不在的渗透力量：“国家，作为一种社会上的政治组织，同时表现为一种直接起作用的经济力量，事实上是一种不仅控制着企业的内部关系，而且控制着决定企业和家庭地位的整个外部因素的力量。……国家对所生产的商品和劳务具有绝对的支配权，而且同时，国家决定着将这些商品传送到消费者手中的条件（首先是价格)。”[①]这种经济体制有其形成的客观性,在一定时期和限度内也有助于工业化的发展。但是,它一方面使私人和企业(公司)的一切经济行为都与行政权力紧密相联,阻碍了法律在其中的生成与渗透,另一方面它又使产权、市场、契约等商品经济因素很不发达,因而法制的作用受到很大限制。如建国初期的有关法规使用过“法人”概念,但由于经济体制的约束,商品经济未受重视,因此法人制度未能进一步形成和发展。由此可见,特定历史条件下的高度集中统一的经济体制决定了对非法治状态的选择,即工业化的方式与法治道路的选择形成悖论。此外,50 年代末期工业化的运动式道路,也限制了法制的功能,从而抑制了法制的发展和完善。世界历史的经验表明,只有当工业化和经济发展把遵循商品经济的各种规律作为根本指南时,社会对法律的客观需求才会大大扩展;也只有工业化和经济发展走上常规而非运动式道路时,法律才会有强大的引导和约束力量。也就是说,工业化进程和法治化进程的同步和相互交织、相互推动,只能是商品经济和社会正规运行的产物。

在政治方面,高度集中的一元化政治领导体制也不利于社会主义法制原则和宪法的实现。50 年代后期,与经济集中相伴随,各种权力逐渐集中于党的各级机关,并逐步集中于书记一人之手。邓小平指出:“权力过分集中的现象,就是在加强党的一元化领导的口号下,不适当地、不加分析地把一切权力集中于党委,党委的权力又往往集中于几个书记,特别是集中于第一书记……党的一元化领导,往往因此而变成了个人领导。”[②]这就很容易损害法制:权力机关应有的

① [波]W.布鲁斯:《社会主义的所有制与政治体制》,郑秉文等译,华夏出版社 1989 年版,第 41—42 页。

② 《邓小平文选》第 2 卷,人民出版社 1983 年版,第 328—329 页。

权力(主要是立法权力)被削弱,致使立法工作不能正常进行;行政机关不对法律和权力机关负责而对党委和党的政策负责,即政府机关直接受各级党的机关的领导,宪法所规定的政府向权力机关负责并报告工作的制度以及依法行政的原则也就不起作用了;党法不分,司法受党委的绝对领导,不利于初步正规化的司法体制,尤其是司法独立原则和垂直领导体制的运行;党委的个别人权力太大,往往不大愿意守法和依法办事。所以邓小平尖锐地说:“有些属于法律范围的问题,由党管不合适。党干预太多,就会妨碍在全体人民中树立法制观念。党要管党内纪律的问题,法律范围的问题应该由国家和政府管。主要是这么一个党和政府的关系问题,是一个政治体制的问题。”“总之,法律范围的事由党来管……这不利于在全体人民中树立法制观念。”①

法律虚无主义的文化传统和轻视法律的思潮,也对法制的正规化发展具有一种强大的阻抗力量。在极其复杂的新中国法律文化中,就消极的、落后的东西而言,主要有中国封建法律文化的残余、革命过程中形成的某些法律观念和新中国运动式发展所铸造的某些法律思潮。中国传统的封建法律文化是与传统的社会有序化模式相适应的,它一方面强调伦理教化,是道德化的法律文化,另一方面又“以刑去刑”,严惩犯罪,尤其是谋反等大罪,是强权型法律文化;同时,它既重视宗法关系,又维护等级特权,是宗法文化和专制主义法律文化。总而言之,它是一种排斥法制原则或法治的法律文化。这种具有多重特性的传统法律文化,作为封建主义文化的组成部分,是中国民主革命和社会主义革命的对象之一。但是,新民主主义革命,“肃

① 邓小平:《建设有中国特色的社会主义》(增订本),人民出版社1987年版,第135—136页。

清思想政治方面的封建主义残余影响这个任务，因为我们对它的重要性估计不足，以后很快转入社会主义革命，所以没有能够完成”。因此，“旧中国留给我们的，封建专制传统比较多，民主法制传统很少”，包括“我们过去的一些制度，实际上受了封建主义的影响”。[①] 50年代的一些法律观念及其实践，就表现了中国传统法律文化的残余影响，诸如：极端重视对敌专政（这本身也许并不错），而没有自觉地、系统地建立保障人民民主权利的各项制度，使人民民主权利法律化。在处理人民内部的各种权益纠纷时，偏重教化和调解，而忽视民法调整。还有特权思想。封建特权与社会主义法制原则和法律面前人人平等原则是根本对立的。在新中国成立之后，封建特权思想并未肃清：一些人总是企图超越于法律之外，凌驾于法律之上，不愿意与别人平等地遵守法律，违法犯罪后又极力逃避法律的制裁。在50年代中期，中国政法界的一些领导人曾系统地揭露过法律上封建特权思想残余的种种表现[②]：（一）“法律只管老百姓”的思想。一些党员和干部认为新国家是他们创造的，新政权是他们建立的，国家的法律是管别人的，即只管老百姓或“小人物”的，至于“大人物”“大干部”则可以逍遥法外，不遵守法律。（二）“功臣特殊”思想。有些人居功自傲，自以为过去有一点“功劳”，是功臣，就觉得党和国家应该允许他们超于法律之外，就不把法律、法令放在眼里。这种“功臣特殊”的思想，实际上是骑在人民头上的封建地主、王侯思想的反映，它会使我们的干部腐化堕落，使我们法制的权威受到损害，甚至可以发展成对党和国家的破坏。（三）“党员特殊”思想。一部分党员认为，共产党既然是

① 《邓小平文选》第2卷，第335、332、348页。

② 参见《董必武政治法律文集》和彭真《在第一届全国人大第一次会议上的发言》（1954年9月18日《人民日报》）。

国家的领导者，那么他们只要遵守党的纪律和政策就行了，对于国家法律，不遵守也不要紧。（四）“主人特殊”思想。有少数工人和农民认为，人民既然已经当家做主，就用不着再遵守自己国家的法律。（五）“只享权利，不尽义务”的思想。有些人总想多享受一些权利而少履行义务，甚至只享受权利而不履行义务，这是和宪法背道而驰的。（六）“国家机关特殊”思想。有人认为国家机关可以违法，在遵守法律方面可以特殊。这实际上是一种“只许州官放火，不许百姓点灯”的反动统治阶级的思想，也是和宪法根本不相容的。上述种种特权思想都不符合社会主义法制观念，在实践中导致了“将功折罪”“以官抵罪”等极不符合法制的做法。

具有特殊特点和方式的中国革命过程，也强化了轻视法制的观念。一方面，中国人民在新中国之前对一切反动法律存在着极端仇视和不信任的心理，而在中国革命过程中，许多共产党人和革命群众又被国民党政府的反动法律所关押乃至野蛮地杀害，更强化了人民对反动旧法的仇视和不信任的心理。这种心理可能引起对一切法制的轻视心理。另一方面，中国革命不可能采取合法斗争的形式，而必须是在反对和冲破旧的法制中进行。列宁曾多次说过：人民夺取政权和政治自由，不要任何法权和法律，不受任何法权和法律限制；革命就是废除旧法律。这在客观上助长了人民轻视一切法制的心理，甚至成为法律虚无主义的理论依据。同时，指引中国革命胜利的，主要是党的纲领和政策，而不是新民主主义法律，因而重政策、轻法制以及用政策代替法律的思想，具有它的历史根源。

不仅如此，新中国成立后的一系列群众运动也在很大程度上制约着五六十年代的中国法律文化的特点和内容。我们已经谈过，群众运动是一种风暴式的大规模的革命运动，它是不完全依靠法制的，其必然的副作用就是进一步强固人们本来就具有的轻视一切法制的心理。正如陶希晋在1957年指出的：在群众运动中，“革命群众需要的是什么？是完备的法制吗？是等待制定了一整套搞运动的法制才去进行暴风骤雨式的阶级斗争吗？显然，决不是这些，而主要是在一定政策范围内发扬人民群众的高度的革命精神。这种精神，在某种意义上对于旧社会的反人民的旧秩序来说，也就是‘无法无天’的斗争精神。我们决不能在斗争一开始，就对广大群众强调什么这个不准，那样不行，必须按条条办事，来束缚群众的手脚；甚至在某种情况下，还不能绝对地阻止群众冲破一些陈旧或者不适合运动需要的规定”[①]。显然，群众运动在法制观念上不仅使人们不重视法制，而且把法制看成束缚手脚的条条框框，意欲冲破而后快。人们轻视法制的一种颇为流行的理由就是法制太麻烦，施行起来妨碍工作，不利于运动。历史已经表明，大搞群众运动而不进行制度建设，就绝不可能加强法制和完善法制，它的必然结果只能是“运动高潮，法制低潮”，从而阻碍国家的长治久安和稳定进步。而且，用大搞群众运动的办法，而非扎扎实实、稳步前进的办法，去建立新法制和改革现行法制，也从来都是不成功的。

上述种种原因表明，在50年代末和60年代初，对于法制正规化发展这一极为重要的课题，还有许多尚未认识的必然王国。由于社会主义法制的历史不长，其发展规律还有待于继续探索，而党因各种原因对这个问题也缺乏充分的思想准备和科学研究。这就为对社会主义法制原则的错误批判和极“左”法律思潮的生成提供了条件，也不利于清除封建法律的污染。这说明，没有科学、系统的法制和法治

---

① 陶希晋：《新中国法制建设》，第60页。另可参见《董必武政治法律文集》，第333、485—486、517—518页。

理论，就不可能有健全的法制发展。

新法制的这段差不多十年的曲折历史过去了，紧接而来的是更令人痛心的悲剧。它们之间的必然联系也是极其明显的。

五、1966：走向悲剧

从法制的思路来看，十年“文革”既是新中国社会主义法制很不健全的必然产物，又是对社会主义法制的全面破坏和摧残。

极而言之，十年（1966—1976年）“文化大革命”是一个没有法制的时代，是“无法无天”和“砸烂公、检、法”的时代。

历史地观察，导致50年代末期逐步抛弃社会主义法制原则、偏离正规化法制发展道路的那些复杂的因素，并没有随着60年代中期经济进入一个新的发展时期而有所改变。新中国前十七年法制过程中存在的一些不正常或临时性制度，也未修正或废弃，在某些方面还有所发展。它们相互交织，逐步积累，共同成为十年“文革”法制悲剧的重要原因。也就是说，50年代末期以来法制一直走下坡路或法制极不完备所造成的恶果膨胀到极点，以及阶级斗争严重扩大化和极“左”思潮的严重泛滥，新中国法制似乎注定要走向悲剧。

“文革”是在毛泽东的“左”倾错误论点指引下发动的。《关于建国以来党的若干历史问题的决议》归纳了毛泽东的这些主要论点：“一大批资产阶级的代表人物、反革命的修正主义，已经混进党里、政府里、军队里和文化领域的各界里，相当大的一个多数的单位的领导权已经不在马克思主义者和人民群众手里。党内走资本主义道路的当权派在中央形成了一个资产阶级司令部，它有一条修正主义的政治路线和组织路线，在各省、市、自治区和中央各部门都有代理人。

过去的各种斗争都不能解决问题，只有实行文化大革命，公开地、全面地、自上而下地发动广大群众来揭发上述的黑暗面，才能把被走资派篡夺的权力重新夺回来。这实质上是一个阶级推翻一个阶级的政治大革命，以后还要进行多次。"这就是所谓"无产阶级专政下继续革命的理论"。这种理论在一系列重大理论和政策问题上混淆了是非，从而不仅使"天下大乱""法制大乱"，而且导致敌我的混淆，在全国各方面实行"无产阶级专政"——不要社会主义法制的专政。

发动和发展"文革"的一个基本条件，是没有任何制度化机制加以约束的个人高度集权。60 年代初期和中期，"个人崇拜"和"个人迷信"不断发展，使毛泽东不断神化。与此同时，毛泽东的个人专断作风更加滋长，日益凌驾于党中央之上，而不受党和国家政治生活中的集体领导原则和民主集中制的制约，也不受党中央的监督，更不受任何法律制度和法律原则的约束。这种"现代迷信"和金字塔式的权力结构，使党和国家无法依靠一种有效的政治体制和法制来制止由领导者错误发动的严重内乱。上述《决议》正确地指出："种种历史原因又使我们没有能把党内民主和国家政治社会生活的民主加以制度化，法律化，或者虽然制定了法律，却没有应有的权威。这就提供了一种条件，使党的权力过分集中于个人，党内个人专断和个人崇拜现象滋长起来，也就使党和国家难于防止和制止'文化大革命'的发动和发展。"法制的不完善导致法制的大破坏，这的确非常值得人们深思。

"文革"从本质上是排斥社会主义法制和秩序的。这种所谓的"革命运动"，类似于工人阶级以"无法无天"的斗争精神夺取国家政权。[①] 因而，在社会主义政权已建立的条件下，它没有“乱了敌人”，而只是乱了自己；它始终没有也不可能由“天下大乱”达到“天下大治”。正是由于“文革”的无政府主义和反社会主义法制的性质，所以“文革”要“打倒一切”，要“踢开党委闹革命”，要更换与“新文革”相对立的“旧政府”，也要“砸烂公、检、法”和一切条条框框。从 1973 年到 1975 年，邓小平主持“全面整顿”，其内容之一就是克服“文革”所造成的纪律松弛、无法可依、有法不依的散漫状态，重建规章制度和秩序，使社会政治经济制度化、规范化地运转。[②] 但“批邓、反击右倾翻案风”运动破坏了这种已初见成效的整顿，再次表明了“文革”的动乱性质和无政府主义运行方式。1975 年宪法试图建立“文革”的法律体制和法律秩序，但这本身就意味着否定“文革”，即否定一切不需要秩序和法制的运动，因此，它虽然对稳定政局和促进安定产生了一定的积极作用，但却没能也不可能从根本上扭转动乱局面。

十年“文革”法制悲剧的发生，不仅是因为毛泽东的“左”倾错误、个人专断、政治体制和法制的不健全，也是由于林彪、“四人帮”的疯狂破坏。在某种意义上，林彪、江青等人在这场悲剧的形成和发展过程中起了极为重要的推波助澜的作用，并扮演了“主要导演”的角色。他们利用其窃取的很大一部分党和国家的权力，为了乱党乱国，为了彻底摧毁社会主义法制，建立封建法西斯专政，而竭尽一切能事，鼓吹无政府主义，攻击新中国社会主义法制，宣扬极“左”法律思潮，否定和取消一系列正规化的、进步公正的法律原则、制度和程序，制造

---

① 1967 年 1 月 31 日《人民日报》刊载过一首《“无法无天”赞》的散文诗。

② 邓小平曾多次强调：“必要的规章制度一定要恢复和健全，组织性纪律性定要加强。”“要发动群众把必要的规章制度建立、健全起来。”“执行规章制度要严点。”（参见《邓小平文选》第 2 卷，第 5、11、30 页）

了大量冤假错案，给党、国家和人民带来严重灾难。

对社会主义法制的大破坏，首先是从政治体制的严重瘫痪及其畸变开始的。在“文革”前期，作为国家法定立法机关的全国人民代表大会，几乎完全停止工作。1966 年 8 月党的八届十一中全会通过的《中国共产党中央委员会关于无产阶级文化大革命的决定》(《十六条》)规定：文化革命小组、文化革命委员会和文化革命代表大会“是无产阶级文化革命的权力机构”。而这种非宪性权力机构从未履行过真正的立法功能。1968 年 9 月之后，“革命委员会”又成为“解放以来最具有革命代表性的无产阶级专政的权力机构”，按毛泽东的说法，它是“一个革命的、有代表性的、有无产阶级权威的临时权力机构”。但这一机构也是在排斥社会主义民主法制和社会正常秩序的前提下建立起来的，它的建立既没有法律依据，也不需要合法的程序，有的只是狂热的阶级斗争扩大化和“左”的荒谬理论。它在各级党政领导部门集党、政、军、法大权于一身，并包揽行政、司法、党务等各项职能工作，从而使一元化政治领导体制发展到极端。[①] 它只能意味着当时的政治体制，完全背离了 1954 年宪法和各种组织法的规定，是 50 年代中期确立的政治体制的严重变形和社会主义法制的大倒退。1975 年宪法虽然肯定“全国人民代表大会是在中国共产党领导下的最高国家权力机关”，有权修改宪法和制定法律，其常设机关(常务委员会)有权制定法令，但实际上这些立法权形同虚设，成了“无权行使”的权力，致使立法活动一直处于“冬眠”状态。

林彪、江青反革命集团竭力否定社会主义法制原则，他们鼓吹“革命造反行动用不着遵守法制”，因为“群众运动天然合理”。他们

① 参见郑谦等著《当代中国政治体制发展概要》，第 156—163 页。

为了煽起人们对社会主义法制的仇恨情绪，把新中国法制污蔑为“修正主义的”“国民党的”。在他们的严重干扰和影响下，1975 年宪法除规定公民遵守宪法和法律的义务外，完全取消了“国家机关依法（宪法和法律）活动”这一社会主义法制原则的核心内容，也取消了“法律面前人人平等”的法制原则。事实上，他们对新中国法制的一系列破坏活动，其中心宗旨就是彻底否定社会主义法制原则，从而为“文革”的一系列无政府主义行动提供方便。

他们极大地破坏了本来就不正常的司法组织体系。他们叫嚷“砸烂公、检、法”。1966 年 12 月 18 日，江青在公、检、法机关群众大会上说：“……公安部、检察院、最高人民法院都是从资本主义国家搬来的，建立在党政之上。……这都是些官僚机构，他们这几年一直是和毛主席相对抗。”谢富治在 1967 年 8 月 7 日公安部全体工作人员大会上也说：“现在公安机关如果不彻底改变，不把旧机器彻底打碎，要转变过来是很困难的。”[①]在 1967 年 7、8、9 月间，全国各地都出现了“砸烂公、检、法”的口号。于是，冲击公检法机关，冲击监狱，抢夺档案等严重违犯、破坏法制的事件，一时间遍于域中。到“文革”中期，他们又根据阶级斗争扩大化和“对走资派实行专政”的需要，改组初步有所恢复的司法组织：1969 年取消人民检察院系统；1975 年宪法规定“检察机关的职权由各级公安机关行使”，使侦查权和起诉权合二为一，并实际上取消了对侦查权和审判权的检察监督。同时，他们还主张“群众专政、群众立案、办案和群众审判”，即“甩开公、检、法，走群众专政的道路”，以至于一些地方私设公堂，私立监狱，出现

① 转见郑谦等著《当代中国政治体制发展概要》，第 170 页。

了“贫下中农高等法院”之类的组织。[①]

他们还攻击和否定一系列社会主义司法原则和诉讼、调解制度。他们说司法独立是与党闹分裂、闹独立性；“公民在法律面前人人平等”是“没有阶级观点”，是“让革命和反革命一律平等”；辩护制度是“站在罪犯立场上为敌人开脱”，“丧失阶级立场”，“包庇反革命分子”；人民调解制度是“阶级调和路线的产物”；等等。其结果是，不仅使 1954 年的两部司法组织法在实际上停止生效，而且在实践上造成了恶劣影响。如否定司法机关独立行使职权，只服从法律的原则，使许多地方的司法机关往往依据领导人的“话”办案，有的根据“毛主席语录”办案，还有的根据报刊文章办案；而一些地方的领导人也堂而皇之地干涉司法活动，把司法机关变成了自己手中的工具，为己所用。[②] 而且，1975 年宪法明确地宣布取消司法独立原则和辩护制度、公开审判制度、人民陪审员制度等。

在林彪、“四人帮”横行期间，中国人民上至国家主席，下至黎民百姓，民主权利、人身自由乃至生存权利都受到严重践踏。1954 年宪法所规定的公民的各项民主权利，被剥夺殆尽，自不待言。他们还诬陷、迫害党、人大及其常委会、政府、司法、军队、政协组织中的领导

---

① “四人帮”在上海的亲信宣扬“第二武装”(民兵)“要唱政法工作主角”，说民兵办案“是政法工作的大方向”；他们在辽宁的死党推行“五群”(群侦、群审、群判、群定、群办)黑经验；“文革”前期，三五个人凑到一起，代表什么群众组织，就可抄家、游斗、通缉、劳改等。

② “文革”期间，某省、市、县领导人下令逮捕或指示法院如何判决的事例，并非鲜见，林彪、“四人帮”则更是常常一言定罪定刑：他们的一句话、一张字条、一个电话，就可随意决定抄家、抓人甚至判人极刑。

干部，[①]各民主党派、工会、共青团、妇联等群众组织，文化、教育、科学、技术、新闻、出版、卫生、体育各界的大批干部、群众和大批归国华侨遭受诬陷、迫害，致残、致死。全国各地党政军机关、企事业单位、农村社队和城镇街道的许多干部、群众，也受诬受害。据 1980 年《最高人民检察院特别检察厅起诉书》指控：林彪、江青反革命集团诬陷、迫害广大干部和群众 70 多万人，迫害致死的达 3 万多人，不同程度地受到株连的人多达 7 亿人。他们根据由当时主管公安、政法工作的谢富治与陈伯达、张春桥等人合谋制定，并于 1967 年 1 月 13 日以中央、国务院名义发布的《关于在无产阶级文化大革命中加强公安工作的若干规定》(《公安六条》)，肆意非法侵犯公民的各种权利和自由。该《规定》把凡是“攻击诬蔑”林彪(实际上包括江青、康生、陈伯达等一伙人)和反对中央文革的行为都当成“现行反革命行为”和“反动行动”，依“法”惩办。这一规定使林彪、江青等人的法律保护特殊化、专门化，在“文革”中造成了大量的冤假错案，一大批无辜者遭受迫害：关押、判刑或杀害。[②] 同时，在他们及其帮派体系骨干的指挥、煽动、支持下，全国各地抛弃正当法律程序，任意捕人、抄家搜查、游斗、刑讯逼供：公检法以外的机关和个人擅自捕人押人；滥用办学习

① 在 193 名第八届中央委员会委员和候补委员中，被诬陷为“叛徒”“特务”“里通外国分子”的达 88 人，约占中央委员总数的 45%。(《历史的审判》，群众出版社 1981 年版，第 20 页)

② 当时因疏忽大意写错字、喊错口号的人被当作反革命罪论处的事，不胜枚举。有的人仅因为说“林彪骨瘦如柴”“江青以前是唱戏的”，就以所谓反革命罪判刑。有一位工人和妻子开玩笑说自己的鼻子和林彪的鼻子一样，结果被定为攻击无产阶级司令部，以反革命罪判刑 7 年。(史法：《一定要依法办事》，《群众》杂志 1979 年第 1 期)据调查，仅仅由于对林彪、江青一伙有一字一句损害而被定为“恶毒攻击”加以逮捕、判刑的，全国就有 10 多万人。在“四人帮”惨淡经营的上海，在“炮打中央文革”等罪名下制造的冤假错案就有约 25 万起，受到株连的无辜群众在 100 万人以上。(《历史的审判》，第 475—476 页)

班的名义，变相捕人，限制人身自由；形成和推行逼供信的完整公式——（一）办案要立足于“有”（“有问题”）和着眼于“是”（“是反革命”等）；（二）没有证据怎么办？从犯人嘴里掏；（三）棒子底下出材料，后半夜里出战果；（四）一人供听，二人供信，三人供定。总之，他们肆意践踏法制、涂炭人民，造成了中华民族历史上空前未有的大悲剧。在人类历史上，每一次法制的大悲剧，都是人类本身的大悲剧。

悲剧是不幸的，但哀叹不幸并不能避免不幸。如果中国人能从长达十年的非法律化、非制度化和非有序化状态中，真正走向它们的反面，那么不幸的悲剧就不会变成新中国历史上的匆匆过客。

六、1976：“拨乱反正”中的徘徊

1976年10月，曾肆虐横行、不可一世的“四人帮”被粉碎了，这对于中国人民来说，无异于“第二次解放”。它也给中国人民渴望已久的法制带来了新生的希望。

在经历灾难深重的十年浩劫之后，中国迫切需要秩序和法制，以维护全国的稳定和安宁。因此，人心思治，人心思法，成为当时中国社会思潮的主潮流之一。但是，林彪、“四人帮”留给我们的，不仅是法制的废墟，而且是为他们践踏法制、涂炭人民辩护的荒谬理论和观念。因此，新时期的法制发展必须以“拨乱反正”为其开端。

“拨乱反正”，主要是批判林彪、“四人帮”破坏法制、祸国殃民的滔天罪行，批判他们在法学理论上的荒谬绝伦的思想和观点，如“有权就是法律”“群众运动无须守法”“群众专政”“全面专政”“皮鞭下出反革命”等，并把他们在一系列社会主义法制原则、法律制度上颠倒的是非纠正过来，从而为新时期的法制发展寻找理论依据和确立正

确方向。同时，开始为冤假错案平反昭雪，为受害者恢复名誉。

在“拨乱反正”的过程中，中国社会主义法制缓慢地向前推进。第17次全国公安会议、第8次全国人民司法工作会议和第3次全国治安工作会议相继召开。人民检察机关开始重建。尤其是第五届全国人民代表大会正式工作，并制定了1978年宪法。这部宪法删除了1975年宪法的某些错误规定（在上层建筑中实行全面专政等），恢复了1954年宪法的部分正确条款（恢复检察机关的设置等），并增加了一些新的内容（国家坚持社会主义原则，保障人民参加国家管理等）。

但是，时代的进步也沾染着历史尘埃的污迹。中国法制还在历史的连接点上徘徊：法制建设尚未正规化，因而也不可能创造法制建设的新局面。“文革”时期流行的“群众办政法”和违反司法正当程序的破坏法制的做法也远未绝迹。[①] 1978年宪法肯定“文革”和1975年宪法的某些错误内容。当时，由于历史条件的限制，党和国家还来不及全面总结、清理新中国的历史，尤其是清算“文化大革命”在政治上和理论上造成的严重后果，加上当时主持中央工作的同志坚持“按既定方针办”和“两个凡是”的指导思想，致使1978年宪法：（一）继续贯彻“左”的思想路线，肯定“第一次无产阶级文化大革命的胜利”，沿用“坚持无产阶级专政下的继续革命”的错误提法，主张“坚持无产阶级对资产阶级的斗争”。（二）坚持1975年宪法的错误。如同1975年宪法一样，否定和取消了“公民在法律面前一律平等”的原则、人民法院独立行使审判权只服从法律的原则，取消国家主席建制等。（三）发展了1975年宪法的错误：1975年宪法确认“四大自由”即“大

① 1979年2月15日《光明日报》文章《当前司法工作中的一些问题》说：“现在，有些地区、厂矿、机关、公社、生产大队，还设有‘劳改队’、‘专政队’、‘封闭性学习班’等，未经任何法律程序和司法部门的批准，便擅自捕人关人。”

鸣、大放、大辩论、大字报，是人民群众创造的社会主义革命的新形式”，1978 年宪法规定“四大自由”是公民的基本权利；1975 年宪法把“群众专政”合法化，规定“对于重大的反革命刑事案件，要发动群众讨论和批判”，1978 年宪法发展成为：“对于重大的反革命案件和刑事案件，要发动群众讨论和提出处理意见。”

发展中的徘徊孕育着根本性的历史转折。1978 年开始的思想解放运动和“实践是检验真理的唯一标准”的大讨论，在呼唤着民主法制建设的春天，[①]并奠定了党的十一届三中全会的思想基础。新中国法制的历史又一次在期待中进入明天。

新中国三十年法制的复杂历史，留下了许多需要人们长久思索的课题：法与阶级斗争、法与群众运动、法与政策、法与民主自由、法的正当性和权威性、法的自主性和司法独立……或许，它们都涉及人们对人类生活秩序和法制的一般看法。因此，中国法制未来的历史进程，将取决于中国人对它的法哲学思考。

---

① 1978 年 7 月 7 日《人民日报》发表特约评论员文章：《民主和法制》，在此前后，民主与法制成为中国人谈论的热门话题。

第十一章

十年法制:反思的方法与尺度

党的十一届三中全会以来的十年,是中国人民在党的领导下,进行伟大实践创造与理论创造的十年。十一届三中全会是我党历史上又一次大转折,它打破了长期存在的“左”的思想禁锢,使党重新回到实事求是的思想路线上来,确立了经济建设的中心地位,揭开了改革的序幕。中国十年法制是与中国十年的改革息息相关的。改革带来了中国法制发展的生机,带来了社会主义法治的希望。十年的中国法制建设取得的成就是举世瞩目的。因此,认真反思十年法制建设的经验教训,对于今天和将来的中国社会主义法治发展进程都有着重要的指导意义。

一、十年法制:反思的方法

对于法治理论与实践的科学研究同其他科学研究一样,不外乎采取两种方式,即按照历史的方式和按照逻辑的方式。而逻辑的研究方式"无非是历史的研究方式,不过摆脱了历史的形式以及起扰乱作用的偶然性而已"。思想的逻辑进程既需要"按照现实的历史进程本身的规律修正",也"需历史的例证",因而历史研究方式为逻辑方法也为一切科学研究提供了一个"出发点"。[①] 法治概念本身就是逻辑与历史相统一的一个集合体。它既包含着历代思想家、法学家的智慧和学识,也包含着整个人类的法制实践过程。法治自始至终都是一种不间断的合乎规律的历史过程的继续,因而作为法治思想或理论其演进也就以前人的理论探索和实践作为出发点构造理论模式和实践模式。换言之,人们既需要从历史联系即已有的成果中吸取营养,得到启发,提出新的目标、理论和线索,也需要从以往的发展中,总结经验教训,寻求规律性。过去的十年是中国历史上最伟大的历史时期之一。十年在政治经济方面所取得的成就自不待言,在法制方面,这是中国法治社会开始奠基并以踏实的步子迈进的十年。因此,探索中国社会主义法治的进程和目标,就须奠基在过去十年的历史基础之上,以十年的发展为起点。

黑格尔说过:"假若主角方面没有利害关系,什么事情都不能成功。"[②]利害关系属于价值范畴。过去的十年,中国人民不但在这种"利害关系"的舞台上展开了轰轰烈烈的伟大改革,而且这场改革的洪流也把中国的法制建设推上了一个重要阶段。十年法制所取得的成就对于整个中国法制建设乃至未来中国社会主义法治社会的构建必定产生一种新的利害关系或价值关系。法治理论的任务之一,不仅要弄清十年内中国法制发生、发展的活动舞台,而且还要认识其发生、发展所产生的价值后果。如果我们把过去的十年作为中国法制

---

① 参见《马克思恩格斯全集》第 13 卷,人民出版社 1962 年版,第 531—535 页。

② [德]黑格尔:《历史哲学》,王造时译,商务印书馆 1963 年版,第 62 页。

建设的一个重要历史网结的话，那么前者主要是对这一历史网结的现象本身的考察，可以称为事实认识，后者便是对其意义、影响、作用的判断或评价，可以称为价值认识。在一个完整的认识过程中，人们总是要在考察了历史现象的真实存在形态、内容联系以后，还要对它的价值意义作出判断和分析。事实认识在于把握描述和解释，价值认识则是在此基础上所形成的关于历史意义的评判。

然而，无论是事实认识还是价值认识都必须以正确的思维方法和研究方法作为基本前提。马克思指出："每一时代的理论思维，从而我们时代的理论思维，都是一种历史的产物，在不同的时代具有非常不同的形式，并因而具有非常不同的内容。"[①]只有依据和坚持正确的方法并施之于理论研究之中，才能对十年法制的进程以及价值有正确、全面的把握。中国十年法制的研究实质上也就是一种历史反思，一种历史过程的探讨和认识。因此，探求、认识、反思既要遵循一般的历史研究方法，又要超越一般的历史研究。从"过去"方面讲，十年法制属于中国法制历史的一个阶段，它的已逝性和不可再现性决定了研究方法的反顾性；从"今天"的方面讲，十年法制是与现在紧密联系的一个整体，是一种不间断的过程。因而，十年法制的研究又属于一种现实性的研究。这就要求法治理论研究者必须站在现实和时代的角度进行探究与评价。关心现实、洞察现实的法制建设的实际，汲取现实社会的营养，又是进行分析评价的必备条件。十年法制既是中国法律的运行方式也是中国社会变革的表现形式。所以，把十年的法制置于中国社会历史之中，从整个社会运动的大背景中，探寻十年法制的历程、轨迹、趋向以及对中国法制未来的影响和意义，这

---

① 《马克思恩格斯选集》第3卷，人民出版社1972年版，第465页。

是当代中国法学所面临的一个主要任务。与此相联系,思维方法和研究方法问题就成为对十年法制反思的重要入口处。

任何法制都不能自在自为地运行和发展,它自始至终都受到整个社会实践的影响和制约。正如上所述,十年法制作为一种历史现象并不是孤立发生、发展的,它是与十年的整个改革联系在一起的,处在整个改革过程中。考察十年法制就不能从孤立的法律现象入手,在法律的圈子里"孤军奋战",应具有一种"立体"思维。恩格斯指出:"当我们深思熟虑地考察自然界或人类历史或我们自己的精神活动的时候,首先呈现在我们眼前的,是一幅由种种联系和相互作用无穷无尽地交织起来的画面。"[①]十年的历史虽然短暂,但即使是转眼即逝的历史一瞬间也并非单线条的延续,也不是平面网络的扩张,而是错综复杂的立体联系。把握这种联系,认识问题的实质,正确的评价非以"立体型"思维作底子不可。

中国十年法制的发展以民事法律和经济法最为突出。随着社会主义商品经济的发展,以契约为主要形式的法律调节手段逐步形成。在经济法领域,以企业法为代表的一系列法律、法规的出台是中国经济立法迈出的重要一步。围绕搞活企业这个中心,对国营企业财产权的性质进行了各种法律探索以及法律对两权分离的规制,为适应国家将经营权授予企业的需要法律对经营权的认可以及法律所确认的承包、租赁、股份制从根本上对搞活大中型国有制企业所具有的作用等等,这些都是需要认真反思的。民事法律与经济法制的急速发展虽然与中国的经济体制改革相关,但在整体意义上,在各种联系中,十年的民事法律和经济法律是整个中国法制建设的一部分,处于

---

① 《马克思恩格斯选集》第3卷,人民出版社1972年版,第60页。

整个政治、文化的氛围中,与整个法制环境密不可分。如果没有政治的民主化发展,那么就不可能产生社会主义商品经济的新观念共识,不扬弃传统法文化,也就不可能对契约关系产生认同;如果不把民事法律、经济法律的发展置于整个社会环境之中,就不能发现其具有的深远意义。"立体型"思维方法是从整体入手进行历史研究的。它能使我们更接近真相和客观规律性。列宁说得好:"要真正地认识事物,就必须把握、研究它的一切方面、一切联系和'中介'。我们决不会完全地做到这一点,但是,全面性的要求可以使我们防止错误和防止僵化。"[1]这正是我国考察十年法制必须遵循的方法和原则。

以"立体型"思维方法作为考察的主要方法之一,就要求我们须运用发展的、变化的观点考察十年法制的过程,评价十年法制对中国现实的未来的社会所具有的意义。一切历史的现实的事物都是在发展着、变化着,法制当然也不例外。"发展"的思维正是事物的这一客观规律在思维方法的反映。如果用绝对的、静止的思维方式,用法治的概念来套十年法制,而不管中国的历史发展和法制的历史过程,那么对十年法制的认识和评价就容易陷入一种悲观主义和虚无主义,因而也就容易把法治引入一种纯粹乌托邦的理论思辨。法治既是一种理想的社会目标模式,也是一种现实的客观运动。"发展"的思维不但重视事物运动的目标,也重视事物的现实变化;不但重视事物的质变,而且也重视事物的量变;不但重视事物自身的变化,而且也重视其环境的变化。从这一点出发,十年法制既是历史的发展也是法治理想的一种现实运动;法治理论既是一种"目标论""理想论",也是一种"阶段论""发展论"。

---

① 《列宁选集》第4卷,人民出版社1972年版,第453页。

正确的思维方法、研究方法是反思十年法制的必备条件和前提。在这个前提之下，坚持事实认识与价值认识相统一的研究方法，才能对十年法制的发展脉络、过程、影响和作用有正确的把握。在事实认识与价值认识的关系中，事实认识是价值认识的前提和基础，只有真正揭示了“真”的形态，才能把握“善”的实质，没有事实上的正确认识，就不能做到对事实或事件的正确评价。同时，任何法制历史的分析都不只是对现象本身的描述或摹写，从这一点出发，只有揭示了法制历史的意义才是目的。事实认识与价值认识相统一的研究方法就是法治理论的研究方法。因而这就要求必须以法治基线去把握过程和意义。

对十年法制的事实认识，根据认识的不同角度和不同的出发点可划分为三种不同的认识取向。

第一，进化认识取向。进化认识取向是一种高度抽象和模式化的工作，它是研究法制历史最通常的方法。如，关于十年法制的阶段性问题就属此类问题。十年法制是我国法制建设的一个最重要的历史时期，它越来越受到我国法学界的热切关注，为此，1988 年 11 月中国法学会在北京召开了“十年法制理论讨论会”，以这次会议为起点，对十年法制的研究已成为中国法学的一个重要课题。但如何认识十年法制？确切地说，十年法制是属于新中国四十年法制的一个阶段，还是属于一个独立的时期？对这个问题的认识存在着不同的观点和依据，因而也就存在不同的分期标准，这就是进化认识要解决的问题。这种认识趋向只有在充分掌握了大量材料，进行高度抽象和模式化以后才能进行，其功能主要是为考察十年法制发展过程提供线索。

第二，存在认识取向。这是一种超越时空观念，把法制凝固化的认识取向。它从“存在”出发,重实证不管价值问题。如,对十年法制过程进行的数字统计、结构模拟等都属于这种范畴。由于这种认识排除了价值因素,因而在材料方面可信度较高,是一种不可多得的事实依据。这种认识取向由于具有自身不可替代的方法手段和理论范式,着重于逻辑体系的形式化分析,因而容易忽视或排除不利于理论体系的其他事实材料,又往往会给价值分析带来不少困难。

第三,现实认识取向。这是一种从现实出发,以“现实”为核心和理论轴线的认识方法。这种方法与那种为迎合现实的某种需求而曲解历史的“有用即历史”的实用主义有着根本的不同。现实认识取向首先承认历史是一个过程,一个复杂的多面体,在这一基本前提之下,它从中切取某个部分加以放大观察分析,虽然有时这种方法得出的结论离原体很远,但也不能由此而怀疑其真实性。由于它与现实紧密联系,因而它具有重要的理论价值和实践意义。今日的中国法制并不是十年法制的简单延续,而是它的高度发展。在认识上,对于十年法制这个多面体,当时的人们也许对它的认识并不十分清楚,但从现实的角度加以反思,就会有新的发现和更深的理解。正是在这个意义上,马克思说道:“……在人类历史上存在着与古生物学中一样的情形。由于某种判断的盲目,甚至最杰出的人物也会根本看不到眼前的事物。后来,到了一定的时候,人们就惊奇地发现,从前没有看到的东西现在到处都露出自己的痕迹。”[①]从现实出发,以“现实”为核心去反思过去,这为准确地描述十年法制的进程和发展趋向都有积极意义。今日的中国仍然处于一个改革的时代,下一个十年的改革必将比过去十年迈出的步子更大更快,这种改革的大潮使得中

① 《马克思恩格斯选集》第4卷,人民出版社1972年版,第366页。

国法制将从一个阶段到另一个阶段，随之而来的法制之间、法制与整个社会环境之间的不协调现象甚至矛盾现象也会明显地暴露出来。因此，从现实出发，重新认识过去，这是一个不可多得的机会，也会有更多的收获。

事实认识的三种认识方法之间有着层次的隶属关系。“存在”性认识是一种最低层次的认识方法，它为全面的考察提供最直接、最原始的事实依据。“进化”性认识居于中间层次，在这一层次上，通过大量的实证材料进行高度抽象和模式化工作，能够弄清发展的脉络或线索，探求出过程的趋向。“现实”性认识是从历史与现实关系的分析入手的一种事实认识方法。由于它带有一定的目的性，因而又具有价值认识的特性。它是基于“存在”性认识与“进化”性认识的更高层次的认识方式。它有实证材料做底子，有一定的理论线索做参照，因而就能够更深入地认识现实法制与十年法制间的联系，从而也就更容易接近历史，更深刻地理解现实。

如果说事实认识主要是对十年法制的实际状态进行描述的话，那么价值认识则主要是对十年法制意义的评价，既包括对十年法制的基本原则、目标进行认识，也包括对十年法制的得失进行客观性和价值性评价。十年法制实践必然受客观规律的制约，同时它也必然对中国社会以及整个中国的法制建设具有深远影响，这是对十年法制进行价值认识的基本依据。

从静态上分析，十年法制具有三种意义关系。第一，十年法制在十年改革中与整个社会变革的意义关系。第二，十年法制在今天和将来的法制建设以及社会主义法治发展改变了的条件和环境的意义关系。第三，十年法制经过人们的不断认识和反思以及理论上的不断升华，在前两者的基础上形成的抽象意义关系。与这三种意义关系相联系的十年法制便具有三种价值形态，即原生价值形态、延伸价值形态和抽象价值形态。

原生价值形态是指法制与中国社会变革之间所具有的各种联系以及发生的相互作用。它包括中国十年改革对法制产生的意义，也包括十年法制对改革和整个社会的作用两方面内容。分析十年法制的原生价值的意义主要在于：通过十年改革与十年法制建设的相互关系的分析，揭示法制对改革以及整个社会发展的作用、作用方式、作用条件，说明法制存在发展与整个社会发展的协调程度。在此基础上，进一步说明十年法制运行的总体目标，分析说明社会如何动员力量实现这些目标。其意义旨在说明法制与人、与社会的价值关系，确定评价法制的总体标准。

延伸价值形态。十年法制是一个动态过程，虽然在时间的长河中只是法制历史的一个小小跨度，但它作为法制的运动是具有连续性的，它的许多方面一定不会因为时过境迁而终止对现在、未来的法制建设的作用和影响，其价值必定具有伸续性。分析十年法制的延伸价值可以说是反思总结十年法制的根本指向。其延伸价值的分析为今天和将来的中国法学理论研究以及中国法制的实践活动提供了一个相互联系的重要接合点。中国的法学理论要发挥自己的现实作用，就必须为法制建设提供一定的理论价值。同时，对十年法制延伸价值的研究也必定为将来的法制实践提供观念和方法论武器。

抽象价值形态。十年法制不但会以实体形态作用于现在和未来，而且它的许多方面通过认识主体的不断认识、抽象，把具有实体价值形态的现象升华为一种原则，从而对中国法制建设产生远久的影响，这种价值可称为抽象价值。如，邓小平同志提出的“一手抓建设，一手抓法制”就是对十年改革和十年法制建设的高度理论概括，它不但对评价十年法制建设有着指南性的意义，而且对整个中国法制建设也具有重大的理论指导意义，因而把它放在历史过程中，就具有了抽象价值的形态。

马克思指出："人们自己创造自己的历史，但是他们并不是随心所欲地创造，并不是在他们自己选定的条件下创造，而是在直接碰到的、既定的、从过去承继下来的条件下创造。"[①]今天的法制现实是新中国法制历史发展的结果，是十年法制的直接延续。十年的法制历史直接决定了我国现实法制所处的位置，它是法制现实运动的起点。任何力量、任何困难都无法阻挡中国改革的潮流，相反，在这个起点上，中国的改革和中国的法制建设会走得更稳、更快。可以这样说，未来的中国法制建设必将从十年法制建设中吸取力量和经验，向着社会主义法治目标迈进。

二、十年法制：反思的尺度

"动物只是按照它所属的那个种的尺度和需要来建造，而人却懂得按照任何一个种的尺度来进行生产，并且懂得怎样处处都把内在的尺度运用到对象上去。"[②]在这里，马克思是从主体本身来阐述价值问题的。这为我们分析评价十年法制提供了方法论的指导。马克思主义的法制观、法学观是我们反思十年法制的理论指南和最高准则。然而，长期以来，我们忽视了马克思主义法学这样一个基本问题，不分地点场合只强调法制的客观性、阶级性，而忽略了法制对人自身的意义和价值。特别是在我国已经建立社会主义制度，剥削阶级作为

① 《马克思恩格斯选集》第1卷，人民出版社1972年版，第603页。

② 《马克思恩格斯全集》第48卷，人民出版社1979年版，第188—189页。

一个阶级被消灭以后，仍然过分强调法制的阶级统治工具的职能，这样也就忽视了法制对经济建设、对民主政治建设的意义，忽视了社会主义制度下法制对广大人民群众自身发展的意义。法制的阶级性是马克思主义法学的一个基本点，这是不容抹杀的。即使在剥削阶级已被消灭的今天，剥削阶级的残余势力也仍然存在，如果我们不讲社会主义法制的阶级性，对那些敌视社会主义制度并进行破坏的人不运用法制的手段进行处罚，无论对于社会主义的经济建设、民主政治的发展，还是对于广大人民自身的发展都是有害无益的。但也并不能因为法制的阶级性的存在，就把它上升到一个不适当的高度，作为衡量法制的唯一尺度，这是与马克思主义法学相背离的。对十年法制的反思如此，对其他时期的我国社会主义法制的分析评价仍然如此。因而在坚持马克思主义法制观的前提下，应以法治作为反思十年法制的总标准和尺度。

作为一种总尺度，法治对十年法制的分析评价不是指向它的一部分或某一具体的实践活动，而是十年法制的整个实践活动以及整个社会的组织结构形式。在社会主义条件下，运用法治尺度从总体意义上对十年法制进行分析评价，能够说明十年法制运行的实际和意义，而且对于构划整个中国法制的发展目标也有着重要意义。

以法治尺度从十年法制的总体上分析评价法制的实践活动及其结果对社会、对人自身的价值，不仅可以衡量整个法制的发展水平，而且可以对社会组织结构，对法制与人民群众的物质权利、民主权利的意义作出评价。因此，法治尺度是一个抽象度最高，涵盖面最广，具有根本性的尺度。但要指出的是，法治尺度只是十年法制分析评价的总尺度，在这个意义上可以说是根本尺度，但不是唯一尺度。在这个总尺度之下，对十年法制作出具体的或部分的，或某一项的分析评价也可能具有许多具体标准。如,从十年法制与经济体制改革的意义关系上进行分析评价的经济标准;从十年法制与社会主义民主政治发展的意义关系上进行分析评价的民主标准;从十年法制与社会主义社会秩序的意义关系上进行分析评价的安全标准;从十年法制与人的文化心态变化的意义关系上进行分析评价的道德标准;等等。法治的总尺度与具体的多样化标准之间的关系是一种决定和被决定、相辅相成的关系。但是,在某些具体问题上的分析评价也可能出现相互背离的情况。因此,作为总尺度的法治与具体的标准之间既相互联系又有区别,不能相互代替。除此而外,法治之所以能够成为反思十年法制的总尺度,还由于以下几种理由:

第一,法治尺度相对于其他标准具有最终决定性。马克思很早就说过:法律是人民自由的圣经。但是,在剥削制度之下的社会里,广大的人民群众不但处于政治上的被奴役地位,而且在法律上也是一种被支配的对象;法律不但不能成为人民自由的“圣经”,而且法律本身就是人民的枷锁。只有在消灭了剥削制度以后的社会主义法治之下,法制的运行才能真正实现人民的自由权利。十年法制是我国向着社会主义法治迈进的十年,在这十年里,党领导全国人民不但恢复了被极“左”路线践踏的社会主义法制,而且重新确立了法制在社会主义社会的地位,重新确立了“法律面前人人平等”“保障人民的民主权利”等一系列的法治原则,社会主义法治始终是十年法制所追求的目标,因而法治尺度对其他标准来讲具有最终决定性。

第二,法治相对于其他标准更具有历史感。法治是一种目标模式也是一个历史过程。人类社会从迈进阶级社会以后,法制的完善与否、法制的文明程度如何始终是衡量社会进步与否的客观制度标准之一。从整个历史过程看,人类社会的发展虽然经历了反反复复的曲折过程，但在社会的组织结构方面，表现出了社会从人治状态逐步走向法治状态的趋势。封建的法制相对于奴隶制法制具有进步性，因为它毕竟把人（奴隶）从法律的客体地位在一定程度上解放出来成为法律的主体地位，尽管劳动人民是作为义务主体的身份而出现，但仍有其历史的进步性。不承认这一点，也就违背了马克思主义的历史唯物主义的认识方法论。资本主义法制代替封建法制是人类法制历史的巨大进步。建立在资本主义私有制基础之上的商品经济的发展使社会对法律规则的需要达到空前的程度，从而推动了资本主义“私法”的发展。这种“私法”按照资产阶级学者的说法，就是指有关私人在单纯财产领域里的法，这种法与调整公民个人与国家之间、国家机构之间的法（资产阶级学者称为“公法”）不同，它是以契约关系为基础的，不受国家权力的干预和控制，即资产阶级鼓吹的“私人生活自治”。这样，就出现了资本主义经济和资产阶级政治二元化：在经济领域，由“私法”（即契约的形式）规范调节并把这种规范普遍地纳入经济领域，以实现“私法下的私人生活自治”即经济领域的法治；在政治领域，为了防止政治权力的变异和失控侵犯公民的自由权利以致危害资产阶级统治，因而宪法被创造出来，以维护固有的社会程序。资本主义的商品经济是一种交换经济。其交换的首要前提是商品交换者必须是独立的和自主的，能够以自己的名义让渡产品和购买商品，转让权利和获得权利。这样，建立在交换平等基础上的人在法律上必须以权利主体表现出来，否则交换就无法进行。资本主义法律中的权利本位只是表现在交换中的一种形式权利本位，而不是一种分配中的权利本位。在分配领域，广大劳动人民被剥夺了生产资料所有权，因而也就失去了分配权利的基础。但这种形式上的权利本位与建立在自然经济基础上的封建法律中的义务本位相比仍有其进步性。资本主义商品交换本质是商品价值的等价交换，因而由价值规律和平等交换原则所决定的商品交换主体之间的法律关系必然是权利和义务的对等关系：主体享有权利就必须承担义务，反之，承担义务的同时也享有相应的权利。当然，资本主义剥削制度所决定的，法律中的权利义务的对等并不能代替社会中实际地位的不平等。但与封建法律中的特权制度相比仍具有进步性。

资本主义法制虽然在铲除封建法制方面向前迈进了一步，但由于其法制是建立在生产资料私有制基础之上的，因而它不可能彻底真正地法治化。社会主义制度代替资本主义制度在法制领域里是一场真正的革命，它为人类社会彻底走向法治奠定了物质基础。中国的十年法制始终是与完善我国的社会主义制度联系在一起的，它不但是我国社会主义制度发展的重要阶段，而且也是整个社会主义法制发展的重要历史阶段。因此，用法治的尺度对其进行分析评价具有深沉的历史感，更能显现社会主义法制的历史进步性。

第三，相对于其他标准来说，法治尺度既是法制的科学尺度，也是法制的价值尺度，它达到了科学与价值的统一。一方面，对十年法制分析评价要全面、客观，就必须确定一个客观化的标准；另一方面，确立的标准或尺度又必须体现了主体的态度和选择。人们分析评价十年法制即使做到了以客观的科学认识为基础，但也不免带有主观的价值选择问题。这样，法治从价值和原则方面，为十年法制的科学认识和评价提供了一个共同的参照系，通过它能够把十年法制的科学认识和价值评价统一起来。

如果说，从法治的包容性、抽象性、涵盖性上说明十年法制尺度问题还只是一种应然性分析的话，那么，从十年法制本身说明法治的尺度问题则更充分并且具有实证性。可以说，十年法制建设的总纲领和总方针是党的十一届三中全会确立的。党的十一届三中全会的召开,是我国法制建设的转折点。从此,中国的法制建设进入到一个新的历史时期,它标志着共和国法制历史的新一页。虽然党的十一届三中全会的文件中没有明确提出"法治"问题,但从内容和精神实质上看,十一届三中全会关于我国社会主义法制建设是贯穿了法治思想的。第一,党的十一届三中全会公报明确指出:"为了保障人民民主,必须加强社会主义法制,使民主制度化、法律化","从现在起,应当把立法工作摆到全国人大及其常委会的重要议程上来","做到有法可依"。这说明我们党已明确地把社会主义的立法和法制提高到"民主制度化"的高度来认识,这是一种明确的社会主义的法治纲领。第二,党的十一届三中全会公报强调"有法必依,执法必严,违法必究",是法治形式化原则的引申和发挥。第三,党的十一届三中全会的公报不仅突出了"法律面前人人平等",而且指出了达到这个目标的组织和思想保证:"检察机关和司法机关要保持应有的独立性,要忠实于法律和制度,忠实于人民利益,忠实于事实真相。"这说明我们党是把法律的程序公正性问题提高到社会主义法治的高度认识。保证司法机关、检察机关的"应有独立性"是党的十一届三中全会明确确立的方针,也是十年法制建设一直努力的目标。第四,十一届三中全会公报在我们党的历史上第一次用明确的语言指出法律的崇高地位:"必须……使这种制度和法律具有稳定性、连续性和极大的权威……不允许任何人有超越于法律之上的特权。"这是对我国社会主义法制建设的法治目标的高度概括。

从上文能够看出,社会主义法治是党的十一届三中全会为我国社会主义的十年法制建设确立的总纲领和总目标。因而,作为一种治理国家的理论和原则,法治对我们分析评价十年法制具有深刻的指导意义。用法治作尺度是对我党十一届三中全会关于法制建设方针的坚持和发扬，这说明只有用法治的尺度才能对我国十年法制作出科学的符合实际的客观评价。

从这一尺度出发，我们就会清楚地看到十年法制对于我国社会主义法治发展目标的伟大意义。十年来，我国通过经济体制改革，发展了社会主义商品经济，完善了我国社会主义公有制度，提高了生产力，这为实现公民社会以及法律上的一律平等，反对特权创造了有利的经济条件和物质基础；通过我国社会主义民主政治建设，人民群众在不同层次上参与了国家管理，人民的参与意识、民主意识有了很大提高，这为确立和发展社会法治目标提供了心理前提和条件。在这一时代氛围中，十年法制建设初步形成了以宪法为骨干，以行政法规为基本内容的调整国家与公民之间、国家机关之间关系的调节机制。以 1982 年制定的新宪法为标志，我国的法制建设开始走向全面化。新宪法明确规定了公民所享有的一系列的民主权利和行使权利应相应承担的义务；新宪法第一次明确规定了我国宪法的最高权威和至上性，任何个人、团体、政党都不能超越宪法，都受宪法的制约，在宪法的范围内活动。十年来，我们党和国家在这方面做了大量工作，使得以前那种超越宪法的做法得到了很大改观。但是，也应看到，由于十年法制开始的基础比较薄弱，在其他方面仍有许多突出问题没有解决。宪法的效力机制、权威机制、稳定机制等问题仍是突出问题；侵犯公民权利的事件时有发生；国家干部中的腐败腐化现象没有彻底铲除。社会主义法治目标的实现还应作出更大努力。

在民事领域，十年法制建设初步形成了以民法通则为核心，以民事诉讼法为基本内容的调节公民个人间关系的调节机制。从根本上说来，法治精神是在民法原则的基础上形成的。社会主义民法是以商品经济关系为内容的法律部门，其核心是所有权、平等权，它是法律权利的基础和主骨，是公民权利的原型。民法的实质就是在坚持社会主义公有制的前提下，承认商品生产经营者都有人身自由权，占有、使用以及一定范围内的让渡财产权利和契约自由，承认商品生产者的人格平等、机会均等、权利义务相适应等等。在社会主义商品的交换关系中，每个人享有的权利和承担的义务是相互的，或正比例的。马克思指出："商品是天生的平等派"[①]，"平等和自由不仅在以交换价值为基础上的交换中受到尊重，而且交换价值的交换是一切平等和自由的生产的、现实的基础。作为纯粹观念，平等和自由仅仅是交换价值的交换的一种理想化的表现；作为在法律的、政治的、社会的关系上发展了的东西，平等和自由不过是另一次方的这种基础而已"[②]。十年来，我们党和国家重新肯定了在社会主义商品经济发展阶段中的个人正当权利和利益，这为社会主义法治目标的实现提供了法治基础。但我们也应看到，我国的民法体系还处在完善的过程中，传统的"避罪远罚"的法律心理仍占主要地位，"重刑轻民"的法律规则体系和法律组织系统仍没有得到根本改变，公民对法律的信任感、需求度、依赖性都比较低，这些都与我国社会主义商品经济还不够发达有关，对这些问题只有通过发展社会主义商品经济来克服。

另外，在执法和司法组织结构方面，十年法制重新肯定了法律面前人人平等的法治原则，司法机关和检察机关的素质、水平都有很大提高，执法组织、司法组织的相应独立地位也得到了加强，这些都是有目共睹的成就。但是，权力机关的监督制度、司法机构自身的监督制度、舆论监督制度等许多根本性的问题仍没有解决，"有法不依，执

① 《马克思恩格斯全集》第23卷，人民出版社1972年版，第103页。
② 《马克思恩格斯全集》第46卷(上)，人民出版社1979年版，第197页。

法不严”的现象仍然相当程度的存在着，这些问题的解决需通过经济体制的改革深化，伴随着政治体制改革的进行，执法体制、司法体制作出相应的改革才能解决。总之，运用法治的尺度就是要求对十年法制的伟大成就进行客观评价的同时，也不能忽视所存在的问题。十年法制是在恢复被极“左”路线破坏了的原有的社会主义法制为起点而启程的，起点比较低，基础比较薄弱，许多工作，特别是一些基础性的工作几乎是从零开始的。不看到这一点，就无法正确估量十年法制的伟大意义。十年法制的确是一个“承上启下”的历史阶段，它正处于向社会主义法治迈进过程中的中间位置。在这一位置上，十年法制一方面取得了举世瞩目的伟大成就，另一方面它离社会主义的法治目标还有相当长的距离。法治尺度的价值就在于：有了这个尺度我们就能看到成就以及成就所具有的意义和后果；就能看到前进中的目标，明确今天肩上的责任和使命。法治尺度像一根红线，它把中国的法制十年与今天的法制建设、未来的目标紧紧联系在一起。有了这一尺度，我们既充满了对过去十年依依惜别的留恋，也有对今天的冷静思考和对未来的美好憧憬。这是一个起点，中国的社会主义法治是从“十年”开始扬帆启程的。

第十二章

十年法制:法治进行曲

1978 年 12 月底召开的党的十一届三中全会,揭开了新时期法制辉煌历史的序幕。从此,新法制开始逐步摆脱 50 年代末期形成的"要人治,不要法治"观念的支配,从而一步步地走上了从人治向法治转换的历程。也就是说,近十年中国社会的法律化运动,从一开始就具有法治指向。尽管十年来中国法制还有许多不尽如人意的地方,甚至还存在一些相当严重的问题,但中国的法制发展,毕竟已开始伟大的变迁和根本的转折,中国社会开始从传统社会转向现代法治社会。不论是对法律价值的寻觅,还是对法律权威的追求,也不论是法律制度的重建与再创,还是法治观念的启蒙与强化,都表明我们在改变法律、法治的命运。法治在新的时代寻找着自己的生长点,奠定着自己发展的根基。

一、十年法制发展的契机

在现代化的理论模式中,法治是现代化的重要标志。从依法行政的角度看,“的确,由一种法律体系代替个人专断行政是现代化在政治领域的一块界碑,承担着诸多任务的现代行政机关若不能依靠法制而依靠其他基础,便不可能有效地发挥作用”①。同样,就个人行为而论,没有法治,人们就无法去做法律所未禁止的事情。

正如任何一种现代意义的、真正的法律制度总是与其社会的现代化相关联,并在社会现代化进程中实现自身的现代化一样,当代中国十年法制也是随着全党和全国工作的重心转移到社会主义现代化建设上来而起步和发展的。

新法制前三十年的历史揭示和证明了社会主义法制发展的一条真理:社会主义法制负有进行阶级斗争的职能,但在“以阶级斗争为纲”的时代,绝不可能有社会的法律化运动和社会主义法制的大规模的、正规化的发展,即绝不可能使法制发展走上法治形态。因此,社会主义法制的大发展和社会主义法治的形成,必须以阶级斗争的范围、地位和方式的根本转换为前提:只有当大规模的急风暴雨式的群众阶级斗争已经基本结束,国家工作中心转到社会主义现代化建设上来,社会主义法制才能得到高度重视并进入正规化发展轨道。也就是说,只有从“以阶级斗争为纲”转到“以现代化建设为纲”,社会主义社会才会产生现实的法律化或法治需求,也才会有加强社会主义法制的必要和可能。

1956 年党的八大的政治报告以及关于政治报告的决议提出:“国家必须根据需要,逐步地系统地制定完备的法律。一切国家机关和国家工作人员必须严格遵守国家的法律,使人民的民主权利充分地受到国家的保护。”其原因就在于“社会主义革命已经基本上完成,

① [美]C.E.布莱克:《现代化的动力》,段小光译,四川人民出版社 1988 年版,第 21 页。

国家的主要任务已经由解放生产力变为保护和发展生产力”,即革命的暴风雨时期过去了,国家必须集中精力和注意力于工业化和现代化建设。

22 年后,党的十一届三中全会也根据同样的思路宣布实行法制大转换:由于大规模的急风暴雨式的群众阶级斗争已经基本结束,因此,对于社会主义社会的阶级斗争,应该“按照宪法和法律规定的程序去解决”,[①]以保证社会主义现代化建设所需要的安定团结的政治局面。随之,1979 年 6 月召开的全国人大会议“承认阶级斗争还没有结束,同时承认今后再不需要也再不应该进行大规模的急风暴雨式的群众阶级斗争”,因而“无论处理哪一类矛盾,都必须充分依靠人民群众,严格遵守社会主义法制”[②]。1980 年,邓小平又进一步指出:同各种破坏安定团结的势力进行斗争是一场政治斗争,“但是一定要在法律范围内进行”,即“不能采取过去搞政治运动的办法,而要遵循社会主义法制的原则”[③]。这说明,中国现代化建设的领导层已经取得了这样的共识:在现代化建设过程中,阶级斗争和政治斗争必须而且只能在社会主义法制范围内进行。否则,就不可能有社会政治的安定,也不可能实现现代化。这种共识极大地推动了十年民主和法制的发展。历史的逻辑就是如此:国家和社会的历史性转变,必然带来社会主义民主和法制的历史性转变。

十年法制是以极为特定的中国现代化法制史为前提的。这一前提使中国领导层和中国人民能够直接从亲身的惨痛经历中深刻地认

---

① 《中国共产党第十一届中央委员会第三次全体会议公报》(1978 年 12 月 22 日),见《三中全会以来重要文献选编》(上)。下文凡引此公报者,均见此书。

② 《中华人民共和国第五届全国人民代表大会第二次会议文件》,人民出版社 1979 年版,第 10—11 页。

③ 《邓小平文选》第 2 卷,第 371 页。

识到法制的重要性。当一场旷世未有的十年浩劫结束时，我们面对的是一片法制的废墟。十分自然，当中国开始进入一个新时代，我们首先是痛定思痛，反思历史和自身，核心问题之一是在中国为什么会出现这一场浩劫，今后如何防止这样的民族大悲剧。当然，这种反思不仅仅局限于“文革”历史，而是涉及整个新中国历史。从法制方面来看，历史反思主要是，一方面，作为根本排斥法制和秩序的“文革”在很大程度上是新中国社会主义法制很不健全的必然结果。《关于建国以来党的若干历史问题的决议》认为：我们没有能把民主加以制度化、法律化和已经制定的法律又没有应有的权威，从而使党和国家难于防止和制止“文革”的发动与发展。邓小平更是明确地指出：“制度好可以使坏人无法任意横行，制度不好可以使好人无法充分做好事，甚至会走向反面。……斯大林严重破坏社会主义法制，毛泽东同志就说过，这样的事件在英、法、美这样的西方国家不可能发生。他虽然认识到这一点，但是由于没有在实际上解决领导制度问题以及其他一些原因，仍然导致了‘文化大革命’的十年浩劫。这个教训是极其深刻的。”[①]特别是林彪、“四人帮”乘隙而入，为所欲为，肆意“砸烂公、检、法”和践踏社会主义法制，从而对广大干部和人民实行法西斯专政。另一方面，十年浩劫和林彪、“四人帮”从反面给我们以血的教训，使我们懂得，不论是为了保障公民的民主权利，巩固社会主义国家制度，还是为了维护安定的政治局面，促进现代化建设，非有法律和制度不可。上述《决议》从建国以来正反两方面的经验，尤其是“文革”的教训中总结出适合中国国情的社会主义现代化建设的正确道路，其主要点之一就是“必须巩固人民民主专政，完善国家的宪法

---

① 《邓小平文选》第2卷，第333页。

和法律并使之成为任何人都必须严格遵守的不可侵犯的力量，使社会主义法制成为维护人民权利，保障生产秩序、工作秩序、生活秩序，制裁犯罪行为，打击阶级敌人破坏活动的强大武器”。这是避免党和国家重犯类似“文革”那样错误的根本措施，也是保证国家政治法律制度不出现严重变形的根本措施。

历史是一所伟大的学校，它不断给人以智慧、经验和对未来的启示。如果说现代西方资产阶级从希特勒的反人道、反法治的法西斯专政中透视出恢复人的尊严、权利和法治的重要性，那么，中国人也从“文革”时期法律荡然无存，社会运行超然于法外所带来的苦果中认识到，没有法制和法治，人就不可能作为人而生存；至于社会的稳定和发展，就更不可能。在这个意义上，十年来人们对中国社会的法制需求的认识，与其说首先是对社会结构、社会运动的法制模式的理性渴求，还不如说首先起因于对“文革”“无法无天”的历史反思。1977 年之后的一段时间，中国领导层、知识界和广大群众“人心思法”，言法必言“文革”之教训；1979 年制定的刑法和刑事诉讼法的许多规定，如诬告反坐、“打、砸、抢”罪和“重证据、不轻信口供”等，也是对“文革”的总结，就是明证。显然，有时候人类对法治的渴望，并非因为法治给人类创造了幸福的乐园，而是由于非法治给人类铸就了痛楚的地狱。尤其对那些从未有过真正法治观念的民族，血的教训更能促使其法治意识的觉醒。换言之，对这些民族，法治意识的觉醒，往往是以社会的巨大灾难为历史代价的。但不管怎样，善于从历史性错误中学习和成长的民族，总是明智、伟大而有光辉前途的民族。

事实上，中国人通过反思历史来追寻法治，已远远超出了中国现代法制史的范围，而深入到国际共产主义运动过程中法制的命运史。

尽管一些社会主义国家(苏联、匈牙利、波兰和中国等)产生和形成的过程、方式均不相同,其法制的历史道路也有很大的差异,但这些社会主义国家都不同程度地发生过践踏法制的严重现象。随后,这些国家又都从各自社会主义道路出发对这种破坏法制的历史进行检讨和清算。本书附录《苏联人对法治的思考》将要述明,苏联于30年代中期至50年代初期,曾背离列宁开创的社会主义法制道路,导致滥用权力、破坏法制、专横乃至镇压。正如戈尔巴乔夫在庆祝十月革命70周年大会上的报告中所说:斯大林及其周围的亲信由于大规模镇压和违法现象,对党和人民所犯的罪行是巨大的和不可饶恕的。斯大林去世后,苏联两次从不同方面批判斯大林主义:赫鲁晓夫对个人迷信的批判和非斯大林化运动;戈尔巴乔夫对斯大林政治经济体制的批判和改革,并提出建设社会主义法制国家的政治纲领。其间,都对破坏法制时期的受害者平反昭雪。在匈牙利,1948年以后,共产党总书记拉科西·马加什秉承斯大林的旨意,在国内大搞"清洗"运动,许多人不经任何法院判决就遭到隔离、拘留、逮捕,投入监狱,甚至处以极刑。拉科西本人对要逮捕谁、打击谁、对谁如何判刑也进行干预,从而严重践踏了社会主义法制。由于社会主义法制经常受到侵犯,所以伴随各种非法案件而来的是国内恐惧日益严重。据统计,从1949年至1952年,在全国不到1000万人口中,约有20万人受到清洗;1953年春天,有15万名"政治犯"被关在集中营里。直到1956年11月"匈牙利事件"之后,匈牙利开始清算拉科西的个人迷信、阶级斗争日益尖锐的理论及其破坏法制的错误。1959年12月匈党七大指出:拉科西及其小集团"被权力冲昏了头脑","侵犯了法制"。在此期间,一方面,一些与违反法制的错误有关的领导人被开除出党或被判刑,凡与非法做法有关的人都从内务、监察、法院和党纪工作部门清除出去。另一方面,给大量受害者昭雪和恢复名誉,并对受害者的家属给予抚恤。匈牙利人民和党从拉科西的错误中认识到,追求人道、公正和法制的社会主义顺利发展的决定性因素之一,是必须使领导体制民主化和制度化,即法治化。尽管人们也意识到,没有绝对的政权体制和法制可以保证过去的罪过不再重演,但政权体制和法制越民主、越完善,就越能阻止重犯过去的罪过,也是确定不移的真理。[①] 波兰在战后也曾深受斯大林主义的影响,用波兰统一工人党的话说,就是"在生活的各个领域里惨遭斯大林主义的危害"。"它把集中的、官僚主义的执政制度凌驾于社会之上,严重地限制了公民和政治自由。"当时的主要政治人物贝鲁特对波兰实行斯大林化,其结果是"滥用国家的镇压职能和破坏法制现象比比皆是。数千名无辜的波兰公民遭受毫无根据的迫害。许多曾共同地为建立新的社会制度而战斗过的共产主义战士和各派活动家也未能免遭灾难"。1956 年波兰统一工人党批判了斯大林主义,揭露并坚决地摒弃那些破坏法制的做法,对冤案进行甄别平反。但这一行动并不彻底,因而未能清除祸根,以至于 1989 年波党全国代表大会再次主张彻底清除斯大林主义和在政治、道义上为斯大林主义的受害者进行彻底的平反。根据历史的经验教训,波党认为,必须通过政治、经济和社会的深刻改革,建设社会主义的民主的、法治的政治经济体制,从而"彻底地清除斯大林主义的残余,永久地保证经济和政治生活的高度集中的官僚主义管理形式和不民主的执政方式不再死灰复燃。"新的民主与法治

---

① 参见[匈]久尔科·拉斯洛著《卡达尔——历史背景下的肖像素描》,马玉琪等译,世界知识出版社 1983 年版,第 171—172 页。

的体制的一个重要内容就是“明确地判定个人对违法乱纪的责任”。[①]

上述苏联东欧诸社会主义国家对历史上发生的践踏法制的反省和清算，都具有不同的民族文化、传统价值和现实的政治、法律需求方面的背景。但是，它们至少表明，年轻的社会主义在不断努力完善自身的制度和体制，其中包括完善法制和法治。过去的那些不正常的法制进程，不但提出了完善法制和法治的迫切任务，而且也预示了完善法制和法治的重要方向，并为此提供了不可缺少的动力。凡此种种，都不能不对中国人和中国法制产生强烈的影响，也使得十年法制的历史融汇了苏联和东欧社会主义国家法制道路的宝贵经验。

十年来，中国现代化建设是通过全方位的改革方式进行的，以国际共产主义运动为大背景而反思的结论也是中国必须实行全方位改革。改革现实地产生了法治需求，并推动着中国当代社会的法律化运动。这使改革大潮成为十年法制发展和法制改革的关键性动因和动力。“法制在改革中”也因之成了十年法制的主旋律。

“法制在改革中”具有双重含义：社会全方位改革中的法制和正在改革的法制。前者展示法制与社会改革的关系；后者则表明在社会改革背景下，法制也需要改革。但它们都揭示了改革与法制的内在的、双向的制约和推动。

在人类历史上，任何国家的社会改革无不与法制和法制改革相关联。中国历史上那些虽从未彻底成功但给社会注入了活力的改革，都是与法制发展同步进行的。20 世纪 30 年代美国的罗斯福新政，直接是一个立法、执法和护法即构建新法律机制的过程。而戈尔

---

① 参见波兰统一工人党第二次全国代表大会通过的《关于清除斯大林主义在波兰的残余和后果问题的立场》(1989 年 5 月)。

巴乔夫在“新思维”指导下的改革,则更是首先革新法制和法律先行。这或许在一定程度上表明,法制是文明社会不可缺少的实质性因素。

当代中国社会的改革也是和法制的大规模和正规化发展相生相随的。改革和建设法制,既成为党的一切重要会议和决议的双重主题,也成为中国社会发展的时代特征。十一届三中全会提出经济体制改革和健全法制,主要是民主制度化法律化的战略;十二大要求促进改革和确立“党必须在宪法和法律范围内活动”的根本政治—法律原则;十二届三中全会确定加快以城市为重点的整个经济体制改革步伐并加快经济法制建设;十三大规划“一手抓建设和改革,一手抓法制”以及通过改革建立“法制完备”的社会主义体制,都使改革和法制的关系,在更深刻层次上和更广泛范围内展现出来。改革既需要法制推进又进而推动法制建设,改革和法制风雨同舟,唇齿相依。

社会改革推动法制的发展,是以法制在改革过程中的不可替代的主导功能为前提的。显然,如果法制没有必要和可能强有力地参与或引导、推进改革,那么改革也就不可能有助于实现法制。这是改革与法制关系的发展逻辑。法制在改革中的作用,从来就是法学家们关注的课题之一。在古罗马时代,法律作为社会变革手段的观念就已明确起来。在欧洲工业化时期,边沁就期望通过法律来重新组织社会。20世纪以来,随着法律功能的扩展及其重要性的实现,法律越来越成为改革社会现实和创造新的社会生活的手段,通过法律对社会变革实行引导是现代世界的基本特性。德罗指出,现代社会的特征之一是不断地运用法律这种有机的社会行动手段来实现社会变革。克罗斯曼等人认为法律是更可取的高效率的改革手段。改革时代的苏联法学家也肯定法律在社会改革中的作用，[①]认为法律处于社会改革之中，社会也处于法律改革之中。

人类社会改革的历史和国际的经验已经表明，改革的失败，在很大程度上是法制的失败。如民主德国60年代推行新经济体制，因法制未与改革配套而失败。匈牙利的经济体制改革，也因缺乏相应调整的法律体制而出现挫折，步履维艰。

在中国社会全方位改革的过程中，法制同样起着极为重要的作用。十年来，中国共产党已在很大程度上认识和肯定了这种作用。整个法学界也在肯定这种作用的前提下，对这种作用的程度、方面及实现的方式见仁见智，议论纷纭。党的十三大报告提出："法制建设必须贯穿于改革的全过程。"该报告认为，法制在改革中的作用主要是引导、保障和巩固。

（一）引导作用，即"应兴应革的事情，要尽可能用法律或制度的形式加以明确"。也就是改革应以法制为先导，运用法律为改革指明方向。中国的改革，不论是采取总体推进的"一揽子"战略，还是采取以总体设计为基础的"零存整取"的战略，或是其他什么战略，都必须通过法律来明确规定改革的具体要求和步骤。只有这样，全社会才有可能缩小人们在认识和行动上的偏差，从而有效地参与改革，也才有可能真正从制度上保证改革的不可逆转。而这正是改革得以深化和成功的重要前提。如果改革缺乏法律导向，而只通过政策引航，那就必然导致下列弊端：一方面改革政策因不具备规范化、定型化、可操作性特征和强制保护机制，而在实施过程中出现规避政策现象和"政策放大效应"，从而造成社会反序现象，甚至在某一个专门领域形

---

① 参见石泰峰等著《法制与改革》，黑龙江人民出版社1988年，第52—53页。

成无序状态。另一方面,在政策效力大于法律的情况下,已经由法律加以确认和制度化的改革成果,也可由政策来加以变形,容易使改革逆向而行或走偏方向。同时,政策的较大变易性也会助长人们对改革的观望态度和不信任感,或者形成"短期行为"。事实上,十年中国经济体制改革的每一次主要方案都是政策"先行",法律"追认"。这种改革方式已不同程度地产生了上述弊端。较为合理的选择是,把法律而不是政策作为推行和引导改革的最佳手段。这就意味着,中国任何一个社会领域的每一项重要改革措施都应当法律化、规范化,使其具有可操作性、权威性和稳定性,以便于全社会一体遵循。也就是说,法律在改革中的作用首先是提供规范或制度安排。

(二)保障作用,即在改革过程中,"法律建设必须保障建设和改革的秩序"。中国现阶段的改革,是社会主义制度的自我完善,在一定范围内也发生了某种程度的革命性变革。但整体上它既不是政治革命和社会革命,也不是社会制度的根本转换。改革是在党和政府的领导下有计划、有步骤、有秩序地进行的。如果我们把社会主义基本经济政治制度条件下的、传统的各种具体体制和运行方式、组织结构和社会关系模式,看作一种僵化的有序化模式,那么改革实质上就是对这种模式进行调整和革新,并通过重新选择和构建来形成一种富有活力的有序化模式。显而易见,这种改革本身也必须是有序化的。也就是改革作为一种有序化的转换机制,其使命是使旧的有序化模式过渡到新的有序化模式。假若进行所谓无序化的改革,它固然可以冲破旧的有序化模式,却断然不可能建立新的有序化模式。可见,没有秩序的改革,绝不可能是成功的改革。而改革秩序的形成,并非是自然的过程,而是主要通过法制来保障的。法律本身就具有一种趋向于秩序的倾向,因为它必然意味着对人们行为的一种引导和限制，所以加强和完善法制，也就是强化和保障秩序。在中国改革过程中，法制建设保障秩序主要是：保证社会主义基本经济政治制度不发生变形，并使之在客观上总揽改革，制约各项具体改革措施；反映改革的内在逻辑和历史进程，防止改革出现反复和随意性；排除改革的阻力和对改革的破坏与干扰，及时纠正各种反序行为，克服各种无序现象：如惩治官倒，打击犯罪，等等。

（三）巩固作用，即运用法律形式，“使改革的成果得以巩固”。所谓巩固，在这里既有确认改革的成果又有保护、强固改革成果的含义。“改革的成果”实际上是通过改革所形成的新的经济体制、政治体制、科技体制乃至新的社会组织结构、社会关系模式。这些“成果”不由法律来加以确认和保护，是不可思议的。因为没有法律，它们就无以生存和发展，而且，法制在改革中的各种作用，最终都要通过巩固作用来实现。进一步而论，法制对改革行为的引导和改革秩序的保障所获得的成果，如果没有“法制加以巩固”这样的后续行为，那么就有极大的付之东流或畸变的可能性。即使是那些政策先行而无法律导向的改革，其成果也应法律化、制度化，否则，已经改革掉的那些东西不仅会复归，而且会恶性发展。如中国机构膨胀→改革→再膨胀→再改革……的恶性循环，在很大程度上是由于没有运用法律形式将改革的成果固定化。这是一个有益的教训。

改革对法制的根本制约作用，不仅在于改革行为过程本身内含着法制建设，而且在于改革所引起的社会变动导致法制的新陈代谢。作为一个定律，“法律必须是稳定的，但不可一成不变”，适用于一切文明社会和任何时代。法律要成为改革的有效导向和保障，就必须成为富有生命力的制度和机制，而这就要求法律必须服从社会变动所提出的正当要求。“一个法律制度，如果跟不上时代的需要或要求,而且死死抱住上个时代的只具有短暂意义的观念不放,那么是没有什么可取之处的。在一个变幻不定的世界中,如果把法律仅仅视为是一种永恒性的工具,那么它就不能有效地发挥其作用。”[①]随着中国改革所引起的社会的结构性变革,中国的法制最终也将进行结构性变革。

事实上,中国十年法制的发展规模和成熟程度,恰恰是与法制对改革的参与规模和程度成正比例的。换言之,改革从根本上制约和推动着法制。当某一个方面或某一个阶段的改革重视法制,不仅相应的法制建设走向进步,而且改革本身也比较成功。如十年来经济体制改革最先起步和推进,对经济法制的渴求也就显得特别强烈,因此,相形之下,十年经济法制无论在法律数量还是在发展速度上,都是最突出的。而政治体制改革的滞后以及相应的对法制需求的弱化,使政治民主方面的法制尚未迈开大步伐。十三大提出全面的政治体制改革导致政治法制的扩张和全面渗透似乎也说明十年法制的发展最终导源于改革。

中国社会的改革是在极为特定的历史背景下展开的:没有完备的法制基础以供改革之需,但需要改革的旧体制模式又在一定程度上具有法律形式和法律机制。因此,改革既面临着法律“短缺”,也面临着与法律的矛盾和冲突。新的匮乏与旧的阻碍,交织于改革过程。这使改革和法制建设都陷入了某种困境:改革超法而行势必破坏本身就不健全的法制,削弱法制基础也于改革不利;改革必须在法律范围内进行,有助于加强法制,但有时会束缚和阻碍改革,最终也于法制发展不利。在此,我们不准备从理论上去解决这个困境,而只是想

① [美]E.博登海默:《法理学——法哲学及其方法》,第311页。

论证改革与法制之间的矛盾和冲突，也是改革推动中国法制发展的动力。

当中国十年改革开始酝酿和起步的时候，改革所面对的是不适应现代化建设的僵化的政治经济体制。尽管新中国三十年的法制很不完善并遭受过严重摧残，但这种政治经济体制仍然具有一定的法律支撑点和法律形态，其运行过程也受控于某种法律或法律与政策、行政命令、伦理等混杂机制。而这种法律形态和法律机制不可能随着改革的一声令下而失去效力。这表明，中国改革在发动阶段就产生了改革与旧法制之间的矛盾和冲突。[①] 所谓新旧体制在“转型期”的摩擦与冲撞，不过是这种矛盾和冲突的折射而已。但改革必须推进，因而唯一的出路在于革新法制，修改和废止那些过时的法律、法规，并形成新的法制因素。同时，在改革过程中，原有推行改革的法律、法规，也会因不适应继续改革的需要而成为阻碍改革的旧规范。改革的不可逆转及其彻底性也要求不断进行法制改革，以有利于改革的发展。

从改革与法制的矛盾和冲突上说，改革就是“变法”：中国的商鞅、王安石、康有为和梁启超的改革是“变法”，罗斯福新政、日本明治维新以及戈尔巴乔夫的改革，更是“变法”。而在当代中国改革过程中，“法制改革”也正在成为引人注目的焦点之一。

只有在改革中，中国社会才有十年法制发展；也只有在改革中，中国法制才有美好的未来。这就是我们的结论。

---

① 如从国务院清理法规的结果来看，国务院从建国以来至1983年底发布或批准的1108件法规中，不适应改革的需要废止和修改达754件，占68%；在部门发布的19693件规章中，需要废止或修改的达8166件，占59.6%。（参见石泰峰等著《法制与改革》，第65—66页）

二、十年法制发展的目标:法治

法治作为中国现代化和改革的内在需要,客观地说,在中国并未取得共识。但中国领导层至少在理性上已认识到法治的必然性,至于其成熟的程度如何则是其次的问题。就衡量十年法制的历史进程来讲,如果以人们理想中的法治机制作为参照系,那么法制的发展不免有些偏向甚至逆向。而这本身恰恰意味着十年法制发展是把法治作为其目标的。

一般地说,党的法治观或法治国家思想是党的社会主义法制思想的核心。作为现代化和社会主义改革的发动者和领导者,党需要在法制思想中反映现代化和改革所内含的法治要求,提出创造性的指导现代化和社会主义改革包括法制现代化及其改革的法治理论。十年来,党在不断进行这方面的有益探索。在1978年12月召开的、为十一届三中全会作准备的中央工作会议上,邓小平指出:“必须使民主制度化、法律化,使这种制度和法律不因领导人的改变而改变,不因领导人的看法和注意力的改变而改变。”[①]这实质上是表明要抛弃过去长期盛行的“人治”,实行法治。它为十一届三中全会奠定了法制思想的基调。据此,在十一届三中全会公报中,党开始提出新时期的法治观:“为了保障人民民主,必须加强社会主义法制,使民主制度化、法律化,使这种制度和法律具有稳定性、连续性和极大的权威,做到有法可依,执法必严,违法必究。……检察机关和司法机关要保持应有的独立性;要忠实于法律和制度,忠实于人民利益,忠实于事

---

① 《邓小平文选》第2卷,第146页。

实真相；要保证人民在自己的法律面前人人平等，不允许任何人有超于法律之上的特权。”它包含了一系列法治原则：人民民主制度化、法律化；法律具有极大权威；检察、司法相对独立并效忠法律；法律面前人人平等。1979 年，中共中央进一步明确指出：刑法、刑事诉讼法“能否严格执行，是衡量我国是否实行社会主义法治的重要标志”[①]。同年 7 月，叶剑英在五届人大二次会议上提出：“一定要做到全国一切行政机关、一切企业事业单位在工作中都有法可依，有章可循，有制度可遵守。……法律和规章条例一经制定，就要有稳定性和连续性，要有极大的权威，只有经过法定的程序才能修改，而不能以任何领导人的个人意志为转移。”[②]随后，经过多年改革，尤其是 1982 年宪法的制定和颁行，到 1987 年党的十三大，党的法治观的基础开始奠定。十三大的报告提出了社会主义初级阶段具有长远意义的民主法制建设的指导方针：“必须以安定团结为前提，努力建设民主政治。社会主义应当有高度的民主，完备的法制和安定的社会环境。”这就要求，社会主义有计划商品经济的体制和运行机制必须以法制为基础；社会主义政治体制也必须以“高度民主、法制完备、富有效率、充满活力”为根本特征。为此，“我们必须一手抓建设和改革，一手抓法制。法制建设必须贯穿于改革的全过程”。从而使我国社会主义经济体制和民主政治一步步走向制度化、法律化。[③] 在这一法律建设的

---

① 《中共中央关于坚持保证刑法、刑事诉讼法切实实施的指示》(1979 年 9 月 9 日)，着重号为引者所加。原最高人民法院院长江华曾在 1980 年说：这个文件“是建国以来甚至有党以来我们党关于政法工作的第一个最重要的最深刻的文件，是我国社会主义法制建设新阶段的重要标志”。

② 《中华人民共和国第五届全国人民代表大会第二次会议文件》，人民出版社 1979 年版，第 231 页。

③ 《中国共产党第十三次全国代表大会文件汇编》，人民出版社 1987 年版。下文凡引此报告者，均见此书，不再一一注明。

总体模式中，事实上包含了法治的价值、法的主导性、权威性等法治的一系列机制，它标志着自十一届三中全会以来党在法制思想上的改革和革命的初步完成。

从上述党的法制思想改革的几个历史剖面来看，党的法治观包含了许多具体的思想和原理。在此，我们择其要者，略加介述。

（一）多样化的法律价值

法律价值，即前述法治的实体价值，是法制主体进行法制活动（立法、执法、司法等）的价值尺度或价值标准。它是任何一个追求法治的社会所关注的中心之一。在西方法学史上，自然法学主张“正义主义”法律价值观，分析实证法学主张“功利主义、实用主义”法律价值观。此外，西方还有一些法学家声称，西方社会的法都具有三种价值：秩序、正义和个人自由；另一些法学家则认为，法的基本价值根植于普遍的人性，较为重要的有自由、安全和平等。我们在本书第六章中主要分析了法治的某些实体价值即在权力、自由和权利方面的价值。事实上，法治的实体价值是多样化的，尽管其中的某个价值也许更为重要。

在十年法制发展过程中，法治的实体价值也是多样化的，其中主要包括：效益、秩序（安全）、民主（权利、自由）和平等。

所谓效益价值，是指法治在发展生产力和发展经济方面的价值。马克思主义法学认为：一方面，一定社会的法、法制归根到底是由一定的生产力和经济发展水平所决定；另一方面，生产力和经济发展水平又必然受制于一定的法和法制。在追求法治的社会中，法治在生产力和经济的发展方面具有极为重要的价值。西方近代社会以来的法调整资本主义经济关系、促进现代科技进步等等，都典型地表现出这种价值。

在马克思主义创始人看来，社会主义的一个鲜明标志是能够创造比资本主义更高的生产力和经济发展水平。列宁认为，“大机器工业及其在农业中的运用，是社会主义的唯一经济基础”，社会主义的真正确立，必须以工业农业和运输业具有的现代大工业的技术基础为前提。[①] 这主要基源于社会主义制度包括其法律制度提供了比资本主义制度更有助于生产力和经济发展的可能性。这一科学社会主义的设想，成为后来的社会主义国家普遍为之奋斗的崇高目标。

中国现实的社会主义运动和社会主义制度的建立，核心在于发展生产力。邓小平指出：“我们是社会主义国家，社会主义制度优越性的根本表现，就是能够允许社会生产力以旧社会所没有的速度迅速发展……按照历史唯物主义的观点来讲，正确的政治领导的成果，归根结底要表现在社会生产力的发展上。”[②]以此作为理论基础，党把当前和今后相当长一段历史时期内的主要任务归结为“进行现代化建设”，如党的十三大确认“以经济建设为中心”的建设有中国特色的基本路线，认为：“社会主义社会的根本任务是发展生产力。在初级阶段，为了摆脱贫穷和落后，尤其要把发展生产力作为全部工作的中心。”同时指出：“是否有利于发展生产力，应当成为我们考虑一切问题的出发点和检验一切工作的根本标准。”

在以“经济建设为中心”的现代化战略和以“生产力标准”为根本价值尺度的评价体系之下，中国十年法制必然要以促进生产力发展作为最高目标，法制改革也必须首先有利于发展生产力。因此，十年

---

① 参见《列宁全集》第33卷，人民出版社1957年版，第30页。并见《列宁全集》第31卷，人民出版社1958年版，第469页。

② 《邓小平文选》第2卷，第128页。

法制的发展，不论是对过去三十年法制的某些要素的恢复和重建，也不论是以改革方式而进行的创新，都不能不把是否为生产力服务，是否有利于生产力发展作为其评价的根本标准。也就是说，生产力的发展不能不成为衡量十年法制进步的根本性的价值标尺。从经济体制改革来说，十年法制逐渐渗透到正在萌生和形成的新型经济体制之中，使法制有可能进一步成为新型经济体制的实质性组成部分。但这种法制的中心任务在于“既要革除或矫正生产关系中各种阻碍生产力发展的东西，又要培育和建立发展生产力所必需的新组织、新机制和新规范”。（十三大报告）而政治体制改革，其近期目标“是建立有利于提高效率、增强活力和调动各方面积极性的领导体制”，其长远目标也包括使社会主义政治体制富有效率和充满活力，因而政治体制改革的目的之一也是“为了在党的领导下和社会主义制度下更好地发展社会生产力”（十三大报告）。于是，作为社会主义政治体制的法律模式或法律机制的一系列政治法制——权限法、人权法、国家组织法等等，也必须在很大程度上围绕发展生产力这个中心来构建和运行。这不是人为的命定或臆想。它迫使中国的当代法学归位到更加现实的大地之上，也迫使人们放弃某些不切实际的幻想。

发展生产力和实现现代化的必备条件是稳定的秩序（安全）。这种秩序作为现代化过程的一种组合状态，也是十年法制发展所追求的重要价值。在前面的理论探索中，我们已经指出，法和法治从来都是与秩序相关联的；法和法治就是秩序的象征；它们在预防、制止无序状态和建立、维护有序状态方面起着不可替代的、首要的作用。因而，在任何一个国家，强调法和法治，永远是和无序或无政府主义相对立的。

在中国现代化过程中，秩序即“安定团结的政治局面”和各种社会经济秩序，一直是十年改革和发展，包括法制改革和发展所关注的重要问题之一。在现代化历史上，各个国家和各种不同性质的社会现代化都有一个共同经验，即它们都离不开一定的社会有序化状态。中国的现代化同样也要求有一个安定团结的政治局面和有序化的社会环境。况且，中国的现代化和改革是在特定的历史基础、国情基础和国际背景中起步并逐步展开的，它尤其需要秩序和稳定。因此，邓小平反复强调："中国发展的条件，关键是要政局稳定。""中国在国际上处于落后状态，中国要发展起来，要实现四化，政治局面不稳定，没有法律，没有秩序，什么事情都搞不起来，什么事情都搞不成功。"[①]"中国的问题，压倒一切的是需要稳定。没有稳定的环境，什么都吹了，已经取得的成果，也会失掉。我们国家要改革，要改革就一定要有稳定的政治环境，离开这一点，什么都搞不成。"[②]这是一个非常关键的原则的问题。党的十三大也指出：在社会主义初级阶段，特别是在全面改革的深刻变革中，保持安定团结是非常必要的。

社会的安定也是发展社会主义民主和实现公民民主权利的基本前提。在十年浩劫中，由于"天下大乱"，所以人民的民主权利甚至生存权利都受到践踏和危害。因此，只有对极少数破坏秩序、安宁的敌人和犯罪分子实行专政或制裁，才能充分地保障绝大多数人的民主权利。当然，中国社会主义民主和权利的实现必须是有秩序的，或必须有利于秩序的建立和巩固。邓小平指出："不要纪律和秩序的民主，决不是社会主义民主。相反，这只能使我们的国家再一次陷入无

---

① 《邓小平同志重要谈话》(1987年2月—7月)，人民出版社187年版，第13、42页。

② 《中国共产党第十三届中央委员会第四次全体会议公报》，人民出版社1989年版，第29页。

政府状态，使国家更难民主化。”[①]

安定团结的政治局面和社会有序化状态，在现代社会条件下，主要是由法制来形成和保障的。1980年邓小平指出：真正地巩固安定团结，要依靠积极的、根本的措施，包括“要依靠发展经济、发展教育，同时也要依靠完备法制。经济搞好了，教育搞好了，同时法制完备起来，司法工作完善起来，可以在很大程度上保障整个社会有秩序地前进”[②]。又说：“在发扬社会主义民主的同时，还要加强社会主义法制，做到既能调动人民的积极性，又能保证我们有领导有秩序地进行社会主义建设。这是一整套相互关联的方针政策。”[③]所谓“一手抓建设，一手抓法制”，主要就是要运用法制对破坏分子实行专政，以保持现代化所需要的安定局面。如果不加强法制、完善法制，那么社会就必然出现不同方面和不同程度的无序状态。在党的法制发展战略中，当代中国法制的发展，大致上可以从下述几个方面致力于实现其秩序价值。(一)运用法律武器同各种破坏安定团结的势力进行有效的斗争。改革、开放和现代化建设要求“全党同志和全体干部都要按照宪法、法律、法令办事，学会使用法律武器(包括罚款、重税一类经济武器)同反党反社会主义的势力和各种刑事犯罪分子进行斗争。这是现在和今后发展社会主义民主、健全社会主义法制的过程中要求我们必须尽快学会处理的新课题”[④]。因而，必须坚持人民民主专政，在必要时使用专政手段。尤其是“如果有人搞得我们总是不安宁，也不能排除使用某种专政手段，使用纪律、法律手段”[⑤]。(二)建

① 《邓小平文选》第2卷，第359页。
② 《邓小平文选》第2卷，第254页。
③ 《邓小平同志重要谈话》(1987年2月—7月)，第9页。
④ 《邓小平文选》第2卷，第371页。
⑤ 《邓小平同志重要谈话》(1987年2月—7月)，第10页。

立民主自由、权利的有序化模式，即确定社会成员的权利和义务的界限；构建自由权利的运行机制；提供人身安全保障和权利救济方式等等。从而使民主自由、权利的实现一方面不至于超出法定界限，侵犯社会秩序和造成无政府状态，另一方面不受无政府状态和政府权力非法干涉的侵扰。（三）形成国家权力的有序化模式，也就是国家权力的各种配置机制和运行秩序。国家权力的无序化不可能导致社会的有序化。只有当国家权力也在一定的法律模式中分配和运行，才能避免权力对社会和社会成员所可能造成的危害，并建立和巩固社会秩序，即生产和交换秩序。恩格斯认为，在历史上，很早就产生了一种需要，就是设法使个人服从生产和交换的一般条件或生产、分配交换产品的共同规则。这个规则先表现为习惯，后成了法律。而在现代大工业和社会化大生产条件下，法律和秩序显得更为重要。在现代社会经济生活中，生产、交换主体的产权基础和主体资格，市场运行规则以及国家作为一种政治力量对经济生活的渗透或调控方式等等，都需要由法律来建立某种有序化体制和运行机制，从而减少经济组织和国家经济管理活动的任意性和无序性，强化其客观性和有序性。当代中国的经济体制改革，就是要在法律参与或支配之下创建新型经济体制，形成新型经济秩序。在这个改革过程中，由于新旧经济体制的转换是一个相互摩擦和逐步发展的过程，再加上改革策略如法制弱化等方面的失误，“转型期”的经济生活会出现些反序现象，从而导致经济秩序的紊乱。如遍及全国的债务纠纷，流通市场的混乱（官倒、轮番涨价等），严重的贪污、行贿受贿、偷税漏税以及以权谋私等腐败现象。因此，避免和克服“转型期”经济生活的无序化是经济体制改革过程中法制建设的重要课题。与此同时，经济体制改革必然要触动和调整原有的经济利益关系，并建立新型经济利益关系,因而,运用社会主义法制来恰当地调整各种利益关系,也有助于从根本上使社会主义经济体制和经济生活有序化,并促进整个社会的安定和有序化。(四)加强政法、公安机关建设,包括组织建设和人才建设。“维护社会治安是政法机关的职责。……各级政法机关要把争取治安情况根本好转作为自己第一位的任务”,以保障安定团结,为现代化建设创造良好的社会秩序。[①] (五)要在党政机关、军队、企业、学校和全体人民中加强法律教育和法制教育,增强全体公民的法制观念,提高他们的守法自觉性,并反对一切违反法制的现象。此外,还可以采取法定的非常措施,正如邓小平说:“有些地方闹事严重的,如果确有必要,经过慎重考虑和周密安排,可以按照一定的批准程序宣布戒严,调动经过训练的部队,恢复和维持正常的社会秩序、生产秩序和工作秩序。”[②]

社会主义社会本质上是一个民主(含公民的民主权利、自由)的社会。这不仅在于没有民主,就没有社会主义,也就不可能实现中国的现代化,而且也在于社会主义制度优越性的根本表现之一,就是它能创造比发达资本主义国家更高更切实的民主。因此,逐步建设高度民主的社会主义政治制度,是社会主义运动的根本目标和根本任务之一。但是,新中国成立后的近三十年内,“我们也没有自觉地、系统地建立保障人民民主权利的各项制度,法制很不完备”,[③]这成了“文化大革命”得以发生的一个重要条件。以此为鉴戒,十一届三中全会以来,党强调没有民主就没有社会主义现代化:没有民主就无法

---

① 《中共中央关于加强政法工作的指示》(1982 年 1 月 13 日),《三中全会以来重要文献选编》(下),第 1097 页。

② 《邓小平文选》第 2 卷,第 372 页。

③ 《邓小平文选》第 2 卷,第 332 页。

充分调动广大人民群众的积极性，也无法避免类似“文化大革命”的错误，从而也难以实现社会主义现代化。为了建设社会主义民主政治，最重要的是建设完善的国家的政治体制与领导体制，从制度上把社会主义民主扩大到政治生活、经济生活、文化生活和社会生活的各个方面，即实现政治民主化、经济民主化和社会民主化，其中包括国家和社会保障公民正当的自由和权利。而党中央提出的政治体制改革，“就是要在坚持党的领导和人民民主专政的基础上，改革和完善党和国家的领导制度，进一步扩大社会主义民主，健全社会主义法制，以适应社会主义现代化建设的需要”①。

社会主义民主与社会主义法制是紧密相联的。不要社会主义民主的法制，决不是社会主义法制；不要社会主义法制的民主，也决不是社会主义民主。一位学者说过：“法治”这个词不像民主和自由之类的词那么光彩照人，但如果没有法治，民主就无从谈起。同样，没有民主，法治也无从谈起。在这里，社会主义民主成了社会主义法制所追求的一个基本价值目标。离开了这个价值目标，人们就无法合理地评价和调处社会主义社会发展过程中的各种行为和利益，使之成为社会主义社会的法律制度，社会主义法律主体也无从进行合理的法制活动。

在十年法制发展过程中，社会主义民主一直是一个受到关注的价值目标。一方面，党要求社会主义法制不断致力于改革和构建社会主义的基本政治制度和政治体制。十一届三中全会、十二大和十三大都提出，为了保障人民民主，必须把社会主义民主建设和社会主义法制建设紧密地结合起来，使社会主义民主制度化、法律化，其主

---

① 《中共中央关于社会主义精神文明建设指导方针的决议》，人民出版社 1986 年版，第 15 页。

要含义是使社会主义民主政治制度由社会主义法制加以确认和保护,即使作为国家政权、制度具有法律形态和权威,以保证政局的稳定和克服官僚主义,如用制度化机制理顺党政关系、行政管理法制化、建立国家公务员制度和进一步完善人民代表大会制度等等。以1982年宪法为代表的一系列新法律的制定和实施,就标志着十年法制在建设民主政治制度方面跃上了一个新台阶。另一方面,公民的民主自由权利也成为十年法制的民主价值的组成部分。十一届三中全会公报说:"宪法规定的公民权利,必须坚决保障,任何人不得侵犯。"1979年《中共中央关于坚决保证刑法、刑事诉讼法切实实施的指示》指出:必须坚决依据法律正当秩序保护公民的各种自由权利,"要严禁公、检、法以外的任何机关和个人,捕人押人,私设公堂,搜查抄家,限制人身自由和侵犯人民的正当权益。也不允许以各种理由,指令公安、检察机关违反刑法规定的法律界限和刑事诉讼法规定的司法程序,滥行捕人抓人……严禁公、检、法机关以侮辱人格、变相体罚、刑讯逼供等非法手段对待违法犯罪人员或被拘留、逮捕、羁押人员"。十三大政治报告也针对时有发生的"侵犯群众权利的现象",要求"必须抓紧制定新闻出版、结社、集会游行等法律,建立人民申诉制度,使宪法规定的公民权利和自由得到保障,同时依法制止滥用权利和自由的行为"。不仅在于保障实现人民民主制度和公民的民主权利自由,而且在于防止无政府主义,保护秩序。党认为,中国的现代化建设面临着复杂的社会矛盾,需要安定的社会政治环境,决不能搞破坏国家法制和社会安定的"大民主"。邓小平说过:"民主是我们的目标,但国家必须保持稳定。"因此,"实现民主和法制,同实现四个现代化一样,不能用大跃进的做法,不能用'大鸣大放'的做法。就是说,一定要有步骤,有领导。否则,只能助长动乱,只能妨碍四个现代化，也只能妨碍民主和法制。”[1]这是中国社会主义民主和法制发展道路的重要特色。

平等，从伦理哲学上说是社会公平，而从法律上讲则是指法律平等，即“权利平等”。法律平等的理想，在人类法制史的早期就已萌生：雅典的“立法者”和改革家梭伦就主张法律上“不分贵贱，一视同仁”；之后，古雅典最杰出的政治家伯里克利斯也说城邦民主政体“在公民私权方面，法律面前，人人平等”。但是作为法律追求的一种基本价值，法律平等主要还是近代以来发展起来的。由于“在反对专制制度的斗争中……平等思想是最革命的思想”[2]，法律平等又是对封建专制法和等级、特权法的根本否定，因而法国大革命过程中社会生活与思想的主潮流是法律平等——《人权宣言》宣称“人人生而平等”、《拿破仑民法典》以“法律面前人人平等”为中心原则。随着资本主义在西方的普遍胜利，西方各国宪法、宪法性文件和其他各种法律都确认了“法律平等”的价值目标。

作为一种民主的、进步的法律原则和法治价值，法律平等也为中国革命法制所确认和追求。新民主主义革命时期的一些《宪法大纲》或《宪法原则》都规定了“一律平等”的内容。新中国的第一部宪法(1954 年宪法)以及据此宪法制定的司法组织法也都重申“中华人民共和国公民在法律上一律平等”。但新法制对平等价值的追求，在1957 年后的法制大滑坡和十年文革中受到严重挫折。法律平等原则被破坏、践踏甚至取消了。十年法制开始起步后，法律平等又重新成为新法制的价值目标：1979 年新的司法组织再次强调把法律平等作为适用法律的公平尺度，1982 年宪法也恢复了 1954 年宪法的规

---

① 《邓小平文选》第 2 卷，第 257 页。

② 《列宁全集》第 10 卷，人民出版社 1958 年版，第 213 页。

定,也宣布“中华人民共和国公民在法律面前一律平等”。

十年法制回归追求公平、平等的轨道,是党的法律观的组成部分。党总结过去几十年法制发展的经验教训,认为加强法制必须坚持法律平等。十一届三中全会公报表示党和国家“要保证人民在自己的法律面前人人平等,不允许任何人有超于法律之上的特权”。1979年《中共中央关于切实保证刑法、刑事诉讼法切实实施的指示》中规定:一方面,对于法律“必须坚持法律面前人人平等的原则,绝不允许有不受法律约束的特殊公民。绝不允许有凌驾于法律之上的特权”。另一方面,“无论被控告者社会政治地位、社会成分和政治历史有什么不同,无论被控告者是否犯罪或是否属于敌我矛盾,在应用法律上必须一律平等,这就是在法律面前人人平等”。1980年8月,由中央政治局讨论通过的邓小平《党和国家领导制度的改革》的讲话中,要求从思想上和制度上克服特权和特殊化,指出:“公民在法律和制度面前人人平等。”不仅“人人有依法规定的平等权利和义务”,而且“谁也不能犯法。不管谁犯了法,都要由公安机关依法侦查,司法机关依法办理,任何人都不许干扰法律的实施,任何犯了法的人都不能逍遥法外”。[①] 这篇讲话后来被党的十三大确认为进行政治体制改革包括法制改革的指导性文件。

人们通常认为,法律平等是商品经济的产物。商品作为“天生的平等派”要求社会提供其公平的生存和发展环境,但社会的平等理想和平等观念并非唯一地根源于商品。中国革命法制和建国初期的新法制确立“法律平等”原则,绝不是因为那时有什么商品经济。在更一般的意义上,社会平等是近现代文明社会最基本的社会准则,它也

---

① 《邓小平文选》第2卷,第332页。

来源于人的某种本性，即人的尊严。人的尊严意味着一个人在各种社会生活中应得到与别人同等程度的人格、尊重、幸福和追求幸福的权利，而不论他生活在什么社会经济条件下。只是由于经济条件不同，人的尊严或被扭曲和践踏，或被倡导和高扬。也就是说，在自然经济条件下，人的尊严被各种等级特权制度所桎梏而无从发展成为制度化的平等机制；而商品经济则能够把人的尊严转化为市场、竞争等方面的平等规则，从而使人的尊严及其衍生物——社会公平或平等——获得更为正常的发育和成长。与此同时，平等也由一定的民主、自由制度所决定。在一个实行人民统治或人民当家做主制度的国家，必然要求人民平等地掌握国家权力，包括平等的参政权、议政权和管理权。否则，人民统治难免会畸变为人民内部一部分成员对另一部分成员的专政。自由也要求平等，因为如果人们的自由权不平等，那就必然意味着某个人或某些人受其他人的奴役和控制。从这些方面来看，十年法制追求平等价值，就是理所当然的了。

当然，十年法制对平等价值的追求并非一帆风顺，功德完满。不公平、不平等的现象在十年法制过程中远未消除，在某些方面还愈演愈烈。执法留有“特区”、司法“刑法不上大夫”乃至“刑不上大夫之子女”、同罪不同罚以及“官当”之类违反法律平等的做法，已引起人们的不满，并呼吁法律的平等和公正。[①] 这既有制度不完善的原因，也

① 仅举两例，即可窥见一斑：1986年轰动全国的进口毛豆油案，涉及全国18个省市，主要责任在广东，但被逮捕法办的仅西安市油脂公司副经理一人。西安市油脂公司职工说：“全国的法律难道不一样，为何处理的宽松尺度如此悬殊，这太不公平了。”（1989年2月18日《中国商报》）一位政协委员在1988年七届政协会议全体大会发言中指出：“江西一省长挥霍浪费数十万美金于一个姘头身上，仅判处两年徒刑，而对于哄抢西瓜的坏分子，却处以无期徒刑，这能说‘执法如山’吗？封建王朝还有‘借头以平民愤’之说，为了中国的法制化、民主化，应该是彻底抛弃‘刑不上大天’或‘严刑不上大夫’的时候了。”（《瞭望》周刊1988年第16期）

与中国传统法律文化有关。在中国传统文化体系和法律文化中,社会公平概念和理论一直没有地位,而不像在西方思想史上,从柏拉图、亚里士多德到近代的卢梭、葛德文再到现代的罗尔斯、富勒,总是凝神集思于法与社会公平或法与社会正义问题。中国传统社会那种君君、臣臣、父父、子子的封建宗法体系和森严的特权等级结构,不可能不与社会公平背道而驰,从而法律平等从来就没有成为中国传统法制追求的一个基本价值目标。相反,弘扬和推行尊卑长幼有序和"三纲""五常"而扼杀公民的"礼"则成了中国传统法制的价值主宰。因而,特权法和司法特权构成了中国传统法制的重要特质之一。这种缺乏平等和公平观念的法律文化传统,也在一定程度上决定了中国新法制追求平等价值的历程的艰难。

一般地说,多样化的法律价值的先后顺序往往因时因地而不同。不同的学者和政治家,对主导性或占先性的价值目标的选择,也有很大差异。如自由和平等,德沃金强调平等高于自由,正义就在于自由遵循平等,他说:"我的论点的中心概念不是自由的概念而是平等的概念。"而另有人则主张,正义主要在于个人自由而非平等,因此反对为了平等而限制自由。还有一种并举的观点,如罗尔斯的"机会均等论"和李普森的"自由与平等的相对论"。① 为了主导性价值目标,有时牺牲了其他价值目标。显而易见,当代中国法律价值的主导内容是效益,其次是秩序、民主和平等处于同一等次。

在理论上,多样化的法律价值总是致力于相互的一致和统一,但其实现的过程并非总是如此。在现实法制生活中,正如任何理想都可能相互冲突一样,法律价值的实现过程也充满着矛盾,由于各种各

① 参见张文显《当代西方法学思潮》,人民出版杜 1988 年版,第 283—298 页。

样的法律价值强调的侧重点不同,所以它们的实现方式(制度、组织等)的选择也就各不相同,况且,有时人们容易把各种法治价值都视为绝对的东西,这就不免引起法制内部的冲突。这种冲突包括法制内容不同因素间的矛盾或对立,也包括一种法制因素因其所追求的价值的主导性或占先性而压制其他法制因素的发育和成长。

(二)法律的主导性

法律的主导性,即法律作为社会有序化的主导模式而具有多样化的功能和普遍的调整范围。在党的法治思想中,法律主导性的思想占有举足轻重的地位。这一思想是与多样化的法律价值的思想相生相随的,它也是现代社会的必然产物和现代化过程的必然要求。20 世纪的潮流是出现了"一种以法为手段来组织和改革社会的新趋势。法已不再被看作单纯的解决纷争的手段,而逐渐为公民们甚至法学家们视为可用于创造新型社会的工具"①。

在中国传统的专制社会或人治社会中,法律价值的唯一内容是维持秩序即社会治安,因此,法律的功能比较单一化,调整范围也是"窄化"的。古代中国的社会结构和社会生活,只能造就一种独特的法律价值观,即法的价值目标就是"惩暴禁奸",并形成相应的法观念——法就是刑的观念。且不说那些先哲前贤如何大谈"法者,治之具"和"禁奸止过""令行禁止"之类的法惩戒理论,仅就《说文解字》一书释"法"为"刑"和从《法经》到《大清律例》两千年间的中国古代法皆为刑法典来看,中国古代法及其法观念从来就是以"刑"为中心、以暴力和刑杀为标志的。这种单一化的法功能使得法的调整范围基本上

---

① [法]勒内·达维德:《当代主要法律体系》,第 378 页。

未越出刑罚的狭窄天地。尽管中国古代法也涉及一些民事、婚姻关系,但用来调整这些关系的最根本的规则是刑法而非民法。

新中国成立后的前三十年,为了适应大规模阶级斗争和“以阶级斗争为纲”的需要,新法制也主要被释义为“阶级斗争的工具”和“无产阶级专政的刀把子”。虽然那时的法制也曾强调保障人民民主权利和发展生产力,但也都偏重于从维护社会秩序来实现这些价值和功能。结果,不适当地强调法制的制裁或惩罚作用,注重法制“为阶级斗争服务”的功能。这不能不使法制畸形发展。如检察机关的全面监督畸变为“唯专政论”或“唯刑事论”,而“一般监督由于触犯了‘把专政矛头指向人民内部’的罪名而被列为禁区,侦查监督由于‘束缚专政手足’而受到批判,劳改监督由于被当作‘阶级投降主义’而被否定,参加民事诉讼当然也不再提起,以至于最终否定了检察机关自身”①。这种法观念也极大地限制了新法制的功能领域和调整范围,也就是其主导性机制的形成。显而易见,作为仅仅是专政工具的法制,不可能为经济工业化和政治民主化奠定基础,因而它延缓了社会的法制化和法制的现代化。

十年法制的多样化的价值目标,要求法律成为主导性的社会有序化模式或推行社会的法律化运动。所谓“有法可依”就是这种法律主导性的一种简单表述。作为推动法律主导性机制形成的尝试,十一届三中全会提出实现人民民主的制度化、法律化之后,80 年代初又要求加强经济立法。1984 年,党指出:“经济体制的改革和国民经济的发展,使越来越多的经济关系和经济活动准则需要用法律形式

① 《中国法制改革学术讨论会发言摘要·王桂五谈关于司法制度改革》,《法学研究》1989 年第 2 期。

固定下来。国家立法机关要加快经济立法……"[①]随后,党又认识到科技教育进步迫切需要法律保护和调整,科学技术和法律是现代文明的双翼。一个文明进步的社会,应该是科学技术与法律并茂的社会。因此,1985 年中共中央关于科学技术体制改革和教育体制改革的决定,要求制订有关的法规和制度,保障技术市场中买、卖、中介三方的合法权益;国家通过专利法和其他相应的法规,对知识产权实行保护;加强教育立法。到 1987 年十三大,上述法律功能向各个社会领域扩张的思想,开始形成一个整体,即"国家的政治生活、经济生活和社会生活的各个方面,民主和专政的各个环节,都应做到有法可依……"在改革时期,"应兴应革的事情,要尽可能用法律或制度的形式加以明确"。具体而论,在政治生活方面,"党对国家事务实行政治领导的主要方式是:使党的主张经过法定程序变成国家意志",使党的领导制度法律化;加强行政立法,为行政活动提供基本的规范和程序,使行政管理走上法制化的道路;建立国家公务员制度,即制定法律和规章,对政府中行使国家行政权力、执行国家公务的人员,依法进行科学管理;建立公开制度和社会协商对话制度;完善人民代表大会制度;等等。在经济生活方面,运用法律来建立新的经济体制和运行机制,包括运用法律手段,以契约形式确定所有权与经营权分离的具体形式;发展横向经济联合;规范市场行为和形成正常的市场秩序;通过完备的经济法规体系逐步健全以间接调控为主的宏观经济调节体系;保护以公有制为主体的多种所有制经济的发展及其合法权益;等等。在社会生活方面,既保障宪法规定的公民权利和自由,

---

① 《中共中央关于经济体制改革的决定》(1984 年 10 月 20 日),见《十二大以来重要文献选编》(中),人民出版社 1986 年版,第 575 页。

又依法制止滥用权利和自由的行为。总之,通过改革,形成政治、经济和社会生活的新规范,使社会一步一步走向制度化、法律化。这些都表明,法律将大规模地向社会的各个方面和层次渗透,法律功能及其调整范围也将冲破传统的狭隘限制,以形成一个包含宪法和一系列基本法的完备、发达的现代法体系,从而使法律在社会控制和社会发展的规范制度体系中占居首要和主导的地位。

(三)法律的至上权威

法律的权威性,就是每个人和社会组织都服从法律,尤其是政府依法行政,以建立法律高于任何权力实体和个人,法律支配权力而非权力高于法律的法律机制。这种权威性是法治社会根本不同于专制(人治)社会的重要标志:法律权威性要求的是非人格化的服从,法律高于权力或法律在万人之上,而专制社会则盛行人格服从,建立的是人格依附和人格权威的社会机制,法律在一人之下。用潘恩的话来说,在法治社会中法律是国王,而在专制社会中国王便是法律。

法律的权威性,从根本上要求公民个人、社会组织、政府尊重法律。而"对法律的尊重以种种鲜明的方式显示出来。这种尊重表现为这样一种趋势,即在制定政策时以宪法上的考虑取代政治上的考虑——采用法学词汇来讨论一切问题,运用法律的技术细节来限定一切问题,并根据抽象的法治标准而不是根据明智的或有利的实用主义标准来判断议会的立法"①。

法律的至上权威,在许多社会主义国家都受到高度重视。苏联宣布"法制改革的使命在于保障法律在各个社会生活领域中的至高

① [美]H.S.康马杰:《美国精神》,第532页。

无上的地位”。匈牙利认为:“要建立社会主义的法制国家就必须把制定各项法规的工作建筑在法律高于一切的基础上。”南斯拉夫也认为:“法律是至高无上的,所有的人,包括那些制定和执行法律的人,都要受法律的约束。法律面前人人平等,任何人都不能凌驾于法律之上。”

十年来,党从血的历史教训中认识到,“文化大革命”这种“无法无天”的动乱,在很大程度上是50年代后期新法制的权威不断遭到损害的必然结果。法律的权威性是法律的生命,如果法律丧失了权威性,那么就绝无法制和法治可言。同时,对多样化的法律价值和法律主导性的把握,也要求法律具有极大的或至高无上的权威。因为法律没有应有的权威,法律功能的扩张和法律调整范围的泛化就无任何实际意义,多样化的法律价值也只能仅仅是一种高居于现实生活的理想目标。

党对法律权威性的认识和理论诠释,依然是从党的十一届三中全会开始的。这次会议认为,民主的制度化、法律化机制必须具有极大的权威,要做到“有法必依、执法必严、违法必究”,坚决保障宪法规定的公民的权利和自由,检察机关和司法机关要忠实于法律和制度。从此,法律权威性的思想不断深化——1979年《中共中央关于坚决保证刑法、刑事诉讼法切实实施的指示》指出:我国法律“具有极大的权威。因此,从党中央委员会到基层组织,从党中央主席到每个党员,都必须一律遵行。……今后,各级党组织的决议和指示,都必须有利于法律的执行,而不能与法律相抵触”。同年,全国人大常委会委员长叶剑英说:“国家法律是人人必须遵守的。……凡是合法的行为都受法律的保护,凡是违法的行为都受法律的追究。”“共产党员中的领导干部,尤其要以身作则,模范地遵守国家法律。”“我们的法院和检察机关应当绝对地忠实于国家的法律和制度。”[①]1982 年新党章规定“党必须在宪法和法律的范围内活动”，这意味着从中央到基层，一切党组织和党员的活动都不能同国家的宪法和法律相抵触；党领导人民制定宪法和法律，一经国家权力机关通过，全党必须严格遵守。1982 年宪法对此重要原则加以确认，宣布宪法具有最高的法律效力：“一切国家机关和武装力量、各政党和社会团体、各企业事业组织都必须遵守宪法和法律。一切违反宪法和法律的行为，必须予以追究。”同时，国家权力机关认为：“法律一经制定，就必须严格执行。全国各级国家机关对此要高度重视，坚决做到有法可依、有法必依、执法必严、违法必究，使法律成为任何人都必须遵守的不可侵犯的力量。”[②]这些标志着党的法权威观的革命已初步完成，特别是作为法律权威的核心的宪法最高权威得到确认，使党的法治观趋向成熟。当然，宪法的最高权威不仅是在法律规范体系上而且是在社会生活中具有最高的约束力，也就是说，宪法的最高权威既在法律之内也在法律之外。

党对法律权威的上述思考，从根本上否定了权力至上的陈腐观念，它有助于解决新中国法制发展过程中的一系列困惑：“权大还是法大”“党委大还是宪法大”“政策大还是法大”“法大还是‘批示’大”等等。

（四）司法独立

当 1954 年宪法庄严宣布“人民法院独立进行审判，只服从法律”

① 《中华人民共和国第五届全国人民代表大会第二次会议文件》，人民出版社 1979 年版，第 232—233 页。

② 《中华人民共和国第五届全国人民代表大会第五次会议文件》，人民出版社 1983 年版，第 211 页。

的司法独立原则时，可能根本不会预想到它在1957年反右运动中的厄运。或许当年宪法明确规定这项社会主义的重要法治原则，并非把它作为新中国构建法治机制的支柱来加以考虑，而仅仅看作一项并不那么重要的工作规则，以至于"司法独立"长期以来没有得到真正的保障。

历史仍然给党以深刻的启示：过去20多年司法的不独立，使法院和检察院无法成为维护社会主义法律公正性和权威性的法律组织或物质力量。有鉴于此，党在十年法制发展过程中，一直把"司法独立"作为法制建设的极为重要的目标加以倡导。

1978年，党的十一届三中全会公报倡言："检察机关和司法机关要保持应有的独立性。"在此政策和精神指引下，尽管1978年宪法取消了1954年宪法中的"司法独立"原则，但1979年《法院组织法》和《检察院组织法》还是宣布："人民法院独立进行审判，只服从法律"；"人民检察院依照法律规定独立行使检察权，不受其他行政机关、团体和个人干涉"。1982年宪法又进一步确认："人民法院和人民检察院依照法律规定独立行使审判权和检察权，不受行政机关、社会团体和个人的干涉。"这就从宪法和法律上否定了"司法独立是'以法抗党'、'向党闹独立性'"的极左观念，初步改变了党法不分的体制。十三大也重申"保障司法机关依法独立行使职权"，并将其视为法制改革的重要组成部分和司法改革的中心内容。

司法独立与党的领导，是自1954年宪法确认司法独立原则以来一直困扰法律界和法学理论的重大问题。事实上，它也是新中国保障司法独立必须妥善解决的关键问题。十年来，党不断明确地提出解决这个问题的良方良策：实行党法分工原则。《中共中央关于坚决保证刑法、刑事诉讼法切实实施的指示》(1979年)指出："党委与司法机关各有专责,不能互相代替,不应互相混淆。”1986 年邓小平说:“党要管党内纪律的问题,法律范围的问题应该由国家和政府管。”十三大也规定按照党政分工的原则,理顺党组织和司法机关的关系,做到“各司其职”。同时,党必须坚持对司法的领导。但正如上述《指示》指出:一方面,“党对司法工作的领导,主要是方针、政策的领导”[①]。因此,各级党委要坚决改变过去那种以党代政、以言代法,不按法律规定办事,包揽司法行政事务的习惯和做法,如取消各级党委审批案件的制度。另一方面,加强党对司法工作的领导,最重要的一条,就是切实保证法律的实施,充分发挥司法机关的作用,切实保证人民检察院独立行使检察权,人民法院独立行使审判权,使之不受其他行政机关、团体和个人的干涉。国家法律是党领导制定的,司法机关是党领导建立的,任何人都要尊重法律和司法机关的职权,这首先就是加强党的领导和提高党的威信。1982 年新党章也规定党必须保证司法机关“独立负责地工作”。党深刻地阐明:法律是党中央原则批准并由全国人大通过的,因此,司法独立既是党的要求,也是人民的愿望。那种认为服从党的领导就可以违背法律规定的想法是极端错误的。

三、十年法制的全方位拓进

法制作为法治发展的一种外部形态或外化方式,包含着哪些要素和环节,中国法学者的意见远非一致。我们无意介入这些纷争之

① 《中共中央关于加强政法工作的指示》(1982 年 1 月 13 日)重申:“各级党委对政法工作的领导,主要是管方针、政策,管干部,管思想政治工作,监督所属政法机关模范地依照国家的宪法、法律和法令办事。”[《三中全会以来重要文献选编》(下),第 1103 页]

中。对于十年法制，我们也无意去作详尽的描述，而只简要分析其在立法、司法、律师事业和法观念方面获得的进展，以期初步把握十年中国法的运动和这一运动与其法治指向的关联性。

（一）"法律丰收了"

在十年现代化建设和改革过程中，对法的价值和功能的重新认识，尤其是党的法制思想的变革，首先引起了举世瞩目的立法变化。十一届三中全会公报也要求："从现在起，应当把立法工作摆到全国人民代表大会及其常务委员会的重要议程上来。"正是立法这一环节，才能将那些来之不易的认识"物化"为法律条文和人们的行为规则。它是实现法律价值和树立法律权威的起点，也是法律命运的序曲和奠基调。因为立法的广度和深度，表明了法律所涉及或渗透的范围及其对社会发展和改革的调控能力。

立法体制的改革和完善，为立法发展准备了条件。这种改革和完善，是在总结新中国三十年立法实践和借鉴国外有用的立法经验的同时，根据现代化建设和改革开放的需要以及发扬社会主义民主、健全社会主义法制的需要而进行的。它主要包括：扩大全国人大常委会的立法权限；建立中央和地方（含经济特区和特别行政区）的多层次立法体制；加强专门委员会的建设；形成"委托立法"机制——全国人大授权国务院在经济体制改革和对外开放方面制定符合宪法和法律的行政、经济法规（暂行条例或规定）；立法体制和立法活动初步实现制度化、法律化；社会公众开始参与立法过程（全民讨论）等。

在不断改革和完善的立法体制基础上，十年立法行动，规模之大，成绩之著，是几千年中国法制史上前所未有的，在世界法制史上也是不多见的。通过几次大规模的立法行动,[①]人民共和国的法律基石,初步奠定,"以宪法为基础的社会主义法律体系初步形成"。在十年左右的时间里,正如全国人大的一位农民代表所说:"这几年不光农业丰收,法律也丰收了!"法律丰收表上列举着:

从十一届三中全会到1988年,全国各级各类立法机关制定颁布的法律、法规、条例等1760多件[②]:全国人大及其常委会制定颁布的法律约80件,修改、补充的法律及有关决定58件;国务院制定颁布的行政法规约550件;各省、自治区、直辖市制定颁布的地方性法规1081件。其中,1982年颁行的新宪法,是社会主义民主与法制发展的重要里程碑,也是十年法制发生历史性转折的标志。

在上述法律统计中,经济立法最为引人注目。中国经济体制改革的先行和"以经济建设为中心"的现代化战略,必然推动十年经济法制包括经济立法的兴盛和繁荣。全国人大及其常委会通过的法律的60%,国务院制定的行政法规的70%,都是调整经济关系和经济活动的立法。在地方性法规中,财政经济法规一般也是居第一位:1979年至1985年占38%,1986年占32.9%,1987年占39.3%。1985年,中共中央提出:要加快经济立法,力争在"七五"期间建立起比较完备的经济法规体系。据此,在《国务院"七五"期间立法规划》(1987年4月20日)中,立法工作重点有五个方面,其中四个方面——增强企业活力、形成和完善市场体系、国家实行间接控制、涉

---

① 如1979年第五届全国人大第二十二次会议制定了7个重要法律:刑法、刑事诉讼法、中外合资经营企业法等,一项重要宪法修正案。1982年第五届全国人大第五次会议制定了新的宪法、人大组织法和国务院组织法以及修改了选举法和地方各级人民代表大会和地方各级人民政府组织法。1986年第六届全国人大第四次会议制定了民法通则、义务教育法和外资企业法。

② 没有包括1988年地方性法规数目。

外经济——是经济立法；在11类立法内容中，涉及经济立法的至少有7类。可见，十年立法一直把经济立法放在最显著的位置，并为此投入最大限量的注意力和精力。

刑事法律也备受重视。1979年制定刑法和刑事诉讼法之后，1982年通过了关于严惩严重破坏经济的罪犯的决定，1983年通过了关于严惩严重危害社会治安的犯罪分子的决定以及有关修改刑事诉讼法的决定，随后又通过了关于惩治走私罪的补充规定和关于惩治贪污罪贿赂罪的补充规定。在森林法、环境保护法、商标法等法律中还规定了有关追究刑事责任的条款。

有关国家机构组织和活动的立法，也受到重视。十年来，民主与法制的发展和初步开启的政治体制改革，使国家机构组织和活动的立法发展很快。主要是制定或重新制定了全国人大组织法、全国人大及其常委会的两个议事规则、国务院组织法、人民法院和人民检察院组织法、地方各级人民代表大会和地方各级人民政府组织法、民族区域自治法以及难以计数的有关公安、司法行政、民政、国防和国务院其他部委的组织方面的法规、条例。在地方性法规中，地方政权建设和公安司法检察方面的立法，仅次于有时甚至超过经济法规。

此外，十年立法行动还渗透到公民民主权利、民事、行政、劳动、科学技术、文化教育、体育卫生、社会保障、自然资源、环境保护等非常广泛的领域，并已取得不同程度的进展，尤其是制定了民法通则、民事诉讼法、行政诉讼法、义务教育法等。

十年立法的发展，充分展示了当代中国社会法律化运动的壮丽画卷。法律不再处于社会生活的边缘，而是渗透到社会生活的深层结构，从而逐步构成社会生活的主导模式。这意味着，党的法律主导性思想正在实现，偏重惩治而轻视保护或重刑轻民、以刑为中心的法律格局已有了根本性转换,具有现代特征的法律体系的大厦也已初具规模。它基本上结束了50年代末期以来的“无法无天”和“无法可依”的历史局面。

但是,十年法制发展是在多重矛盾或冲突中起步和推进的。传统的法律形态不仅已固定化为人们的行为模式,而且内化为人们的意识观念,非一日之功即可革新。现代化建设和改革开放亟待法律导向和护航,但我们对现代化建设和改革开放的固有规律及其历史逻辑还缺乏全面、系统的科学认识。法制建设必须取消和改变旧的社会秩序,并建立新的社会生活结构或有序化模式,但又不能脱离现实的中国国情。凡此种种,都不能不制约着十年立法的发展过程,使立法不尽如人意。

“无法可依”的状况并没有完全改变,某些社会生活领域法的空白尚未填好,如影视、基本建设、新闻出版、体育;有些方面的立法还很薄弱,如保障公民宪法权利与自由的立法多年来进展缓慢。已有的立法缺乏科学的配套机制。一方面,属于“龙头”性质的法律如企业法出台后,相应配套的法律却没有及时制定,从而形成立法脱节,而这不仅导致已出台的法律引导、约束人们行为的功能软化,而且造成有法不依、执法不严的严重现象。另一方面,法律法规之间的矛盾或抵触也时有发生,甚至一些法律、行政法规的规定,被部门、行业或地方制定的实施细则或规章所否定。立法过于简单化、原则化,缺乏可操作性,不仅使守法者不知其确定的行为界限,而且也使执法者随意取舍和解释,或给执法造成困难,形成立法与守法、执法的脱节。上述立法与改革的脱节,立法与立法的脱节,立法与守法、执法的脱节,在很大程度上反映了更深层次的问题,即立法指导思想的偏误。如“成熟一个制定一个”,宁简勿繁,“保护自由权利与管理(限制)并举”或“以管理为主”等立法指导思想，难以使法律摆脱立法滞后与改革、民主化发展进程所造成的困境。因此，中国立法改革，首先必须转换立法指导思想，提出和确立新的立法指导思想，如“需要一个制定一个”，“坚持可操作性原则”，“以保护自由权利为主”（不排除在此前提下的必要的“管理”）等。

从根本上来说，法律有力地参与社会改革进程，并向社会生活结构渗透，都取决于立法机构的主动性和紧迫感。立法体制和立法行为的改革，也受制于这种主动性和紧迫感。

（二）司法的重建与改革

这里的所谓“司法”大致上包括法院和检察院两大部分。司法的使命和职责，即维护法律的至上权威和尊严，并通过公平正当的程序来实现法律的正义性。它是由司法在法治状态中的地位、角色所决定的。中国十年来的大规模的立法行动，使法律权威的保护和法律正义性的实现，成为法制发展过程中十分突出的一个焦点。换句话说，十年富有成效的立法活动，迫切需要正规化的、完善的司法，以保证法律的实现，或使法律成为不可侵犯的力量。苏联法学家雅维茨在论及立法与法的实现的关系时说：“在广泛立法的条件下具有发达的法律形式，法律的实现获得了特殊的意义。国家机关的法的创制活动越积极，法律的实现的迫切性程度就越高。”①而只有强有力的司法，法的实现才能获得最后的、有效的保障。

中国十年司法实现自己的使命，履行自己的职责，首先是从重建和革新组织开始的。1978—1980 年，人民法院和人民检察院都处于

---

① ［苏］Л.С.雅维茨：《法的一般理论——哲学和社会问题》，第 171 页。

恢复、重建时期。随之，它们都根据民主法制建设、现代化建设和改革的需要，进行组织调整和扩充。人民法院从 1979 年 4 月起设立经济审判庭，到 1986 年，全国 3400 多个法院已有 97%以上设立了经济审判庭。人民检察院也建立了相应的经济检察机构。1982 年民事诉讼法（试行）始建行政诉讼制度，目前已有 120 多个法律、法规规定了行政诉讼内容。人民法院为了积极开展行政审判工作，从 1986 年 8 月始，创建行政审判庭。截至 1989 年 3 月，全国已有 26 个高级法院、242 个中级法院（占中级法院总数的 63.5%）、1154 个基层法院（占基层法院总数的 39%）建立了行政审判庭。1988 年 9 月，最高人民法院行政审判庭也宣告成立。多年来，人民法院受理了大量的告诉、申诉来信，并由法院信访机构处理。这种信访机构是仿照行政机关的信访机构设置，并按行政性工作程序办事，它已不适应加强法制和建立人民申诉制度的需要。因此，1987 年 9 月，最高人民法院成立了告诉申诉审判庭，至 1987 年底，四川、山东等高级人民法院也先后成立了告诉申诉审判庭。此外，十年来还设立了许多专门的法院和检察机构。

法律向社会生活各个领域的功能扩张，不仅不断要求设置新的司法组织，而且要求有一大批合格的或精良的司法人才：如果司法组织拥有这样一支法专家队伍，那么司法就可能成为法治的支柱。所谓“合格”，包括坚定的政治立场、博学多才（主要是熟谙法律和法律学说）、忠实于法律的职业道德、大无畏的不惜以身殉职的勇气等。十年来，中国司法从多方面努力造就一大批合格的法官和检察官。自 1978 年恢复法学教育以来，法学教育得到了迅速的发展，并已输送了 2 万多名高等法律专门人才，其中很大一部分进入司法领域。政法干部培训已形成多形式、多渠道的完整网络，从 1980 年至今，已培训政法干部50余万人。1985年，最高人民法院创办了全国法院干部业余法律大学，1988年已毕业29万多名。1988年创办中国高级法官培训中心和高级检察官培训中心。据统计，到1989年3月，全国法院干部队伍中具有高等学校毕业学历的人数占30%。①

司法组织和司法人员的司法活动，必须有一整套引导、约束机制，这就是社会主义司法原则、司法制度和诉讼程序。十年司法发展，一方面恢复了50年代中期的一些原则、制度和程序，另一方面又依据新时期社会主义民主与法制发展的经验，创造了某些新的原则、制度和程序。其中对社会主义法治进程具有重大意义的，主要是：国家的审判权和检察权由人民法院和人民检察院依法独立行使；公民在运用法律上一律平等；以事实为根据，以法律为准绳；公开审判制度；辩护制度；正当法律程序。

在十年司法发展的过程中，司法官们既有无权力的困惑，也面临权力的考验。“无权力的困惑”，即依法办事难，甚至想不惜以身殉职也难（被撤职了）。行政长官命令法院，干预审判工作，并非新鲜事情。办案经费太少，以至于有的法院曾挂牌告示：“因无办公经费暂停办公。”困惑的根源在于司法独立原则没有始终如一地坚持和保障，司法财政也控制在行政领导手中。② “权力的考验”则是指司法官如何运用手中的权力，是捍卫法律，匡扶正义，惩治邪恶，还是违法乱纪，徇私舞弊，以权谋私？有少数人经不住这样的考验，结果走向罪

---

① 据1989年《最高人民法院工作报告》预期，1995年，全国法院70%的干部，80%的审判人员，90%的正、副院长将具有大专以上法律专业水平，并将培养出一批具有双学士学位和法学硕士、博士学位的法官。（《中华人民共和国第七届全国人民代表大会第二次会议文件汇编》，第178页）

② 1988年8月8日《人民日报》载《法官的困惑》：“有个地区财政局长的亲属被判了刑，该局长利用职权在经费上卡法院，以致法院40多天无法办公。”

恶的深渊。[①] 这不仅败坏了社会和司法领域的风气，而且损害了司法机关作为执行法律、保护法律的职能部门的权威，使社会公众对司法机关产生不信任感和失望感，从而失去对法律的信心和支持。长此以往，民主法制建设的成果就有付之流水的危险。

(三)寻求发展的律师业

当古罗马社会的"辩护士"诞生的时候，那些对西方法制文明作出过重大贡献的罗马法学家大概不会想到，以"辩护士"为前身的近现代社会的律师，成了其法治的重要组成部分和支柱之一。律师，是法律及其学说发达的产物。"'辩护人'的最后出现，并不是一件令人惊奇的事情，因为随着法律程序本身以一种高级形式发展和在法律制度需要以理论的形式加以阐述之时，那种通晓司法过程并能向普遍的人们说明这些程序的专业顾问和专家的发展就成为必不可少了。"[②]在现代社会，律师已不仅为诉讼当事人提供法律帮助，而且为企业(公司)、政府甚至立法机关提供咨询意见，同时还阐述法律学说、传播法律思想，有时还推动法律改革。

新中国的律师业是50年代中期开始试验并创建的。但1957年之后，律师制度因横遭批判而夭折。近十年中国社会的法律化运动，既使法律开始成为社会政治经济生活的主导模式，从而渗透到国家机关、企事业单位、社会团体和公民个人的行为与生活之中，也使法

---

① 据统计，1988年，因违法乱纪受到纪律处分的法院干警383人，因触犯刑法被依法追究刑事责任的18人；受到党纪政纪处分和刑事处罚的检察人员有340人，其中，开除公职的9人，开除党籍的22人，追究刑事责任的60人。(《中华人民共和国第七届全国人民代表大会第二次会议文件汇编》，第179、197页)

② [美]罗杰·科特威尔：《法律社会学导论》，潘大松等译，华夏出版社1989年版，第207页。

律真正进入法院而为处理诉讼案的最高准则。这就需要律师为国家机关、企事业单位、社会团体和公民提供必不可少的法律帮助和法律服务，以维护法律的正确实施，维护国家、集体的利益和公民的合法权益。

十一届三中全会以后，律师制度得到恢复和发展。1980 年颁布的《律师暂行条例》，奠定了近十年律师业不断发展的法律基础。据统计，截至 1988 年底，律师已增加到 2.7 万多人，律师事务所（法律顾问处）3300 个。各省、市、自治区相继成立了律师协会，中华全国律师协会也已正式成立。

在律师业恢复和发展的过程中，已越来越显示出捍卫民主法制和促进现代化的重要作用。从 1981 年到 1987 年，全国律师共办理刑事辩护 81 万多件；民事、经济诉讼代理 60 多万件；非诉讼法律事务 18 万多件，解答法律询问 782 万件；代写法律文书 169 万件。同时，有7.4万多家企业、一些省市政府和一大批地、市、县政府聘请律师担任法律顾问。

正如十年法制处于改革中一样，律师业也在改革传统的体制：实行以专业律师为主，有条件地发展兼职律师和特邀律师；建立乡镇法律服务所；实行全国律师资格统考，律师资格与律师职务分离；等等。近年来，开始改变国家统包律师事务所的做法，试行合作制律师事务所。1980 年底统计，全国已有 21 个省、自治区、直辖市建立了 34 个合作制律师事务所。私人律师事务所也破天荒地出现了。

律师业的发展，并非一帆风顺。律师制度的历史遭遇，对刑事辩护的“左”的认识，使律师业步履维艰。律师人数太少，固然限制了律师业的勃兴，但尤其令人忧虑的是，即使在法律界，对“律师制度是社会主义法律权威性和司法活动正当性的重要保证”，“律师业的兴盛是社会主义法制(法治)真正完善的重要标志","被告人的辩护权利不可侵犯","律师依法执行职务,受国家法律保护,任何单位、个人不得干涉"等,也远未获得共识。律师法制也不健全,从而不能有效地维护律师的合法权利。因此,在实践中,律师因刑事辩护而受到非议和迫害——被停职检查、撤销职务、开除党籍、调出律师队伍,赶出法庭,甚至被带上手铐,捆绑游斗殴打等——的事例,不时见诸报端。

律师业必须走出困境。中国社会的进一步法律化和法律对改革的更大规模地参与,将使社会对法律帮助和法律服务的需求大大增加,因而律师工作将成为社会法律生活的不可缺少的重要组成部分。但只有通过改革,律师业才能满足社会需求,促进自身的勃兴。一支数十万人的律师大军,一部详细完备的律师法,一套能保证律师制度不出现反复或停顿的政治—法律体制,或许正是中国律师业的希望。

(四)觉醒与困顿中的法观念

如果我们把"公民"看作一个法律实体,那么就可以说存在一种"公民法文化"。它不仅包含公民法律形态,即关于公民的法律概念、原则和制度,而且也包含公民法观念,也就是公民对整个法制、法治及其自身法律形态的认识、态度、情感和评价。

严格地说,公民的法观念是法律意义上的公民或作为一种法律概念的公民的观念形态。没有法律意义上的公民,当然谈不上公民法观念。因此,这种观念只有到了近现代社会和近现代法律条件下才能形成和模式化。但是先前的传统法文化总是要历史地积淀于公民法文化,特别是法观念之中。

在十年法制之前,我们拥有一种公民法律形态(尽管很不完善),但缺乏具有现代法观念的公民即成熟的公民。中国革命的胜利可以使法律形态通过制度、规范的变易轻易地加以更改，但传统的法观念却绝不可能在一个早晨荡然无存，新的法观念也绝不可能在一个早晨就奠立和形成。这决定了新中国长期以来公民法律形态和公民法观念之间的怪悖。而这种怪悖正是新中国法制最终在“文革”中走向悲剧的原因之一。

伴随着十年法制的发展，尤其是社会的法律化运动，中国公民的法观念开始觉醒。这种觉醒并不是说12亿中国人都意识到自己作为现代法律意义上的公民的存在，也不是说12亿中国人都具备了一定的公民意识。而是说，公民意识作为公民存在的观念形式，已受到一些人的重视；一部分公民，主要是那些文化水平较高和自主性较强的公民，开始用法律语言来分析社会的某些现实，也根据法律去评价人们的社会政治行为，在自己的权利受到侵犯时，懂得依靠法律加以保护。如各种权益纠纷案件的增加，[①]在一定程度上反映了人们对权利的珍惜和对法律的尊重和信赖。尤其是“民可以告官”的观念正逐步得到公民的认同，有些公民还状告政府或与政府在法庭上一决雌雄。[②]

公民法观念的觉醒，也最终导源于改革。改革既要更新社会政治经济体制，也要改变人们的行为方式和思想观念。从法观念上来说，改革对法治的内在需求，以及改革所引起的法律化运动，都冲击

---

① 1986年，财产权益纠纷，特别是债务、赔偿、房屋纠纷以及土地、山林、水利纠纷案件大幅度地上升，已占民事案件总数的50%以上。(《中华人民共和国第六届全国人民代表大会第五次会议文件汇编》，第150页)1988年，著作权、名誉权、肖像权等案件增多，为2775件。(《中华人民共和国第七届全国人民代表大会第二次会议文件汇编》，第168页)

② 如1988年8月26日《光明日报》载《苍南一新事：农民告县长》；1988年11月23日《辽宁日报》讯：《个体户法庭胜市长》；1988年12月21日《人民日报》刊：《村民告镇政府的喜与愁》。

着传统的不重权利和法律的人治观念,并促使现代法观念在社会生活各个领域的扩散或渗透。事实上,十年来公民法观念的觉醒,就是改革包括法制改革的重要成果。

在改革的大背景下,中国领导层始终强调对公民进行法制教育,以增强公民守法护法的观念。“加强社会主义民主和法制的建设根本问题是教育人。……要在全体人民中坚持不懈地普及法律常识,增强社会主义的公民意识,使人们懂得公民的基本权利和义务……”[①]其中尤其要加强宪法的宣传:“宪法通过以后,要采取各种形式广泛地进行宣传,做到家喻户晓。十亿人民养成人人遵守宪法、维护宪法的观念和习惯,同违反和破坏宪法的行为进行斗争,这是一个伟大的力量。”[②]宣传法律最引人注目的,是“把法律交给十亿人民”的具有战略意义的法律启蒙运动:1985年中共中央和国务院发出通知,要求用五年左右时间向全体公民基本普及法律常识,全国人大常委会也通过了《关于在公民中基本普及法律常识的决议》(1985年11月22日)和《关于加强法制教育维护安定团结的决议》(1987年1月22日)。随后,普及法律常识的活动全面铺开并不断深入进行。如到1986年底,全国约有3亿公民参加了有组织的法律常识学习,全国95%以上的中学、85%以上的小学都开设了法制课,参加学法的中小学生已达1.5亿人,大专院校也已逐步开设法制教育课。普及法律常识的活动,使全体公民学法、知法,增强了民主法制观念和公民意识。

---

① 《中共中央关于社会主义精神文明建设指导方针的决议》(1986年9月28日),第16页。

② 《中华人民共和国第五届全国人民代表大会第五次会议文件》,人民出版社1983年版,第28页。

当然，十年来，公民法观念并未真正实现变革。由于源远流长的中国封建法文化远未肃清，新中国前三十年又形成了轻视法律或以言代法的习惯，所以当十年法制开始的时候，一方面迫切需要变革传统的法文化，另一方面又受制于传统的法文化，使公民法观念的觉醒处于一种萌动状态而未能酿成根本变革。同时，普及法律常识主要的指导思想是预防和减少犯罪，增进社会安定团结，因而，主要强调“学法”“知法”和“守法”，而不太重视权利、自由观念的启蒙和法律权利内容的普及。这种偏误使这场法律启蒙运动也没有实现公民法观念的变革。

公民法观念的觉醒和萌动，给十年法制的发展和改革注入了一种活力，而尚未根本变革的公民法观念似乎作为一股暗流，在更深刻的意义上和更久远的历史中对法制的发展与改革起一种阻抗作用。

第十三章

十年法制:法治发展中的冲突

任何事物的发展都有一个过程。中国的十年改革是一个过程,十年的法制建设也是一个发展过程。这有两层意思:其一是说,十年法制的发展并不是绝缘于新中国前三十年历史的,也不是完全脱离整个中国历史以及历史所造就的国情而自行发展的,它有发展的土壤、环境和根基。其二是说,十年法制的发展是"旧"与"新"的碰撞,是一种由旧向新的转化过程。这个过程所表现出来的是,传统的法制模式正在逐步破裂,新的法制模式正在逐步成长,形成了一种"新""旧"不能完全接合的"断裂层"。在这个"断裂层"里,"新"与"旧"互相胶着一起,发生一定的碰撞和冲突。主要表现在:一方面,一些陈旧的观念、意识以及原有体制中的不利因素正在萎缩而与新的法制实践发生冲突;另一方面,表现在旧的落后的观念形态所发生异变与新的法制实践发生的冲突。

每一种事物的过程都不可能避免矛盾和冲突。纵向反思十年法制这一历史过程,法制实践无不在矛盾的冲突中表现出来。十年的时间在历史的长河中虽算不上什么,但这十年,教给中国人几十年甚至上百年不曾学到的有益东西。十年法制与改革本身一样,并非一帆风顺的。我们在接受了十年改革和十年法制的丰硕成果的同时,也接受了改革与法制建设充满着矛盾和冲突的这一不能摆脱的过程。从某种意义上讲,这种收获比一般物质性的收获更为重要。矛盾的冲突是前进与契机的统一:它既意味着一种巨大的欲将我们滞后的危险,又意味着一种克服困难、摆脱困境步入前进坦途的契机。我们基于这种认识,怀着充满信心的希望,在回顾十年法制取得的伟大成就的同时,反思十年法制的过程所内含的冲突因素以及这种冲突对于中国步入社会主义法治所具有的意义。冲突是法治发展中的冲突,是中国走向社会主义法治之路的原点和张力。

一、冲突之一:传统法文化与法治发展的冲突

早在1980年8月,邓小平同志在《党和国家领导制度的改革》的讲话中就高瞻远瞩地提出了“继续肃清思想政治方面的封建主义残余影响”的任务。他说,这个任务,过去因为我们对它的重要性估计不足,以后很快转入社会主义革命,所以没有完成,现在应该明确提出这个任务。遗憾的是,由于种种原因在法制建设领域并没有足够地认识这个问题的重要性,使得传统法文化中的封建因素在一定程度上仍然顽强地生存着,与法治发展形成了尖锐的冲突。

中华民族曾以其辉煌灿烂的古代文明赢得了世界人民的尊敬,并成为人类历史上四大文明古国之一。中国文化历史悠久,源远流长,连绵五千余载而不断,在世界文明史上举足轻重。作为中国传统文化重要组成部分的法律文化也有过光辉的历史,以唐律为代表的

中华法系曾远征异国他乡，在世界法文明史中占有重要地位。但是，与整个传统文化相比，作为传统文化组成部分的法文化，有着自己的内在规定性。与封建制度紧密联系的传统法文化，除了远离封建制度的一些积极因素（这些积极因素凝聚着中华民族的智慧和经验，是我们珍贵的法律遗产。因而加以合理运用是能够参与我国社会主义法治文化建设的），其主体仍是具有封建性的，正是这些消极因素对现实法观念产生了不利影响，与法治发展形成尖锐冲突。主要表现在如下几个方面：

第一，中国传统法文化中的重礼轻法、重德轻刑与法观念的冲突。在中国传统法文化中儒家学说占据了重要地位。儒家自孔孟始就推崇“仁政”，“礼”被视为治理国家的根本制度和统治方法，儒家之“礼”以伦理为中心，以家庭为本位，以等级为基础，主张“出礼入刑”。因而在礼德与法刑的关系上，德礼为本，法刑为末，德礼为长久之术，而法刑为一时之用。在礼、法、德、刑的价值关系即“德主刑辅”。“出礼入刑”“德主刑辅”是历代封建统治者竞相标榜的口号，轻刑、慎刑也是广大人民群众的迫切要求。然而，在现实生活中，封建法律的残忍和司法的武断专横，又激扬着人们对“德”和“刑”的逆反心理，人们厌法、贱刑，因而重礼轻法、重德轻刑又塑造了一种道德型人格，并积淀为一种顽强的心理意识。这种道德型人格，重德轻法的心理意识成为我们今天厉行法治的心理阻力。

第二，“治人”高于“治法”的法文化传统与形成中的法治观念的冲突。就其主流而言，中国法文化传统中缺乏“法治”的因子，而具有浓厚的封建意识。儒家思想作为中国封建社会的正统思想，是力主“治人”高于“治法”。孔子说，“为政在人”，“其人存则其政举，其人亡则其政息”。国家治理得好坏，只能寄希望于“道德高尚”的统治者。

所以“治人”总比“治法”为高，世有能致治之人，无自动致治之法。于是荀子的“有治人，无治法”成为一种普遍为人们接受的法律准则。虽然，法家也曾提出过“治法”高于“治人”，但法家的“治法”实际上是以严刑酷罚为特征，以专制为依托的“刑治”。因而，这种“刑治”更加强化了“治人”高于“治法”的认同意识。邓小平同志曾指出：“旧中国留给我们的，封建专制传统比较多，民主法制传统很少。”[①]这种“治人”高于“治法”的传统仍存在于今天许多人的观念之中，它不仅积淀到了一般社会大众的意识结构中，而且残留于一些干部的潜意识结构之中，影响着社会生活的许多方面。在法律中反映较为强烈的“以言代法”“以权代法”“任人唯亲”现象，就是这种传统的遗患，与形成中的法治观念产生了激烈的冲突。

第三，中国传统法文化中的“和为贵”“忍为上”的厌诉心理结构与现代法文化中的诉讼意识形成了尖锐冲突。“官府衙门八字开，有理无钱莫进来”，“一场官司十年仇”，这是被人们广为接受的祖训。在古代中国，由于家族组织的普遍存在，并具有国家认可的基层行政和司法功能，法律上的纠纷多诉之于家族的调解，以尽量避免对质公堂，而谋求一种体面的符合宗法人伦的解决方式。因而，自古以来，轻讼、厌讼成为人们的价值取向。在古代，把帮讼者称之讼棍，这是儒道互补的传统人格使然，是传统法观念一体两面的表现。这种贱讼、厌讼观念至今深存于公民的心理结构，成为法制现代化的巨大阻力。

第四，中国传统法文化中的“以义为上”的价值观与现代权利观念的冲突。中国古代社会中商品经济始终没有得到长足的发展，人

① 《邓小平文选》第2卷，第332页。

们的商品意识淡薄,贱商意识浓重。没有发达的商品经济,就不可能有像样的民法,也就不可能有健全的民事权利观念。因而,与宗法性农业经济相联系的法规范也是强制性、义务性规范为多,缺乏授权性规范。这种特性又强化了人们对法律的恐惧心理以及贱讼、厌讼的价值取向,但这不等于说中国传统法文化中没有“权利”的存在,而只是说这种“权利”是与义务分离的,没有形成具有现代意义的权利观和义务观。

第五,中国传统法文化中的“清官”心理与现代法治发展的民主意识的冲突。中国的传统法文化是由中国封建社会的宗法农业经济培育起来的,法文化的重心是重“治人”而非重“治法”的。因而无论是哪一个社会阶层,都容易把自己的命运寄希望于“圣君圣贤”。“清官心理”是重“治人”的法意识的派生物。由于受几千年来这种“清官政治”的影响,再加上商品经济不发达造成的愚昧和守旧,即使在今天人们的自主观念和民主意识也一直没有得到完全的发育。社会主义的法治是以社会主义的民主为基础的,没有自主的意识、民主的观念,社会主义法治也就不可能实现。“清官心理”的存在,一方面与我们的商品经济不发达有关,一方面也反映了传统法文化中消极因素的惰力。

第六,中国传统法文化中等级观念与现代法治发展中的“法律平等观念”的冲突。“重礼轻法”是中国传统法文化的核心。儒家的“礼”是重尊卑贵贱的。《左传》说:“天有十日,人有十等。”“各位不同,礼亦异数。”可见“礼”讲的是名分。儒家讲天尊地卑,阴阳五行,其目的不外乎是要说明等级制的永恒性和合理性。先秦法家虽反对君主以外的贵族世袭制,但不反对等级,所谓“刑无等级”,实际上并非讲的法律平等,至多只能算作法律上的“公道”。然而,“刑不上大夫，礼不下庶人”实际上成了一条不成文的规定。社会主义法治倡扬的是“法律面前人人平等”，这要求对合法权利的保护和对违法行为的惩处援用同一的法律标准，它是基于现代社会中人与人之间平等关系而产生的一种新的法意识。但是，传统的惰性作用使得法治理想与现实形成了很大距离，司法实践中“党票抵罪”“职务抵刑”等事件仍时常见诸报端，成为厉行社会主义法治的严重障碍。

第七，中国传统法文化中的“重刑轻民”因素与法治发展的冲突。极不发达的宗法农业经济培育了中国传统法文化的伦理道德性，也形成了“重刑轻民”的心理定势。中国传统的封建制度抑制商品交换和流通，加上严酷的专制统治，使得中国古代社会中的商品经济始终没有得到长足的发展。人们的商品意识淡薄，贱商意识浓重。以“商”为“利”，以“利”为“罪”，成为古代中国人在价值取向上的一种共识。“君子喻于义，小人喻于利”与法观念中的“重刑轻民”是两种不同的表现形式，共同反映了民法观念的淡漠。这种“重义轻利”的价值共识以及“重刑轻民”的法观念与社会主义法治的要求相悖，“重义”就会因受情义影响而淡化法的作用，进而形成一种“义务本位”；“轻利”就会使人们漠视甚至放弃自己的权利；“重刑轻民”就会使社会主义民事法律关系的合理调节受到影响。社会主义法治要求既要积极履行法定的义务，又要积极实现权利；既不能忽视刑事制裁的功能，同时又要重视公民民事权利的行使和实现。

法国著名比较法学家，达维德说过：“在法的问题上并无真理可言，每个国家依照各自的传统自定制度与规范是适当的。但传统并非老一套的同义语，很多改进可以在别人已有的经验中汲取源泉。”①

---

① ［法］勒内·达维德：《当代主要法律体系》，第 2 页。

作为资产阶级的一名法学家，达维德教授的这个观点未必正确，但法文化的民族性确实存在。应该看到，中国传统法文化曾给我们民族和国家增添了光彩，也为之设置了障碍；它向世界传递过智慧之火，也造成了中外沟通的种种隔阂；它是一笔财富，同时也是一种包袱，它同世界上任何一种法文化体系一样，有进取的一面，也有守旧的一面；既有积极的因素，也有消极的因素。对于传统法文化中好的东西，我们应积极地发扬光大，使其尽可能地参与社会主义法治的构建；对于传统法文化中的守旧、消极因素应坚决地予以抛弃。对正向社会主义法治迈进的现代中国人来讲，更为重要的是应对自己的法传统有一个清醒的认识和估价。中国传统法文化中的消极守旧因素并没有随着新中国国庆的礼炮隆隆声而烟消云散，它作为一种惰性力量始终在阻碍着我们社会主义法治的建设进程。因而，随着中国社会的改革和法制的建设进程，对传统法文化进行一次清理与反思是很有必要的。很难想象，我们这样一个传统悠久的民族和国家，在没有理清自己传统的法文化并建立起新型的社会主义法律体制的情形下，能够健全社会主义的法制。更难想象，在一个没有认清自己传统法文化的优劣和利弊、理清传统法文化脉络的情形下，能够实现社会主义法治。背靠历史，正视现实，我们应清醒地认识到，传统法文化既是我们攀登社会主义法治高峰的沉重包袱，同时又是这一攀登的阶梯。总之，以清醒的历史感和时代感，回顾、思索、揭示、评价我国社会主义法治发展已经带来的传统法文化的矛盾冲突，探寻中国社会主义法治的发展方向，是每一个法学工作者不能忽视的问题，也是本文所企求的初旨。

二、冲突之二:传统道德观与法治发展的冲突

在法治结构里,道德价值始终占据着重要地位。法治不但需要权力的支持,而且更需要道德的支持。这是法治作为一种价值实体不同于一般“法制”的关键所在。一种特定的法制既可能是合乎道德的,也可能是不合乎道德的。因而,法制作为一种法的现实“实证”状态与道德价值之间并无直接的联系。换言之,“法制”虽然能够得到道德的支持,但有无道德支持并不影响“法制”的现实存在。如,第二次世界大战期间的德国法西斯法律,其法律是以屠杀和迫害犹太人以及为纳粹利益服务为主要内容的。从道德价值上认识这种法律,毫无疑问,它是违犯正义原则的。但是,这并不妨害法西斯法作为一种“法制”的存在。与此相反,法治作为一种目标,它必须内含道德价值,依靠道德力量的支持,否则这种“法制”就称不上“法治”。

在目标层次上,法治不但追求法律的实效,而且更重要的是追求道德价值的实现。从内在性上讲,法治不仅仅意味着法律体系的完善、法律效果的优化和法律功能的极大化(当然,这也是法治的重要方面),而且决定为法治的尺度更是一种道德价值的实现。在这里,如果说,任何一种法制的存在都在不同程度上追求一定的“法律的正义”的话,那么,法治之所以能称为法治就在于它首先追求一种“正义的法律”。[①] 因此,法治与道德价值紧密联系,须臾不可分离。

一方面,与此相联系的道德观对法治的发展必定具有制约作用。

---

① “法律的正义”与“正义的法律”是两个不同的价值范畴,前者主要是指在现实法律规范中确定法律所追求的行为准则的性质、目标、取向。后者表明的是正义作为法律存在的基础和前提,并在社会的意义上而不是在法律的意义上确定法律的道德准则。

这种作用主要表现在:法治的发展必然有相应的道德观相伴随,两者在趋向上保持协调或平衡。另一方面,一种相应的合理的道德观对法治的发展必定具有推动作用,而一种滞后的道德观的存在也必定对法治发展起阻碍作用。在法治的发展史上,一种特定的法制向法治的转变首先就是道德观的转变。在近代西方,当封建法制逐渐式微并由此向资产阶级法治过渡的过程中,在意识形态领域为之铺平道路的是道德观念的转变。14 世纪的文艺复兴带来了人的主体道德观的诞生,几乎与此同时的罗马法复兴又为之带来了以个人为中心的道德观的形成,这种道德观对于近代资产阶级法治的发展无疑起了推动作用。

综观我国十年法制的建设过程,社会主义法治的发展面临的正是一个由传统道德观向新的道德观过渡的过程。在这个过程中,传统的道德观已开始脱落,并在一定程度上为我国社会主义法治的发展准备了条件。但在总体上,传统的道德观并没有完全消失,新的道德观也没有完全形成,在两者相互胶着的状态下,法治发展内含着一种深刻的冲突。这种冲突一方面表现为传统的道德观与法治发展的冲突;另一方面表现为传统道德观在特定条件下发生的异变状态与法治发展的冲突。

人们可以依据不同的标准,从不同的角度对中国传统的道德观提出许多不同的评说,从而揭示出传统道德观的不同客观内涵。本书无意对整个中国的传统道德观进行界定和分析,仅从有关法治的部分提出一点线索。当然这种分析是不全面的,由于论题以及篇幅的限制,在此也只能如此而已。我们认为,中国传统道德观主要包括两方面内容:一方面,紧紧围绕个人与社会、个人与家族、个人与国家、个人与团体等价值关系而展开;另一方面,紧紧围绕“理”与“情”

而展开。在这两个方面中，第一方面处于整个传统道德观的核心地位。

围绕着个人与群体的价值关系的中国道德观念早在先秦时代就已形成。春秋战国时期急剧的社会变动和尖锐的利益冲突成为道德观念形成的契机。在社会急剧变动的时代，不但会造就一个社会的社会风貌，而且也会造就出伟大的思想家。春秋战国时期的思想家们各自从自己的视角出发，为后人构筑了不同的道德价值体系。

以孔孟为代表的儒家是古代中国的家族社会所孕育而成的并带有强烈时代色彩的思想家。这些思想家们一开始就跳出了个人与社会、个人与国家的对立思考，而把“群体和谐”作为他们证论的目的和问题的出发点。他们认为，社会安定、有序就是道德价值所在。他们将社会的整体利益作为个人利益的唯一参照物，要求社会的个体成员通过道德修养实现心理与行为的合一，使个体融于群体之中，个体需求应无条件地服从整体需求，从而实际中就难免扼杀个人需求的相对独立性和创造性。把个人与群体的道德价值准则转化为一种关系就表现为：在个人与家庭的关系上表现为父与子，夫与妻。父是群体的化身和代表。“父为子纲”，“夫为妻纲”，“子”与“妻”作为一个独立的个人只能融于“家”（父、夫）中才能体现出其价值；在个人与国家的关系上表现为君与臣、臣与民，应用于父子关系和夫妻关系的一套价值准则，同样也适用于君臣关系和臣民关系。这种道德观经过转化以后，个人与群体的关系也就变为“孝”与“忠”的问题。个人只有孝服家庭，忠诚国家和社会才能带来社会的和谐，才能体现出人生的意义。这种道德观就是个人只能命定地满足社会结构中已预先规定好的地位与权益。孟子关于“恒产”“恒心”的论述就是这种道德价值实质的最好注脚。在儒家的学说中也不乏把眼光投向个体的客观存在的“异端思想”,然而,在儒家整个道德体系面前,这种匆匆一瞥的异想也难逃“天人之分”的樊篱。

每个人既是相对独立的,又是相互依存的。个人无法离开群体孤立地存在,但在阶级社会中,个人作为社会成员的一分子在其中获得生存与发展的机会和结果总是存在着不平等;个体的利益既相互牵连,又相互排斥,存在着对抗和冲突。在与儒家思想相联系的家族社会以及决定这种社会结构的小农经济基础之下,不可能产生“群体必须满足个人全面发展”的观念,个人的主体创造性和独立性也不会受到高度重视,与此相联系的也就不可能产生“个体权利”“个体自由”的观念。在中国的历史上也曾产生过以韩非为代表的法家“利己主义”的道德学说。当然这种“利己主义”的道德观与今天我们所说的在重视社会群体利益的同时尊重个体的主体性的道德观有着根本的不同。以韩非为代表的法家“利己主义”是对那种剥夺大多数个体创造力的病态的封建社会的一种直率的反叛和袒露。他们用冷峻而犀利的笔触对潜藏于人与人关系中的那种掠夺、欺诈、阴谋等“丑恶”进行解剖,把追求和满足自我生存与发展的欲望毫不加掩饰地展示在世人面前,但不能由此错误地认为法家是主张尊重个体主体性的道德论者。实际上,法家的道德学说与儒家学说是殊途同归。在以韩非为代表的法家那里,个人作为独立的主体仍然处于婢女的地位。他们虽然发现了个体的“自我”,然而却被现实的家族社会震慑住了。法家所表现出来的“自我意识”掩盖不住对自我命运难以把握的惶恐,他们发现了个体存在的价值,却没有给个体以独立的地位。在封建的家族社会之下,法家的这种“自我意识”无法与儒家正统的道德观相抗衡。从汉代“罢黜百家,独尊儒术”开始,儒家的道德学说被历代封建统治者看作“正统”的道德尺度,历经张扬,这种道德学说被一般平民大众所接受，并通过不断提炼、沉淀、升华，成为传统道德观的典型代表。

与此相同，围绕“理”与“情”的道德观大约也于先秦时期形成。先秦的思想家们并不都认为“情”与“理”必然冲突，情有善恶，恶情与理冲突，而善情——譬如恻隐之情，不但不与理冲突，而且两者一根而发，感者为理，感物而动者为情。毫无疑问，当恶情与理发生冲突，必须以“理”治“情”。这就是荀子的“以心治情”的主张。荀子所了解的“心”，具有清明、平衡、富有抉择能力的特性。他就人的好利、好声色和疾恶说“性”，是性亦为情，性恶情亦恶。因而人要克制恶情的泛滥必须学习礼，即荀子道德学说中的“隆礼”主张。儒家关于“情”“理”的道德主张到了宋代被理学家发展到了顶峰，并把“理”绝对化。他们的一个基本观念是将“天理”与人欲视为对立，提出了“灭人欲”的主张。在理学家看来，欲和情都是妨害天理存在的，因而要绝对排除情与欲的存在。这种道德观是虚假的。在封建的家族社会里，潜藏于人际关系中的欺诈、自私和掠夺造成了“情”与“理”的冲突，在这种冲突中，不是“理”占主导地位，而是人的“己欲”发挥着主导功能。如果说，在人与社会关系的层面上，以韩非为代表的法家是一种直面人生的非感情化的袒露了封建社会的真实本分的话，那么理学所主张的“天理”就只是一种被封建家族社会扭曲了的虚幻意识。实际上，封建社会主张的“天理”至上，越是压抑人的“己欲”，那么在人的心理层次上所潜在的那种反压抑的冲动就越强烈。正是没有“情”的合法地位，才最终导致了“重情”“说情”的伦理结果。几乎与德国哲学家谢林同时代的戴东原(1723—1777)，作为一种反叛，他提出了与理学根本相反的道德观。在他看来，“圣人治天下体民之情，遂民之欲,而王道备"[①]。如果为了实现天理而抹杀人情,那无异是"以理杀人"。理与情不但不冲突,而且理就在情欲之中。"理也者,情之不爽失也,未有情不得而理得者也。"[②]他主张以情治理。与传统的理学相比,戴氏的学说更符合中国传统的民情。关于"理"与"情"的道德学说由先秦思想家们倡扬,历经各代思想家和封建统治者的提炼、升华,最终形成中国特有的崇理重情的道德观念。

个人与群体、理与情是中国传统道德观的两条主线。这种道德观与法律观念相关,构成了中国封建法制生存发展的环境和精神支柱。因此,新中国的社会主义法制建设不能不从彻底扬弃中国传统道德观念入手,以便为社会主义法制建设提供新的环境和新的价值原则。建国后,特别是最近十年来,我国在加强社会主义法制的同时,明确地提出了加强社会主义精神文明建设的方针政策。从法治发展与道德观的关系上认识这一方针,更能展示它的伟大意义。实际上,十年来,集体主义、爱国主义的社会主义道德教育,对我国社会主义法治的发展起了很大的推动作用。

然而,传统的道德观念并不会随同封建制度的消灭而自行消失。它作为一种整体虽早已不存在,但作为一种心理习惯或文化心态,几经积淀,其许多消极因素仍顽强地生存着,与我国社会主义法治的发展形成冲突。这种冲突主要表现在两个层次:

其一,个人与群体关系方面的道德观与法治发展的冲突;其二,理与情的关系方面的道德观与法治发展的冲突。

传统道德观中的重群体轻个体的观念虽然受到了无情批判,但

---

① [清]戴东原:《孟子字义疏证卷上·理十五条》,何文光整理,中华书局1962年版,第9—10页。

② [清]戴东原:《孟子字义疏证卷上·理十五条》,第1页。

它作为一种痼疾仍在影响着我们的价值取向。十年改革在很大程度上改变了过去“吃大锅饭”那种极端平均主义；在政治上极大地提高了公民个人的积极性、创造性，为个体主体价值的实现创造了有利条件。但从总体水平而言，一般的社会大众作为独立的个体受传统“人微言轻”观念的影响，在个体的价值取向上仍处于一种不自觉的态势。事不关己，高高挂起，“顺服”“安分守己”就是这种影响的印证。在实际生活中，这种心理态势不能够预测和把握自身命运时，往往又把自己的一切依附于一种寄托。对群体的依赖心理转化为一种对“清官”的祈求。与此同时，作为独立的个人也就习惯于用传统的观念作尺子来评价世间的万事万物。权利观的淡薄、道德至上就是这一心态的反映。在这一心态的支配下，一般的普通社会成员对自身究竟有哪些合法权利不甚明了，对自身权利遭到破坏往往显得不在乎，更不明白怎样通过法律去维护自身的合法权利，很少从法律的角度去考虑是非，这样一来，法律的尺度往往被道德的尺度所取代，违反道德信条与违法被认作与违法是一个东西。这种传统的道德观与法治的发展形成了尖锐的冲突。

其次，这种冲突也包括新道德受到传统道德观的染指所形成的冲突。

新中国的诞生也意味着道德的革命。建国后，我们在批判传统道德观念和体系的同时，也建立起崭新的社会主义道德体系，集体主义、爱国主义构成了社会主义道德观的核心内容。这种新的道德体系的形成是人类道德的巨大进步，同时也显示了无产阶级自身的先进性和革命性。从一般性而言，阶级社会都不同程度地存在集体意识并通过具体的道德规范反映出来，以维护其社会相对的基本的平衡与稳定。但是，与无产阶级的集体主义相比，这种集体性具有不同的阶级属性和不同的层次性。马克思、恩格斯曾把历史上存在的这种集体性称作"虚幻的集体"。无产阶级的集体意识高于其他阶级的集体意识,而作为共产主义历史长河中的集体主义,在不同的发展阶段其内涵并不完全一样。各个发展阶段的集体主义,反映了当时社会的经济发展水平,并为当时的无产阶级基本任务服务。这是无产阶级集体主义道德观的基本要求。建国后的几十年中,我们国家在党的领导下在加强社会主义道德教育方面取得了伟大成就,但同时也存在着一些失误。在过去特别是受到"左"的干扰最严重的时期,无产阶级的集体主义被看作"一大二公",把集体主义当作"平均主义",这样就形成了个体对群体的极大依赖性和惰性。十年改革,我们在批判"左"的错误的同时,在不同程度上恢复了集体主义的本来面貌。在处理个人与集体的关系方面,也注意照顾个体的利益和要求,使个人的积极性、创造性得到了发挥。但是,由于传统习惯的影响,在这方面仍然存在一些问题。我们强调个人依靠集体而忽视了集体依赖个人;强调个人离开社会就不能作为人而存在这一基本事实,却忽视了另一个基本事实,即一个充满活力的社会只能由富有创造力、富有生气、个性鲜明的个人组成。这种片面性导致的结果是把社会从个人抽象出来,作为外在于社会一切个别成员的独立自在的客观实在,这样就容易把集体主义中的个体抽象化、简单化,这从另一个方面反映了传统道德观的影响。这种影响所导致的结果是,虽然法律在数量上急剧增加,但质的方面并没有随着数量的增加而发生根本的改变,法治发展显得不协调。因此,在实践的层次上为个人和社会提供处理两者关系的法治原则和道德尺度,是我国社会主义道德体系急需解决的问题。在这一问题上,马克思主义不仅对个人与社会的相互依赖关系作出了科学说明,而且在不同时期不同的著作中，从各个角度反复论证和强调了个人在社会中的地位和价值。《共产党宣言》中明确提出“每个人的自由发展是一切人的自由发展的条件”这一论断。在这一前提之下，马克思、恩格斯从手段性论证了集体对个人发展的作用。在《德意志意识形态》中指出：“只有在集体中，个人才能获得全面发展其才能的手段，也就是说，只有在集体中才能有个人自由。”立足于上述观点，马克思坚决主张：符合人们内在追求的社会制度“应当避免把‘社会’当成抽象的东西同个人对立起来”。这种社会制度实际上“是这样一种现实基础，它排除一切不依赖个人而存在的东西，因为现存社会制度只不过是个人之间迄今所存在的交往的产物”[①]。可见，个人较之于社会更重要，这在马克思主义理论中，既是一个历史主义的事实原则，又是一个价值原则，应为我们所坚持和发展。

再次，传统道德观的异变状态与法治发展的冲突。

我们一再强调，十年改革无论是就整个社会而言，还是就法制建设而言，所取得的成就是巨大的，影响是深远的。在道德领域，传统的道德观念发生了很大改变，社会主义新道德观得到不断加强。然而，问题是十年来，尽管也有富有生命力的新道德因素在生长，但与此同时，由于缺乏得力的措施，并在一定程度上忽视了社会主义商品经济发展和社会主义民主政治建设相一致的新道德教育，再加上国民素质比较低下，因而在传统道德观念脱落的同时并没有形成一种完善的新道德体系，而在一定范围内使传统道德观念发生了异变。这种异变的传统道德观念破坏性更大，对法治发展起着极大的阻碍作用。

---

① 《马克思恩格斯全集》第 42 卷，人民出版社 1979 年版，第 122 页。

美国《商业周刊》发表文章认为，十年改革中国的道德观念发生急剧变化，过去三十年中一直强调的集体利益被现在的实际上的个人利益至上所代替。

香港《华人》月刊的文章认为，中国的十年改革在精神的软体建设上，显得非常错综复杂，看到的是一个相当混乱不清的文明国。中国人变得自私、自利，非常现实主义、物质主义，缺乏公德和私德。

日本《每日新闻》报道，随着改革开放政策的推进，中国人对金钱的态度变得很奇怪。

《美国新闻与世界报道》周刊发表《中国"自我中心的一代"》的文章说，有一位在美国攻读通讯专业的中国留学生所梦想的是拥有录像机、高保真音响设备和小汽车。

香港《明报》认为，大陆近几年来在沿海和旅游开放的城市和地区，娼妓和性病问题日趋严重，败坏道德风气的贩卖色情和营娼必须从根本上解决。上述是西方资本主义国家以及香港地区新闻界对我国现实道德观念变化的分析和评价。当然，由于制度的差异和价值观的不同，他们的分析评价难免有偏颇之处，但也在一定程度上反映了我国道德观念存在的问题的严重性。这种道德观是对传统道德观的极端反叛。这种道德观从一开始就不是从肯定个人价值而产生的，而是从否定集体主义、理想主义而产生的。这种极端的个人主义不是肯定个人价值，而是肯定自己。除了自己，看不到其他的个人。因此，它不具有尊重别人，不损害别人的价值、尊严、自由的道德准则。这种道德实际上是一种以我为中心不受任何道德观念约束的利己主义。法治价值虽然在个人与社会协调发展的前提下，尊重个体的主体价值的发展和实现，但法治并不是一种极端的利己主义的价值实体；法治虽然尊重个人的尊严、权利和自由，但它并不是一种损人利己的怪物。很显然，这种道德观与社会主义法治发展是格格不入的。

在第二个层次的冲突中，主要表现为“理”与“情”的冲突。传统道德作为一种观念形态虽然崇理重情，但在现实生活中，当“理”与“情”发生矛盾时，“情”还是起着决定性的作用，这是一种矛盾的文化心态。作为一种对客观事物体验、认知、价值取向，“理”可以外化为一种客观规则（如法律），“情”又可以外化为一种“人情世故”或“情面”。这两种价值取向是传统道德观中所特有的。世情、人情、私情，“天若有情天亦老”，中国人是重“情面”的，由此形成了一种“情渊”。在历史上，重情被看作一种值得称颂的美德。在《水浒传》的 108 个好汉中，哪一个不重“情”呢？三国时的诸葛亮深谙情故，知道曹操于关云长有赠袍授马之情，有魏国六员大将被杀而不追究之恩，故意让关云长在华容道对曹操欲擒故纵，以便让他了了这段情债。曹操对关羽的早期“情”最终获益，得到了报偿。关公也落得了一个忠义的名分。对关羽这种顾情忘“理”的做法，百姓们历来没有置微词的。相反，关羽倘若是把曹操一伙砍掉脖子，必落个“白眼儿狼”的坏名声。“情”的另一面就是“面子”，鲁迅先生说面子“是中国精神的纲领”，为了不“丢脸”，“要面子”可以毫不顾及“理”的存在。情是第一，先要“合情”，再说“合理”，这种几千年延续下来的“情渊”构成了中国人抵御“恶”之诱惑的心理防线。

十年改革，我们虽然加强了法律的理性尺度，但是“熟人、同乡、同学、知心朋友、亲爱者、老同事、老部下”，这些 40 年前毛泽东同志在《反对自由主义》一文中提到的关系不仅存在，而且渗透到远较过去更为复杂的社会生活中。儿子犯了法，可以通过“说情”少判几十年或不判。大家都清楚：这种事有时根本不用老子亲自费神，“老部下”“老同事”只要与之有“情渊”的人就会主动去“关照”。出了事，老子还可以落个“大义灭亲”的美名。在“情”的另一面，还是离不开“情”。据说，有一个被誉为“现代活包公”的执法者，因按照法律惩办了自己上司的儿子，在本单位站不住脚，其他单位也敬而远之，说是“这地界庙儿小，盛不了这种神仙”。当初他的事迹见报，没有不说他骨头硬的，可现在连当初夸他的人私下都说，这小子“二百五”，“不对路子”。一句话，他不知“情”，不用“情”。在这种情形下，法律的权威只是一种虚设，而现实中的“关系网”却成了礼拜的对象。所以，一个平凡的看门人、司机、卖肉的，也懂得如何有效地利用他的“情分”。事实上，许多见诸报端的“腐败现象”正是以这种形式表现出来。这正是建立社会主义法治的一大障碍。法治固然意味着加强立法，但它的第一要义却是“依法而治”。高度复杂的现代社会只有依靠真正的法治才能实现其合理化，而法治本身的实现又是以“法律面前人人平等”的理性尺度为基本条件的，因此，砍掉“情渊”代之以法律的理性尺度是实现社会主义法治的基础。

三、冲突之三：法的实效与法治发展的冲突

法的实效是指法的功能、法的目的实现的程度和状态。它是法的应有价值向现实转化的一种客观结果，是法制在运行过程中对内在精神的坚持、完善和发展，有时也表现为对内在精神某一方面静悄悄地否定。它是作为社会政治、经济事实对内在精神的一种回复，其实质就是法律精神与法制所期求的目标之间的联结，是法制的实际运行和实现。法的实效的主体，即担负着使法得以实现的义务特别是守法义务的人和组织。分析评价法的实效有三个层面的任务：立

法目的与法的实效关系的分析评价；执法和司法组织与法的实效关系的分析评价；守法主体与法的实效关系的分析评价。在这三个层面上对十年法制的实效进行分析评价，就会清楚地看到：十年来，与改革的发展同步，中国法制的面貌发生了重大的变化，一个有特色的初具规模的法律体系正在形成，法律日益发挥着重要作用。但从法治目标看，法的实效并不尽如人意。

在立法方面，十年来我们进行了大量的立法工作，但是，立法决策对法制发展目标缺乏整体构想，注重短期效应，因而法制设施不能配套，处于一种紊乱状态。对立法要达到的社会客观效果也缺乏科学的预测，因而一些出台的法律很难对社会的发展和改革起到应有的效用。如，我国所颁布的民事诉讼法（试行）规定，人民法院审理民事案件应当着重调解。这一立法的目的是非常明确的。应当说，“着重调解”是在总结和发扬我国民事审判工作的成功经验和优良传统的基础上形成的，是我国民事审判工作的重要原则和基本方法。这一原则在过去长期的特定环境中，对于减少纠纷、终结诉讼、缓和人民内部矛盾起到了积极作用，对实现社会秩序的安定有着重大意义。

但是，在发展社会主义商品经济的条件下，人们的价值观念、利益观念以及行为机制都发生了很大改变。公民之间、法人之间、公民与法人之间的交往大多体现为以物质财富为核心的权利和义务的交往。该享受的权利不能削弱，应承担的义务也不能推卸，这是社会主义商品经济条件下对审判工作的必然要求。随着改革的加快和深化，民事法律关系范围逐渐扩大，民事交往日趋频繁，权益之争也会相应增多，这就要求法律既要有严格的保护措施，又要及时、准确地实施保护和调整。在这种情况下，“着重调解”作为一条原则在诉讼程序中加以规定，显然不能适应社会发展的要求，因而立法目的也很难达到预期的客观效果。又如，我国现行的公证暂行条例。其明确规定，我国公证的目的和任务是“维护社会主义法制，预防纠纷、减少诉讼”。社会主义的立法目的就是为了维护社会主义法制，公证制度就是整个法律制度中的预防性制度，因而在客观上预防纠纷、减少诉讼都是毋庸置疑的。但是，把预防纠纷、减少诉讼作为公证制度在主观方面的追求目标则似乎不妥。

社会主义民商法律制度是以（公民、法人）权利为本位的。保护公民和法人的合法利益既是整个法律制度的出发点，也是整个民商法律制度的归宿。公证制度是民事法律制度的一个重要组成部分，因而，公证制度的目的和任务应该是维护公民和法人的合法权利，而不是相反或其他的。从客观后果看，纠纷和诉讼并不必然地使社会产生混乱，相反，纠纷和诉讼与社会混乱之间不仅没有联系，而且一定程度上的纠纷和诉讼是一个社会的经济、民事法律秩序稳定的条件。问题在于要把纠纷和诉讼正确地纳入法制的轨道。一个稳定的社会主义法制秩序是通过无数纠纷的产生和解决来实现的。很显然，权利必然在纠纷和诉讼中得到维护，义务也必然在纠纷和诉讼中得以承担和履行。权利、义务的实现是经济、民事法律秩序乃至整个法制秩序稳定的前提。因此，在社会主义商品经济发展的情形下，这种立法的目的很难发挥法律对社会的应有效用。

在执法、司法和守法的环节中，还普遍存在严重背离依法办事原则的现象，许多法律、法律条文、法律规范在实际生活中并未实现或不能实现，法的实效并未充分体现出来。

执法方面，在许多地方，得到执行的法律只占法律总数的百分之一。在各种法律中，刑事的法律和部分民事的、经济的法律得到认真的或较认真的执行；其他法律，包括宪法、部分民事的、经济的法律、国务院行政法规、地方法规等，由于种种原因，有的难以执行或无法执行，有的是人们不去执行，其实际效力受到了严重损害。

司法方面，宪法的许多规定无法加以适用，屡有发生的违宪现象法院无法处理。其他法律中的许多规定也无法适用，如，民事诉讼法（试行）关于检察院对法院的民事审判活动实行法律监督的规定，就因为检察院不介入民事诉讼而无法适用。作为司法依据的主要是刑事、民事、经济方面的法律，而根据这些法律作出的判决、裁定有相当数量难以执行或不能执行。在审判工作中先判后审现象依然存在。

守法方面，发案率大幅度上升。尤其值得注意的是大案、要案上升幅度大，1987 年全国发生大案、要案 12 万起，比 1986 年上升 25%。在各类案件中，经济犯罪和玩忽职守、重大事故案件突出。1986 年法院受理经济犯罪案件比上年增长 55.5%，其中投机倒把、贪污、偷税、抗税、行贿、受贿、诈骗公共财物等案件都比上年增长两倍。

从上述问题可以看出，我国的法律以及整个法律体制尚不能满足社会改革的发展需要，影响了社会主义法治的发展。法的实效没有得到很好实现固然说明了法律体制的不完善，但最终原因是根源于社会环境。

从经济体制改革过程看，十年的改革是对否定商品经济的再否定的一个过程。这种再否定，是在我国已经建立起巨大规模的公有制经济基础上发生的，因而社会主义商品经济必然是公有制基础上的商品经济。生产资料的公有制保证了社会成员在生产资料面前的平等，同时又能够使社会根据社会生产的内在关系来组织和安排社会的经济生活。但从商品经济的角度看，社会对整个经济生活的调节并不依靠生产资料的所有权，而是凭借经济杠杆、市场机制。这种情况自然影响了法的有效性的实现。以经济法为例，在这种体制下经济法的任务主要内含于这样两个目标：既要保证公有制的财产关系不变，又要肯定商品经济形式，以保证经济过程的优化。然而，经济法无法解决在保证公有制的财产关系和商品经济关系、经济过程优化之间的矛盾。经济发展过程中的冲突，必然影响整个立法过程，因而也就必然影响法的实效的实现。

从法制建设的政治环境看，中国社会主义事业的发展离不开党的领导。十年来，正是在党的领导下中国社会实现了历史性转折。法制建设所取得的成就首先是党正确领导的结果。同时这就决定了要消除法治中的法的实效方面的弊端也需要我们党对自己的组织和成员作出严肃的反思。十年来，在政治体制方面，我们在坚持党的领导原则的前提下，进行了政治体制改革的多次尝试。但是，由于种种原因，政治体制改革引起了一定程度的混乱。一方面，党的领导不但没有加强，而且遭到了很大的削弱，表现为党风不正，某些党员斗志涣散，基层组织瘫痪；另一方面，党政不分、以党代政的问题有时表现得相当突出，国家权力机关缺乏足够的权威。党的文件、党的领导人的讲话在人们心目中比法律具有更大的权威，这又决定了权力机关难以很好地行使监督权。这就自觉或不自觉地形成了社会成员对“文件权威”的共识。著名劳动模范杨怀远及其妻子向法院起诉，状告作家张士敏利用其小说《荣誉的十字架》对杨进行诽谤。对此，上海 58 名文人联名上书上海市委，要求市委出面调解，保护作家的创作自由。“遇事找市委”反映了一般人的心态，这与我们长期以来的以党代法、党不是领导司法而是直接干预司法有着重要关系。在这种心态的支配下，法的实效很难实现。

同时，有少数组织和党员，特别是领导干部，以自己的作为直接影响法律的实施。有的干部无视法律的尊严和权威，只看到自己的尊严和权威，把自己的权力置于法律之上，以言代法，以权压法。他们有的把法律规定置诸脑后，直接违犯法律的规定，对司法机关的正常工作横加干涉，打击报复检举揭发自己违法犯罪的人。据 1988 年 12 月 14 日《法制日报》的报道，河北省新城县公安局前任副局长王俊杰，因一起普通治安案件的处理上与县委书记韩铁良持不同意见，被以莫须有的“罪名”免职。上半年刚受嘉奖，为荣立集体三等功作出贡献，并出席河北省公安系统先进集体经验交流会的副局长王俊杰，于被免职的当天下午就被派到干景乡报到去了。事隔 16 天，为王俊杰说了几句公道话的公安局长阴贺祥，也突然被免职。这就是一起“县委书记滥用职权一月连免两位公安局长”的案件。又据 1988 年 10 月 21 日《法制日报》报道：1988 年 3 月 8 日，安徽省蒙城县检察院刑检一科科长杨明轩酗酒在大街上任意两次鸣枪，寻衅滋事，4 名无辜群众被拳打脚踢，其中一人头部被杨用枪砸伤。3 月 15 日，县公安局以流氓罪提请检察院批准逮捕杨明轩，而县检察院没有批准。3 月 24 日，县委书记姜明亮从外地回来，要听取杨案的汇报，在“四长”会议上，当办案人汇报在办理过程中有干扰时，姜明亮当即退出会场。在 4 月 11 日的“四长”会议上，姜硬要公安局长放人不成，他就写条子到看守所要求放人。在全然无效的情况下，姜于 4 月 12 日凌晨 1 点 20 分亲自带领检察长以及杨的胞弟到看守所把人放出。这是一起典型的以权压法的案件。有些党的干部滥用职权，带头违法，不但使法律无法实现，而且秉公执法的人也往往遭到打击和报复。据《法制日报》(1988 年 10 月 18 日)报道，河南省许昌市工商行政局党组书记、局长依法办案，查出一桩牟利逾百万元的“官倒”大案而被免去职务。在正气压不住邪气的情形下，执法部门、司法机关很难做到依法办事。这就形成了一种恶性循环:某些党的领导干部以权压法直接影响了执法、司法主体的法律热情,而这又是形成守法主体对法律冷漠不信任的心理状态的主要原因,反过来,这种心态的存在又为某些干部以权压法提供了条件。而这一切直接地妨碍了法的实效的实现。

法的实效的充分实现还需适宜的文化氛围。这方面的内容是多方面的,其中具有重要意义并起决定作用的是领导者的法律意识、全社会的法律意识和全民的法律意识。十年法制建设正值我国公民法律意识的"转型"过程,法律意识的发展和变化极不平衡。一方面,随着社会主义商品经济和民主政治的发展,公民的权利观念以及与之相联系的义务观念即依法行使权利、依法履行义务、实践义务观念正处在形成过程中;另一方面,由于传统法观念、道德观念的影响以及现实法制状态中"看法不依""执法不严"的弊端存在,一部分公民的法律意识极为薄弱,仍处于一种不习惯依法行使权利和履行义务的状态中。有些公民即使在自己的法定权利受到侵害时,也宁愿找领导、托关系,表现出对法律权威的不信任。按常理,一名刑事被告在受到审判时,如果有律师的帮助,那么对案件的公正处理是非常有利的。然而,对几所监狱的犯人进行调查的结果是:在135名被抽查的犯人中,竟有85人没有律师担任辩护人,约占总数的63%。其原因是多方面的,据调查,有的人不请律师是因为害怕请律师会被看作是对公安、检察控诉的不信任,认罪态度不好,不利于对自己的审判;有的不请律师是因为不知道律师是干什么的。调查中,因出于对律师制度的无知而没请律师的,占整个没请律师人数总数的1/8。除此而外,没请律师的还有其他原因,其中重要的是对律师的不信任。上述事实一方面表现出公民法律意识的淡薄,以及对法律的无知或不信任;另一方面也说明了造成这种情形的原因之一是我国法制的不健全。法律意识的薄弱,不知法、不懂法往往又容易导致违法犯罪。实际生活中大量的违法犯罪正是由于对法律的无知。据 1988 年 11 月 28 日的《人民日报》报道,江西省贵溪县前山乡汪家村农民汪小平因杀人罪被宣判死刑后,其父汪万林为了免除儿子的死刑,竟伪造了一份汪小平不满 18 岁的证词。为了证明这份伪证的真实,汪万林走村串户,到处求签,他走了 2 县 3 乡 6 个村委会,找到 645 人签名、盖章、按手印。而且签名的人大多数是农民,其中也有少数乡村干部。据查,之所以能够征集到 645 人的签名,是因为相当一部分人不懂法。有些人不知道这叫伪证,也不知道作伪证犯法,签名者中竟有 157 人根本就不认识汪小平。这是"法盲"酿成的一场闹剧,也是一场悲剧,不能不引起人们的深思。进一步宣传法律知识,培养法律观念,训练公民参与法制实践的操作能力,特别是培养全体公民的法制观念,使公民普遍养成依法办事、遵守法律的习惯,树立对法律的信任感,自觉地把法律内化为自己行为的最高准则,增强权利观念,强化法律实效实现的社会根基,这是我国社会主义法治发展所面临的艰巨任务。

冲突,作为新旧体制交替过程中产生的一种历史现象,如今正深深地困扰着我国社会主义法治的发展。

复杂的政治、经济、社会和历史原因,使我国的社会主义法治发展无法"毕其功于一役",而是从一系列的基本法律的颁行实施到《破产法》《企业法》《行政诉讼法》等一系列新型法律(规)的出台;从法律管理体制的逐步完善到公民的普法教育,采取了与改革相应的"小改小革",分步实施的渐进方式。这种方式固然避免了法制改革的巨大阵痛与风险,但又必然带来法治发展与现实法律体制的"此消彼长"

的摩擦与冲突。

由于渐进式的法治发展不可能将整个的新要素纳入法治发展之中,而只能采取以保证经济体制改革顺利进行的"功利"效应,这就使得整个法律体制发展极不平衡,法律数量增加,而法律观念、法律意识等"软"基础相对薄弱;有关经济方面的法制迈的步子较大,表现得"游刃有余",而有关政治方面的法制常表现得相对不足,由此而产生了冲突。

由于渐进式的法治发展不能够较快地注入新的道德因素,而只能采取"由外向内"的法律变革措施,因而法律规范的调节技术方面的形式化价值相对发达,而有关道德价值方面的实体要素重视不够,因而法治自身内部存在着摩擦与冲突。

由于渐进式的法治发展不可能将方方面面的法律、法规完整设计后配套出台,而只能采取个别设计、分步出台的方式,这就造成了已出台的法律、法规与原有法律体系的摩擦与冲突。法治发展过程中发生的冲突主要导源于传统与现代、过去与现时的新旧法律机制的并存格局。在这种格局下,法治每前进一步,都会遭到旧机制的顽强抵御。在法制内部,各种法律关系受两种不同机制的牵引而日渐畸变,因而对这种冲突若只从法律关系入手予以消除,只能是事倍功半。

冲突意味着不稳定,新的冲突又会加剧不稳定的态势,而这种不稳定恰恰蕴含着新旧因素的交锋。对此,越来越多的法学工作者在思索:中国的社会主义法治能不能在矛盾和冲突中走向前进?中国的法制建设在这种冲突中会不会向后缩退?应当看到,后一结果完全有可能发生,因为持久的冲突将不可避免地带来法律关系的扭曲、法制运行秩序的紊乱,以及在人们的心理上产生某些负效应,而这些都可能成为法制建设滞后退缩的根据。

然而,法治发展遇到的矛盾和冲突也孕育着法律进一步面向改革、面向社会的发展变化。这一变化将为我们社会主义法制建设注入新的活力,也将为我国社会主义法治发展带来新的契机。

法律面向改革、面向社会首先要求我国的法制建设对改革和社会发展作出超前性反映,法制不但在于保证改革和社会的顺利发展,而且还在于它具有一种导向功能。实现这一功能,法制又进一步向改革提出要求:我国改革的政策、结构、目标应与整个社会发展的长远目标相一致,不但注重现实,更应着眼于未来,这要求必须在坚持经济体制继续改革的同时,不失时机地推进政治体制改革。中国社会主义法治的发展脱离不了政治体制改革的条件。经济体制改革的深入,法治发展已经向政治体制改革提出了愈来愈迫切的要求。坚持党的领导,实现党政分开,政法分开,提高政治透明度,建立和完善社会协商对话制度,强化全面议政、参政、监政意识,革除腐败现象和官僚主义的积习,提高司法、执法质量。这一切,已不仅成为消除冲突的必要手段,而且成为社会主义法治发展的政治保证和组织保证。

进一步扬弃传统法文化,创建新的社会主义法治文化。任何一个国家的法文化(包括道德文化)的发展都离不开继承、吸收和创新,因为一切创新都不能超然于原有的基因。因而,用马克思主义的文化观做武器,扬弃传统,使传统文化的合理因素置于社会主义中国的母体中,创造和完善社会主义法治的新文化。

扬弃传统是基点,但也不能忽视传统的嬗变对社会主义法治文化的危害。十年改革,价值观的转型是积极的、重功利的。这种价值取向为我们扬弃传统走向法治准备了文化条件。但随之而来的人欲横流、享乐主义、利己主义甚至走火入魔的金钱拜物教而导致的精神无依归的完全无规则状态是断然不可取的。事实上,道德的无序状态不仅给人们带来了精神的苦难,而且对社会主义法治的发展也是一种破坏。它阻塞了创造精神,使许多人处于愤懑、失望、心灰意懒的境地。如果直面人生而产生的非理性主义将成为中国社会主义法治文化主潮并渗透到整个文化结构的话,那么,法治就会变成一种毫无规则的利己主义堡垒,这是极其有害的。任何一种法治形态至少需要在行为规则这一层面上有着近乎全民族价值上的共识。因此,构建社会主义新文化应成为法治发展的核心之一。

苏联著名学者库兹涅佐夫在《爱因斯坦》一文中说过:“在科学上,morsimmorfalis(不死之死)和字面意思相反,决不意味着科学进化的每个阶段的简单终结。这不是死的不朽,这是生的不朽。科学理论活着,就是说它是不朽的,而不是它的消失。……科学上不朽的东西就是它的问题的因素,即没解决的留待未来去解决的问题,推动科学进一步改造的矛盾,把科学引向前进的悖论。”[①]科学如此,法治运动亦应作如是观。

---

① 转见萧延中《作为文化现象的“毛泽东”——〈晚年毛泽东〉编后》,《晚年毛泽东》,春秋出版社 1989 年版。

第十四章

余论：中国法治思想的“突破”

对中国近代的法治思想给予宏观性的论定，显然必须要超越近代，切入到中国法治思想的全部历史中去，即以中国历史的全程作为视野来加以审视和判断。在这一视野之下，我们认为，中国近代的法治思想，是中国法治思想史上的一个关键性的伟大转折，即在续传传统的前提下的一种根本性突破。为了阐明这一基本观点，下面将主要阐述三个问题，另附一个并非不重要的尾论。

一、引言：一个基本的解释框架

如果要论说中国近代法治思想的“突破”，那么自然就要追问这种“突破”的背景、条件与动力，追问这种“突破”的内涵与特征，追问这种“突破”的过程与方式，追问这种“突破”的方向及其后来的命运。而要作这样一些追问，就必须有一个合适的解释框架，也就是如何去追问？按照什么样的路径去追问？又怎样去解释和论证因追问所形成的种种看法与观点？所以，确定合适的解释框架，是本论题得以启动与展开的前提性问题。

粗略地说，对中国近代法治思想的“突破”这一问题的解释框架，不仅是宏观的、大跨度的，而且尤其涉及中国历史上的巨大变迁。因此，我们的解释主要凭借清代以来形成的“大变局”的历史观及其视野。

从清代以及近代的一些典籍来看，所谓“大变局”的历史观，是中国清代以来的一些历史学家、思想家对中国历史进程的一种宏大论说。它是高度宏观性的，具有非常宏大的气魄，有助于我们把握中国历史的大势，特别是历史性的巨大转折。这一“大变局”观认为，在中国自远古迄今的悠久历史上，共出现了两次“大变局”。

第一次是周末到秦汉之间的“大变局”。如王夫之《读通鉴论》的《叙论一》与《叙论四》云：“盖尝上推数千年中国之治乱以迄于今，凡三变矣。”一变为春秋至秦汉，二变为汉亡至宋兴，三变为宋亡至清兴。其中，“战国者，古今一大变革之会也”[①]。清初理学名臣汤斌更明确地指出：“秦之并六国也，此古今一大变局也。”[②]随后，清代史学名家赵翼也判定：“盖秦、汉间为天地一大变局。自古皆封建诸侯，各君其国，卿大夫亦世其官，成例相沿，视为固然。其后积弊日甚，暴君荒主，既虐用其民，无有底止。强臣大族，又篡弑相仍，祸乱不已。再并而为七国，益务战争，肝脑涂地。其势不得不变，……于是纵秦皇尽灭六国以开一统之局。使秦皇当日发政施仁，与民休息，则祸乱不兴。下虽无世禄之臣，而上犹是继体之主也。惟其威虐毒痛，人人思乱，四海鼎沸，草泽竞奋，于是汉祖以匹夫起事，角群雄而定一尊。其

① [清]王夫之：《读通鉴论》“卷末”，中华书局 1975 年版，第 1106—1107、1112 页。

② [清]汤斌：《重建信陵君祠记》，《汤子遗书》卷四，四库全书本。

君既起自布衣，其臣亦自多亡命无赖之徒，立功以取将相，此气运为之也。天之变局，至是始定。”[①]赵翼所谈，尽管是从封建诸侯到布衣将相的变局，但也借此揭示了更大的“天之变局”。

第二次是近代中国的“大变局”。对这次“大变局”的起始，较具代表性的有两种观点：一种以著名政治学家及政治思想史家萧公权为代表。他认为，中国历史的第二次“大变局”从明代就开始了。众所周知，萧公权把中国政治思想的历史分为“创造时期”“因袭时期”“转变时期”与“成熟时期”。他所说的“转变时期”就是中国政治思想的“大变局”。而政治思想的“大变局”，可以视作社会历史“大变局”的一种典型表现。他指出：“转变时期虽包括明清两朝之五百年，然明代以至清初不过略见转变之端。除旧更新之大转变，直至晚清，然后发动。”[②]另一种观点是自19世纪70年代开始逐步流行开来的观点，认为1840年以后中国进入了第二次“大变局”。如李鸿章、薛福成、曾纪泽、康有为、梁启超、陈寅恪等都持此种观点。李鸿章于1872在《筹议制造轮船未可裁撤折》中奏曰：“欧洲诸国，百十年来，由印度而南洋，由南洋而中国，闯入边界腹地，凡前史所未载，亘古之所未通，无不款关而求互市。……此三千余年一大变局也。……士大夫囿于章句之学，而昧于数千年来一大变局，狃于目前苟安，而遂忘前二三十年之何以创钜而痛深。”后又于1875年在《因台湾事变筹画海防折》中说：中国国门洞开，往来各国“阳托和好之名，阴怀吞噬之计，一国生事，诸国构煽，实为数千年未有之变局”[③]。曾为李鸿章幕僚的

---

① ［清］赵翼：《汉初布衣将相之局》，《廿二史札记》卷二，中华书局1984年版，第36页。

② 萧公权：《中国政治思想史》，新星出版社2005年版，第6页。

③ 转见梁启超《中国四十年来大事记（一名李鸿章）》，《梁启超全集》第2卷，北京出版社1999年版，第530页。

薛福成在《筹洋刍议》(1879年)中也说道：“天道数百年小变，数千年大变。”中国自唐、虞“洎乎秦始皇帝，吞灭六国，废诸侯，坏井田，大泯先王之法。其去尧舜也，盖二千年，于是封建之天下，一变为郡县之天下”。自秦朝“降及今日，泰西诸国，以其器数之学，勃兴海外，履亥埏若户庭，御风霆如指臂，环大地九万里，罔不通使互市。虽以尧、舜当之，终不能闭关独治。而今之去秦汉也亦二千年，于是华夷隔绝之天下，一变为中外联属之天下”①。薛福成所讲的这两大变，指的就是中国历史上的两次“大变局”。而李、薛的“大变局”观也被曾纪泽、康有为、梁启超、陈寅恪引为同调。我们则将这两种观点统合起来，也就是第二次“大变局”已在明末清初露出端倪(已有某些“突破”征兆与迹象)，但其正式出现是在1840年之后。

在这样的“大变局”历史观之下，并且为了深入把握这一历史观，还可以嵌入另外三个理论观念，即“长时段”“大历史”和“轴心时代”。“长时段”是法国年鉴学派的旗手布罗代尔提出的历史时间的概念，认为历史研究可以“长时段”为历史单元，如上百年、数百年甚至上千年为历史的时间单位。由此，可以进行一种大跨度的历史研究。而“大历史”是黄仁宇倡行的一种史学观和史学研究的视野。这类观念与视野，其实早已有之，如西方的黑格尔、马克思、韦伯、汤因比的历史研究，无一不是“大历史”观；中国的司马迁“究天人之际，通古今之变”，也是“大历史”观。但黄仁宇首创“大历史”这一名词，并有《中国大历史》之类的著作问世。黄仁宇所尝试的“大历史”，就是“将宏观及放宽视野这一观念导引到中国历史研究里去”。他举例说：“中国过去150年内经过人类历史上规模最大的一次革命，从一个闭关自

---

① [清]薛福成：《筹洋刍议·变法》，丁凤麟、王欣之编：《薛福成选集》，上海人民出版社1987年版，第554—555页。

守中世纪的国家蜕变而为一个现代国家,影响到10亿人口的思想信仰、婚姻教育与衣食住行,其情形不容许我们用寻常尺度衡量。”[①]这表明,所谓“大历史”,主要是一种“历史视界”的概念。当然,宏观不等于空疏,必须以翔实的史料为基础;放宽视野不等于散漫无边,必须有主题作为统帅。而“轴心时代”则由德国的雅斯贝斯予以系统的论证和阐释。下文的第二部分将会谈到雅氏的这一理论观念。这三个各具侧面与特点但又颇具共通性的理论观念,可以由中国的“大变局”的历史观为主脑融通于一体,以解释历史的大局大势层面上的问题。

透过王夫之、李鸿章、薛福成以及黄仁宇、雅斯贝斯等人的观点来看,“大变局”实为数千年一遇的历史变迁,是具有整体性、根本性、革命性、长期性的历史巨变。不同的“大变局”,当然是不同的。但既然同为“大变局”,就一定有其共通的性质与特征。概而言之,所谓“大变局”,是“急剧之变”,如严复所说的“世变之亟”,前所未见;是剧烈的“新陈代谢”,非比寻常的“革故鼎新”“除旧布新”,即由旧向新的根本性转折;是“整体之变”,如康有为讲的“全变则强,小变则亡”,全变即“整体之变”;是“根本之变”,最终要求变制度与文化、价值系统,即行为规则之变乃至人生态度之变、人心之变;历经数百年之久,第一次“大变局”为五百余年,第二次“大变局”已过去三百年且还在途中。这样的“大变局”,是李鸿章所言的“创钜而痛深”而引发的巨大回响,更是陈寅恪所称的“巨劫奇变”。“痛深”和“巨劫”必然导致“奇变”。只有当社会出现了大崩解,“大变局”才开始。春秋战国的“大变局”,始于“礼坏乐崩”;近代的“大变局”,正式始于1840年以后的

---

① [美]黄仁宇:《为什么称为“中国大历史”?——中文版自序》,《中国大历史》,生活·读书·新知三联书店1997年版。

“创钜而痛深”。而“奇变”,则意味着这种“变”充满了狂躁、茫然、惊愕、震撼、撕裂、对峙、悲怆、碰撞、激荡、曲折、梦想、欢腾、大跨度的回环反复以及高强度的升降沉浮等等复杂的心态、态势与特征。在这个过程中,种种相反而相成、相对而相立、相灭而相生的心情、行径和现象,纠结、扭打在一起。但它又有其总的趋势与归宿,那就是:地覆天翻,“换了人间”。惟其如此,才可以称之为“大变局”;也惟其如此,才配称之为“大变局”。

对我们而言,这一“大变局”观,具有重要的范式意义。虽然这些史学家和思想家所揭示的主要是社会、政治与制度上的“大变局”,但其背后隐匿着哲学、思想、文化上的“大变局”,却是确定无疑的。从法律思想与制度的层面上看,正如薛福成所言:“世变小,则治世法因之小变;世变大,则治世法因之大变。夏之尚忠始于禹,殷之尚质始于汤,周之尚文始于文、武、周公,阅数百年,则弊极而变,或近至数十年间,治法不能无异同。……彼其所以变者,非好变也,时势为之也。”[①]即是说,“大变局”必然引发而且包含法律思想与制度的“大变”与“突破”。虽然在历史过程中,“突破”不总是与“大变局”的种种剧变完全一致,但在逻辑上,它们具有同步性。并非偶然与巧合的是,中国历史的第一次“大变局”,正是中国法律思想学术融旧铸新、开宗立例的原创时期。而第二次“大变局”,也恰好是中国法律思想学术融贯古今、会通中西的转创时期。不论是“原创”,还是“转创”,都是法律思想史上意义非凡的“突破”。因此,历史的“大变局”与法律思想的“突破”之间,显然具有必然的关联性。如果这一判断能够成立的话,那么,我们就可以依凭“大变局”的历史观,来讨论中国近代法

① [清]薛福成:《筹洋刍议·变法》,丁凤麟、王欣之编:《薛福成选集》,第555页。

治思想的历史贡献及其定位。这当然不仅仅是找到一种大跨度的历史分期，更重要的是可以借此挖掘法治思想“突破”的根源与特质，包括其基本的精神与趋势。所以，我们是从宏观视野上放眼中国数千年的历史，着力于“大变局”所蕴含、所带来的“突破”，来理解和审视中国法治思想的“突破”这一涉及法治思想之古今的重大问题。因关注的主题所限，我们并不避讳也无法回避采用一些人所不主张乃至讥嘲的“宏大叙事”。而且，这一“宏大叙事”必然是粗略和简约的。在下文中，我们将简要讨论中国历史上的两次“大变局”所直接导致或伴生的中国法治思想的“突破”：第一次“突破”是春秋战国时代的法治思想“突破”，第二次“突破”则是近代（也包括前近代的明末清初）以来的中国法治思想的“突破。

二、春秋战国时代的法治思想“突破”

首先需要说明的是，用“中国法治思想的第一次突破”这样的说法，来标明春秋战国时代的法治思想“突破”，绝不意味着我们认为在春秋战国之前（所谓“三代”）已有法治思想，从而再在春秋战国时代出现了对这种法治思想的“突破”。[①] 使用“春秋战国时代的法治思想突破”这一指称，是来源于余英时所论述的古代世界文明史上普遍产生的“哲学的突破”。余先生认为：“所谓‘哲学的突破’即对构成人类处境之宇宙的本质发生了一种理性的认识，而这种认识所达到的层次之高，则是从来都未曾有的。与这种认识俱来的是对人类处境的

① 这里讨论“春秋战国时代的法治思想突破”，其所涉及人物及典籍，并不限于法家，而是包括《文子》《尹文子》等在内。但其主体仍然是法家，故文中偶尔使用“法家的法治思想”之类的措词，以求行文的方便。

本身及其基本意义有了新的解释。”而在春秋战国时代,“中国的‘哲学的突破’是针对古代诗、书、礼、乐所谓‘王官之学’而来的。最先兴起的儒、墨两家,便是最好的说明。孔子一方面‘述而不作’,承继了诗、书、礼、乐的传统,而另一方面则赋予诗、书、礼、乐以新的精神与意义。就后一方面言,孔子正是突破了王官之学的旧传统。墨子最初也是习诗、书、礼、乐的,但后来竟成为礼乐的批判者。就其批判礼乐言,墨子的突破自然远较孔子为激烈。其余战国诸家也都是凿王官之学之窍而各有其突破”①。正是按照这种理解,我们认定春秋战国时代法治思想的兴起,是具有“突破性”的。因此,说“春秋战国时代的法治思想突破”,其真正的含义,是指这一法治思想的兴起,乃“突破性”的思想史事件,而非针对所谓早先的法治思想的“突破”。稍为具体言之,这一“突破”可以从两层意义上加以厘定。

第一,对“外”而言,法治思想的“突破”,直接针对的是儒家尤其是孔子的德治、仁治、礼治思想。因为“孔子到底是先秦诸子中最早而最重要的思想家;其他儒家及诸子百家,或推波助澜,或辩异责难,基本上都是围绕着孔子的思想在辩论”②。而法家显然是“辩异责难”者。人们只要看看《商君书》与《韩非子》,就会很清楚地了解到,法家是如何抨击儒家的仁义道德之治这套东西的。而再往前追溯,法治思想的“突破”,其实也是针对夏、商、周三代的“礼乐传统”的。所以,由“礼乐传统”、德治、仁治、礼治而“法治”,这是第一种意义上的“突破”。

---

① 余英时:《古代知识阶层的兴起与发展》,沈志佳编:《余英时文集》第 4 卷,广西师范大学出版社 2004 年版,第 44、45 页。

② 许倬云:《论雅斯贝斯枢轴时代的背景》,《中国文化与世界文化》,贵州人民出版社 1991 年版,第 104 页。

第二，对“内”而言，法治思想的“突破”，针对的是夏、商、周三代的法、刑之制及其观念，特别是春秋战国时代的变法以及法律强国的历史实践。上引薛福成说：“世变小，则治世法因之小变；世变大，则治世法因之大变。”而“治世法”的小变、大变，相应地要求或引发法律思想的小变、大变。从这个意义上说，先秦法治思想的“突破”，正是第一次“大变局”中“治世法”大变的因与果。例如《晏子春秋》曰：“昔者先君桓公之地狭于今，修法治，广政教，以霸诸侯。”[①]这一历史景象，无疑就是春秋战国时代“任法”“变法”运动的一大写照。而从变法实践或任法以救时、强国、争霸，再到思想、学理上的探究，提出并论证法治的意义、功能、宗旨、原则与方法，也是势所必然、理所当然的。如商鞅论“法”治、申不害论“术”治、慎子论“法”治与“势”治，到韩非子之“集大成”——荟萃诸说而贯通为一，或者集众家小成而为一大成，即为“集大成”。其最基本的特点，就是围绕一个核心概念、一个根本原理而系统化。[②] 还有《管子》一书，也广论“法治”。总而言之，先秦的法治思想，作为诸子百家中重要的思想理论，茁壮长成了。由含义简单、缺乏系统的法观念，演绎而成含义丰富、体系完整的法治思想，这是第二种意义上的“突破”。

---

① 《景公爱嬖妾随其所欲晏子谏第九》，《晏子春秋·内篇谏上第一》，上海古籍出版社2006年，第15页。

② 孔子讲吾道“一以贯之”，所以孟子说：“孔子之谓集大成。集大成也者，金声而玉振之也。金声也者，始条理也。玉振之也者，终条理也。始条理者，智之事也。终条理者，圣之事也。”朱熹注曰：孟子“此言孔子集三圣之事，而为一大圣之事，犹作乐者，集众音之小成，而为一大成也。……宣以始之，收以终之。二者之间，脉络贯通，无所不备，则合众小成而为一大成，犹孔子之知无不尽而德无不全也。”（[宋]朱熹：《孟子集注》卷第十，“万章章句下”，朱杰人等主编：《朱子全书》第6卷，上海古籍出版社、安徽教育出版社2002年版，第383—384页）朱熹又注曰：“集，合也，言合众理而大备于身。”（《答张敬夫集大成说》，《晦庵先生朱文公文集》卷三十一，朱杰人等主编：《朱子全书》第21卷，第1351页）

至于这种具有“突破性”的法治思想，究竟包含了哪些基本含义与内容，则不是这里所能详尽阐述的，而需要另外专门进行梳理与解读。这里只是征引《尹文子》中的一段记载，并概括一下法治思想的几点要义即止。《尹文子・大道下》曰：“田子读书，曰：‘尧时太平。’宋子曰：‘圣人之治以致此乎？’彭蒙在侧，越次答曰：‘圣法之治以至此，非圣人之治也。’宋子曰：‘圣人与圣法，何以异？’彭蒙曰：‘子之乱名甚矣。圣人者，自己出也；圣法者，自理出也。理出于己，己非理也；己能出理，理非己也。故圣人之治，独治者也；圣法之治，则无不治矣。此万物之利，唯圣人能该之。’宋子犹惑，质于田子。田子曰：‘蒙之言然。’”[①]这一很可能是出自稷下学宫学者之间的争论，明白无误地揭晓了春秋战国时代法治思想的客观存在。若抛开倡导任法、尚法、“以法治国”的诸子在法治问题上所存在的分歧，总归而又简要地说，春秋战国时代的法治思想，强调“以法治国”“以法为治”；有君主要受法律约束的主张；又特别强调“法之必行，自上行之”；而法治的目的在于起弊救衰，拯救时局，富国强兵，平治国家天下。易词言之，春秋战国时代法治思想的要义，包括四个方面：“以法为治”之义；“生法者君也”之义；“法之必行”（包括“君主从法”）之义；“救世、富强、致治、尊君”之义。[②]

毫无疑问，春秋战国时代的法治思想“突破”，是紧密关联着这个时代的“大变局”特质的。从普遍的意义而言，像余英时所讲的“哲学

---

① ［周］尹文：《尹文子・大道下》，钱熙祚校，国学整理社编：《诸子集成》（全八册），中华书局2006年版。

② 可参阅王人博《一个最低限度的法治概念——对中国法家思想的现代阐释》，《法学论坛》2003年第1期；程燎原《先秦“法治”概念再释》，《政法论坛》2011年第2期；陈弘毅《对古代法家思想传统的现代反思》，《法理学的世界》，中国政法大学出版社年版；等等。

的突破”，都发生在这个“大变局”之中。余先生对“哲学的突破”的解释，是在补充韦伯、帕森斯以及闻一多的观点的基础上，主要借助于雅斯贝斯的“轴心时代”(余氏改称为“轴心突破”)理论进行的。在这个“轴心时代”，人类理性与精神最异乎寻常的一件大事，就是“哲学家首次出现了”。“轴心突破”的实质，理所当然就是“哲学的突破”。如古希腊的苏格拉底、柏拉图、亚里士多德，中国先秦的孔、孟、荀、老、庄、墨、商、韩诸子，都诞生、崛起于这样的时代。而且在500年左右(公元前800年至公元前200年)的历程中，“哲学家们周游列国，成为智囊和导师。他们或者遭到蔑视，或者得到追随。他们投入讨论，并互相抗争”①。所以，“轴心时代”也是先知时代、哲人时代、诸子时代。这些先知、哲人、诸子，或是视野广阔、思想高深的圣哲，或是追问根本性、根源性问题的思者。他们如旷世的巨星，纷纷闪亮登场。他们是长夜的明灯，照耀天地之间(正如古人言：“天不生仲尼，万古如长夜。”)。他们或指点宇宙、社会、人性、政治、法律的无穷奥秘；或激扬“修齐治平”(修身、齐家、治国、平天下)的伟大思想；或胸怀济世救民的大志，以解万民于倒悬，挽时世于危局。他们奠定了一种文明、文化的宏基，也确立了一种文明、文化的高度。他们为一种文明、文化定了型，也为一种文明、文化开了路。他们创造了一个灿烂辉煌的伟大时代，使这个时代在思想、精神上达到有史以来的顶峰。而所谓的法治思想突破，不正是其中必不可少的重要元素吗?古希腊是如此，春秋战国时代也同样是如此。

那么，“轴心突破”及其与之相生相伴的“哲学的突破”，包括法治思想的“突破”，又是从何而来的呢？对这一问题的详尽解释不是本

① ［德］卡尔·雅斯贝斯：《历史的起源与目标》，魏楚雄、俞新天译，华夏出版社1989年版，第10—12页。

论的目的，但就中国的“轴心突破”而言，相关研究者普遍提及的是“礼坏乐崩”四个字。这四个字不仅代表了“大变局”的真正开始，而且表明了“大变局”的真实原因。正是春秋战国时代“礼坏乐崩”的大变局，如纲纪崩解、列国纷乱、诸侯争霸、烽火连天等根本性的危机，才导致诸子百家的蜂拥而起，也才出现了中国哲学与法治思想的“突破”。许倬云的分析，就很具有代表性，他指出：“究竟什么条件激发了第一次的突破？魏尔（Eric Weil）认为人类历史有多次突破，而每一次突破之前先要有一次崩坏。魏尔的观念，颇似‘穷则变，变则通’的想法。不过崩坏往往意味比困境更急剧地恶化，以致原有秩序全面地垮下来。”在中国的周朝之末，也就是“平王东迁，王纲不振，礼坏乐崩，列国扰攘，春秋战国时期，长达五百余年”，这当然是一种大崩解、大危机的局面。其结果是，“举凡社会，经济，政治、观念等各方面都经历了极大的变化”，因为“有了问题，才会有思考；有了思考，才会有突破”①。

以上所述，主要是针对春秋战国时代包括法家在内的所有诸子百家而言的。而具体到法家的崛起及其法治思想的突破，则仍需进一步予以说明。现代新儒家牟宗三曾经指出：“法家所着眼的是时代问题。当时是个社会形态、政治形态要转型的时代，法家就是顺着这

---

① 许倬云：《论雅斯贝斯枢轴时代的背景》，《中国文化与世界文化》，第 97—98 页。余英时也提出这样的问题，并给予了基本上相同的回答：“中国突破发生的背景又是甚么呢？我的简单答案是：三代（夏、商、周）的礼乐传统。礼乐传统从夏代以来就体现在统治阶层的生活方式之中。……然而，到了孔子所生活的时代，古代的礼乐秩序已濒于彻底崩坏。这种情况在孔子对当时那些违反礼乐秩序基本准则的贵族的严厉谴责中得到清楚的反映。魏尔（Eric Weil）曾提出一个有趣的观察：在历史上，崩坏经常先于突破而出现。春秋时代的礼坏乐崩恰好为魏尔的观察提供了一个典型的例子。正是由于政治、社会制度的普遍崩坏，特别是礼乐传统的崩坏，才引致轴心突破在中国的出现。”而这必然带来“哲学的突破”。（余英时：《轴心突破和礼乐传统》，《二十一世纪》双月刊，2000 年第 2 期。）

个转型的观念往前推进，顺着这个要转型的趋势来行事。”[1]对法家来说，这种“时代问题”及其破解的态度与结果，与其他诸子显然有很大的不同。“法家为先秦晚出最新之学派。儒墨皆托古，法家思想则纯以战国时代之新环境为对象而提出维新之主张。盖周代封建宗法制度解体之后，旧日之礼教人伦渐失去其维系社会之能力。争战之结果使君权大张，国土渐广，平民解放，贵族式微。治国者遂自然倾向于强兵富国‘严而少恩’之法治。《淮南子·要略》论申商思想之产生最得当时之实况。”[2]这就不仅有了大量变法的历史实践，而且产生了指导和总结这些实践的思想、理论，其核心即法治的思想、理论。

但是，春秋战国时代法治思想的“突破”，最终归于失败。正如“轴心期也以失败而告终”（雅斯贝斯语）一样，已经获得“突破”的春秋战国时代的法治思想，在秦、汉之际的“大变局”之后，也以失败而告终。对于这一失败的原因，因牵涉中国法治思想的第二次“突破”，不能不有所交待。这里且不讲在汉代以后儒家思想一统天下的局面下，重任人、轻任法，甚至“有治人，无治法”的主张所产生的影响，而只从春秋战国时代法治思想的内部演化及其内涵，尤其是重大缺陷方面看，提出三点原因。

第一个原因，是先秦一些法家有要君主守法之心，而无要君主守法之“法”。先秦法家，尤其是《管子》与商鞅，深刻认识到，君主守法乃实行法治的关键。《管子》认为，害法莫过于释法而行私，而“凡私之所起，必生于主”[3]。所以，法治的最后关键在君主本人守法。商鞅

---

① 牟宗三：《中国哲学十九讲》，上海古籍出版社2005年版，第52页。

② 萧公权：《中国政治思想史》，第596页。

③ 《管子·七臣七主第五十二》，黎翔凤撰、梁运华整理：《管子校注》（上、中、下），中华书局2004年版，第999页。

也有同样的洞见，说："法之不行，自上犯之。"但是，不论是《管子》，还是商鞅，都无法在制度上使君主必须守法而治、只能守法而治。所以《商君书·画策第十八》痛言："国之乱也，非其法乱也，法不用也。国皆有法，而无使法必行之法。"①我们将这一"无使法必行之法"的问题称之为"商鞅难题"。在我们看来，这是先秦法家对于中国法治问题提出并遗留下来的最大的千古难题。对于这一千古难题，《管子》和商鞅无解；秦汉至清代，历朝历代的君王与文人学者也无解。这不是说中国古代的思想家、政治家、文人学者没有思考并提出任何"使法必行之法"，而是指他们并未找到使法律具有至高无上权威的有效制度办法与常规机制，特别是未找到体现和保障法治的良好政体。② 这就要由中国法治思想的第二次"突破"来回答。而在中国古代，由于《管子》和商鞅对这一难题的无解，所以他们的法治理想终归破灭，也就是势所必然的了。

第二个原因，是在战国末期及秦汉之际，先秦法家思想中的尊君之论，逐步向专制主义转化，也使其法治思想走上了不归路。即先有用法限制君权的思想，到法逐步沦为帝王之具，则去法治愈远而距专制愈近，最后到绝对君主专制理论与事实的出现。尤其是李斯说："是故主独制于天下而无所制也。"③真是一语道破君主专制政体的天机。在这个意义上，萧公权认为："依据法家思想以建立之秦政乃专制而非法治，而秦之覆亡乃专制之失败，非法治之失败，其事甚明。"④

---

① [战国]商鞅：《商君书·画策》，蒋鸿礼撰：《商君书锥指》，中华书局 1986 年版，第 109 页。

② 详见程燎原《法治必以立宪政体盾其后——从"商鞅难题"到"梁启超方案"》，《南京工业大学学报》(社会科学版)2014 年第 2 期。

③ [汉]司马迁：《史记·李斯列传》，中华书局 1999 年版，第 1988 页。

④ 萧公权：《中国政治思想史》，第 181 页。

萧氏所说的“法治”，乃西洋而非中国春秋战国时代法家的“法治”。依萧氏之见，中国古代根本就没有这样的法治，又何论法治的失败呢？但我们认为，法家并非天然的专制主义者，它也有其法治思想，所以对于法家而言，其法治思想转入专制主义的轨道，仍可视为其失败之因。附带说一句，对偏离孔孟儒学正宗的一些修正主义儒者，中国思想学术史上一向有“陋儒”之称。其实也可以说，如李斯之流，乃“陋法”之徒。

第三个原因，是在君主“独制于天下而无所制”的专制政体中，先秦法家法治思想中的那些法重于君、令尊于君、君主应从法的观点，再也无处容身了。由此可见，这第三个原因与第二个原因是相关联的。对此，萧公权有一段重要的论断，他说：“法家思想虽倾向于专制，且事实上为嬴秦统一之基础，似应大盛于专制之天下。然申韩之学自李斯致用之后，其法令名实诸旨渐已成为实用之治术，终止学理上之发展，而其君臣守法，‘令尊于君’之要义则与君主专制政体之精神根本冲突，尤难为人所接受。故秦汉以后，虽间有法家之言，终不能预于显学之列，足与儒家相抗衡。专制政体得先秦法家之助而长成，乃旋即弃之不顾，使归于微弱，纵非枭食其母，亦似得鱼忘筌（语见《庄子》）。专制天下之乱多治少，恐此为原因之一。”[①]其中“得鱼忘筌”一语，全句见《庄子·外物第二十六》：“荃者所以在鱼，得鱼而忘筌。”所谓“筌”，指捕鱼用的竹器。捕鱼者用“筌”捕得鱼之后，如果忘恩负义，自然就只记得鱼而“忘筌”了。萧氏引此语意在说明，嬴秦用法家这个“筌”捕得“专制之天下”这只大鱼，就把法家的法治思想丢在一边了。这也是一种“兔死狗烹、鸟尽弓藏”吧！当然，萧氏之意，

---

① 萧公权：《中国政治思想史》，第8页。

不是指“专制之天下”将法家的所有思想都“忘”了，而只是“忘”了法家那点不利于“专制之天下”的君臣守法与“令尊于君”的要义。至于其“尊君卑臣”“主独制于天下而无所制”的专制主义、“术治”以及重刑主义，则正合“专制之天下”的口味，而大行于“专制之天下”。在流行的“阴法阳儒”“儒表法里”“外儒内法”的说法中，所谓“阴”，所谓“里”，所谓“内”，最关键的所指，大概就是这个“忘不了”的专制主义、“术治”与重刑主义。所以，我们在此分析的是法家法治思想的失败，而非作为整体的法家的失败。

有以上三个原因，中国法治思想的第一次“突破”，就只能以失败而告终。这种失败，正好成为了中国法治思想第二次“突破”的一个重要历史前提。

三、中国近代法治思想的“突破”

雅斯贝斯认为，在“轴心时代”以失败而告终之后，“历史继续发展”。故而在“轴心时代”之后，仍不断有各路诸子的思想狂欢与学术盛宴，如欧洲文艺复兴时代的巨人，启蒙时代的先锋，以及中国宋明理学的思想家，都在“轴心时代”之后有新的突破，达到了各自思想学术的高峰。虽然说在“轴心时代”之后，先知不再，“哲人萎矣”。但是，人类历史、思想学术的“突破”，显然并不仅仅出现在“轴心时代”，或者伴随着“轴心时代”的失败而永别人间了。一个显明的例证，就是在中国的第二次“大变局”之中，有再一次也更具决定性意义的新“突破”的出现，包括中国法治思想的第二次“突破”。

中国法治思想的第二次“突破”，源起于明末清初王夫之、黄宗羲、唐甄等人的思想，迄今已逾三百多年。即便是从洋务运动、戊戌变法开始至今，也有一百多年的历程。这一历程，时至当代也并未完结。我们知道，中国历史上的第一次“大变局”，持续了五百余年。而第二次“大变局”将会持续多久，这是笔者无法预测的。但可以肯定的是，只要中国文化和制度的现代变革没有完成，第二次“大变局”就不会结束。因为第二次“大变局”的根本使命，就是要构建一种现代的中国文明秩序，包括现代制度与现代法治秩序。[①] 在这样的认知之下，可以说，中国的第二次“大变局”，以及中国法治思想的第二次“突破”，也仍然是“正在进行时”。

必须明确指出，中国法治思想第二次“突破”的对象有两个：一是先秦以法家为主体的法治思想。就这一方面而言，它是对中国法治思想第一次“突破”的再“突破”。二是秦汉之后两千多年的专制政治、“人治”传统、“有治人、无治法”的传统。这后一方面的“突破”，也可以说是要从根本上解决第一次“突破”失败的问题。概括言之，第二次“突破”就是要寻求中国成为一个现代国家的法治政体及其治理原则与法律制度体系。很显然，第二次“突破”主要不是针对域外的任何法治思想而言的。它首先是中国法治思想的古今问题，而不是中西问题。因此，第二次“突破”的关键问题，是在于为什么要以及如何使先秦的法治思想转向“现代”的法治思想，在于为什么要以及如何摒弃“人治”的传统与制度。当然，正如下面要谈到的，西方的法治思想传入中土，不仅构成了中国法治思想第二次“突破”的一种强大动力，而且成为这种“突破”所凭借的重要思想资源，甚至成为这种

① 此种看法得益于金耀基“中国现代化是寻求新文明秩序过程”的观点。金氏指出：“中国的现代化不能简单地看作是为了中国的富强，它基本上是中国寻求新的文明秩序的一个历史过程。”（金耀基：《中国现代的文明秩序的建构——论中国的“现代化”与“现代性”》，刘军宁等编：《经济民主与经济自由》，生活·读书·新知三联书店1997年版，第53页。）

“突破”的基本内容。因此，也有一些学者认为应该“突破”西方的法治思想。如当代中国的法治思想，已经对西方的法治思想有所“突破”了。但这显然不是我们关注的“突破”。

对于中国近代法治思想的“突破”之局，如同春秋战国时代的法治思想突破一样，也要放在“大变局”的格局中加以考察和剖解。中国历史的第二次“大变局”，同样是一个大崩解、大危机之局，同时也是一个大转创之局，即中国思想、文化与制度的巨大转创和开新。具体到法治思想的突破，则必须论及两个主要的缘由。

其一，中国自身漫长的历史留给后人的痛苦教训。自秦汉至清代，这是一个历史的长途。在这个长途中，中国的专制政体，反复毒害天下，使中国处于一治一乱、少治多乱、短治长乱的历史循环之中。历朝历代皇家的恣意操弄与放肆，而不是百姓万民的“不安分”，才是中国历史乱象频仍的主要根源。所以，专制政体在明朝达到顶峰之时，也已走到尽头。随之，对“专制之天下”的批判性反思，也就开始了。可以黄仁宇所说为证，他在《万历十五年》中以一种很苍凉的语调指出：“书中所叙，不妨称为一个大失败的总记录。因为叙及的主要人物，有万历皇帝朱翊钧，大学士张居正、申时行，南京都察院都御史海瑞，蓟州总兵官戚继光，以知府身分挂冠而去的名士李贽，他们或身败，或名裂，没有一个人功德圆满。即便是侧面提及的人物，如冯保、高拱、张鲸、郑贵妃、福王常洵、俞大猷、卢镗、刘綎，也统统没有好结果。这种情形，断非个人的原因所得以解释，而是当日的旧制度已至山穷水尽，上自天子，下至庶民，无不成为牺牲品而遭殃受祸。”为什么会有这个大失败呢？黄氏认为：“中国二千年来，以道德代替法制，至明代而极，这就是一切问题的症结。”而“有了这样一个历史的大失败，就可以保证冲突既开，恢复故态决无可能，因之而给中国留下了一个翻天覆地、彻底创造历史的机缘”①。正是在这一历史机缘之下，加上清朝入主中原的强烈刺激，明末清初的一些思想家，开始提出一些标示“转创”或“突破”方向的重要主张。

在我们所关注的主题范围之内，最有代表性的是黄宗羲的“有治法而后有治人”的思想。我们将明末清初对这一思想的讨论，界定为中国古代政法思想的一种“终结的开始”（或“突破之端”）。所谓“终结的开始”，可以用萧公权的话来解释：“凡此虽具重大之意义，明示转变之方向，然其本身所据观点与所含内容，仍自旧学中蜕化而来，终不脱前人之窠臼。虽知革故，未逮鼎新。”②

中国学界不少人颇为推崇和高评黄宗羲提出的观点，甚至称其为中国的启蒙思想、中国近代法治思想的先声。黄氏在1664年成书的《明夷待访录》的《原法》篇中是这样说的：“即论者谓：‘有治人，无治法。’吾以谓有治法而后有治人。……使先王之法而在，莫不有法外之意存乎其间。其人是也，则可以无不行之意；其人非也，亦不至深刻罗网，反害天下。故曰有治法而后有治人。”③但我们发现，在黄宗羲之前，似已有人明确表达了“有治法然后有治人”的思想。这个人就是清代顺治、康熙两朝重臣、理学家，曾任吏部尚书、保和殿大学士、太子太傅的魏裔介（1616—1686）。魏氏曰：“世皆以有治人无治法，以为虽有善法，若不得其人，则乱。是固然矣。然虽有治人，而不立为画一一定之法，则中材无所循，其乱更易。故余谓有治法然后有治人。苏子瞻曰：治事不若治人，治人不若治法，其言治法，不若治

① 黄仁宇：《万历十五年·自序》，生活·读书·新知三联书店1997年版，第4、6页。

② 萧公权：《中国政治思想史》，第6页。

③ ［清］黄宗羲：《明夷待访录·原法》，黄宗羲撰、沈善洪主编《黄宗羲全集》，第1册，浙江古籍出版社2004年版，第7页。

时。诚名论也。”[①]由魏氏此言可以看出，除“治法”的蕴含与所措意的思想语境不同，黄氏与魏氏之言判然若一。而据魏氏所编《静怡斋约言录》自序云：余“忽忽遂及四旬”，其书当成于1640年代；且序后说该序题于“顺治甲午正月”，即清顺治十一年，也就是1654年。这比黄宗羲之说早了约十年。

明清之际形成重视“治法”的观念，乃至阐述“有治法而后有治人”的思想，是中国思想史上不可忽略的重要现象。这一现象的出现，绝非偶然。对此，黄宗羲已透露了其中的历史机缘。他在论说“有治法而后有治人”那段话之前指出：“即论者谓：天下之治乱，不系于法之存亡。夫古今之变，至秦而一尽，至元而又一尽，经此二尽之后，古圣王之所恻隐爱人而经营者荡然无具，苟非为之远思深览、一一变通，……虽小小更革，生民之戚戚终无已时也。”[②]这段论述，既印证了前述黄仁宇的论断，也说明黄宗羲的思考与黄仁宇所观察到的那个大失败颇有关联。

在进入晚清以后，不少的思想家和学者认为，要走出中国传统政治的困局，或避免黄仁宇讲的制度上的“大失败”，唯有走向现代民主、宪政与法治。而黄宗羲的思想观点，也成为这一期盼的重要本土资源。[③] 进而，因与下文所述的第二个缘由相关，在清代得以延续的专制政体及其治道、治法，面对域外对中国从未有过的严酷挑战，进

---

① [清]魏裔介：《静怡斋约言录》，外篇，《续修四库全书》第946卷，上海古籍出版社2002年版，第149—150页。

② [清]黄宗羲：《明夷待访录·原法》，黄宗羲撰、沈善洪主编《黄宗羲全集》第1册，浙江古籍出版社2004年版，第7页。

③ 梁启超曾指出：清初黄宗羲“《明夷待访录》之《原君》、《原臣》诸篇，几夺卢梭《民约》之席；《原法》以下诸篇，亦厘然有法治之精神；此近世学子所既知，无俟吾喋陈也”。（梁启超：《论中国学术思想变迁之大势》，张品兴主编：《梁启超全集》第3卷，北京出版社1999年版，第607页。）

一步显露出更大的危机与失败，即动摇以至最终瓦解。所以，外部挑战所导致的中国制度、思想上的“痛苦经验之教训”，比明代来得更加迅猛和严重。故而，如果说明末清初刚刚开始微显“大变局”的机缘，那么在晚清，“大变局”则正式登场，并拉开了大幕。也由此，在19世纪末到20世纪前半叶，明末清初的“终结的开始”，被近代法治思想的历史性突破所蕴含、所超越。

其二，西洋文化与制度的刺激与冲击。晚清的中国，正如薛福成所说的从“华夷隔绝之天下，一变为中外联属之天下，”或如梁启超所称的“世界之中国”。[①] 这是中国所处世局的根本变化。由此，中国进入了“列国并立并争的时代”，“今何时乎？列国交通竞争，互校优胜劣败之时也”。[②] 在这一世局之下，闭关锁国之局不复存在。国门洞开，国人所遭遇的，不仅仅是域外鸦片、机器、洋枪洋炮、洋人洋服的蜂拥而至，而且是域外制度、思想、哲学、文化观念的纷至沓来。这既导致了中西制度与思想观念的严重冲突，也引发了中西制度与思想观念的激烈竞争。其中，“治法”的竞争尤为明显。光绪二十一年正月初一（1895年1月26日），曾任清朝驻英德公使馆翻译、时任北洋海军营务处总办的罗丰禄，在一封家书中就写道：“中国自秦灭六国后，历汉、隋、唐、宋、元、明，袭用秦法，至今未改，今有欧罗巴之法出，其说与秦法刚相反，是今之变局，殆秦法、欧法废除消长之机欤？此

---

① 梁启超说，所谓“世界之中国”：“自乾隆末年以至于今日，是为世界之中国，即中国民族合同全亚洲民族，与西人交涉竞争之时代也。又君主专制政体渐就湮灭，而数千年未经发达之国民立宪政体，将嬗代兴起之时代也。此时代今初萌芽，虽阅时甚短，而其内外之变动，实皆为二千年所未有，故不得不自别为一时代。”（梁启超：《中国史叙论》，张品兴主编：《梁启超全集》第2卷，北京出版社1999年版，第453—454页。）

② 康有为：《请计全局筹巨款以行新政筑铁路起海陆军折》，汤志钧编：《康有为政论集》（全二册），中华书局1981年版，第360页。

等变局，实亘古所未闻，史册所未有也。”[①]不久，康有为更明确地说：“夫泰西诸国之相逼，中国数千年来未有之变局也。曩代四夷之交侵，以强兵相陵而已，未有治法文学之事也。今泰西诸国，以治法相竞，以智学相上，此诚从古诸夷之所无也。”[②]康氏认为，西洋的“治法”，主要是宪法、国会、法律等良法美制。而“列国并立并争”，也包括这些“治法”的并争相竞。这种并争相竞的结果，在那个时代的一些思想家、学者看来，就是中国“治法”败给了西洋、东洋（日本）的“治法”，因而中国必须学习西洋、东洋的“治法”，以变革中国的故有“治法”。只有如此，中国才能救亡图存，才能富裕强盛。在此背景下，也是在此过程中，域外的各种“法治”思想、“法治主义”、“法治国”理论，同样纷纷而至。这种态势，在 20 世纪的前 50 年中，虽间或被一些人所检讨乃至批判，但在其总的方向上，并没有什么改变或扭转。

近一百多年来，以上两个因素相互激荡、相互配合，汇成一股虽然起起伏伏却顽强而持久的力量，不断引致、推动中国法治思想的第二次“突破”。实际上，仅从晚清至民国时代而言，这两个因素对中国法治思想第二次“突破”的影响，已经很难判然两分了。

职是之故，中国法治思想的第二次“突破”，绝非春秋战国时代的法治思想“突破”所能比肩。不论在性质上还是内容上，这两次“突破”都有很大的差别。在有些基本方面甚至还是南辕北辙。对于第二次“突破”的理论形态、基本趋势与方向，我们在此只能选择以下几个核心问题，作一鸟瞰。

---

① 转引自孔祥吉《甲午战争中北洋海军上层心态——营务处总办罗丰禄家书解读》，《晚清史探微》，巴蜀书社 2001 年版，第 13 页。

② 康有为：《上清帝第四书》（1895 年 6 月 30 日），汤志钧编：《康有为政论集》上册，中华书局 1981 年版，149 页。

(一)认识到近代国家是一个法治之国。从中国传统的儒法合璧的君主专制政治转向近代的民主宪政国家形态,这是中国第二次“大变局”所要完成的根本目标。而近代国家的一个基本政体特性、精神与制度,就是法治。中国近代的一些学者,对此已有明确的认知,如梁启超就判定:“今世立宪之国家,学者称为法治国。法治国者,谓以法为治之国也。夫世界将来之政治,其有能更孅于今日之立宪政治者与否,吾不敢知。借曰有之,而要不能舍法以为治,则吾所敢断言也。故法治者,治之极轨也。”[①]陈启天说:“近代国家,都是法治国家。”[②]萧公权也指出:近代国家的四大品性与特点之一,就是“尊法律、重制度,而不偏赖人伦道德以为治”。[③] 这类观念,正是中国传统的政治哲学和法律思想所缺失的东西。且不说儒、道的治道治法思想,即使是春秋战国时代的法治思想,也未能将法治提升到国家形态与品性的高度加以认知。中国近代的法治思想,首先在这一点上取得了“突破”。这是一种具有核心性、枢纽性意义的“突破”。以此为出发点,建立近代法治国家,就成为中国近代法治思想家与法治理论研究者们的基本抉择,甚至是他们孜孜以求的梦想。

(二)在法治的价值目标上,中国近代的法治思想趋向于构筑多元的价值系统,其中尤其包含了以人权为核心的近代民主宪政理念。春秋战国时代的法治思想,主要把法治的目标锁定在救时、富国强兵、维系君主的统治秩序上。但在中国近代,一方面,传统的法治价值不断得以深化,从梁启超在晚清提出的“法治主义为今日救时唯一

① 梁启超:《管子传》,张品兴主编:《梁启超全集》第6卷,北京出版社1999年版,第1859页。

② 陈启天:《国家主义者的中国文化观》,李璜、陈启天等编:《新中国文化运动》,成都国魂书店1940年版,第15页。

③ 萧公权:《中国政治思想史》,新星出版社2005年版,第10页。

之主义”,到20世纪三四十年代的“法治救国论”“法治抗战建国论”,[①]无不是在新的历史条件下重新阐发春秋战国时代的法治思想所倡导的价值理念。这实际上是把法治与中国的民族国家的构建及其现代化事业紧密勾连在一起。这样的思想理论,一直延续到当下。另一方面,人权、自由、权利、民权、平等、民主、正义等新的价值,逐步为中国近代的法治思想所接受与认同。例如晚清对自由、民权与法治的关系以及自由主义法治思想的初步探索,1930年前后的“人权派”的法治思考,1940年代再次勃兴的自由主义法治思想,都是这个过程的几个重要片断。这些价值,是春秋战国时代的法治思想所没有也无法提供的。正如沈家本所言:“法治主义,古人早有持此说者,特宗旨不同耳。”并说:“或者议曰:‘以法治者,其流弊必入于申韩,学者不可不慎。’抑知申韩之学,以刻核为宗旨,恃威相劫,实专制之尤。泰西之学,以保护治安为宗旨,人人有自由之便利,仍人人不得稍越法律之范围。二者相衡,判然各别。则以申韩议泰西,亦未究厥宗旨耳。”[②]正是由于在这些价值理念与宗旨上的判然各别,中国近代的法治思想在法治的价值问题上,实现了对春秋战国时代法治思想的一种关键性“突破”。

(三)立法者由君主而人民。在春秋战国时代的法治思想中,一个重要的观点就是君主独享立法权,即“生法者君也”。这是春秋战

① 只要看看下列论说的标题,就可以对此有所知晓:一桴的《论法治救国》(1924),平平的《根本救亡在确立法治》(1931),朱显桢的《国难根源与法治》(1932),洪兰友的《抗战建国与法治运动》(1938),张知本的《法治与抗战建国》(1938),居正的《法治精神与抗战建国》(1938),梅仲协的《法治精神与建国》(1941),蔡枢衡的《法治精神与建国》(1942),杨玉清的《救国、治国、建国》(1946),等等。

② [清]沈家本:《新译法规大全序》《法学名著序》,《寄簃文存》卷六,沈家本撰、邓经元、骈宇骞点校:《历代刑法考(附寄簃文存)》,中华书局1985年版。

国时代的法治思想在近代以来广受诘难与诟病的一个主要方面。不妨看看梁启超对法家的批评:“法家最大缺点,在立法权不能正本清原。”“什么是先秦法家特有的短处呢?他们知道法律要确定要公布,知道法律知识要普及于人民,知道君主要行动于法律范围以内,但如何然后能贯彻这种主张,他们没有想出最后最强的保障。申而言之,立法权应该属于何人?他们始终没有把他当个问题。他们所主张法律威力如此绝对无限,问法律从那里出呢?还是君主?还是政府?他们虽然唇焦舌敝说:‘君主当设法以自禁’,说:‘君主不可舍法而以心裁轻重’,结果都成废话。造法的权在什么人,变法废法的权自然也在那人。君主承认的便算法律,他感觉不便时,不承认他,当然失了法律的资格。他们主张法律万能,结果成了君主万能。这是他们最失败的一点。因为有这个漏洞,所以这个主义,不惟受别派的攻击无从辩护,连他本身也被专制君主破坏尽了。”[①]这种批评的思想标准与法治背景,乃是近代的人民主权思想,以及近代法治以民主政治为基石这一普遍事实。在民主国家或民主政体之下,从政治原理上讲,人民而非某个个人或某些少数人,才是最高和最终的立法者。法治之法的正当性及其权威性,不再取决于某个个人或某些少数人,而是取决于当家做主的人民,这也是中国近代法治思想“突破”的至关重要的内容。

(四)解决“商鞅难题”,也就是找到“使法必行之法”。这里不妨引用梁启超题为《使法必行之法》的短文:“《商君书·画策篇》云:国之乱也,非其乱法也,非法无用也。国皆有法,而无使法必行之法。呜呼!何其一似为今日言之也,数年来新颁之法令,亦既如牛毛矣。

① 梁启超:《先秦政治思想史》,张品兴主编:《梁启超全集》第12卷,北京出版社1999年版,第3677、3710—3711页。

其法之良否勿论，要之诸法皆有，惟使法必行之法则无之。夫法而可以不必行，是亦等于无法而已。是法治之根本已拨，而枝叶更安丽也。中国而长此不变，则法愈多愈速其乱而已，然则使法必行之法维何？则君民共守之宪法是已，而举其实必赖国会。然则专制国遂绝无使法必行之法乎？曰：亦有之，上戴英断之君主，而佐以公忠明察之宰相，则法亦可以使必行，君相苟非其人，而复无国会，则凡百之法，皆益乱者也。”[①]此文显然是自“商鞅难题”而引出来的，并提出了解决这一难题的根本办法。梁启超认为，在专制国家，只有靠贤君明相来使法必行。但这个“法”本身就靠不住。这正是商鞅感叹“无使法必行之法”的主要原因。所以，梁氏在《先秦政治思想史》中说：“在君权的国家之下，则断无术以解决此问题。夫无监督机关，君主可以自由废法而不肯废法，则其人必尧舜也。夫待尧舜而法乃存，则仍是人治非法治也。”[②]那么，怎样才能解决“商鞅难题”呢？一是必靠至高无上（由君民共守）的宪法，二是必赖民选国会。归结而言，就是民主宪政的政体来取代君权政治。这是在政治制度与法治自身层面上的“使法必行之法”。当然，在法治之外，还有更具基石性的“法”，来保证“法之必行”。这个“法”就是政治均衡和公民社会。而仅从法治思想的角度来看，梁启超所提出的民主宪政体制这一“使法必行之法”，确为破解“商鞅难题”的唯一良法美制。舍此而外，岂有它途！

---

① 梁启超：《岁晚读书录》，张品兴主编：《梁启超全集》第 2 卷，北京出版社 1999 年版，第 402 页。

② 梁启超：《先秦政治思想史》，张品兴主编：《梁启超全集》第 12 卷，北京出版社 1999 年版，第 3677 页。

四、坚守与坚持中国法治思想的"突破"

我们绝不置疑的是，中国第二次"大变局"的实质核心，乃中国步入了现代化(工业化、商业化、信息化、全球化、民主化、法治化)的大局之中，在此过程中，无论如何认同和强调中国传统的价值，都决无恢复故态之可能。在这个大背景下，对于中国第二次"大变局"的时间过程，冯友兰在20世纪末期曾作过一个判断与预测："中国社会的第二次大转变从19世纪中叶开始，大概要持续两个世纪，才可完成。……以后就算不再走弯路，过程也是漫长的，估计要到21世纪才能走完大转变的路。"①按照这个判断和预测，当代中国仍然处在第二次"大变局"的过程之中。同样，中国法治思想及其实践的"突破"，也可以说还在行进之路上。在此情形之下，要最终完成"突破"，就必须"坚守"原有的突破，将第二次"突破"的已有思想成果积淀下来；并"坚持"进行新的突破，使原有"突破"的思想发扬光大，以最终完成"突破"。

坚守"突破"之局、"突破"之思，才有更上层楼的基础与条件。"突破"是极为困难的，而坚守"突破"同样极不容易。在中国法治思想第二次"突破"的已有历程中，各种法治思想不断炫目夺眼，常常不免令人目乱眼花。如孙中山及国民党的三民主义法治思想，自由派的自由主义法治思想，现代新儒家的道德理想主义法治思想，新法家的国家主义法治思想，共产党人的社会主义法治思想。但无论如何，现代法治的那些本质性特征，如人权、正义为法治之体，限制权力为

---

① 冯友兰：《"是几时孟光接了梁鸿案"——答〈光明日报〉特派记者问》，冯友兰：《三松堂全集》，第13卷，哲学文集(下)，河南人民出版社2001年版，第446—447页。

法治之用，法律至上为法治之命，等等，都不应予以消解或改变。譬如“法律至上”，是法治的底线标准，是法治中唯一没有伸缩余地与弹性空间的“硬指标”，不论中西古今的法治，概不例外。任何对法律至上原则的削减，都是对法治的残伤。所以，法律至上是应当坚守的。又如，现代法治，是平民政治即民主政治的内在特质。法治永远拒绝“贤人政治”（并非拒绝“贤人”）。在中国，韩非子论证为何只能实行法治的“中人”之论，在理论上至今无人能破，事实上也没有破。在西方，古希腊几位政治家的话，也揭示了法治的关键秘密，即平民底色、民主底色。伯里克利和德谟叙尼在演讲时都指出：“平民政体是为了公民的共同利益而建立起来的，它不同于寡头政体，它是凭法律进行治理的。”[①]政治家克里昂在一次演讲中说得更直白：“一般说来，普通人治理国家比有智慧的人还要好些。这些有智慧的人常想表示自己比法律还要聪明些；……结果，往往引导国家走到毁灭的路上去。”而普通人“对于自己的智慧没有那么自信，承认法律比自己聪明些，……所以在他们当权的时候，事务的进行通常是很顺利的”。[②] 这番话告诉世人，所谓法治的真正奥秘在哪里。理解了这一点，也就进入了法治的核心地带。故而“民主政治是中国现代法治的政治基石”这一观点，也应当予以坚守。

再来看坚持“突破”的问题。由于第二次“突破”仍在路上，在某些问题上还在徘徊，思想观念上的困顿与行动决断的艰困，也属情理之中。因此，“突破”并未完结，坚持“突破”，才能完成“突破”，进而走

---

① 转见［古希腊］亚里士多德《政治学》，吴寿彭译，商务印书馆 1965 年版，第 116 页，注释③。

② 转见［古希腊］修昔底德《伯罗奔尼撒战争史》（上册），谢德风译，商务印书馆 1960 年版，第 205 页。

出“大变局”。例如在民主、人权、自由与社会正义问题上，还需要“突破”。尤其是在如何“使法必行”的问题上，也还需要“突破”，从而在法治自身的层面上，构造出真正的“使法必行之法”。

我们中国人自古就认识到，治国平天下，必须寄托于法。《慎子·逸文》云：“故治国无其法则乱。”《尹文子·大道上》曰：“国乱有三事：年饥民散，无食以聚之则乱；治国无法则乱；有法而不能用则乱。有法，食以聚民，有法而能行，国不治未之有也。”[①]《尹文子·大道下》曰：“以名法治国，万物所不能乱。……故失治则任法，失法则任兵。”[②]宋代张耒也说：“然则天下之治乱，不系法之存亡欤？”[③]这都是治国的大智慧。在中国历史上，法度、典章、刑律，灿然大备，辉光昭著，也是不争的事实。但为何中国又总是一治一乱，治乱循环，未有穷期？从法学的眼光看，这大概是因为在中国社会、政治之中，总有种种强悍的能量，超法、坏法而不受制于法。结果在历史上，不断上演一幕幕从定法到毁法直至无法的闹剧。正如陈启天在 1940 年代痛陈晚清以来的中国政治史时所指出：“我国近数十年，以迭次变法的缘故，似有趋于法治的新倾向。前后所颁法令，实不甚少，可惜……只是始而弄法，继而毁法，终而无法而已。称之为饰治则可，称之为法治则尚差得很远。清朝玩了一套弄法、毁法、无法的饰治把戏，不能挽救他要没落的命运。袁世凯又接着玩一套弄法、毁法、无法的饰治把戏，自己断送自己的前途。其后各省军阀也有各玩一套弄法、毁法、无法的饰治的把戏，仍是自己断送自己的前途。由弄法、

---

① [周]尹文：《尹文子·大道上》，钱熙祚校，国学整理社编：《诸子集成》（全八册），中华书局 2006 年版。

② [周]尹文：《尹文子·大道下》，钱熙祚校，国学整理社编：《诸子集成》（全八册），中华书局 2006 年版。

③ [宋]张耒：《论法上》，《张耒集》下册，中华书局 1990 年版，第 578 页。

而毁法、而无法，又由无法而弄法、而毁法，最近四十年的中国政治史，不过如此循环着。”[①]最终的结局，则是《尹文子·大道下》早就预言的了，即“失法则任兵”。而所谓“失法”，又绝非一两天、一两年的事情。老子说：治大国若烹小鲜。其实，乱大国又何尝不是如此。国家、天下不是一天、一个月、一年就乱了，而是一乱聚为众乱、小乱变为中乱、中乱再衍为大乱的长期过程。任何乱都是“失法”的表现和结果。所以，中国人数千年来梦寐以求的，就是“太平盛世”“天下大治”“长治久安”。在当代中国的法治思想中，法治亦被视为“长治久安的根本保障”，再次彰明了中国人对法治的期待。

问题在于，我们需要什么样的太平盛世、天下大治、长治久安？更根本的问题是，什么东西才能够达成太平盛世、天下大治并使之长期维持而不坠，真正实现长治久安？这些问题使我们想到清初黄宗羲的一段话：“盖天下之治乱，不在一姓之兴亡，而在万民之忧乐。是故桀、纣之亡，乃所以为治也；秦政、蒙古之兴，乃所以为乱也；晋、宋、齐、梁之兴亡，无与于治乱者也。”[②]所谓“万民之忧乐”，在不同社会环境与条件下，肯定有一些不同的衡量与判断标准，如在现代社会，一个人没有起码的尊严，没有基本的人权保障，没有公平的发展机会，没有生活与人身的安全感，没有过体面生活所需的必要财富，没有和谐自由的生活环境，他就很难甚至不可能“乐”。无论如何，“万民之乐”，才是太平盛世、天下大治、长治久安之大本。如果我们果真追求和实现这样的太平盛世、天下大治、长治久安，则离不开三句话：“太平盛世必惟民主，天下大治必赖正义，长治久安必靠法治。”也就是

① 陈启天：《新社会哲学论》，商务印书馆1944年重庆版，第111—112页。

② ［清］黄宗羲：《明夷待访录·原臣》，黄宗羲撰，沈善洪主编：《黄宗羲全集》（增订版）第1册，浙江古籍出版社2005年版，第5页。

说，太平盛世、天下大治、长治久安只能由民主、公平正义与法治来创造和保障。在现代制度的框架之内，这三者其实是一而三、三而一的问题。它们才是中国第二次“大变局”与第二次“突破”所要逐步达成的现代文明秩序的终极目标。这也是我们的一个基本结论。

结 束 语

本书

该结束的到此结束。

不该结束的永远不会结束……

附录

苏联人对法治的思考

苏联是世界上最早建立社会主义因而社会主义法制历史也最长的国家。经过几个历史性阶段的根本转换，20世纪80年代，苏共提出了一个极为重要的政治法律思想，即社会主义法治国家思想。[①] 虽然民主德国、保加利亚、南斯拉夫等国早就认为“法治国家”是社会主义社会及其政权的重要特征，但苏共的法治国家思想更为系统和成熟。

一、法治国家思想的确立：法制思想的历史性转变

苏联法学家认为，法治国家的实质，就是最早提出这一名词的康德所理解的：国家受法、法律的约束。这一思想已为许多非社会主义

---

① “法治”一词，在俄文中是“зAKOHHCTH”，可译为英文“legality”或“rule of Low”，因而也可译成“法制”。但不论是“法治国家”还是“法制国家”，其主要含义都是国家或政权创制公正的法律、依据并服从于公正的法律。

国家的官方理论和立法所采用。但它在社会主义国家、在苏联的命运则复杂得多。

众所周知,列宁说过:"专政是直接凭借暴力而不受任何限制的政权","革命的无产阶级专政是由无产阶级对资产阶级采用暴力手段来获得和准许的、不受任何法律限制的政权"。[①] 在苏联法学家看来,这样的政权是不能也无法接受法治国家观念的,但这只适用于无产阶级专政最初时期——摧毁资产阶级的国家政权和法制体系以及国内战争时期——的情况。随着无产阶级政权的确立和巩固,特别是社会主义法制的创建和成型,无产阶级专政就必须在自己所创制的法律范围内活动,严格遵循社会主义法制原则,并切实保障全社会遵守革命法制。这使得社会主义的法治国家观念具有了形成和系统化的必要性和可能性。

事实上,随着新经济政策的实行,苏联出现了大规模的立法运动或法典编纂运动,布尔什维克和全俄苏维埃代表大会要求加强革命法制,切实遵守革命法制,从而推动苏联社会的法律化并使社会主义法制得到巩固。法制发展的伟大实践及其所取得的伟大成就,促使一些法学家在20世纪20年代中期提出了对苏维埃国家适用法治国家观念的问题。如A.马林茨基认为:"苏维埃共和国是在法律制度条件下进行自己活动的法治国家。"实际上,当时的立法制度和立法、法律合宪性保障、维护公民权利和合法利益等方面的制度和机制都未充分发展,全社会的法制观念和法律素质也未达到必要的水平,苏维埃共和国还不具备建立法治国家的先决条件,因而还不是一个法治国家。但是,马林茨基的观点至少是有感而发并表达了一种时代

① 《列宁全集》第28卷,人民出版社1956年版,第218页。

的愿望：苏维埃国家政权应当成为在自己的法律条件下进行活动的政权。

这是一种符合社会主义制度和国家政权的本质的愿望，是符合人类进步的法律文明的愿望，也是与当时正在发展的法制的趋向吻合的愿望。如果这种愿望能发展成为布尔什维克和全苏人民的共识和系统的理性思维，从而进化成为科学的社会主义法制理论，那么苏联社会主义和其他社会主义国家的历史（包括法制的历史），将少走许多弯路。可惜的是，刚刚提出的、还很幼嫩的法治国家观念在20世纪20年代末期就开始受到批判，并被指责为“资产阶级法治国家观念”的翻版或破乱货。1929年11月，卡冈诺维奇在共产主义学院苏维埃建设和法研究所作报告，激烈地抨击法治国家思想，认为苏联必须“摒弃资产阶级国家的法治国家观念”，谁把这一观念适用到苏维埃国家就意味着谁“受资产阶级法学家的支配”。而这种抨击正是20世纪20年代末开始的思想理论界广泛的批判运动的一部分。那场批判运动使各种思想流派纷争的学术局面宣告结束，学术政治化导致一系列学术禁区的设置和学术僵化。因此，“法治国家”概念长期受到摒弃或否定而无人敢问津。与此同时，在法学界产生了法律虚无主义，主要是苏联早期马克思主义法学家帕舒卡尼斯认为法律有面临消失的趋势，法律应有“最大限度的能动性”，“革命的合法性，对我们来说是百分之九十九的政治问题”①。这种轻视严格的革命法制原则的论点也是和法治国家思想相左的。

虽然帕舒卡尼斯的法律虚无主义在20世纪30年代中期受到批评，但由于法治国家思想遭到否定，加之党—国家一体化的行政命令

① 上海社会科学院法学研究所编译：《法学总论》，知识出版社1981年版，第163页。

体制和对斯大林的个人崇拜,从20世纪30年代中期到50年代初期,苏联社会主义法制便受到严重践踏和破坏。它从实践上根本摒弃了法治国家思想。但它也无情地并雄辩地表明,法治国家思想对于社会主义和共产主义伟大事业来说,是何等的至关重要。

斯大林之后的苏联,并未立即重提法治国家问题。赫鲁晓夫对个人迷信的谴责和非斯大林化运动,没有导致对"法治国家思想"的广泛探讨。苏联法学家们认为:"法治国家思想长时期被遗忘了。"直到1977年宪法颁布后,对宪法的政治法律述评才指出:苏维埃国家"不仅颁布法律和其他法律文件,并借助它们使各种不同社会关系得到巩固、调整和保护,而且苏维埃国家本身受立法的制约,依法并切实守法进行它的活动。这使得有理由认为我们苏维埃全民国家是真正的法治国家"①。这更多地不是为了推进建设社会主义法治国家的进程,而是为了赞扬1977年宪法所规定的法律机制。戈尔巴乔夫和苏联法学家指出,实际上那时离法治国家还很远。但这也意味着苏联人开始把"法治国家"这个概念作为一种法律评价的尺度,用来衡量现实的苏联法制状态,至少是法律文本上的法制状态。

真正确立苏联社会主义法治国家思想的,是苏联共产党特别是总书记戈尔巴乔夫的"新思维"。正如苏联法学家所说:"社会主义法治国家思想是爱惜地保护、发展和丰富人类民主价值的新政治思维的产物。"②戈尔巴乔夫在1988年6月苏共第十九次代表会议上的报告指出:"中央提纲中提出苏联社会不断民主化进程的结果应该是建

① 上述引文和有关材料,除注明出处外,均见[苏]《苏维埃国家和法》编辑部文章《苏联政治体制的民主改革》,梁溪译,《法学译丛》1989年第1期。

② [苏]B.库德里亚夫采夫等:《社会主义法治国家形成的基本原则》,刘清才译,《法学译丛》1989年第1期。

立一个社会主义法制国家。"这次会议通过的《关于苏联社会民主化和政治体制改革的决议》也认为:"建立社会主义法制国家这样一个完全适应社会主义的政权组织形式是一件具有原则重要性的事情。"[①]戈尔巴乔夫和这次会议还系统地论证和阐述了社会主义法治国家思想及其所包含的一系列原则。随后几年,苏联法学界也在探讨社会主义法治国家理论以及通向法治国家的法制改革的理论。

法治国家思想的确立,是苏联共产党和苏联法学界关于社会主义法制思想的一场深刻革命。在很大程度上,这一革命是以血的历史为基础的。

二、"惨痛的历史篇章"

戈尔巴乔夫指出:"历史经验证明,社会主义社会也不能保证不出现和不积累停滞趋势,甚至也不能保证不发生严重的社会政治危机。"这种历史经验包括苏联 20 世纪 30—50 年代所发生的法制危机,即法制方面的"悲剧性的错误"和"惨痛的篇章"。[②] 对于苏联人来说,不得不回想往事,旨在从过去吸取教训,形成在法治国家条件下工作和生活所必要的新的法律思维。

苏联社会主义法制的历史曾有过辉煌的一页。在 20 年代的新经济政策期间,列宁和联共(布)中央认为建立和加强法制具有首要意义,并宣布法制是国家生活的基本原则之一。如列宁屡次提出加强革命法制的主张,指出必须"不允许丝毫违背我们的法律"。民主

---

① 《苏共第十九次全国代表会议文件和评论》,新华出版社 1988 年版,第 68、146 页。

② [苏]米·谢·戈尔巴乔夫:《改革与新思维》,苏群译,新华出版社 1987 年版,第 57、43 页。

的法制原则和法制的民主原则都受到高度重视，使千百万劳动者获得有秩序地参与国家管理的机会和“为争取自己的权利而斗争”。由于切实实行了这些伟大的法制原理和合理的法律政策，所以20年代是苏联社会主义立法和法制大规模、正规化发展的时代。

在20年代末和30年代初，以斯大林为首的苏共领导层为了实现工业化，推行计划化和集体化经济体制，从实践上放弃了新经济政策。但这并不意味着恢复战时共产主义对法制原则的保留态度及其非常规性的法制体制。恰恰相反，社会主义法制原则日益明确，“新经济政策时期颁布的各种法典在三十年中仍将继续有效。一大堆不同性质的条款已逐渐对这些法典进行了修改与补充，尤其是对苏联生活中的新问题作了规定。苏联法远不是削弱，而是不断地变得更丰富、更完善”①。但与此同时，对斯大林的个人崇拜出现了。“国家崇拜”也产生了：按照斯大林的强化国家和国家机关的理论，国家的职权增加、地位加强，以一切国家形式扩大权力和强制措施。“在这个过程中也出现了作为国家政治工具的政统压制有所增加和作为社会主义特殊利益保证的法律受到限制。”这两种崇拜与国家统制型经济体制结合在一起，使苏联最终在30年代中期形成了个人、中央集权的政体和等级分明的、官僚式、庞大集中的国家管理机构。它一方面采用行政命令体制或行政强制和长官意志的办法实行国家对社会的全面管理，另一方面，使“民主制度的活动，实际上成了一致赞同‘党和政府’决定的形式程序”。而这不仅导致法律规范创制在一定程度上遵从“行政手段、指示和命令、本位主义和官僚形式主义的标准”，并使“以国家强制为保障的各种具有禁止、限制和允许性质的规

---

①　[法]勒内·达维德：《当代主要法律体系》，第177页。

则充当了'法'",而且把"凡是不准许的都是禁止的"或"法不禁止但也不允许的都是不自由的"当作金科玉律,无视公民及其团体的一系列基本权利和自由以及其他合法利益。[①] 这种种不正常的做法,是对社会主义法制原则的损害,并潜藏着严重破坏和背弃社会主义法制的巨大危险。

这种巨大的危险终于现实地发生了。20 世纪 30 年代中期以后,已经高居于党和国家之上的斯大林,根据自己提出的社会主义时期阶级敌人愈来愈多、阶级斗争愈演愈烈和国家职能的理论,[②]进行了一系列大规模清洗和镇压活动,从而严重地践踏了社会主义法制。

正如赫鲁晓夫在苏共二十大上指出的:大规模的恐怖及对社会主义法制的粗暴违反是从 1934 年 12 月基洛夫被惨害以后开始的。同年 12 月 16 日,季诺维也夫、加米涅夫等人被捕,揭开了大清洗的序幕。1936 年 8 月,季诺维也夫、加米涅夫等人被军事法庭判处极刑,立即处决。而从 1937 年起,镇压和恐怖以前所未有的巨大规模全面展开了,其镇压的目标所向,既非真正的敌人,也远远不止普通党员,而是主要针对党和国家的各级领导干部,包括一些优秀的政治活动家和卓越的军事家。特别是,1937 年 1 月,军事法庭处决了皮达可夫、拉狄克等党和国家的著名活动家;1937 年 6 月,杰出的图哈切夫斯基元帅等人被枪决;1938 年 3 月,被列宁称为"党的最宝贵的和最大的理论家"和"全党喜欢的人物"的布哈林以及李可夫等人也被判处死刑。从 1936 年—1939 年,大清洗运动中被捕和被处决的人

---

① [苏]B.O.穆申斯基:《政治与法在调整社会利益的相互关系》,常玢译,《法学译丛》1988 年第 5 期。

② 斯大林认为社会主义国家主要有三项职能:镇压职能、保卫职能和组织经济文化建设职能。这种理论忽视社会主义国家民主法制方面的内容,其结果可能是无产阶级专政蜕变为"对无产阶级的专政"。

数，苏联官方从未正式公布，但据有的历史学家统计至少有400万—500万人，其中被处决的至少有50万。[①] 其中，列宁“遗嘱”中直接提到的6名中央委员，最后有4人遭镇压，1人被驱逐出国并遭暗杀，仅剩下斯大林一人；从1919年到1935年，联共(布)中央先后共选出31名政治局委员，有20人死于政治斗争；在第十七次党代表大会选出的139名正式和候补委员被逮捕和枪决的有98人，即70%，代表大会有表决权和发言权的1966名代表中，因被控犯有反革命罪行而被捕的占一半以上——1108人；在军队系统，据不完全统计，5名元帅中的3人，16名高级军事指挥官中的15人，67名军级指挥员中的60人，199名师级军官中的136人以及397名旅级干部中的221人，也在迫害中死于非命。[②] 这的确是苏联历史上“惨痛的篇章”。

斯大林去世后，苏联共产党领导层开始一方面揭露斯大林在破坏社会主义法制方面所犯的严重错误，逐步给成千上万的受害者，包括党、国家和军队的著名人物平反昭雪，另一方面又探寻防止悲剧重演的办法。1956年，赫鲁晓夫在苏共二十大[③]所作的题为“关于个人崇拜及其后果”的“秘密报告”中，首次指责斯大林“最最粗暴的破坏

---

① 有关统计数字各说不一，有人估计，在普通公民中，被捕者将近800万人，在当时的280万党员中，至少有122万党员被清除(逮捕、处决或流放)出党。《莫斯科新闻报》在一篇《我们对斯大林起诉》的文章中谨慎地估计：从20世纪20年代末到50年代初，受到迫害的约有3500万，其中被迫害致死的人数约有1200万。

② 参见赫鲁晓夫在苏共二十大上的报告(见[法]布兰科·拉齐奇著《赫鲁晓夫秘密报告事件始末》，上海人民出版社1988年版)；陈启能主编《苏联大清洗内幕》(社会科学文献出版社1988年版)和李忠杰著《苏联十大历史公案》(求实出版社1989年版)等书。

③ 21年后，戈尔巴乔夫鉴于这次会议对斯大林破坏法制所作的“最严厉的评价”指出：“苏共第二十次代表大会是我们历史上的一个重大里程碑。它对社会主义建设的理论和实践作出了很大贡献。会上和会后都曾作出过大力的尝试，想使国家走上正轨，想推动我国摆脱对斯大林的个人崇拜在社会政治生活中所产生的各种消极因素。”(《改革与新思维》，第47页)

苏维埃法制”，“斯大林抛弃了思想斗争方法，代之以行政暴力，大规模的镇压和恐怖手段。他愈来愈广泛地、愈来愈坚决地利用惩罚机关，往往破坏现存的一切道德标准和苏维埃法律”。而这种“破坏革命的社会主义法制的罪恶现象”是“长期以来因个人崇拜的消极影响所积累而成的”。在赫鲁晓夫任期内，埃赫（政治局候补委员）、卢祖塔克（中央监察委员会主席）等一大批受害者被昭雪。① 同时开始改革法制：撤销了内务部的肃反委员会，废除军事法庭对反革命罪行的特种诉讼程序，否定“中世纪的法学原则”，排除刑法的类推学说，等等。但赫鲁晓夫对斯大林主义的批判并不彻底，他把破坏法制的斯大林的镇压活动仅仅或主要归结为“个人崇拜”所致，未触及那个时代的政治体制，因而没有能使苏联政治体制和法制发生革命性变革。到了20世纪80年代，戈尔巴乔夫又一次重新审视苏联的历史，尤其是审视苏联法制史上的悲剧性篇章。他更加理性地抨击20世纪30年代对社会主义法制的破坏。他说：个人崇拜时期“对法律、法律的目的性，尤其是对法律的遵守产生了影响。由于高度集中，自上而下地指挥，主要采用行政命令和禁令等做法，法律的作用被贬低了。在人所共知的这个阶段，这导致了专横和放纵违法行为，而这与社会主义原则和1936年的宪法准则毫无共同之处。……践踏法律导致了我们至今既不能忘记，也不能原谅的悲剧”②。他在庆祝十月革命70周年大会上的报告中指出：“正是由于缺乏苏维埃社会民主化的应有水平，才使个人崇拜，使30年代的破坏法制、专横和镇压成为可能，

---

① “1953年至1956年，最高苏维埃，颁布了三次大赦令，约70%的在押犯被释放，总数有七八百万人。另有五六百万人得到死后的平反昭雪。大量劳改营被解散，数以万计的高级知识分子、科学家、艺术家得到平反，恢复了名誉。”（丁云本等：《社会主义集权政体的形成与演变》，春秋出版社1988年版，第132页）

② [苏]米·谢·戈尔巴乔夫：《改革与新思维》，第130页。

坦率地说，这是在滥用权力的基础上的真正罪行。成千上万的党员和非党人士遭到了镇压……社会主义事业和党的威信遭到了严重损害。”戈尔巴乔夫还特别强调：“国家领导人斯大林及其周围的人对此负有责任。以某种政治上的必要性、国际局势高度紧张或所谓国内阶级斗争激化来掩饰这种违法行为的做法是毫无道理的。”①他认为防止悲剧的发生，当然需要揭露和批判个人崇拜及其所带来的严重后果，但更需要从根本上改革传统的国家社会主义政治体制和法制，而建立民主和法治的新型社会主义政权组织形式。与此同时，苏共决定给季诺维也夫、加米涅夫、皮达可夫、图哈切夫斯基、布哈林、李可夫等人平反。1987年苏共中央十月全会还决定：由中央政治局建立一个委员会来全面研究新的和过去已经知道的有关斯大林时期粗暴践踏社会主义法制，残酷杀害苏联党和国家活动家的事实和文件。

苏联法制史上这一悲惨的篇章，在苏联国内、国际共产主义运动内乃至在全世界都引起了极大的震动和战栗，也引起了人们广泛的关注、议论和反思。整个苏共、全体苏联人民和法学界都不能不痛心地回首往事，以期从中寻找对未来社会主义的启示。历史本身就是一部启示录。

综而观之，苏共和苏联法学界对这段令人难以忘怀的历史的反思，主要集中于下列问题：

（一）法制历史的悲剧性，主要根源于由集权经济所决定的政治体制，即从根本上摒弃“社会主义法制原则”的政治体制。这种政治体制有三个严重缺点：一是“社会生活的过分国家化”，即“国家调节扩大到了社会活动的极广泛范畴。力图用详细的集中计划和监督来

① ［苏］米·谢·戈尔巴乔夫：《改革与新思维》，第130页。

囊括生活各个角落的这种做法已经笼罩整个社会，严重妨碍了人们、社会组织和集体发挥主动性”。二是权力过分集中。党和国家的一切最高权力都由斯大林一人垄断，从而在政治体制上失去了制约这种权力的手段，为滥用权力提供了机会与条件。三是政治体制“不是在法律范围内组织社会生活，而主要是执行强制命令和指示”。这种政治体制是僵化的权力体制和命令性的强制结构，是列宁时代政治体制的严重变形，“结果不仅使斯大林及其亲信的独裁，而且使大批镇压和目无法纪的行为有可能出现”①。

（二）斯大林的大清洗和镇压活动，并非完全在“法制”之外进行，而是具有“法制”的外衣。这就使得这个时期法制的悲剧性色彩更加浓厚，也使人们思考这样的问题：导致斯大林破坏社会主义法制的“法制”是一种什么样的“法制”？苏联人认为，这种“法制”首先是解决斯大林的政治任务的工具。尤里·费奥法诺夫说：“30 年代的非常法不是基于法制，而是基于口号。”②为了解决当时进行人为的阶级斗争和镇压一切反斯大林者的政治任务，“斯大林首创‘人民敌人’这个概念。……以对付在某一点上不同意斯大林的人，对付那些只是被怀疑有敌意的人，对付那些受到诬陷的人”③。同样，斯大林的政治需要使 1934 年 12 月 1 日晚（离基洛夫被害不到两小时）苏联中央执行委员会主席团通过特别刑法《关于对待准备和进行恐怖活动的规定》，内容是：第一，侦讯机关加速审理策划或进行恐怖行为的案件。第二，司法机关不要因该类罪犯提出赦免的申请而推迟执行死刑的

---

① 参见《苏共第十九次全国代表会议文件和评论》，第 38—40 页。

② ［苏］尤里·费奥法诺夫：《为什么会发生大清洗？》，陈启能主编：《苏联大清洗内幕》，第 502 页。

③ 赫鲁晓夫：《关于个人崇拜及其后果》（1956 年 2 月 25 日），转见［法］布兰科·拉齐奇《赫鲁晓夫秘密报告事件始末》。

判决,因为苏联执行委员会主席认为不可受理这类申请。[①] 第三,内务人民委员会的机关在法庭作出死刑判决后对上述类别的罪犯立即执行。当时还通过了一份《关于修改各加盟共和国现行刑事诉讼法典的决议》,规定侦察和审理“恐怖活动”必须做到:有关这些案件的侦察工作不能超过10天;控告结论在正式开庭审判前一昼夜交给被告;原告、被告双方都不参加审判;不接受判决上诉书和赦免请求书;极刑判决被宣布后立即执行。这些公然侮蔑社会主义法律原则的决议,正如赫鲁晓夫指出的“被作为大规模破坏社会主义法制的根据”[②]。执行这些规定和决议的结果是严重的无法无天。其次,残酷的刑事法助长了镇压活动。苏联法学家认为,斯大林同所谓最凶恶的“人民敌人”作斗争,必然把斗争手段的选择变为非常次要的问题。也就是说,斗争手段的选择决定于斗争的政治需要,而非人道、公正的法律原则。赫鲁晓夫在苏共二十大上所作的报告说,斯大林在1939年曾发布指示:“联共(布)中央说明,内务人民委员会部使用体罚是从1937年起经联共(布)中央允许的。大家知道,所有资产阶级的侦查机构都对社会主义无产阶级代表使用体罚,而且其方式无奇不有。试问,为什么社会主义侦查机构对资产阶级的顽固特务,对工人阶级和集体农庄的凶恶敌人应该更人道一些呢?联共(布)中央认为,体罚方式今后还必须使用,是对那些显然是人民敌人的而又不肯缴械投降的人作为例外情况而使用的,这是完全正确的和适宜的方

---

① 根据当时苏联刑事诉讼法的规定,被告可在判决后72小时内向苏联中央执行委员会主席团请求赦免。

② 苏联国家安全委员会主席谢列平在苏共二十二大上曾说:基洛夫被暗杀的事件被斯大林及其亲信“利用来作为对他们不称心的人,对我国著名的活动家进行迫害的借口”。“那时通过了特别刑法以便污辱和杀害正直的、忠于党和人民的领导人。”(见李忠杰著《苏联十大历史公案》,求实出版社1989年版,第190页)

式。”同时，法学博士雅科夫列夫指出：“当时制定的残酷的、毫无人性的刑法法典进一步加剧了30年代的违法行为。”如从1935年开始，12岁以上的人都可成为刑法制裁的犯罪者。“当时采用的刑事镇压方法的特点是：‘大量追究劳动人民的责任’，曾发生搞‘被镇压者数量的指标竞赛’，‘大量查办和审讯农庄骨干’，就一些微不足道的罪行和细小的失误而追究刑事责任和采取镇压行动。”雅科夫列夫进一步论述道：“没有惩罚是不行的，但如果不加选择地（更不用说带着感情地）采取惩罚措施，就只能瓦解人民的法制观念，助长厚颜无耻，破坏整个社会主义。不公正的法律可以使人畏惧，但不可能获得人们的尊重。其结果只能增强社会意识中的残暴凶狠和冷酷无情。”①再次，含糊的、可任意解释的法律也加剧了大清洗和镇压。如“人民敌人”的概念，正如赫鲁晓夫所言：“可以使犯了思想错误或只卷入争论的人毋须证明自己所犯错误的性质，它可以自动给这些人加上这个罪名，可以破坏革命法制的一切准则，对他们实施最残酷的迫害……”事实上，正是“人民敌人”这个非法律概念使成百上千万人遭到镇压。还有，《苏联国事罪刑事责任法》第7条“反苏煽动宣传罪”即“以破坏或削弱苏维埃政权为目的进行的煽动和宣传”，曾是斯大林时期数十万人被判刑的主要根据。② 总之，这种法律只能看作法的幌子而已，因为它否定了社会主义法律制度的基本东西。

（三）“中世纪的法学原则”。布哈林在他的“最后陈述”中说：“被告认罪，这是一条中世纪的法学原则。”这就是“口供是证据之王”的

① ［苏］亚历山大·雅科夫列夫：《公正审判与我们——30年代的教训》，陈启能主编：《苏联大清洗内幕》，第490—491页。

② 1989年苏联最高苏维埃主席团将该条修改为“公开号召用违宪手段颠覆苏维埃国家制度和社会制度，以及改变苏维埃国家制度和社会制度的行为”。这是明确、严谨的规定。

原则。这一原则在20世纪30年代的一系列重大审判中得到充分的运用。在许多案件中，被告人的口供成了定罪判刑的唯一“证据”。因此，为了获得“合乎审问心意的口供”，往往采用直接暴力和其他违法措施，如威胁、恐吓、体罚、欺骗等手段，迫使被告人提供假口供。赫鲁晓夫的报告说：“拿出的证据是什么呢？被逮捕者的招供。审判员就相信这些‘招供’，并以此为据。怎么使一个没有犯罪的人招供自己有罪？只有一个办法，就是采用严刑逼供的办法，严刑拷打，使他失去知觉，失去理智，失去人的尊严。如此这般，‘供词’即到手了。”“定罪的主要依据，实质上唯一的证据就是被告人的‘自供’，然而这种‘自供’后来经查明，乃是对被告施行肉刑逼出来的，这种做法与现代法学的一切标准是完全违背的。”1988年苏联最高法院在给布哈林、李可夫等人的平反决议中也指出：被告人的口供“是由于在预审和法庭审理过程中粗暴破坏法制取得的”。

（四）法律理论的悲剧性。法制实践的悲剧在一定程度上反映了法律理论的悲剧。苏联人说：对苏联法律学曲解的全部症结就汇集于一系列的莫斯科审判案，而“对法律原理的理论上的歪曲不能不变成对个人权利的践踏，变成专横的根据”。这集中表现在维辛斯基的理论上。“如果认为，30年代震撼国家的践踏法律行为的原因似乎仅仅在于维辛斯基对法制原则的歪曲，那将是天真的。可是，这一点也是原因！法律上的论证总是有分量的，即使它是伪证。”①虽然维辛斯基在法学上取得过成功，如批判法律虚无主义，支持保留“司法独立”“辩护权利”“权利”“合法性”等列宁时代的法学词汇，但苏联人认为某个方面的成功不能成为其他方面的错误或罪行的“辩护词”。尤

① ［苏］尤里·费奥法诺夫：《为什么会发生大清洗？》，陈启能主编：《苏联大清洗内幕》，第495—502页。

其是，维辛斯基以总检察长身份控告的一系列重大案件都已被推翻，实际上宣告了维辛斯基至少在实践上的“破产”。因此，从理论上清算维辛斯基在苏联人看来是再自然不过的事情。其实，早在20世纪50—70年代，维辛斯基的错误理论概念就受到抨击，认为它是“审判实践中破坏社会主义法制的根据”，并“对法学发展起了消极作用”。20世纪80年代，苏联法学界又重新批判维辛斯基，并称之为“恶魔和凶徒”。对维辛斯基理论的批判主要是：第一，歪曲社会主义法的本质和任务，夸大法律的强制作用。苏联法学家指出：20世纪30年代需要法是统治阶级意志被奉为法律的概念，“这是由随着向社会主义前进阶级斗争越来越尖锐的概念和必须加强国家强制机关的概念决定的。……在严重低估法的保证作用方面，其中包括避免受国家侵犯的条件下，法作为把统治阶级的意志奉为法律的概念，恰如其分地反映了现实，但是，它把变形的现实当作规范，把法变为国家镇压工具的有害实践奉为科学真理”[①]。第二，毫无道理的诉讼证据理论。维辛斯基在《苏维埃法律中的诉讼证据理论》一书中从自己的法的阶级本质学说出发，得出“证据是阶级斗争的工具”，“判断证据的标准是阶级利益”等荒唐的结论，并把口供奉为“证据之王”：在关于反革命案件中，“被告人的陈述本身就具有非常巨大的证据意义”。这种诉讼证据理论为镇压所谓“人民的敌人”提供了法律根据，在理论和实践上都造成了极为恶劣的后果。此外，苏联法学家还批判了维辛斯基的“自由心证”和“共犯”理论。总之，苏联人认为，现在“必须清除这个恶魔对法律意识以及对侦讯和审判的实际实践活动的相当长期的影响。不允许他的利爪悄悄地、偷偷摸摸地、肆无忌惮地伸进今

① [苏]B.O.穆申斯基：《政治与法在调整社会利益中的相互关系》，《法学译丛》1988年第5期。

天我们这个时代。更不允许伸入明天”①。

戈尔巴乔夫认为，应当客观地、批判性地对待上述历史。他在庆祝十月革命70周年大会上指出：企图回避苏联历史上的这些痛苦，就是“全是忽视历史真实情况，全是对那些无视法纪和专横行为的无辜受害者的不尊重”。同时，真实的历史分析，“必然有助于我们解决今天的问题：民主化、法制、公开性、克服官僚主义，简言之，改革的紧迫问题”。的确，批判性和建设性地看待过去，使苏联共产党和苏联人民开始通过改革在他们所理解的民主法治的道路上前进。

三、苏共的“法治国家思想”

苏联共产党通过对历史的反思，获得了建立社会主义“法治国家”的巨大动力，又通过改革推动建设“法治国家”的进程。

苏共认为，“法治国家思想”是社会主义制度的内在要求。马克思列宁主义学说科学地证明了建成有社会公正的社会和自由而平等的文明社会的可能性。这种社会就是民主的和人道的社会主义社会。也就是说，社会主义是一个“真正的、现实的人道主义制度”“有效而活跃的经济制度”“社会公正的制度”“具有高度文明和道德的制度”“真正的人民政权制度”“各民族真正平等的制度”以及“渴望和平的制度”。这种制度下的社会必然“是一种社会主义的人民自治，在管理经济和社会进程方面深入和彻底的民主化以及法制、开放性和公开性的社会”。它正是苏联人民所希望的光明的前景。② 因此，社

① [苏]阿尔卡季·瓦克斯贝格：《维辛斯基的证据理论及其后果》，韦政强译，《法学译丛》1988年第4期。

② 《苏共第十九次全国代表大会文件和评论》，第97—99页。

会主义制度和社会主义社会愈发展，就愈要求重视社会主义法律、法制和建立法治国家。

社会主义法治国家的基础和首要核心，在于民主和人权。戈尔巴乔夫在1986年2月苏共二十七大政治报告中指出："民主过去和现在都是巩固社会主义法制的极其重要的杠杆，而牢固的法制是我们的民主不可分割的部分。"[①]1987年1月全会又确切提出："真正的民主不存在于法律之外和法律之上。"不久，戈尔巴乔夫又论证了"法制是民主不可分割的部分"："没有民主就不可能有法制。同时，不依靠法制，民主也不可能存在和发展。因为法制的使命是使社会不受滥用职权的影响，保障公民的权利和自由以及他们的团体和集体的权利和自由。"[②]基于这些认识，苏共第十九次全国代表大会要求从根本上加强社会主义法律和法制，从而排除篡夺政权和滥用权力的可能性，并可靠地保障公民行使宪法权利和自由，以及他们履行对社会和国家的义务。具体来说，一方面，完善权力组织，如在党和国家之间正确地分配权限，强化权力组织的监督职能，成立宪法监督委员会；实现国家管理的民主化和改革社会团体的体制；等等。另一方面，"加强保障苏联人的权利和自由具有特殊意义"。[③] 这是因为人权是社会主义"不可剥夺的特性，是它的成果"。苏共第十九次全国代表会议指出："我们在社会制度的这个关键问题上的哲学根据是《共产党宣言》的著名公式：每个人的自由发展是一切人的自由发展的条件。"而"政治体制改革的最终目的和我们能在多大程度上实现这种改革的主要标准是，全面充实人权，提高苏联人的社会积极性"。因

① 《戈尔巴乔夫言论选集》，人民出版社1987年版，第363页。

② ［苏］米·谢·戈尔巴乔夫：《改革与新思维》，第129页。

③ ［苏］米·谢·戈尔巴乔夫：《改革与新思维》，第132页。

此,“我们的整个法律制度应当保证严格遵守公民的个人生活和住宅不受侵犯的权利,保障他们拥有电话,通信,通邮和打电报的隐私权。法律应当可靠地保护人的个人尊严”[①]。

民主和人权也意味着责任和纪律。“民主要求有一个合理的社会秩序”,“民主无论同为所欲为、同不负责任,还是同不守纪律都是不相容的”[②]。这就要求齐心协力地加强法制和培养无条件尊重法律的精神。

社会主义法治国家是法律至上的国家。“在这个国家里,一切人无条件服从法律将是一项最高原则。”“简而言之,法制国家的主要标志是要切实保障法律的至高无上的地位。无论是国家机关、公职人员、集体、党组织或社会团体,还是个人,都必须服从法律。正像公民对自己的全民国家负责一样,国家政权也要对公民负责。”[③]其中,特别是国家机关和党在宪法和法律范围内活动。

因此,苏共的社会主义法治国家,就是民主、人权和法律至上的国家。这两个方面是一致的:“民主也是法制,它要求不论是各级政府、社会团体或是全体公民,都必须严格遵守法律。”[④]

苏共的“法治国家思想”,不仅仅是民主和人权的必然要求,而且也是改革的可靠保障。戈尔巴乔夫指出:“权利、法律、法制,这不仅仅是深化我们的民主和加快社会进步的产物。这是改革的可靠工具和改革不可逆转的可靠保障。”因此,“我们在立法和权利方面采取的措施正在成为改革进程的支柱”。但是,法制要真正成为改革的保障

① 《苏共第十九次全国代表会议文件和评论》,第42—46页。

② 《苏共第十九次全国代表会议文件和评论》,第46页。

③ 《苏共第十九次全国代表会议文件和评论》,第68页。

④ [苏]米·谢·戈尔巴乔夫:《改革与新思维》,第88页。

和支柱，也需要进行改革。“我们看到，在我们的立法领域和完善整个社会主义法制方面也必须进行深刻的变革。”[①]于是，法律改革或法制改革也是苏共的“法治国家思想”的重要组成部分，即改革是建设“法治国家”的根本途径。正如苏共第十九次全国代表会议通过的《关于法制改革的决议》[②]中所说：“法制改革的使命在于保障法律在各个社会生活领域中的至高无上的地位，在发展民主政治基础上加强维护社会主义法律秩序的机制。”

苏共认为，通向社会主义“法治国家”的法制改革主要从下述几个方面进行：

（一）法律的民主化原则是法制改革全部思想内容的首要原则。法治国家的建设和改革不仅给法律的内容也给立法程序提出了更高要求。从法律的内容上说，“改革特别明显地暴露出我国现行法律制度的保守性，这种法律制度目前有很大部分还不是采取民主的、经济的领导方法，而是采取带有大量禁令和琐碎规章的行政命令式的领导方法。因此，许多现行的法律文件变成了社会发展的阻碍”[③]。如在各种守则中列举企业的所有权利，造成了很大的弊端——任何超越这些守则限度的创举都被看作不可接受的。因此，戈尔巴乔夫强调：应改革现行苏联法制的偏重惩罚性和管束性的体制，加强法制的调整性、保护性和主动性。他说：“法律应当坚决维护社会利益，禁止会损害全民利益的行为。这是明显的道理。但是，在规定这些严格的限度时，法律还应为公民、劳动者的集体和团体发挥主动精神提供必要的自由。应当千方百计地支持和鼓励在法律许可的范围内发挥

① [苏]米·谢·戈尔巴乔夫：《改革与新思维》，第134、131页。

② 《法学译丛》1989年第2期。

③ 《苏共第十九次全国代表会议文件和评论》，第68页。

积极性和主动性。”[①]这就要求在革新法制时严格遵守下列原则——“法不禁止的都是许可的”，从而既揭示各种社会主义民主制度的潜力和保障人民自治的广阔天地，也加强对个人的法律保护，加强实现苏联人的政治权利、经济权利、社会权利和自由的法律保障。从立法程序上，《关于法制改革的决议》强调：“特别重要的是使立法程序民主化，立法程序要在公开性、具有权威性的科学评定以及有广大公众、全体人民参加的讨论法律草案基础上进行。”

（二）对立法进行重大修改、编纂和系统化。包括对有关社会主义所有制、计划、财政、税收和经营关系、环境保护的立法，对调整民事流转、劳动、住房等问题的规范进行重大修改；对刑事立法、行政立法、诉讼立法和劳动改造立法进行根本修改；最值得注意的是对人权的法律保护；设立宪法监督委员会，保证法律和政府的决定与苏联宪法要求严格一致。

（三）司法改革。在60—80年代，苏联司法体制和司法活动出现了种种弊端，诸如：法院、检察院等司法机构缺乏独立性，处于依附地位；司法工作受到党政机关的干扰，以权代法或经常靠主观意志、行政命令办事；[②]滥用职权、徇私枉法，检察机关增加了许多额外义务，以至于把其监督守法的职能推到了第二位甚至第三位；“无罪推定”原则仍被当作资产阶级法律制度而加以拒绝；等等。因此，苏共认为，改革时代的苏联也面临着重大的司法改革。1987年，戈尔巴乔夫写道：“具有特殊意义的是提高法院这个由选举产生的、最接近居民的机构的作用，保障审判员的独立性，最严格地遵守诉讼程序的民

① ［苏］米·谢·戈尔巴乔夫：《改革与新思维》，第131—132页。

② 苏联法学家把“电话授权”“按指示办”和“定制的案件”等干涉司法独立的做法，不无幽默地称之为“电话法”。

主原则、客观性、辩论制和公开性。”[①]他在苏共第十九次全国代表会议上又指出：“许多人的命运、保护他们的权利，使犯法者不能逃避惩罚，这取决于司法天平的准确性。在这种情况下，极其重要的是恢复列宁的关于法院在我国民主制度中的观点，严格遵守法官独立性和他们只服从法律原则。”[②]基于这些论点，这次会议通过的《关于法制改革的决议》，具体规定了司法改革的内容：第一，大大加强实现苏维埃诉讼原则的保障，这些原则是辩论制、公开性、坚定实行无罪推定、既不容许有起诉的倾向性也不容许纵容侵犯苏维埃法律的人。第二，提高法院的威望，保障审判员的绝对独立，审判员只服从法律。为此，一方面，区、市、专区、州和边疆区法院由上级人民代表苏维埃选举，并且规定审判员更长的任期。另一方面，规定干预审判员活动和不尊重法院的责任的具体措施。第三，改革人民陪审员制度，主要是在法院审理疑难案件时增加陪审员人数。第四，把监督守法作为检察机关的主要职能，同时恢复列宁主义的检察监督原则，进一步加强检察长的独立地位，排除对检察长施加的任何压力以及干预他们活动的现象。

此外，法制改革还包括改进国家仲裁机构、民警机关的制度与活动；律师组织向公民、国营企业和合作社提供更多的法律帮助，并扩大辩护人对预审和诉讼程序的参与范围；建立一套选拔、教育、培训和进修制度，以保证法制改革所需要的干部；改革居民的法制教育和组织普及法律教育。

80年代中期以后，在苏共的“法治国家思想”及其法制改革战略

---

① [苏]米・谢・戈尔巴乔夫：《改革与新思维》，第134页。

② 《苏共第十九次全国代表会议文件和评论》，第68—69页。

的指引下,苏联的法制改革全面铺开,法制建设稳步前进。随着改革,尤其是政治体制改革的深入,苏联在向着苏共所设想的“法治国家”迈进。

四、苏联法学家对“法治国家思想”的探讨

苏共提出和阐明的社会主义“法治国家思想”,引起了苏联法学家的极大兴趣。戈尔巴乔夫的全面改革恢复了创造性的马克思列宁主义原则,推崇探索科学真理,重视进行客观研究的胆识,并鼓励公开性和自由辩论,使苏联法学界开始摆脱过去长期的单一化、教条主义、丧失现实的批判态度以及停滞不前的僵化状态,克服愚昧无知被冒充为进步的标准的现象。同时,戈尔巴乔夫在政治法律上的“新思维”也把苏联法学推上了改革的潮头。在法学必须有力地参与和引导改革,尤其是法制改革进程的时代,苏联法学家迫切地感到,需要有一个法律改革的理论模式。这个模式的使命,就在于把改革的民主化和人道的要求、改革的今天和明天用法律语言在所有全国法律规范中反映出来,而其主要的重点又应该放在研究和探讨能够促进改革进程的新思想,包括引人注目的“法治国家思想”。他们指出:“法学与实践所面临的重大任务,要求法律思维彻底改革,否则就很难实现在全国已经成熟的整个法律体制改革。法学应当成为更人道的科学,坚定不移地捍卫社会平等、社会主义公正、尊重苏维埃人的人格和尊严等思想。对法学问题进行公开创造性的讨论,将有助于克服缺点,消除停滞现象,把法学提高到合乎现代要求的更高

水平。”①

“法治国家”问题是20世纪80年代以来苏联法学界关注的问题之一。在苏共第十九次全国代表会议之前，“法治国家”和“法制国家”这两个重要范畴就引起了法学家们的争论。赞成“法制国家”概念的学者，由于对“社会主义法制”的不同理解，所以对“法制国家”所包含的内容也有所区别。在法学专著和教科书中，“社会主义法制”有时被定义为：“一切国家机关、社会组织、公职人员和公民严格（切实）执行（遵守）法律（和准法律文件）。法律的必须遵行性及其切实执行是法制的基本点。”②这一定义首先把法制看作是实施法律的范畴，即如果现行法律被准确遵守执行，那么法制就得到巩固。根据这一定义，许多学者认为社会主义法制的总的使命只限于要求一切主体绝对遵守法律和以法律为基础的其他法律文件；个别学者甚至认为，必须强调法制的主要内容是社会关系的参加者都毫无例外地、始终不渝地遵守与执行法律和从属性法律文件。因此，所谓“法制国家”就是依法办事或法律至上的国家。但是，这些观点受到了一些学者的批评。早在20世纪70年代末，戈尔舍涅夫就指出上述观点是不正确的，它所采用的是形式主义的方法，“这种方法不仅是片面的，也是降低社会主义法制的社会价值的方法。因为它没有考虑到社会主义法制的特定宗旨和最终效果是：为了什么，为了什么目的和为了什么样的社会效果应该始终不渝地遵守法律和其它规范性文件”，并认为“确定社会主义法制的组成因素时，强调的重点不仅要求在形式上执行法律，而且应该强调社会主义法制的含义主要是保证使社会

① 苏联科学院国家和法研究所：《苏联改革条件下的法学与实践》，梁溪译，《法学译丛》1988年第4期。

② ［苏］H.C.马列因：《苏联现阶段的社会主义法制》，伍元译，《法学译丛》1987年第5期。

主义社会全体成员最充分相信他们的人身不受侵犯，他们实现自身的权利和法定自由将得到保障”。[①] 到 20 世纪 80 年代中后期，有些学者根据戈尔巴乔夫及苏共确定的法制发展战略，也认为那种偏重于强调执行（遵守）法律的含义的法制概念具有一定的片面性。如前引 H.C.马列因说：这种法制概念“没有显示出法制的本质（内容）”。他主张：“法制也不是目的本身，而是切实遵守反映在法律中的人民的利益和意志、公正。”“真正的社会主义法制这一词句的深刻含义，首先是法律体现人民的利益和意志，其次，是切实执行这法律。”还有的学者指出：“社会主义法制不仅是法的形式原则，而且也是反映社会主义制度实质的一个内容范畴。”从这些意义上说，社会主义“法制国家”不仅仅是依法办事的国家，而且也是通过依法办事实现一定社会价值、目的的国家。

有的学者，如法学博士萨维茨基认为，“法制国家”是一个创制法制、依据法律并服从于法律的国家。但是他把“法制国家”与“法治国家”严格加以区分，尽管他说“法治国家”也是“依据法律并服从于法律的国家政权的同义语”。两者的区别在于，“法治国家”必须回答一个主要的根本问题，即指什么样的法，这个法是由谁创制的，为谁的利益服务的。而“‘法制国家’这一措词没有充分揭示必须适用的法律本身性质，没有指出法律运用活动的社会目的性，而只是强调了它的一个方面，即要与法律相一致”。他进一步指出：“如果考虑到在书刊上至今对这个问题还没有统一意见，法制概念能否把现行立法本身包括起来，或者法律只是法制的基础，那么，把苏维埃国家定义为法制国家，不能认为是有充分理由的。‘社会主义法治国家’措词的

---

① ［苏］B.M.戈尔舍涅夫：《从 1977 年苏联宪法看社会主义法制的理论》，冯文华等译，《国外法学》1980 年第 6 期。

表达更为充分、确切。”①

在苏共第十九次全国代表会议上，虽然采用的是“社会主义法制国家”措词，但它不仅强调法律的至上权威，而且强调法律的价值目标即民主和人权。在这样的国家，“以立法形式规定实现宪法权利和自由的制度，对扩大公民的政治权利和个人自由具有重要的意义。其中人们参加管理的权利，就一切问题发表自己意见的权利以及信仰自由占有特殊地位”②。因此，越来越多的苏联法学家认为它更符合“法治国家”的特性，并在各种著述中使用“法治国家”概念。如前引《苏维埃国家和法》编辑部文章指出：“苏共第十九次代表会议提出的一个重要政治思想，是要建设社会主义法治国家”，并“确定了建设法治国家的途径”。苏联科学院国家和法研究所所长 B.库德里亚夫采夫等人还著有《社会主义法治国家》的文章。看来，“社会主义法治国家”更有助于真实地把握苏共第十九次全国代表会议的精神，并反映法律追求的价值目标的意义和重要性。

苏联法学家认为，法治国家的现实基础在于社会主义制度。从实质上来说，社会主义为法治国家构想更深刻的民主和人道主义内容以及为实现这一构想提供了客观的前提。况且，正如前引萨维茨基指出的：“在社会主义国家，存在着实现法治国家思想的许多社会经济条件和政治条件，每个条件的成熟程度都不一样，有一些条件现在还处在萌芽状态（比如全民公决制度）。但是，改革坚决地要摧毁旧观念，在这些发展着的革命变动中，保证能够把社会主义国家建成为法治国家。”而社会主义制度能够保证建成社会主义法治国家的关

---

① ［苏］B.M.萨维茨基：《司法与改革》，伍元译，《法学译丛》1988 年第 1 期。

② 《苏共第十九次全国代表会议文件和评论》，第 147 页。

键之一在于，这种制度遵循马克思的一个重要原理："自由就在于把国家由一个站在社会之上的机关变成完全服从社会的机关。"

社会主义法治国家思想及法治国家的形成，对于社会主义历史进程来说，也具有极为重要的意义。从根本上讲，社会主义法治国家的宗旨如同改革的目标，就是使社会多一些民主，多一些社会主义，也即巩固、完善民主和人道的社会主义。这种宗旨可以从两个层面上来实现。在制度层面上，社会主义法治国家思想"是在法治方面确立改革的实际措施和原则的基础"，而社会主义法治国家的形成又是改革政治体制的一个重要方面。这些改革将建立新的、正规化的政治和法律机制，确立社会主义法制原则，从而保障政治体制的正常的、民主的发展，并防止或清除这种政治体制变形和放弃社会主义原则的极大可能性，保证社会正常的、无危机的发展。在观念层面上，改变通常对国家与法的关系的认识，摒弃几十年来在这方面形成的模式，即多年来确立的"国家对于法律占有绝对首要地位的原则，法律仅仅被看成是国家权力的简单工具"以及国家给公民"赐予各种权利"的观念，以确立符合民主和人道的社会主义的国家与法、国家与公民的正当关系。这就使法治国家思想"也是重新确定人民的意识方向，真正确立人民主权，使人民在国家活动中起决定性作用的最重要的思想道德标准"①。前引萨维茨基还强调社会主义法治国家思想在同资产阶级法治国家思想进行斗争方面的作用，他说："鉴于法治国家思想在先进的充满民主情绪的公众中有巨大的引诱力，没有任何理由无条件地让某些人来操纵，因为这些人在'法律统治'口号掩饰下，极力想使资产阶级民主相当发乌了的门面涂上一层伪善的光

---

① 参见[苏]B.库德里亚夫采夫等《社会主义法治国家形成的基本原则》，刘清才译，《法学译丛》1989年第1期。

泽。社会主义法治国家观念只有彻底批驳把法说成是某种‘超阶级的’、‘内在固有人性’的实体这种唯心主义解释，它才能成为同社会主义的思想敌人斗争中的有益理论工具。”

社会主义法治国家的特性和原则，是苏联法学家进一步探讨的问题。《共产党人》杂志1987年的一篇题为“学习民主、确立法制”的社论认为，真正法治国家不可分割的特性主要有：公民知道和了解自己的权利和义务，并善于既为自己利益也为社会利益使用这些权利；信任法院及其作出的裁决；具有能对付各种实际情况的完备的法律程序。有的法学家则从社会调节类型的分类来说明法治国家的特性。在社会主义条件下，社会调节类型，即组织社会生活的类型，主要有两种：一是行政命令制度，也就是唯意志论和行政命令手段，其特性是任意作出决定和盲目服从，它一方面意味着专断，另一方面又意味着无权利和自由。这种社会调节类型不符合社会主义社会的本质和民主的、人道的社会主义目标。二是法治，即民主、公开性和法制，其特性是群众积极参与国家管理、实行集体领导、法律至上和国家与公民、公民与公民相互负责等。因此，这两种社会调节类型表示了两种完全不同的社会成员及其与国家之间的关系，它们是相互排斥的。尽管法学家们对法治国家特性的描述各有差异，但基本上都着眼于法律的公正性（法律对民主、人权价值的追求）和法律的至上权威这样一些中心点来阐述。

对社会主义法治国家基本原则的研究，最具代表性的是前引库德里亚夫采夫等人撰述的《社会主义法治国家》一文的第二部分。这里，我们结合其他法学家的观点对此加以介述。

库德里亚夫采夫等人认为，“法治国家的形成要求彻底实行一系列基本原则”。这些原则主要是：

(一)“法律在社会生活的一切方面处于统治地位”,也就是法律主导性原则。这个原则“是社会主义文明不可分割的特征,真正的民主政治和民主化的表现”。详而言之,在真正的民主政治和民主化的条件下,法律是一切社会生活和社会关系的主要和最权威的“调整器”。它作为工业、商业、民主和权利以及整个社会结构的表现而成为社会发展的有力因素,既可以决定社会生活的外部形式,也可以决定其方式和内容。

在苏联法史上也曾流行法律虚无主义。且不论斯大林时代对社会主义法制原则的践踏,就是在斯大林逝世后,轻视法律的现象也长期存在:50年代认为法转变为统一的共产主义共同生活准则以及法的强制成分消亡的过程开始了;60年代又提出了由于在社会生活中加强了道德原则,法律调整范围缩小了的见解。苏联法学家认为,这是一种“左派病”。以此为背景,苏联法学没有及时认识到法的作用在加强,法的作用范围在扩大,法对保证科学技术、对加强组织性和纪律的作用在提高等趋势。显然,库德里亚夫采夫等人主张法治国家首先应使法律在社会生活中处于统治地位,不是没有针对性的。

与中国的法学家一样,库德里亚夫采夫等人也反对法律万能主义。他们认为,影响社会过程的因素是复杂的、多样化的:经济因素、政治因素、思想因素、道德因素等,其中法律是特别重要的但又不是唯一的因素。因此,“法律在社会生活中处于统治地位的思想,作为法治国家不可分割的标志,当然不应当产生法律万能的盲目信仰,产生某种法律拜物教和‘法律欣慰’”。那种认为“解决某种尖锐问题,颁布法律就足够了”的观念,也是一种“幼稚病”的表现。

(二)“国家本身及其机关由法律来约束”,即“颁布法律的国家本身也无权违犯它”。这个原则实质上是法律至上的原则。它是与专断、为所欲为和一切不受禁止的任何形式相对立的。它要求在法治国家,“法律不仅对于国家领导人、检察员、审判员、国家安全机关和民警机关的工作人员是必须遵守的,法律对于经济工作者,对于每一个公职人员和每一个公民都是必须遵守的。在执行法律规定的时候,不存在可以受轻视的‘细节’”。

法律至上权威,是列宁时代提出的社会主义法制原则的核心内容。在形成“法治国家思想”之前,也有一些法学家主张法律至上,如前引戈尔舍涅夫在1979年指出:“社会主义法制的最基本的要求是,在一切国家机关和公职人员的活动中保证法律的最高地位。这个要求的实质是,每个国家机关、任何公职人员,在履行自己的公职时,必须绝对遵守下列规定:1.对上述机关和人员规定的具体职权;2.在解决法律案件的具体场合,必须遵守应该适用的法律规定。”但是,苏联法制的历史和现实并未完全实现这个要求。在历史上,正如库德里亚夫采夫等人所说,长期形成了对法律的轻视态度,破坏了法律对于一切人都必须遵守而不取决于等级、功绩和所担任职务的原则。他们通过“列宁格勒案件”[①]等历史事实说明:“只要法律还没有被看成是坚固的堡垒,以阻止实施任何与法律相抵触的国家决定或党的决议,在这种情况下,无论遵循什么样的‘战略’设想或高尚动机(真实的或虚假的),社会就没有避免重复出现悲惨事件的保障。”而在现实生活中,许多部门仍然迷恋于不受法律约束的自由,如由于不重视法律,国营企业法准则化为乌有。实际上,社会生活的各个方面都渗透

① “列宁格勒案件”:1949年8月著名的党和国家活动家A.H.库兹涅佐夫等人被逮捕,当时苏联已废除死刑。1950年1月恢复死刑,但当时有效的1924年刑事诉讼法的原则是较严格的法律没有回溯力,即对库兹涅佐夫等人不能适用死刑。而1950年9月却对“列宁格勒案件”的被判刑人使用了死刑判决。

着对法律的不尊重。

库德里亚夫采夫等人认为："党的机关在克服法律虚无主义，形成对法律的尊重方面起着重大作用。……党的机关应该站在斗争的前列，普遍确立对法律的尊重，使社会主义政治体制一切环节的活动遵守法律。"

（三）法律维护和保障个人的自由、权利、利益、名誉和尊严不受侵犯：法治国家的"人权"原则。在民主和人道的社会中，"人权"是社会主义法治国家所追求的重要价值目标。同时，马克思提出的"法典就是人民自由的圣经"的著名原理，也把法律界定为自由的存在形式和自由的准则。据此，库德里亚夫采夫等人指出："利用法律来保障个人自由，这是法治国家的最重要的职能。"

一般地看，20 世纪 80 年代以来，苏联法学家把社会利益和个人权利放在同等重要的地位加以考虑，但也有法学家主张个人权利优先于社会利益。如法学博士博依科夫在论及审判任务的人道化时认为："在民事诉讼中，保障个人权利（'私人利益'）通常屈居于次要地位，处于优先地位的是社会、国家利益。应当承认，这种状况是不正常的。人们早已知道，国家也罢，社会也罢，它们之所以强大，是因为繁荣和本国公民确有保障。"[①]

法治国家保障个人权利和自由，包括公民在经济、政治、社会文化和个人生活领域的广泛权利和自由，需要明确的规范性基础或表现公民积极性的各种活动形式的细则，以便明确规定一部分公民的积极活动开始妨碍另一部分公民的权利和自己的界限。

戈尔巴乔夫和苏共第十九次全国代表会议确定了革新法制应严

---

① ［苏］A.博依科夫：《论司法改革的前景》，严容译，《法学译丛》1989 年第 2 期。

格遵守的原则——法律不禁止的都是许可的。法学家们认为这一原则反映出法律调整中的民主趋向。早在1980年，库德里亚夫采夫和马列因就从苏联宪法、民法、刑法和诉讼法原则①中得出“存在着法律未禁止的行为合法推定”的结论。“公民行为（在有关领域没有法律规定的时候）如果没有相反的证明，应该认为是合法行为。”这样就形成了一个公式：“凡未禁止的，一切都许可。”②1986年，库德里亚夫采夫根据苏共二十七大的法制改革战略，进一步指出：“任何法律细则都不能违反苏联公民的宪法性权利和自由，尤其是不能容许有些部门发布指令，规定各种各样的限制、禁止或处罚……”③他还认为，在“只可以做允许做的事情”和“可以做未禁止做的一切事情”这两条可能的规则中，后者是可取的，因为它给人们的首创精神和积极性松绑。而这正是改革所绝对必需的。

苏联法学家以社会主义在保障和维护人权方面的成就而真正自豪。苏联宪法列举了各项人权及其基本保障。但是，他们认为，保障人权的法律机制也存在一定的缺陷，主要是许多宪法权利在现行法律中没有依据，因而难以实现。近年来，尽管集中注意力于完善实现公民与自由的法律保障和其他保障，如制定了《苏联全民讨论国家生活法》和《苏联对损害公民权利的公职人员不合法行为向法院控告程序法》（1987年6月30日），但“法律保障的发展明显落后于改革所提出的要求。实践表明，大量的侵犯人权的行为，正是同保证人权的法

① 如《苏联和各加盟共和国民事立法纲要》第4条允许实施“虽然未经法律规定但不违反法律的”法律行为。

② ［苏］B.H.库德里亚夫采夫、H.C.马列因：《法律与合法行为范围》，吴大英等译，《法学译丛》1981年第1期。

③ ［苏］B.H.库德里亚夫采夫：《法律制度改革的途径》，梁溪译，《法学译丛》1987年第2期。

律机制不完善(如,许多法律和准法律文件质量低下,对待法律的虚无主义态度、包括法律保护机关工作人员在内的国家机关工作人员的法律素养不高、居民中的法盲现象等)联系在一起的”①。这说明,法治国家建设和法制改革还必须致力于形成保证公民权利、自由和义务的法律保障。

(四)“国家与个人相互负责”:普遍的责任原则。这一原则集中“表现了国家作为政治权力的体现者和公民作为权力实现的参加者之间关系的道德准则”。

苏共第十九次全国代表会议所确定的社会主义法治国家模式的因素之一,就是“正像公民对自己的全民国家负责一样,国家政权也要对公民负责。公民的权利应该得到可靠的保护,不受政权及其代表人物的任何专横行为的侵犯”②。

库德里亚夫采夫等人首先分析了国家对个人的责任。他们指出:“‘法律治理’在我国条件下意味着党和国家及其机关都承认法律的优先地位,服从于法律,不能逃避法律的规定,对于不履行所承担的义务要向人民负政治、法律和道德责任。”也就是说,国家对个人的责任,是法律至上的应有之义。而从深层次上说,社会主义政治哲学认为国家在行使其由人民赋予的政治权力时,必须遵行人民的利益、公正和正义,以符合某种善的目的。法律不过是这种利益、公正和正义的表现形式而已。因此,国家的民主化和法治化进程愈深入,就愈是要求国家对人民、个人负责。他们特别强调:国家必须通过法律方式对公民和社会组织负责,因为“对于所有党和国家领导机关公职人

---

① [苏]B.M.奇希克瓦译:《世界人权宣言及其历史意义——纪念宣言通过四十周年》,刘楠来译,《法学译丛》1989 年第 3 期。

② 《苏共第十九次全国代表会议文件和评论》,第 68 页。

员的责任没有明确、具体的法律措施，法治国家是不可思议的”。在他们看来，个人对社会和国家的责任同样是重要的。

（五）“法治国家要求对法律和其它法律规范的实施采取有效的监督形式”：法律监督原则。

在各种监督形式中，库德里亚夫采夫等人推崇法院的重要作用。萨维茨基认为：“司法是社会成熟程度敏感的和十分准确的指示器。法院以及整个司法的作用和威望越高，法院对于权力机关享有越大的自主性和独立性，国家的法制和民主程度就越高，维护公民权利和自由不受可能的侵犯就越有保障。”法院之所以能具有这种至关重要的作用，主要根源于以下四点：一是法院是作出公正裁决的地方，萨维茨基把司法活动同公正联系起来甚至等同看待，库德里亚夫采夫和卢卡绍娃主张每个公民都有权由根据法律建立的权威的、独立的、公正的法院审理他的案件。二是法院的使命在于加强法制，捍卫国家生活的民主原则，维护公民的权利和自由。科甘等人说：“如果立法者直接规定目的在于捍卫法制，那由此便可得出合理的结论——必须加强个人权利的诉讼保障，并提高法院在保护这些权利方面所起的作用。”[①]三是法院的独立性，库德里亚夫采夫和卢卡绍娃认为：“法院的最高权威，保障审判员的独立性和他们只服从法律的立法、政治和道德条件……这是法治国家不可分割的本质属性。”苏联最高法院院长捷列比洛夫也指出：“法治国家的法院应该是执法机关金字塔的顶峰。因此首先必须保证法院做到真正的独立，而不受任何干扰。”[②]四是法院审判程序的民主化，如公开性、无罪推定、辩论制等等。

---

① ［苏］B.科甘等：《我们看怎样进行司法改革》，云人译，《法学译丛》1989年第2期。

② ［苏］B.捷列比洛夫：《独立的法院》，王佩蒂译，《法学译丛》1989年第3期。

但是,苏联法学家们认为,法院显然还存在一些严重的缺陷,从而无法实现上述重要作用。如法院的独立性常受到“电话法”的干扰,而缺少体制上的保障。科甘等人说:“我们历史上已经形成了这样的状况:法院成了行政命令管理体制不可缺少的杠杆,这里的主要优点就是可操纵性。正因为如此,苏联历史上不同时期被判刑人数字的大幅度上下摆动,所反映的不是犯罪现象在程度上的变化,而是法院顺从地奉行的政治方针的曲折反复。”过去,法院往往只被看作惩治机关,而没有认识到它也是民主的有效工具。库德里亚夫采夫和卢卡绍娃预言“社会主义法治国家的形成要求审判程序进一步民主化”,就是说审判程序还不够民主化:法律体制的变形引起了作出审判判决的中心从法院转到预审机关的实际颠倒。博依科夫指出:对刑事案件的侦查活动和审判活动所作的科学总结和分析表明,普遍存在的损害公民权利的、破坏法制的现象总是同有罪推定的倾向相联系的,或者是同粗暴破坏责任不可避免原则和公民在法律和法庭面前平等的原则相联系的。因此,苏联法学家如同党的代表会议一样,把司法改革同形成社会主义法治国家的思想紧密联系在一起。他们宣告:根本的司法改革是确立法治国家的道路上所迈出的现实的第一步。

苏联法学家对“法治国家思想”的研讨和探索,对中国法学界来说,无疑是一种有益的启示。

Http://e.weibo.com/xinminshuo
E-mail:fanxin@bbtpress.com